武大国际法评论

钱绍武题

CSSCI（2014–2015年）来源集刊

武大国际法评论

WUHAN UNIVERSITY INTERNATIONAL LAW REVIEW

教育部人文社会科学重点研究基地
武汉大学国际法研究所
主办

第十八卷·第二期
VOL.18 No.2

WUHAN UNIVERSITY PRESS
武汉大学出版社

图书在版编目(CIP)数据

武大国际法评论 = WUHAN UNIVERSITY INTERNATIONAL LAW REVIEW. 第18卷. 第2期/教育部人文社会科学重点研究基地武汉大学国际法研究所主办. —武汉：武汉大学出版社,2015.12
ISBN 978-7-307-17173-2

Ⅰ.武… Ⅱ.教… Ⅲ.国际法—研究 Ⅳ.D99

中国版本图书馆 CIP 数据核字(2015)第265169号

责任编辑:钱 静　　责任校对:汪欣怡　　版式设计: 马 佳

出版发行: **武汉大学出版社** (430072 武昌 珞珈山)
(电子邮件: cbs22@whu.edu.cn 网址: www.wdp.com.cn)
印刷: 武汉中科兴业印务有限公司
开本: 787×1092 1/16 印张:22 字数:428千字 插页:1
版次: 2015年12月第1版 2015年12月第1次印刷
ISBN 978-7-307-17173-2 定价:50.00元

武大国际法评论

(第十八卷第二期)

编辑部邮箱：whuilr@ whu. edu. cn　whuilr@ 163. com

通 信 地 址：湖北省武汉市武汉大学法学院

《武大国际法评论》编辑部

邮 政 编 码：430072

Wuhan University International Law Review

Vol. 18 No. 2

E-mail: whuilr@ whu. edu. cn　　whuilr@ 163. com

Address: Editorial Board of Wuhan University International Law Review,
Wuhan University School of Law, Wuhan 430072, China

武大国际法评论

学术顾问

（按姓氏拼音先后为序）

Wuhan University International Law Review

目　录

一、国际民事诉讼专题

二、专论

三、国际投资仲裁专题

四、案例评析

TABLE OF CONTENTS

International Civil Procedure Law

Articles

International Investment Arbitration

Case Study

一、国际民事诉讼专题

栏首语：随着中国综合国力的提升，中国的大国地位日渐凸显，国际民商事交往也越来越密集和频繁。有交往就有争议。然而，考察中国国际民事诉讼的制度，依旧停留在1982年《民事诉讼法(试行)》的制度框架和基本原则之内。在大国的背景下，中国的国际民事诉讼制度应该体现大国司法的某些特征，并应以开放性、全球性的视野着眼于相关制度的建设。为此，本刊和中国国际私法学会国际民事诉讼专题研究委员会联手，对该委员会组织的“大国司法与中国国际民事诉讼法改革”论坛上的论文进行选登(王吉文教授和章晶博士研究生的论文与此主题相关，一并编入此专题)，并重点推出《中国国际民事诉讼原则(建议稿)》，以共同推进中国国际民事诉讼制度的发展。

中国国际民事诉讼原则(建议稿)

□ 何其生　万　钧　秦红嫚　王盛哲　司　文　田新月　南　楠　唐塞潇*

目　次

---

* 何其生：武汉大学国际法研究所教授，博士生导师。联系邮件：heqisheng@ 126. com。
万钧：武汉大学国际法研究所博士研究生、华北水利水电大学法学院副教授；
秦红嫚、王盛哲、司文、田新月、唐塞潇、南楠：武汉大学国际法研究所博士研究生。
《中国国际民事诉讼原则(建议稿)》起草工作由何其生拟定框架，修改定稿；万钧副教授协助处理起草的具体事宜，进行文稿的校对和整理，并参与撰写了“既判力原则”。撰写条文释义的工作则主要由武汉大学国际法研究所的博士生们承担，具体分工如下：田新月负责“国家主权原则”的释义；秦红嫚负责“司法救济原则”、“程序公正原则”和“程序公开原则”；王盛哲负责“平等和对等原则”、“支持和监督仲裁原则”；司文负责“适当法院原则”；唐塞潇负责“国际条约优先原则”和“法院地法原则”；南楠负责“既判力原则”和“公共秩序原则”。武汉大学诉讼法专业的博士生马龙和郑涛多次参与了建议稿的讨论，并提出了许多有见地的建议。武汉大学国际法所研究生陈慕华、张安兵等协助处理了大量行政事宜。

一、《中国国际民事诉讼原则(建议稿)》起草说明

2014年10月，中国国际私法学会常务理事会通过了何其生教授申请组建国际民事诉讼专题研究委员会的决定。委员会的宗旨是研究国际民事诉讼基本理论，推动中国国际民事诉讼程序规则的改革，促进国际民事诉讼人才的培养。此后，何其生教授将起草示范性质的《中国国际民事诉讼原则和规则》作为委员会的核心任务之一，并建立工作小组分阶段实施。2015年的工作重点是起草中国国际民事诉讼的原则。工作小组力图以开放性的态度来建构中国国际民事诉讼的体系、指导精神和立法基础。工作小组先后召开了7次会议，完成了《中国国际民事诉讼原则(建议稿)》初稿的起草工作，并建立了信息和资料共享平台。

2015年4月17日，何其生邀请国内研究国际民事诉讼的专家学者在武汉大学召开了第一届中国国际私法学会国际民事诉讼专题研究委员会研讨会暨“大国司法与中国国际民事诉讼法改革”论坛。研讨会得到了司法文明协同创新中心的资助，得到了中国国际私法学会会长黄进教授的大力支持。武汉大学法学院院长、中国国际私法学会常务副会长肖永平教授参加了会议，并对国际民事诉讼专题研究委员会今后的工作给予了指导。与会人员包括：华东政法大学杜涛教授；中南财经政法大学徐伟功教授；南京大学法学院副院长宋晓教授；澳门大学法学院涂广建教授；中山大学法学院罗剑雯教授、王承志副教授；武汉大学国际教育学院邹国勇副教授；武汉大学国际法研究所甘勇副教授、乔雄兵副教授、朱磊博士；华东政法大学李晶副教授；安徽大学法学院范晓亮博士；华北水利水电大学法学院万钧副教授；《法商研究》何艳编辑、《武汉大学学报》李媛编辑；湖北省高级人民法院杨羽法官以及武汉大学国际法专业和民事诉讼法专业博士生等40多人。会议得到了中国法学创新网和中国国际私法学会网站的报道和关注。

此次论坛的一个重要环节就是讨论《中国国际民事诉讼原则(建议稿)》。与会的专家逐条审阅和讨论了建议稿的内容，在条文设置、条文内容和条文顺序上，阐述了真知灼见。根据这些建议，工作小组再次修改了条文的内容，并调整了释义的内容。由于能力所限，建议稿肯定存在不少疏漏，敬邀各位同仁批评指正。

二、中国国际民事诉讼原则(建议稿)

1. 国家主权原则

1.1　中华人民共和国人民法院依法独立审判涉外民事案件，审查外国法院判决和外国仲裁裁决承认和执行的申请，并依法作出裁决。

1.2　针对外国国家及其财产提起的诉讼，以及所采取的强制性措施，需要得到该外国的同意。中华人民共和国法律及其参加的国际公约中规定的不得援引国家豁免的情形除外。

1.3　国际组织享有的司法豁免权依照中华人民共和国法律和国际条约以及该国际组织与中华人民共和国主管机关达成的协定予以确定。

1.4　对享有外交特权与豁免权的外国人、外国组织或者国际组织提起的民事诉讼，应当依照中华人民共和国有关法律和中华人民共和国缔结或者参加的国际条约的规定办理。

2. 司法救济原则

人人平等地享有司法救济的权利，不分种族、肤色、性别、语言、宗教、国籍或其他身份等而有区别。

3. 平等和对等原则

3.1　外国人、无国籍人、外国企业和其他组织在中华人民共和国境内同中华人民共和国公民、企业和其他组织有同等的诉讼权利，承担同等的诉讼义务。法律有特殊规定的除外。

3.2　外国法院对中华人民共和国公民、企业和其他组织的民事诉讼权利加以限制的，中华人民共和国人民法院对该国公民、企业和其他组织的民事诉讼权利实行对等原则。

3.3　若一国没有相反证明，推定该国给予中华人民共和国公民、企业和其他组织同等的民事诉讼权利。该国公民、企业和其他组织在中华人民共和国的民事诉讼地位适用本条第一款的规定。

4. 国际条约优先原则

中华人民共和国缔结或者参加的国际条约同本规则有不同规定的，适用该国际条约的规定，但中华人民共和国声明保留的条款除外。

5. 适当法院原则

5.1 人民法院应当依据本规则的规定，合理、适当地对涉外民事案件行使管辖权。

5.2 对本规则没有规定的涉外民事案件管辖权，人民法院行使管辖权时应当考虑以下因素：

(1)当事人的意思表示；

(2)案件与法院地的联系；

(3)当事人权利救济的必要性；

(4)当事人行使诉讼权利的便利；

(5)判决承认与执行的可能性。

6. 程序公正原则

6.1 人民法院审理涉外民事案件，应根据法律和事实公正审判，不受外界的干扰。

6.2 人民法院审理涉外民事案件，应当以合法、及时、有效的方式向当事人送达诉讼和非诉讼文书。

6.3 当事人应有公平的机会提出事实和法律的主张，提交证据，进行答辩。

7. 程序公开原则

7.1 人民法院依法公开审理涉外民事案件，所作出的判决应当公开，但法律另有规定的除外。

7.2 涉外民事案件的卷宗和档案应当公开，涉及国家安全、商业秘密、个人隐私的部分除外。

8. 法院地法原则

人民法院审理涉外民事案件，诉讼程序适用法院地法，但法律另有规定的除外。

9. 既判力原则

人民法院作出的涉外民事案件的判决发生法律效力后，以及外国法院作出的已生效判决经中华人民共和国人民法院承认后，在中华人民共和国具有既判力。但外国法院对中华人民共和国人民法院判决的效力加以限制的除外。

10. 支持和监督仲裁原则

在本规则规定的事项上，人民法院支持国际商事仲裁的发展，依法对国际仲裁予以协助、进行必要的监督。

11. 公共秩序原则

依照本规则所规定的国际民事诉讼程序，不得违反中华人民共和国的公共秩序。

三、《中国国际民事诉讼原则(建议稿)》释义

【条文设置、顺序及创新点】

国际民事诉讼法原则是国际民事诉讼的核心问题，也是起草国际民事诉讼规则应把握的准线。就国际民事诉讼而言，不仅涉及法院与内国当事人的关系，还涉及外国当事人的诉讼地位、法院与外国当事人之间的关系，甚至是国与国之间司法权的博弈。国际民事诉讼的原则不仅要考虑这些极为复杂的社会关系和法律关系，而且要体现国际民事诉讼活动所应遵守的基本准则。

国际民事诉讼与国内民事诉讼活动既有许多相同之处，也有很多不同。作为民事诉讼活动的一种，国内民事诉讼活动的基本原则无疑应该为国际民事诉讼所遵守，但国际民事诉讼的原则应该有特殊之处。另外，起草国际民事诉讼的原则至少应考虑如下因素：一是贯穿国际民事诉讼活动的准则，或者说国际民事诉讼应该遵守的一些精神；二是在国际社会中已经形成的一些共识性的原则；三是虽然不是贯穿国际民事诉讼程序的整个过程，但对国际民事诉讼程序至关重要的一些原则。

出于对这些因素的考虑，国家主权原则和公共秩序原则不仅贯穿国际民事诉讼活动的始终，而且是国际民事诉讼程序不能逾越的底线。二者从积极和消极两个方面共同为国际民事诉讼营造了一个平等互利、相对安全的法律环境。而司法救济原则、平等和对等原则、法院地法原则以及国际条约优先原则，不仅是国际社会的共识，也是我国法院的习惯做法。在国际民事诉讼程序中，适当法院原则划分了中国法院与外国法院对于涉外案件的管辖权。诉讼程序启动以后，程序公开原则、程序公正原则和既判力原则等共同指引诉讼顺利进行，保证诉讼程序的公平和正义。而在处理国际民事诉讼和其他非诉讼争议解决机制的关系上，诉讼与仲裁的关系是一个很好的缩影。支持和监督仲裁原则界定了国际民事争议案件中司法权和仲裁权的权力范围和权力分配。

在此次中国国际民事诉讼原则的起草上，国家主权原则是统领性原则，置于各原则之首。司法救济原则作为人人在法律面前平等原则的体现以及人权保障的核心内容，列入第二条。平等和对等原则是建立公平诉讼环境的基础性原则，位列第三条。国际条约优先原则既涉及国家的义务、国家之间的关系，也涉及法律的适用问题，因其具有宏观视角，故列为第四条。适当法院原则、程序公正原

则、程序公开原则、法院地法原则和既判力原则是依据诉讼程序的过程而列举，包括了对管辖权、诉讼程序、法律适用和法院判决效力等问题的规制，依次列为第五、六、七、八、九条。支持和监督仲裁原则以司法制度和仲裁制度的关系为视角，独立其他内容，故列为第十条。公共秩序原则是防御性和保护性原则，一般很少适用，① 相比于前十条原则的正面规定不同，该原则是反面规定，与第一条国家主权原则一起，从正反两方面对国家利益和社会利益进行保护，故将该原则置于最后。

此次起草的中国国际民事诉讼原则主要有以下创新和突破：

(1)在国家主权豁免的问题上，考虑到目前我国外交部门和法院实践中所采取的绝对豁免的立场，也通过"中华人民共和国法律及其缔结或参加的国际公约中规定的不得援引国家豁免的情形除外"的规定，为我国未来通过参加国际条约或颁布新的法律采取限制性豁免预留了空间。

(2)在互惠问题上，我国目前主要采取法律互惠和事实互惠的做法，而本原则在采取对等限制的同时，采取推定互惠的做法，以积极的态度推进国际民事诉讼的合作。

(3)在管辖权的问题上，通常遵循法定原则。但本原则主张法院行使管辖权不仅要合法，而且要合理和适当，旨在为未来非方便法院原则、平行诉讼问题的处理埋下伏笔。同时对于必要管辖，列出了法院行使管辖权所应考虑的五点因素。

(4)在我国法院作出的已生效涉外判决的既判力问题上，我国法律从来未进行过宣示；对于已被我国法院承认的外国法院判决，其既判力问题在我国也存有质疑。本原则明确了上述判决的既判力问题。同时，考虑到有些国家可能会因我国过多的审判监督程序而否认我国法院判决的既判力，还专门规定了对等限制。

(5)本原则首创地规定了支持和监督仲裁原则，明确人民法院应该支持国际商事仲裁活动，避免司法的过度监督，从而推动国际商事仲裁和其他非诉讼争议解决机制在中国的发展。

1. 国家主权原则

1.1　中华人民共和国人民法院依法独立审判涉外民事案件，审查外国法院判

① 参见何其生：《国际商事仲裁司法审查中的公共政策》，载《中国社会科学》2014年第7期，第143~163页。

决和外国仲裁裁决的承认和执行申请，并依法作出裁决。

1.2　针对外国国家及其财产提起的诉讼，以及所采取的强制性措施，需要得到该外国的同意。中华人民共和国法律及其缔结或参加的国际公约中规定的不得援引国家豁免的情形除外。

1.3　国际组织享有的司法豁免权依照中华人民共和国法律和国际条约，以及该国际组织与中华人民共和国主管机关达成的协定予以确定。

1.4　对享有外交特权与豁免权的外国人、外国组织或者国际组织提起的民事诉讼，应当依照中华人民共和国有关法律和中华人民共和国缔结或者参加的国际条约的规定办理。

【制定目的】

本条所规定的国家主权原则包含以下两个方面的内容：一是宣示中华人民共和国人民法院享有涉外民事案件的管辖权和审查外国法院判决与外国仲裁裁决承认和执行申请的权力；二是在国际民事诉讼活动中，规定外国国家、个人和国际组织享有一定程度的豁免权。

【条文释义】

1.1　评注

第1.1条规定了两个方面的内容：一是司法管辖权；二是审查外国法院判决和外国仲裁裁决的承认和执行申请。

(一)司法管辖权

国际民事诉讼中的管辖权是指在国家具有司法权的前提下，该国法院对具体的涉外民事案件所具有的管辖权。除了国际法的限制之外，现代国家都拥有完全独立自主的司法管辖权。

我国对涉外民事案件享有管辖权，而行使审判权的机构是人民法院。中华人民共和国宪法(以下简称《宪法》)第123条规定，中华人民共和国人民法院是国家的审判机关。第126条规定：人民法院依照法律规定独立行使审判权，不受行政机关、社会团体和个人的干涉。《中华人民共和国人民法院组织法》(以下简称《人民法院组织法》)第1条也规定：中华人民共和国人民法院是国家的审判机关；第3条规定：保护公民私人所有的合法财产，保护公民的人身权利、民主权利和其他权利……；第4条规定：人民法院依照法律规定独立行使审判权，不受行政机关、社会团体和个人的干涉。

按照国家主权原则，每一个主权国家都有属人管辖权和属地管辖权。一个国家具有公法意义上的管辖权并不意味着该国会对所有的民事案件实施管辖。① 目前包括我国在内的大多数国家，都采取属人管辖和属地管辖相结合的立法方式。②

本规则所确立的行使管辖权的标准，在第5条适当法院原则中规定。

(二)审查外国法院判决和外国仲裁裁决的承认和执行申请

任何国家法院的判决都是司法机关依据本国司法主权，对一定的争议所作出的，原则上只能在判决国境内生效，没有域外效力。外国的任何机关或个人都不能在他国领域内强制执行其所属国法院作出的任何判决，这是国际社会公认的原则。但现代各国都在一定条件下承认和执行外国法院的判决。为此，各国法律和一些国际公约都对此进行了规定，如海牙《民商事案件外国判决的承认和执行公约》(1971)(以下简称《外国判决的承认和执行公约》)第4~12条就详细规定了承认和执行外国判决的条件。

《中华人民共和国民事诉讼法》(以下简称《民诉法》)③、我国与外国缔结的双边司法协助条约④中均有规定。对外国仲裁裁决申请在本国承认和执行的，人民法

---

① 对于确立管辖权的标准，各国做法不同。总结概括起来，历史上存在着以下四种标准：(1)以当事人国籍为根据的管辖权，以1804年《法国民法典》最为著名。(2)以财产所在地为根据的管辖权，如《德意志联邦民事诉讼法》(1999年修订)(以下简称《德国民诉法》)。(3)有效性原则，只要被告出现在英国，传票送到他手中，法院对该被告就有管辖权。采取这一原则的有英国。(4)长臂管辖。美国被公认为采取该原则。在《美国冲突法第二次重述》(1971)(以下简称《冲突法第二次重述》)的第27节中，各州长臂管辖权的内容被归纳为10个方面。这10个方面为：①当事人在该州出现；②当事人在该州有住所；③当事人居住在该州；④当事人是该国国民或公民；⑤当事人同意该州法院管辖；⑥当事人出庭应诉；⑦当事人在该州从事业务活动；⑧当事人在该州曾为某项与诉因有关的行为；⑨当事人在国(州)外做过某种导致在该州发生效果的行为；⑩当事人在该州拥有、适用或占有与诉因有关的产业。See Restatement of the Law, the Conflict of Laws, Second Edition, § 27.

② 参见何其生：《比较法视野下的国际民事诉讼》，高等教育出版社2015年版，第50~132页。

③ 《民诉法》第282条规定：人民法院对申请或者请求承认和执行的外国法院作出的发生法律效力的判决、裁定，依照中华人民共和国缔结或者参加的国际条约，或者按照互惠原则进行审查后，认为不违反中华人民共和国法律的基本原则或者国家主权、安全、社会公共利益的，裁定承认其效力，需要执行的，发出执行令，依照本法的有关规定执行。违反中华人民共和国法律的基本原则或者国家主权、安全、社会公共利益的，不予承认和执行。

④ 如《中华人民共和国和阿根廷共和国关于民事和商事司法协助的条约》(2001)(以下简称《中阿民商事司法协助条约》)第18条规定了拒绝承认与执行的情形：(1)根据作出裁决一方的法律，该裁决不是终局的或者不具有执行效力；(2)根据被请求方的法律，作出裁决的法院不具有管辖权；(3)根据作出裁决一方的法律，败诉的当事人未经合法传唤，或者没有得到适当代理；(4)被请求方法院对于相同当事人之间就同一标的的案件正在进行审理，或者已经作出了生效裁决，或者已经承认了第三国对案件作出的生效裁决；(5)本条约第17条中的规定没有得到满足。

院需要依据相关法律和国际条约对仲裁裁决作出审查。① 这也是国家司法权的具体体现。

本条中所称“外国法院判决”既包括外国内国法院所作出的民事判决，也包括国际法院(ICJ)和欧洲法院(ECJ)所作出的民事判决。

1.2 评注

第1.2条规定的是对外国国家及其财产的豁免。我国一直坚持绝对豁免原则，本规则制定的意图在于在不违反我国现有立场的情况下，保留了根据条约或新的法律采纳限制豁免原则的可能性，为以后人民法院对外国国家及其财产行使管辖权预留空间。

在司法实践中，我国处理的有关国家豁免的事件主要有：1949年的“两航公司案”、1951年的“游轮案”、1977年的“烟火案”和1979年的“湖广铁路债券案”②。从案件的经过来看，中国政府坚持绝对豁免原则，拒绝外国法院的司法管辖，但中国的态度并没有实际影响外国法院作出判决。

一方面，采取限制豁免原则的国家，不理会我国绝对豁免的态度，对中国的国有企业进行诉讼管辖，扣押执行财产。另一方面，我国法院对外国国家和国际组织采取绝对豁免的态度，使许多案件中的原告当事人由于无法起诉而不能获得赔偿。两方面都不利于保护我国公民和企业的利益。

中国尚无有关国家及其财产豁免的专门立法。但中国已签署了一系列体现限制豁免原则的公约。例如，我国于1980年签署了1969年《国际油污损害民事责任公约》，该公约第11条第1款规定：“本公约各项规定不适用于军舰或其他为国家所有或经营的在当时仅用于政治的非商业性服务的船舶。”我国于1982年签署了《联合国海洋法公约》，该条约的第32、95、96条规定了外国军舰和非商业用途的政府船舶的司法豁免。

中国于2005年签署了《联合国国家及其财产管辖豁免公约》(以下简称《国家及财产豁免公约》)，该公约是采用限制豁免原则的最重要的国际条约。该公约第5

① 《民诉法》第274条规定：对中华人民共和国涉外仲裁机构作出的裁决，被申请人提出证据证明仲裁裁决有下列情形之一的，经人民法院组成合议庭审查核实，裁定不予执行：(1)当事人在合同中没有订有仲裁条款或者事后没有达成书面仲裁协议的；(2)被申请人没有得到指定仲裁员或者进行仲裁程序的通知，或者由于其他不属于被申请人负责的原因未能陈述意见的；(3)仲裁庭的组成或者仲裁的程序与仲裁规则不符的；(4)裁决的事项不属于仲裁协议的范围或者仲裁机构无权仲裁的。人民法院认定执行该裁决违背社会公共利益的，裁定不予执行。

② 参见林准主编：《国际私法案例选编》，法律出版社1996年版，第128页；陈致中主编：《国际法案例》，法律出版社1998年版，第32页；黄进、何其生、肖凯编著：《国际私法：案例与资料》(中、英文)(上)，法律出版社2004年版，第101~109页。

条规定：一国本身及其财产遵照该公约的规定在另一国法院享有管辖豁免。第 8 条第 1 款规定：在下列情况下，一国不得在另一国法院的诉讼中援引管辖豁免：(a)该国本身提起该诉讼；或(b)介入该诉讼或采取与案件实体有关的任何其他步骤。但如该国使法院确信它在采取这一步骤之前不可能知道可据以主张豁免的事实，则它可以根据那些事实主张豁免，条件是它必须尽早这样做。第 2 款规定：一国不应被视为同意另一国的法院行使管辖权，如果该国仅为下列目的介入诉讼或采取任何其他步骤：(a)援引豁免；或(b)对诉讼中有待裁决的财产主张一项权利或利益。第 3 款规定：一国代表在另一国法院出庭作证不应被解释为前一国同意法院行使管辖权。第 4 款规定：一国未在另一国法院的诉讼中出庭不应被解释为前一国同意法院行使管辖权。公约第三部分规定不得援引国家豁免的诉讼，包括商业交易，雇佣合同，人身伤害和财产损害，财产的所有、占有和使用，知识产权和工业产权，参加公司或其他集体机构、国家拥有或经营的船舶，仲裁协定的效果。

目前大多数国家和地区都采取的是限制豁免原则。如美国《外国主权豁免法》(1976)、英国《国家豁免法》(1978)、哈萨克斯坦《哈萨克斯坦共和国民事诉讼法法典》(1997)(以下简称《哈萨克斯坦民诉法典》)、加拿大《外国国家在加拿大法院豁免法》(1982)以及《关于国家豁免的欧洲公约》(1972)。

1.3　评注

国际组织及其财产享有的司法豁免权的情形与条件参照 1.2 条释义。

1.4　评注

为了保证外交代表、外交代表机关以及外交人员进行正常外交活动，各国根据相互尊重主权和平等互利的原则，按照国际惯例和有关协议相互给予驻在本国的外交代表、外交代表机关和外交人员一种特殊权利和优遇，其中包括民事管辖豁免。

中国签订或加入的国际公约和《中华人民共和国领事特权与豁免条例》(1990)(以下简称《领事特权与豁免条例》)中均有规定。《维也纳外交关系公约》第 31 条规定了下述情况外交人员不能援引民事管辖的豁免权，即：涉及外交人员在驻在国私有不动产的物权(如房屋)诉讼；外交人员以私人身份卷入的遗产继承诉讼；外交人员在驻在国从事获利的商业和其他私人职业活动引起的诉讼。

在我国，《外交特权与豁免条例》第 14 条规定：外交代表享有民事管辖豁免和行政管辖豁免，但下列各项除外：外交代表以私人身份进行的遗产继承的诉讼；外交代表违反第 25 条第 3 项规定在中国境内从事公务范围以外的职业或者商业活动的诉讼。《领事特权与豁免条例》第 14 条规定：以下领事官员和领馆行政技术人员执行职务的行为享有司法管辖豁免：涉及未明示以派遣国代表身份所订的契约的诉讼；涉及在中国境内的私有不动产的诉讼，但以派遣国代表身份所拥有的为领馆使用的不动产不在此限；以私人身份进行的遗产继承的诉讼；因车辆、船舶或者航空器在中国境内造成的事故涉及损害赔偿的诉讼。①

2. 司法救济原则

人人平等地享有司法救济的权利，不分种族、肤色、性别、语言、宗教、国籍或其他身份等而有区别。

【制定目的】

"有权利必有救济"，已经成为很多国家宪法和国际公约所共同确立的一项原则。在现代法治国家中，获得司法救济的权利是包括宪法在内的全部国家法律的基本任务之一。纵观世界各国的实践与立法，大多数国家对公民的基本权利进行司法救济作了具体的规定。同时，司法救济权作为一项基本人权，对司法救济权的确认与保护亦逐渐成为一种国际化趋势，很多国际人权公约都对此进行了规定。例如，《世界人权宣言》(1948)、《公民权利和政治权利国际公约》(1966)、《经济、社会和文化权利国际公约》(1966)等均规定了公民的司法救济权。我国宪法对公民的各项基本权利作了具体的规定，尤其是2004年的宪法修正案中明确规定了对人权的保护，强调在法律面前人人平等的原则下，公民有获得权利救济的权利，包括提起申诉和控告的权利等。综上所述，确立司法救济原则，既符合现代法治国家发展的需要，又符合保护人权的国际化发展趋势。在涉外民事诉讼中，对当事人平等地采取一定的救济措施，不但保证其通过法律程序获得司法救济，保护当事人的民事权利，而且有利于涉外民商事活动的正常开展。

【条文释义】

评注

所谓司法救济权是指任何人当其宪法和法律赋予的权利受到侵害时，均享有向独立而无偏倚的法院提起诉讼，并由法院经过正当审讯作出公正裁判的权利。② 此处的"救济"要做广义上的理解，具体而言包括以下两个层面：首先，在发生纠纷时，人人平等地享有通过司法途径获得救助的权利。换而言之，任何人在其权利受到侵害时或与他人发生权利义务争执时，均有法定的权利以及实际的可能向有关司法机关要求予以保护或者救济。司法机关应该按照正当的法定程序以及适当的法律做出公正的裁决。其次，本原则下的"救济"还应当包括弱势群体得到司法救助的

---

① 我国司法实践中的情况，可参见何其生：《比较法视野下的国际民事诉讼》，高等教育出版社2015年版，第44~46页。

② 参见苗连营：《公民司法救济权的入宪问题之研究》，载《中国法学》2004年第5期，第25页。

权利。学界关于弱势群体的定义及其内涵和外延尚未达成一致意见，此处的弱势群体主要是指无法享有和实现基本权利的群体。对弱势群体提供必要的、行之有效的司法救助制度，有利于化解纠纷，维护当事人的利益和司法公正，保障平等地行使诉权。纵观各国立法及实践，对弱势当事人提供司法救助，一般是通过对当事人缓交、减交或免交诉讼费用的救济措施，减轻或者免除经济上确有困难的当事人的负担，保证其能够正常参加诉讼，依法维护其合法权益。本原则就是通过上述两个层面实现当事人在法律面前均一律平等地享有司法救济的权利。

司法救济被许多国际公约所关注，成了国际公约确认和保障的对象，呈现出国际化的趋势。在国际公约层面，1980年海牙《国际司法救助公约》(以下简称《司法救助公约》)确立了在国际民事诉讼中就司法救助事项进行了详细的规定。《世界人权宣言》(1948)第8条和第10条确立了司法救济权保障的国际标准。《公民权利和政治权利国际公约》(1966)第14条亦规定了人人在法院和裁判所前一律平等，同时要求每一个缔约国都应当保证在其领土内和受其管辖的一切人都享有该公约所承认的权利，并且保证任何人在其为公约所承认的权利和自由受到侵犯时，都能获得司法救济。

此外，一系列的国际法律文件或区域性国际公约又进一步重申或细化了对司法救济权的保障。如《欧洲人权公约》(1950)的第6条、第7条，《美洲人权公约》(1969)的第7条、第8条，《非洲人权和民族权宪章》(1981)的第7条第1款都对司法救济权作了规定。与此同时，很多国家为了加强对司法救济权的保障，除了在国家宪法中将司法救济权作为一项重要的权利予以明确外，还在程序法中对司法救济权进行了进一步的规定。例如，《日本民事诉讼规则》(2004年修订)(以下简称《日本民诉规则》)第4章第3节就对司法救济中的诉讼救助的内容进行了具体规定。①

2000年，最高人民法院公布的《司法救助规定》，使我国的司法救助制度大大向前迈进了一步，但是，《司法救助规定》只是就司法救助制度进行了规定，尚未对司法救济的另一个层面的内容予以规定，所以还存在着完善的空间。因此，建议我国在今后设计具体的规则时，可以参照国际条约以及其他国家的规定，对司法救助的合理提供、诉讼费用担保的免除、记录和判决书的取得等内容进行详细规定。

3. 平等和对等原则

3.1　外国人、无国籍人、外国企业和其他组织在中华人民共和国境内同中华

---

① 《日本民诉规则》第30条规定："应说明诉讼上的救助事由。"

人民共和国公民、企业和其他组织有同等的诉讼权利，承担同等的诉讼义务。法律有特殊规定的除外。

3.2　外国法院对中华人民共和国公民、企业和其他组织的民事诉讼权利加以限制的，中华人民共和国人民法院对该国公民、企业和其他组织的民事诉讼权利实行对等原则。

3.3　若一国没有相反证明，推定该国给予中华人民共和国公民、企业和其他组织同等的民事诉讼权利。该国公民、企业和其他组织在中华人民共和国的民事诉讼地位适用本条第一款的规定。

【制定目的】

本条设计的目的有两点：第一，赋予外国人①和内国人平等的民事诉讼地位，避免外国人的权利因为其域外身份而受到特殊照顾或者限制，通过程序公正促进实体公正；第二，保护我国公民、企业和其他组织②在国际民事诉讼中的地位，并通过正、反两个方面来实施：一是宣誓和反向激励，若某国恶意限制我国国民的民事诉讼权利，实行对等报复，一定程度上使外国迫于压力给予我国国民平等的民事诉讼地位；二是在没有相反证据证明的情况下，实行反向推定，在国际民事诉讼中主动给予该国国民平等的民事诉讼权利，争取我国国民在该国进行民事诉讼时，获得相应待遇的机会。

【条文释义】

3.1　评注

本条第1款规定的是外国人民事诉讼地位的平等原则。条文设计包括三个方面的内容：一是外国人在内国境内时，有将争议诉诸司法并寻求保护的权利；二是外国人在内国境内参与民事诉讼时，享有与内国人同等的民事诉讼权利，并承担同等的民事诉讼义务，其民事诉讼权利不因其为外国人而受到限制；三是外国人在内国境内享有的民事诉讼权利不能超出内国人所享有权利范围，一国出于维护自身利益的需要以及互惠等因素的影响，在赋予外国人与内国人平等的民事诉讼权利时，可以对这种权利进行限制。这种限制体现在两个方面：第一，外国人所享有的民事诉讼权利不能超过内国人所享有的权利范围，第二，出于国家利益的需要，我国法律可以对他国国民所享有的权利进行特殊的规定。

外国人的民事诉讼地位在历史上有一个演变过程，其经历了从敌对、不能在内国提起民事诉讼，到内国一定程度上承认外国人的权利，再到内国普遍承认外国人

① 此处的外国人指自然人、法人和非法人组织，不包括国家和国际组织。后文同。

② 下文中提及的“我国公民、企业和其他组织”统称为“我国国民”。

与内国人享有平等的民事诉讼地位的一个过程。外国人民事诉讼地位的平等原则是国际法上国民待遇原则在国际民事诉讼中的具体体现。①

赋予外国人与内国人平等的民事诉讼地位是当今国际社会的普遍做法，例如，《罗马尼亚关于调整国际私法法律关系的第一百零五号法》(1992)(以下简称《罗马尼亚国际私法》)第163条第1款，②《哈萨克斯坦民诉法典》第413条第1款和第2款，③《格鲁吉亚关于调整国际私法的法律》(1998)(以下简称《格鲁吉亚国际私法》)第57条，④ 均规定内外国当事人在国际民事诉讼程序中享有同等的权利、并履行同等的义务。根据《宪法》的规定，外国人的合法权利受我国法律保护。⑤ 同时，《民诉法》的规定说明，宪法中规定的权利涵盖程序性事项，即外国人在我国进行民事诉讼时，与我国当事人享有同等的民事诉讼权利、履行同等的民事诉讼义务。⑥ 需要注意的是，此处的平等并不仅是一种形式上平等的宣称，它要求考

① 国民待遇原则的兴起是17、18世纪国际商业贸易发展的结果，最早起源于法国，首先体现在实体法领域。《法国民法典》(1804)第11条规定："外国人在法国享有与其本国根据条约给予法国人的同样的民事权利。"之后，荷兰、意大利、葡萄牙、西班牙等很多国家均通过立法确定了这一原则。参见徐宏：《国际民事司法协助》，武汉大学出版社2006年版，第66~67页。该原则的效力很快从实体法领域延伸至程序法领域，《布塔斯曼法典》(1928)第317条规定："缔约各国不得根据对物管辖权和对人管辖权在国际关系范围内区别有关当事人是国民还是外国人的身份，而使后者受到不利"；联合国《关于无国籍人地位的公约》(1954)(以下简称《无国籍人地位公约》)第16条第2款规定："无国籍人在其惯常居所地的缔约国内，就有关向法官请求的事项，包括诉讼救助和免于提供诉讼担保在内，应享有与本国国民相同的待遇"；联合国《关于难民地位的公约》(1951)(以下简称《难民地位公约》)第16条也作了类似的规定。当事人能将争议诉诸法院，是获得公平审判的基础。在民事诉讼中赋予外国人与内国人平等的民事诉讼地位，首先意味着司法对所有人开放，外国人和内国人一样，有了获得司法救济的权利。

② 《罗马尼亚国际私法》第163条第1款规定：外国自然人和法人在罗马尼亚法院享有与罗马尼亚自然人和法人同等的权利，并承担同等义务。

③ 《哈萨克斯坦民诉法典》第413条第1款规定：外国人与无国籍人、外国组织与国际组织(以下均称外国人)，为维护受害者利益或解决权利争议，有权根据法律自由地、受保护地向哈萨克斯坦共和国法院提起诉讼；第2款规定：外国人享有与哈萨克斯坦共和国公民与组织同等的诉讼权利并履行同等的诉讼义务。

④ 《格鲁吉亚国际私法》第57条规定：在民事诉讼程序中，外国国民、法人以及无国籍人在格鲁吉亚境内享有与格鲁吉亚国民和法人同样的法律保护。

⑤ 《宪法》第32条第1款规定：中华人民共和国保护在中国境内的外国人的合法权利和利益，在中国境内的外国人必须遵守中华人民共和国的法律。

⑥ 《民诉法》第5条第1款规定：外国人、无国籍人、外国企业和组织在人民法院起诉、应诉，同中华人民共和国公民、法人和其他组织有同等的诉讼权利义务。

虑诸多具体的程序性因素以实现司法正义。美国法学会和国际统一私法协会联合拟定的《跨国民事诉讼程序原则》(2004)(以下简称《跨国民事诉讼程序原则》)对国际民事诉讼中内外国当事人的地位平等进行了非常细致的规定，除了平等的地位和待遇、避免任何种类的歧视之外，它要求法院考虑外国当事人参加诉讼的困难。①

另外，由于受国家主权，国际经济、政治关系等因素的影响，平等原则并不是指外国人与内国人的民事诉讼权利绝对平等。首先，外国人获得民事诉讼权利的范围不能超过内国人。外国人同内国人享有平等的民事诉讼地位，不等同于国际民事诉讼中每个环节的绝对平等。在国际民事诉讼中，给予外国人平等的民事诉讼地位，意在通过构建一个合理的程序体系来促进实体的公正，而不是片面追求形式的平等。②

其次，各国在规定外国人在国际民事诉讼中享有国民待遇的同时，通常会对这一权利进行必要的限制。对实体性权利，通常以权利的性质来进行区分；对程序权利事项，一般要求符合法律的规定，并以互惠为前提。很多国家的立法体现了这一点，例如《格鲁吉亚国际私法》第 21 条规定，在同等的条件下，外国人和内国人享有平等的民事诉讼地位。但在没有互惠的情形下，法律可以作出例外的规定。③ 捷

① ALI / UNIDROIT Principles of Transnational Civil Procedure 2004

Article 3 Procedural Equality of the Parties

3.1 The court should ensure equal treatment and reasonable opportunity for litigants to assert or defend their rights.

3.2 The right to equal treatment includes avoidance of any kind of illegitimate discrimination, particularly on the basis of nationality or residence. The court should take into account difficulties that might be encountered by a foreign party in participating in litigation.

3.3 A person should not be required to provide security for costs, or security for liability for pursuing provisional measures, solely because the person is not a national or resident of the forum state.

3.4 Whenever possible, venue rules should not impose an unreasonable burden of access to court on a person who is not a habitual resident of the forum.

② 参见孙应征主编:《涉外民商事法律原理与实证解析》，人民法院出版社 2004 年版，第 34 页。

③ 《格鲁吉亚国际私法》第 21 条规定：在同等条件下，外国自然人、法人以及无国籍人在格鲁吉亚与本国人一样具有权利能力和行为能力。但在无互惠的情形下允许有例外，这种例外须由法律作出明确规定。

克斯洛伐克、哈萨克斯坦、保加利亚以及乌兹别克斯坦等国都有类似的规定。①

此外，在诉讼费的担保、司法救助等具体的制度设计上，各国的规定不尽相同，很多国家要求外国人具体权利的获得须以互惠为条件。例如《罗马尼亚国际私法》第163条第(2)款规定："在国际私法法律关系诉讼程序中，如果诉讼当事人所属国或其住所所在国与罗马尼亚之间存在互惠，则该外国当事人与罗马尼亚公民在同等范围和同等条件下享受诉讼费用的减免以及无偿的法律救济"。《民诉法》也有类似的规定。② 这一要求进一步体现在双边的司法协助条约中，例如，1987年《中华人民共和国和法兰西共和国关于民事、商事司法协助的协定》(以下简称《中法民商事司法协助协定》)第1条第1款规定："缔约一方的国民在缔约另一方领域内，享有与另一方国民同等的司法保护，有权在另一方国民同等的条件下，在缔约另一方法院进行民事、商事诉讼。"要求互惠是国家主权的直接体现，国家主权平等是国际社会正常发展的基础，要求一国在事实上和法律上尊重另一国固有的权利。给予另一国当事人平等的民事诉讼地位也是国家司法权让渡和开放的一种体现，一般情况下应要求互惠。

3.2 评注

本条第2款和第3款规定的是外国人民事诉讼地位的对等原则，其中第2款规定的是积极的对等，即若某国限制我国国民在民事诉讼中的权利，当该国国民在我国领域内涉诉时，实行对等报复。

对等原则是国际法领域的一项基本原则，指一国获得另一国某种优待或者限制时，给予相应的回报或者报复，其基础在于国家主权平等，渊源可以追溯到胡伯的国际礼让说。如今对等原则已经从传统的国际法领域延伸至国际民事诉讼领域，并

① 《捷克斯洛伐克国际私法及国际民事诉讼法》(1964)第32条第(1)款规定：外国人在其财产权以外的权利范围内，享有与捷国公民同等的权利和义务，但本法或特别法有相反的规定除外。

《哈萨克斯坦民诉法典》第413条第(3)款规定：外国人根据本法与其他法律规定参加法院诉讼程序。

《保加利亚共和国关于国际私法的法典》(2005)(以下简称《保加利亚国际私法》)，该法第49条第(2)款规定：外国人和无国籍人在保加利亚共和国享有与保加利亚国民同等的权利，但法律另有规定的除外。

《乌兹别克斯坦共和国民法典》(1997)(以下简称《乌兹别克斯坦民法典》)第1177条规定：外国法人可在乌兹别克斯坦共和国境内从事经营活动或者其他受民事法律调整的活动，但乌兹别克斯坦共和国法律对外国法人另有规定的除外。

② 《民诉法》第276条第1款规定：根据中华人民共和国缔结或者参加的国际条约，或者按照互惠原则，人民法院和外国法院可以相互请求，代为送达文书、调查取证以及进行其他诉讼行为。

在外国当事人的法律地位、法律适用以及民商事判决的承认和执行等方面有所适用。论及外国当事人的法律地位，当外国限制内国国民的民事诉讼权利时，对外国国民实行报复措施，是各国较为普遍做法。例如，《哈萨克斯坦民诉法典》第413条第2款规定：“如果某国对哈萨克斯坦共和国公民与组织的诉讼权利作出特别限制的，哈萨克斯坦共和国可以对该国公民进行相应的限制。”另外，包括《民诉法》在内，捷克斯洛伐克、吉尔吉斯共和国、俄罗斯、乌兹别克斯坦、白俄罗斯、摩尔多瓦共和国、亚美尼亚共和国、阿塞拜疆共和国等国均有类似的规定。① 在国际交往中实行对等原则，是国家主权要求的直接体现。国家主权平等是国际秩序正常发展的基础，其要求一国在事实上和法律上尊重和承认另一国固有的权利。当一国在事实上不承认另一国国民在民事诉讼中的权利时，实行对等报复似乎是应有之意。

---

① 《民诉法》第5条第2款规定：外国法院对中华人民共和国公民、法人和其他组织的民事诉讼权利加以限制，中华人民共和国人民法院对该国公民、企业和组织的民事诉讼权利，实行对等原则。

《捷克斯洛伐克国际私法及国际民事诉讼法》(1964)第32条第2款规定：如外国给予捷克斯洛伐克公民不同于其本国公民的差别待遇时，捷克斯洛伐克外交部长可同有关机关协商决定，对该国公民不适用前一款规定。注：该条前一款规定的内容为国民待遇中内外国当事人平等这一内容。

《吉尔吉斯共和国民法典》(1998)(以下简称《吉尔吉斯民法典》)第1176条规定：若某国对吉尔吉斯共和国的公民或法人的权利进行特别限制，则吉尔吉斯共和国政府亦可对该国公民或法人的权利实施相应的限制(报复)措施。

《俄罗斯联邦民事诉讼法法典》(2002)(以下简称《俄罗斯民诉法典》)第1194条规定：对于那些对俄罗斯公民和法人的财产和人身非财产权利实行特别限制的国家，俄罗斯联邦政府可对其公民和法人的财产和人身非财产权利采取相应的对等措施。

《乌兹别克民法典》第1167条规定：对于那些对乌兹别克斯坦共和国公民和法人的权利实行特别限制的国家，乌兹别克斯坦共和国政府可对该国公民和法人的权利进行对等限制(报复)。

《白俄罗斯共和国民法典》(1999)(以下简称《白俄罗斯民法典》)第1102条规定：对于那些对白俄罗斯公民和法人的权利实行特别限制的国家，白俄罗斯共和国政府可对该国公民和法人的权利进行对等限制。

《摩尔多瓦共和国民法典》(2002)(以下简称《摩尔多瓦民法典》)第1584条规定：如果某些国家对摩尔多瓦共和国公民、法人的财产权和人身非财产权施加特别限制，则摩尔多瓦共和国可对这类国家公民和法人的财产权和人身非财产权施加限制。

《亚美尼亚共和国民法典》(1999)(以下简称《亚美尼亚民法典》)第1261条规定：如果某些国家对亚美尼亚共和国公民、法人的财产权利和人身非财产权利施加特别限制，则亚美尼亚共和国可对这类国家公民和法人的财产权利和人身非财产权利采取对等措施(报复)。

《阿塞拜疆共和国关于国际私法的立法》(2000)(以下简称《阿塞拜疆国际私法》)第7条规定：他国对阿塞拜疆共和国公民或法人施加限制的，阿塞拜疆共和国主管机关可采取对等措施，对该国公民或法人施加相应的限制。

在经济全球化和贸易全球化的今天，平等的民事诉讼地位显得尤为重要，本条第2款对于迫使外国政府给予我国国民平等的民事诉讼权利亦有一定作用。

3.3　评注

本条第3款规定的是积极的对等原则、互惠的反向推定，即在没有相反证据证明的情况下，推定该国给予我国国民平等的民事诉讼地位；当该国国民在我国涉诉时，主动给予该国国民与我国国民平等的民事诉讼地位，使其与我国国民享有同等的权利并履行同等的义务。

这一规定有利于平等地保护当事人在民事诉讼中的权利。首先，该规定体现了大国开放的态度与胸襟。经济的腾飞使中国在国际舞台上受到越来越多的关注，在国际民事诉讼中主动给予外国人平等的民事诉讼权利，一方面体现了我国开放的胸怀，另一方面，这一规定也提供了激励机制，有利于外国在其司法实践中给予我国当事人同等的权利。① 其次，这一规定更加有利于保护内外国当事人的民事诉讼权利。上文已经提及互惠是一国主权的要求，而国家间的互惠与当事人无关，对当事人而言，国家间是否存在互惠只是偶然的运气。② 国际民商事法律关系是一种平等的民事法律关系，如果纯粹以形式上国家间的互惠来决定是否给予外国人平等的民事诉讼地位，显然有失公平。在法律适用方面，很多国家已经在立法实践中承认互惠的反向推定。例如，《俄罗斯民法典》第1189条第2款规定："若外国法的适用取决于互惠关系，在无其他相反证明时，推定存在这种互惠。"另外，白俄罗斯、摩尔多瓦共和国、吉尔吉斯共和国、亚美尼亚共和国、哈萨克斯坦共和国和保加利亚共和国等国均有类似的规定。③

---

① 参见何其生：《我国属人法重构视阈下的经常居所问题研究》，载《法商研究》2013年第3期，第84~91页。

② 参见李旺：《外国法院判决的承认和执行条件中的互惠原则》，载《政法论坛》1999年第2期，第96页。

③ 《白俄罗斯民法典》第1098条第2款规定：若外国法的适用取决于互惠关系，在无相反证明时，推定存在互惠。

《摩尔多瓦民法典》第1580条第2款规定：外国法的适用取决于互惠时，如无相反证明，则推定互惠存在。

《吉尔吉斯民法典》第1172条第2款规定：若外国法的适用以互惠为条件，则推定存在此种互惠，除非有其他相反证据。

《亚美尼亚民法典》第1257条第2款规定：外国法的适用取决于互惠时，如无相反证明，则推定互惠存在。

《哈萨克斯坦共和国冲突法与国际民事诉讼法》(2000)(以下简称《哈萨克斯坦冲突法与国际民诉法》)第1089条第2款规定：如果适用外国法取决于互惠关系，则推定存在互惠，除非有其他相反证明。

《保加利亚共和国关于国际私法的法典》(2005)(以下简称《保加利亚国际私法》)第47条第2款规定：在某法律规定要求有互惠关系存在时，除非有相反证据，否则推定存在这种互惠关系。

此外，在民商事判决的承认和执行领域，互惠的反向推定同样被运用到具体的立法与司法实践中。例如，《斯洛文尼亚关于国际私法与诉讼的法律》(1999)(以下简称《斯洛文尼亚国际私法》)第 101 条第 3 款规定："推定存在承认外国法院判决方面的互惠关系，除非有相反证明；对互惠关系有疑问时由司法主管机关作出答复。"在德国高等法院承认无锡中院判决一案中，德国柏林高等法院表现出了积极的态度，承认了我国无锡中院的判决。并且说明：在中、德双方不存在相互承认法院判决的国际条约的情况下，在互惠这一问题上，如果双方在司法实践中都等待对方先迈出一步，那么事实上就永远不可能发生互惠。① 自法国大革命以来，平等作为基本的人权在众多的国际、国内法律文件中均有反映。民事诉讼双方当事人的地位本应平等，只是在国际民事诉讼中由于国家主权等因素的存在，这种平等往往要求以互惠为前提。在没有相反证据证明，不损害我国利益的前提下，将互惠的反向推定延伸适用至外国当事人的民事诉讼地位中是应有之意。

4. 国际条约优先原则

中华人民共和国缔结或者参加的国际条约同本规则有不同规定的，适用该国际条约的规定，但中华人民共和国声明保留的条款除外。

【制定目的】

当今国际社会的成员之间的相互依赖性越来越强，没有一个国家可以毫不顾及其他国家的要求而任意行事，否则会招致其他国家的批评甚至报复。这就要求各国在制定本国立法时考虑国际社会法律的协调发展，吸收其他国家的普遍做法，特别是那些已经被具有广泛影响力的国际条约所接受的规则。

【条文释义】

评注

国际条约是国家之间就其相互权利义务关系所作的书面形式的约定，具体包括双边条约、多边条约等。信守国际条约是国际关系中公认的一项原则，履行国际条约是缔约国或参加国的当然义务。凡是在自愿、平等原则基础上参加条约的国家和地区，都有义务信守和履行条约义务。如果国内法与条约内容发生了冲突，通常情况下应当优先适用条约，这也是国际法的一项基本原则。因而我国人民法院审理涉

① See HE Qisheng, *Recognition and Enforcement of Foreign Judgments between USA and China: A Study of Sanlian v. Robinson*, 6(1) Tsinghua China Law Review 24-43 (2013). 参见王吉文：《论我国对外国判决承认与执行的互惠原则——以利益衡量方法为工具》，载《法学家》2012 年第 6 期，第 162 页。

外民事案件时，必须遵守我国缔结或参加的国际条约。

但是，适用国际条约并非绝对无条件地适用。这是因为：第一，国际条约的效力具有有限性，仅仅及于缔约国或参加国。我国人民法院在涉外民事诉讼中适用的国际条约，必须是我国缔结或参加的国际条约。第二，国际条约的内容具有有限性，对于我国缔结或参加的国际条约，在缔结或参加时可能对某些条款声明保留，也即不承认和接受该条款的内容，则该条款对我国也不发生效力，人民法院在审理涉外案件时不予适用。

此条主要考虑与现行《民事诉讼法》第 260 条①以及《最高人民法院关于适用〈中华人民共和国民事诉讼法〉的解释》(2015)(以下简称《民诉法解释》)第 533 条、第 543 条、第 544 条保持一致。②

5. 适当法院原则

5.1　人民法院应当依据本规则的规定，合理、适当地对涉外民事案件行使管辖权。

5.2　对本规则没有规定的涉外民事案件管辖权，人民法院行使管辖权时应当考虑以下因素：

(1)当事人的意思表示；

(2)案件与法院地的联系；

---

① 《民诉法》第 260 条规定："中华人民共和国缔结或者参加的国际条约同本法有不同规定的，适用该国际条约的规定，但中华人民共和国声明保留的条款除外。"

② 《民诉法解释》第 533 条规定：中华人民共和国法院和外国法院都有管辖权的案件，一方当事人向外国法院起诉，而另一方当事人向中华人民共和国法院起诉的，人民法院可予受理。判决后，外国法院申请或者当事人请求人民法院承认和执行外国法院对本案作出的判决、裁定的，不予准许；但双方共同缔结或者参加的国际条约另有规定的除外。外国法院判决、裁定已经被人民法院承认，当事人就同一争议向人民法院起诉的，人民法院不予受理。第 543 条规定：申请人向人民法院申请承认和执行外国法院作出的发生法律效力的判决、裁定，应当提交申请书，并附外国法院作出的发生法律效力的判决、裁定正本或者经证明无误的副本以及中文译本。外国法院判决、裁定为缺席判决、裁定的，申请人应当同时提交该外国法院已经合法传唤的证明文件，但判决、裁定已经对此予以明确说明的除外。中华人民共和国缔结或者参加的国际条约对提交文件有规定的，按照规定办理。第 544 条规定：当事人向中华人民共和国有管辖权的中级人民法院申请承认和执行外国法院作出的发生法律效力的判决、裁定的，如果该法院所在国与中华人民共和国没有缔结或者共同参加国际条约，也没有互惠关系的，裁定驳回申请，但当事人向人民法院申请承认外国法院作出的发生法律效力的离婚判决的除外。承认和执行申请被裁定驳回的，当事人可以向人民法院起诉。

(3)当事人权利救济的必要性;

(4)当事人行使诉讼权利的便利;

(5)判决承认与执行的可能性。

【制定目的】

本原则作为一般性原则统领本规则设计的管辖权规则，旨在引导法院合理地确定管辖权，解决涉外民商事管辖权冲突。涉外民商事管辖权冲突主要包括积极的冲突和消极的冲突。条文第1款从一般性角度规定总领原则，认为法院行使管辖权应当合理、适当，依法行使管辖权，在可以自由裁量行使管辖权的领域考虑合理性和适当性，从而为管辖权积极冲突的解决留有余地。条文第2款从特殊性的角度出发，列举本规则没有规定时需要考虑的因素，以供法院在个案中根据具体情形自由裁量是否行使管辖权，同时为管辖权消极冲突的解决提供参考。它力求最大限度地将管辖权行使达到“适当”的程度，既不过于宽泛地扩张管辖权，也不过于狭窄地将管辖权限制在有限范围内，以此解决管辖权规则僵化缺乏弹性的问题。

【条文释义】

本原则采用“适当法院”的用语表述人民法院行使管辖权应坚持的原则。审理涉外民商事案件的法院在确定管辖权过程中，都要确定本国法院或者外国法院是否为“自然法院”(the natural forum)①或者“适当法院”(appropriate forum)。② 该表述暗含了弹性的自由裁量精神，也包含了依法行使管辖权的含义，还将管辖权消极冲突的解决纳入其中。我国民事诉讼法律有关规定中没有采用“适当法院”的用语，而是采用“更方便的外国法院”用词。但“更方便的外国法院”用词是针对我国法院的“不方便”而言的，而“适当法院”用词相对中立，能够体现两个层面的含义：一是依照法律规定具有管辖权，二是在管辖权冲突中，无论是积极冲突还是消极冲突，自由裁量更加适合行使管辖权的法院。

5.1　评注

基本上所有国家的涉外民商事诉讼法律都规定了详尽的管辖规则，考虑到本委员会将来即将拟定详细的管辖规则，本条特作为原则统领后文，故而第1款作了概

---

① 1971年的Boys v. Chaplin案中，“自然法院”是指与争议和当事人有最密切联系的法院。后该词被英格兰四个上议院判决(1974年The Atlantic Star案、1978年Macshannon案、1984年The Abidiin Daver案以及1987年Spiliada案)引用，成为民事诉讼法领域的专有词汇。李晶:《国际民事诉讼中的挑选法院》，北京大学出版社2008年版，第15页。

② 有学者称美国、英国、澳大利亚适用不方便法院原则的模式分别为“最适当法院”模式、“更适当法院”模式和“明显不适当法院”模式。参见徐伟功:《不方便法院原则研究》，吉林大学出版社2002年版，第9~11页；何其生:《非方便法院原则问题研究》，载《诉讼法论丛》2002年第7卷；何其生:《中国的非方便法院原则》，载《武汉大学学报》2000年第5期。

括性规定。本条第 1 款包含三层含义：(1)依照将来制定规则中的一般管辖规则或特殊管辖规则行使管辖权；(2)依照将来制定规则对有专属管辖的案件行使专属管辖权；(3)在管辖权有积极冲突时，考虑不方便法院原则。这种概括模式曾见于《土耳其国际私法与国际民事诉讼程序法》①、《委内瑞拉共和国国际私法》(1998)(以下简称《委内瑞拉国际私法》)②、《罗马尼亚国际私法》③等也有类似规定。《中华人民共和国国际私法示范法》(2000)(以下简称《国际私法示范法》)第 19 条管辖权的适用范围也规定："在中华人民共和国领域内审理具有涉外因素的民商事案件，应依照本法的规定行使司法管辖权。"本条原则规定的渊源在立法文件中多散见于几个具体条文中。④

5.2　评注

本条第 2 款列举了在本规则没有对案件管辖权作出规定时应当考虑的因素。对于本条的列举式的条文模式，主要是参考了《跨国民事诉讼程序原则》第 2 条第 2 款：如无其他适当的法院，则法院可以基于以下原因行使管辖权：(1)被告在法院地国出现或者是法院地国的国民；(2)被告在法院地国有财产，不论是否与争议有

① 该法第 40 条规定：土耳其法院的国际管辖权，依国内法中关于属地管辖权的规则确定。邹国勇：《外国国际私法立法精选》，中国政法大学出版社 2011 年版，第 276 页。

② 该法第 56 条规定：诉讼的管辖权及形式，依受理诉讼官员(所属国)的法律。邹国勇：《外国国际私法立法精选》，中国政法大学出版社 2011 年版，第 193 页。

③ 该法第 148 条规定：罗马尼亚法院在以下条款规定的范围内对罗马尼亚当事人与外国当事人之间或者外国自然人或法人之间的诉讼进行判决。杜涛、韩德培：《罗马尼亚关于调整国际私法法律关系的第一百零五号法》，载《中国国际私法与比较法年刊》(创刊号)，法律出版社 1998 年版，第 534 页。

④ 美国《冲突法重述(第二次)》第 24 条"对人管辖权所依据的原则"规定，如果一人与一州之间的联系使该州能够合理的对该人行使司法管辖权，该州即有权对其行使管辖。何种联系可据以对人行使司法管辖权，由第 27 条至第 52 条规定。第 56 条"对物管辖权所依据的原则"规定，一州因其与某物的联系能够合理地行使司法管辖权以影响该物中的权益时，该州即有权行使这种管辖权。据以行使司法管辖权以影响某物权益的联系，由第 59 条至第 68 条规定。日本法律中没有直接涉及一般管辖权的明文规定，但是日本最高裁判所在 Goto et al v. Malaysian Airline System 案中认为，"从当事人之间公平、裁判的适正及迅速的理念出发，在遵从条理之基础上予以决定。除非有违当事人所期待的公平、裁判适正及迅速之理念，否则对于向我国法院提起的诉讼案件，让被告服从我国裁判权是妥当的"。具体案例见日本最高裁判所第二小法庭昭和 56 年 10 月 16 日判决、最高裁判所第三小法庭平成 9 年 11 月 11 日判决。可参见[日]新堂幸司：《新民事诉讼法》，林剑锋译，法律出版社 2008 年版，第 65 页；李双元、欧福永：《现行国际民商事诉讼程序研究》，人民出版社 2006 年版，第 16~17 页。

关，但限于争议标的的价值；① 此外还参考了《民诉法解释》②和1989年美国律师协会国际法律与实践分委会制定了《管辖权冲突示范法》，③ 该示范法的第3部分规定了确定管辖权需要考虑的14个因素。④ 本原则列出了应当考虑的五个因素，这五个因素之间并非分割独立，而是应当综合予以考虑。本条考虑的因素主要如下：

一是当事人意思表示。私法是解决私主体之间的纠纷，因此当事人意思表示尤其重要。是否尊重当事人的意思表示也是一国涉外民事诉讼管辖权制度是否成熟的重要标志。在管辖权领域，当事人意思表示集中体现在选择法院。许多国家对于当事人选择法院行为普遍尊重，在一定程度上认可协议管辖制度。⑤《意大利国际私法制度改革法》(1995)(以下简称《意大利国际私法》)第4条第1款规定，在依据第3条不能确定管辖权的情况下，如果当事人协议由意大利法院管辖，而且此类接受有书面证明，或被告未在其答辩陈述中作无权管辖抗辩而到庭应诉的，意大利法院

① ALI / UNIDROIT, *Principles of Transnational Civil Procedure*, 4 Unif. L. Rev. 762 (2004).

② 《民诉法解释》第532条规定：涉外民事案件同时符合下列情形的，人民法院可以裁定驳回原告的起诉，告知其向更方便的外国法院提起诉讼：(1)被告提出案件应由更方便外国法院管辖的请求，或者提出管辖异议；(2)当事人之间不存在选择中华人民共和国法院管辖的协议；(3)案件不属于中华人民共和国法院专属管辖；(4)案件不涉及中华人民共和国国家、公民、法人或者其他组织的利益；(5)案件争议的主要事实不是发生在中华人民共和国境内，且案件不适用中华人民共和国法律，人民法院审理案件在认定事实和适用法律方面存在重大困难；(6)外国法院对案件享有管辖权，且审理该案件更加方便。

③ Louise Ellen Teitz, *Taking Multiple Bites of the Apple: A Proposal to Resolve Conflicts of Jurisdiction and Multiple Proceedings*, 26 (1) The International Lawyer 39 (1992).

④ 其主要内容包括：(1)当事人的司法权益以及世界范围的司法权益；(2)对争议具有管辖权的国家的公共政策，包括因诉讼在其法院进行而受到影响的法院地的利益，(3)事件或交易发生地及受其影响地或引发争议的交易或实践的发生地即受影响地；(4)当事人的国籍；(5)可适用的实体法以及有关法院对该法的熟悉程度；(6)获得救济的可能性以及最可能给予全面救济的法院；(7)诉讼对有关法院司法制度的影响，以及被选定法院及时进行审理的可能性；(8)证人所在地，以及获得强制性程序的可能性；(9)文件及其他证据的所在地，以及取得、审查或移送此类证据的难易程度；(10)首先提起诉讼的地方以及该地与争议的联系；(11)选定法院对于作为诉讼标的的人或者财产行使管辖权的资格；(12)选定一家审理法院是否比平行诉讼审理该项争议更为优越；(13)对于该项争议已进行诉讼的性质和进展，选定一家审理法院是否会对当事人权益的裁判造成不当延误或歧视；(14)对于重新组合的原告对法院的选择应尽量不予干涉。这些因素为对当事人的权益、司法便利、国际礼让、各国公共政策的综合考虑。张茂：《美国国际民事诉讼法》，中国政法大学出版社1999年版，第124页。

⑤ 参见何其生：《〈海牙排他性法院选择协议公约(草案)〉有关知识产权问题的建议》，载《武汉大学学报(哲学社会科学版)》2005年第1期。

应有权管辖。① 其他主要立法例有：《哈萨克斯坦民诉法典》第 419 条②，《瑞士联邦国际私法法规》(1987)(以下简称《瑞士联邦国际私法》)第 5 条③，《土耳其国际私法与国际民事诉讼程序法》第 47 条④等。《跨国民事诉讼原则》第 2 条第 4 款也规定，如果当事人已实现约定其他法院有排他性管辖权，则法院应当拒绝行使管辖权。⑤ 当事人选择法院的合意不一定是明示书面的，可以按照以往当事人之间的习惯或者商业惯例。如《关于民商事案件的管辖和判决的承认与执行的欧盟第 1215/2012 号条例》(2012 年修订)(以下简称《布鲁塞尔条例 I》)第 25 条要求该协议要：(1)以书面或者有书面证明，或；(2)形式符合当事人之间已经建立的习惯；或(3)符合商业惯例。《海牙选择法院协议公约》(2005)(以下简称《选择法院协议公约》)第 3 条 C 项规定可以通过书面，或者以其他可以获取的有效方式选择法院。

当事人默示的意思表示也构成了法院行使管辖权的依据。《布鲁塞尔条例 I》第 24 条规定，除了本条例另有规定外，被告在缔约国法庭出现即视为接受该法院管辖，但被告出庭是为了主张管辖权异议或者其他法院根据本条例第 22 条规定享有专属管辖权的除外。《瑞士联邦国际私法》第 6 条也规定：对于财产争议，被告对受理案件的瑞士法院不提出管辖权异议而直接就案件的实质问题应诉答辩的，法院即据此享有管辖权，除非该法院在第 5 条第 3 款允许的范围内拒绝管辖。⑥ 类似的立法还有《委内瑞拉国际私法》第 45 条、⑦《斯洛文尼亚国际私法》第 53 条第 2

① 杜涛、韩德培：《意大利国际私法制度改革法》，载《中国国际私法与比较法年刊》(第二卷)，法律出版社 1999 年版，第 538 页。

② 该法典第 419 条规定：当事人可以通过一致书面协议选择外国法院管辖，但本法第 33 条规定之事项除外。存在管辖协议的，并且被告在法院开始对案件进行事实审理之前提出管辖异议申请的，法院基于被告请求驳回起诉。

③ 该法第 5 条第 1 款规定：在有关因特定法律关系引起的财产请求权方面，当事人得为解决已经发生或将要发生的争议约定管辖法院，该项约定可采用书面形式，通过电报、电传、传真或者任何其他能以文字证明该约定的通信方式作出。该项规定无其他规定时，所约定的法院享有专属管辖权。

④ 该法第 47 条第 1 款规定：在土耳其法院无专属管辖权的属地管辖案件中，当事人可以就涉外合同争议协议选择由外国法院管辖。合同的效力应加以书面证明。对于外国法院认为无管辖权或者对土耳其法院行使管辖权不提出任何异议的诉讼，由土耳其法院管辖。

⑤ ALI / UNIDROIT, *Principles of Transnational Civil Procedure*, 4 Unif. L. Rev. 762 (2004).

⑥ 邹国勇：《外国国际私法立法精选》，中国政法大学出版社 2011 年版，第 144 页。

⑦ 第 45 条规定：默示服从管辖，对原告可因其提起诉讼的事实而产生，对被告则可因他在诉讼中不提起无管辖权的抗辩或反对某预防措施，而亲自或通过全权代表实施任何其他行为的事实产生。邹国勇：《外国国际私法立法精选》，中国政法大学出版社 2011 年版，第 191 页。

款、①《保加利亚国际私法》第24条②，等等。

二是案件与法院地的联系。如果案件与法院地的联系十分微弱，法院没有理由行使管辖权，即使作出判决也很难得到他国的承认与执行。案件与法院地联系微弱，对法院行使管辖权也造成种种不便，如证据取得的困难、出庭作证困难等，当事人行使诉讼权利也极不方便，对于当事人权利的保护十分不利。有关国家在法律没有规定对某一纠纷具有管辖权时，可以裁量是否行使管辖权，即"裁量管辖"或"必要管辖"，均要求案件要与法院地国有一定联系和一定的合理性。③《瑞士联邦国际私法》第3条规定，本法未规定在瑞士的任何地方的法院或者行政机关有管辖权，而诉讼不可能在外国进行或者在外国提起诉讼不合理时，由与案件有充分联系的地方的瑞士法院或行政机关管辖。④《意大利国际私法》⑤也有类似规定。《荷兰民事诉讼法典(1986)》(以下简称《荷兰民诉法典》)第429条第11节规定：如果申请与荷兰的法律领域没有足够的联系，则法院没有管辖权。⑥《德国民诉法》还规定"提起诉讼的合法利益"与"充分联系"防止原告滥用程序，谨慎地考虑原告的诉讼动机和相关因素来确定法院是否行使管辖权。⑦《国际私法示范法》第50条也曾规定，对本法没有明确规定的诉讼，如中华人民共和国法院认为案件情况与中华人民共和国有适当的联系且行使管辖权为合理时，中华人民共和国法院可以对有关的

① 第53条第2款规定：如果被告应诉或者对催告通知书提出权利要求或参与预审，或者在无预审时参与主要问题的审理而不对管辖权提出异议的，则视为被告同意斯洛文尼亚共和国法院管辖。邹国勇：《外国国际私法立法精选》，中国政法大学出版社2011年版，第203页。

② 该法第24条规定：如果根据第23条第1款协议由保加利亚法院管辖，则在无此种协议的情形下，如果被告在第一审结束前通过法律争议中的诉讼行为明示或默示接受管辖，法院亦可据此行使管辖权。邹国勇：《外国国际私法立法精选》，中国政法大学出版社2011年版，第220页。

③ 参见何其生：《比较法视野下的国际民事诉讼》，高等教育出版社2015年版，第53~55页。

④ 邹国勇：《外国国际私法立法精选》，中国政法大学出版社2011年版，第114页。

⑤ 《意大利国际私法》第9条规定：在自愿管辖的情况下，除本法中有特别规定，以及意大利法院的地域管辖权已被规定的情况之外，如果所申请的措施涉及意大利公民或在意大利有惯常居所的人，或者此种措施涉及适用意大利法律的事实或法律关系，则该管辖权亦成立。杜涛、韩德培：《意大利国际私法制度改革法》，《中国国际私法与比较法年刊》(第二卷)，法律出版社1999年版，第539页。

⑥ James J. Fawcett, *Declining Jurisdiction in Private International Law* 328 (Clarendon Press 1995).

⑦ 谢海霞：《论国际民商事诉讼中的不方便法院原则》，对外经贸大学出版社2012年版，第195页。

诉讼行使管辖权。

一些国家还通过判例确立了行使管辖权要“与案件有联系”的这一要素，同时强调合理性和公共利益。美国 International shoes 案①认定“最低联系”主要取决于两点：(1)被告是否在法院地从事系统的和连续性的商业活动；(2)原告的诉因是否源于这些商业活动。加拿大也注重就近原则(the Principle of Proximity)即采纳限制法院行使管辖的规则或者判决执行地省或区的法律所要求的最真实和实质性联系的管辖标准。② 英国 Spiliada 案③中法官总结了不方便法院请求的六条规则，明确了原被告之间的举证责任，同时还提出了认为外国法院是否适当所应当考虑的因素，其中包括在决定一个适当的法院时，必须考虑该法院与争议是否有实质联系，以及是否便利、费用、适用的法律、当事人居所地和当事人从事商业行为地等因素。④

三是当事人权利救济的必要性。在一国法律没有明确规定本国法院有管辖权时，而当事人在其他国家法院提起诉讼不可能或不合理时，该国法院可以基于当事人应当获得必要救济的权利而行使管辖权。不过该因素往往与“案件与法院地联系”或“当事人行使诉讼权利的便利”密不可分。《瑞士联邦国际私法》第 3 条规定，本法未规定在瑞士的任何地方的法院或者行政机关有管辖权，而诉讼不可能在外国进行或者在外国提起诉讼不合理时，由与案件有充分联系的地方的瑞士法院或行政机关管辖。《葡萄牙民事诉讼法》(1961)(以下简称《葡萄牙民诉法》)第 65 条也规定，要提起的诉讼与葡萄牙境内的人或物有密切的关系，如不向葡萄牙法院起诉，则有关权利难以实现的案件。⑤ 英国法院审理未决诉讼案件时，会考虑到诉讼时效、替代法院审理的延迟程度、原告获得法律救助的可能性等因素。如果原告的诉讼请求已经超过了替代法院的诉讼时效，而根据英国的冲突法规则所适用的法律，没有超过诉讼时效的限制，并且原告没有在外国法院规定的时间内提起诉讼是有正当理由的，英国法院则会考虑给予原告必要的救济，否则则将是不正义的；⑥ 如果案件在替代法院审理将会导致极端延迟，英国法院将拒绝中止诉讼；在 Connelly v. RTZ Corp. Plc 案中，⑦ 英国法院认为原告在利比亚得不到法律援助，致使原告在

① International Shoe Co. v. State of Washington, 326 U. S. 310 (1945).

② Armchem Products Inc. v. British Columbia [1993] 1 S. C. R. 897.

③ Spiliada Maritime Corp. v Cansulex Ltd., [1986] 3 W. L. R 972; 3 All E. R. 843; [1987] A. C. 460.

④ 参见何其生：《非方便法院原则问题研究》，载《诉讼法论丛》2002 年第 7 卷；何其生：《中国的非方便法院原则》，载《武汉大学学报》2000 年第 5 期。

⑤ 罗剑雯：《欧盟民商事管辖权比较研究》，法律出版社 2003 年版，第 34 页。

⑥ 参见徐伟功：《不方便法院原则研究》，吉林人民出版社 2002 年版，第 214 页。

⑦ Connelly v. RTZ Corp. Plc [1988] A. C. 854.

法院无法获得救济、正义无法实现，因此拒绝了被告中止诉讼的请求。

四是当事人行使诉讼权利的便利。涉外民事诉讼力求解决平等主体之间的纠纷，给予平等主体以权利救济的可能，因此有必要为当事人提供诉讼上的便利，如果诉讼给当事人造成不便，甚至使其放弃司法救济，就等于剥夺了他们接近正义的权利(access to justice)。当按照一般规定，一国法院本无管辖权而诉讼当事人又迫切要求在该国获得司法救济时，应当从维护当事人的合法利益这一角度出发，适当扩大管辖权行使的范围。美国联邦最高法院在1985年Burger King案①中，将当事人诉讼权利的便利视为一项确定公平与合理问题的标准。它将公平合理归纳为五点：即被告人到法院地应诉的负担；法院地审理纠纷的利益；原告人得到方便有效的司法救济的利益；州际之间使纠纷得到最有效解决的司法体制的利益；州之间促进基本的社会实体政策方面的共同利益。② 美国最高法院在著名的Gulf Oil案③中比较全面地列举了私人利益，包括：(1)获得证据资源的难易程度；(2)证人出庭作证的可能性；(3)证人出庭的有关费用；(4)事件发生的地点，事件发生在该地的可能性；(5)外国法院判决的可执行性；(6)案件是否能得到迅速审理。④ 我国《民事诉讼法》第8条也规定：人民法院审理民事案件，应当保障和便利当事人行使诉讼权利。

五是判决承认与执行的可能性。现代国际民事诉讼秉持的重要价值除了给予当事人平等救济的权利实现公平正义以外，还重视节约司法资源、提高司法效率。如果一国作出的判决无法得到另一国家的承认与执行，当事人的权利义务得不到实现，诉讼就没有意义。没有管辖权的法院作出的判决很难得到其他国家的承认与执行，因此，判决的承认与执行问题也是一国法院行使管辖权时需要考虑的因素。除了普通法系国家适用不方便法院原则会考虑到这一因素以外，也有国家通过立法将这一因素确立下来。《瑞士联邦国际私法》第9条规定，如果相同当事人之间就同一诉讼标的已在国外提起的诉讼尚未解决，并且可预见外国法院在合理的期限内将作出一项能在瑞士得到承认的判决，则瑞士法院应当中止诉讼。⑤ 类似的立法例还

① Burger King Corp. v. Rudzewicz, 471 U.S. 462 (1985).

② 张默：《美国法院涉外民事案件管辖权的基础》，《中国国际私法与比较法年刊》(第3卷)，法律出版社2000年版，第448页。

③ Gulf Oil Corp v. Gilbert, 330 U.S. 501 (1974).

④ 详细讨论可参见何其生：《非方便法院原则问题研究》，载《诉讼法论丛》2002年第7卷。

⑤ 邹国勇：《外国国际私法立法精选》，中国政法大学出版社2011年版，第114页。

有《保加利亚国际私法》①、《意大利国际私法》②等。

6. 程序公正原则

6.1　人民法院在审理涉外民事案件时，应根据法律和事实公正审判，不受外界的干扰。

6.2　涉外民事案件的审理中，应当以合法、及时、有效的方式向当事人送达通知。

6.3　当事人应有公平的机会提出事实和法律的主张，提交证据，进行答辩。

【制定目的】

将程序公正原则作为国际民事诉讼基本原则之一，其目的主要有以下几点：第一，全面保障当事人及诉讼参与人的诉讼权利。程序公正原则要求法院及当事人将应予送达的诉讼文书交与对方，告知其争议事实理由及享有的权利义务，便于当事人参加诉讼，实现知情权，全面维护自身利益。第二，实现程序公正与实体公正的统一。纠纷当事人在将冲突事实提交诉讼评价时，不外乎存在两个预期：一是要求得到公正的诉讼结果，即实体公正；二是要求在审判过程中得到公正待遇，即程序公正。第三，有利于判决的承认与执行。在判决的承认与执行方面，内国法院有权拒绝承认与执行未经正当程序而作出的判决。经过公平审判的案件，其判决多是在程序合法的基础上作出的，因此在被承认与执行时，一般不会因程序存在问题而被拒绝。

【条文释义】

本条是关于公平审判原则的内容，主要包括三个方面：人民法院依法公正审理案件；适当的通知和当事人之间平等的抗辩权。

6.1　评注

本款规定人民法院依法公正审理案件。人民法院依法公正审理案件是指法院在法律规定的权限范围内审理和裁判案件，根据案件事实和法律，在不受行政机关、

① 该法第37条规定：如果相同当事人之间基于相同事实就同一诉讼请求已在外国法院提起诉讼，并且可预见该诉讼将在合理的期限内作出终局判决，而该判决将在保加利亚共和国境内予以承认和执行，则保加利亚法院应依职权中止已受理的诉讼。邹国勇：《外国国际私法立法精选》，中国政法大学出版社2011年版，第222页。

② 该法第7条第1款规定，在诉讼过程中，如果一项由外国法院先受理的具有相同事实和法律理由并发生于相同当事人之间的待决诉讼被作为抗辩而提出，意大利法院如认为该外国的判决可以在意大利产生法律效力，则可以终止该诉讼。如果外国法院拒绝行使自己的管辖权，或者如果外国的判决不会得到意大利法律的承认，则只要有关当事人申请恢复该诉讼程序，该诉讼可在意大利进行。参见杜涛、韩德培：《意大利国际私法制度改革法》，《中国国际私法与比较法年刊》(第2卷)，法律出版社1999年版，第539页。

其他组织和个人非法直接或间接的影响和干涉，同时也不受法院内部的违法干预的情况下，对案件秉公裁判。① 法院依法公正审理案件是现代审判制度的特征，是社会秩序和法律观念免受不良影响的重要保障，是保证法院独立行使审判权的核心。基于此，人民法院依法公正审理案件应该成为程序公正原则的主要内容。

该条款的内涵主要体现在两个方面：一是法院在审理案件时必须保持中立地位。法院居间判断，唯证据与良知同在，判断的意志不受其他因素的控制，也即法院必须是中立的。二是法院的审判不从属于或是受制于法律之外的任何势力，当法院行使审判权时，只能依据法律，不能受到任何可能影响其凭法律和良知作出判断的外来意志的影响。

采用成文宪法的国家一般都对法院依法公正审理予以了明确的规定，采用不成文宪法的国家，法院和法官独立也早已成为有约束力的宪法惯例。《司法独立世界宣言》(1983)也规定："在作出判决的过程中，法官应与其司法界的同事和上级保持独立。法官个人应当自由地履行其职责，根据他们对事实的分析和对法律的理解，公正地裁决其所受理的案件，而不应有任何约束，也不应为任何直接或间接的不当影响、怂恿、压力、威胁或干涉所左右。"在民事诉讼领域，有些国家也在具体立法中对法院独立审判作了规定。例如，《俄罗斯民诉法典》第 8 条用三个条款对法官独立作了要求。②《跨国民事诉讼程序原则》第 1 条对法院和法官的独立、公正及其资格作了具体规定。③《民诉法》第 6 条和第 7 条也对此作了规定，只是将主

---

① 邵明：《民事诉讼法原理》，中国人民大学出版社 2004 年版，第 101~105 页。

② 《俄罗斯民诉法典》第 8 条规定：(1)在进行审判时，法官独立，仅服从于《俄罗斯联邦宪法》和联邦法律。(2)法官在排除外界影响的条件下审理和解决民事案件。任何对法官审判活动的干涉均应禁止，并承担法律规定的责任。(3)法官独立的保障由《俄罗斯联邦宪法》和联邦法律的规定。

③ See ALI / UNIDROIT Principles of Transnational Civil Procedure 2004

Article 1Independence, Impartiality, and Qualifications of the Court and Its Judges

1.1 The court and the judges should have judicial independence to decide the dispute according to the facts and the law, including freedom from improper internal and external influence.

1.2 Judges should have reasonable tenure in office. Nonprofessional members of the court should be designated by a procedure assuring their independence from the parties, the dispute, and other persons interested in the resolution.

1.3 The court should be impartial. A judge or other person having decisional authority must not participate if there is reasonable ground to doubt such person's impartiality. There should be a fair and effective procedure for addressing contentions of judicial bias.

1.4 Neither the court nor the judge should accept communications about the case from a party in the absence of other parties, except for communications concern ing proceedings without notice and for routine procedural administration. When communication between the court and a party occurs in the absence of another party, that party should be promptly advised of the content of the communication.

1.5 The court should have substantial legal knowledge and experience.

体限制为人民法院。

6.2　评注

本款对于适当通知的内容作了规定。在国际民事诉讼中，如果当事人没有接到适当的通知，则法院审判权的行使是有瑕疵的，法院的判决也因此会被提出异议，可能会启动再审甚至会因程序瑕疵而被认定为无效。程序正当原则要求完善对当事人人身或财产行使管辖权的基础，通知的法定要求也逐渐受到重视。由于以最低联系为基础的管辖权的演变已使越来越多的人不得不到异地去应诉，通知的新标准也随之发展和确立起来，以确保当事人知悉并有机会参加诉讼。①

适当通知的内涵主要包括以下三个方面：第一，适当通知的标准。"适当"包括"合法、有效、及时"，只有同时满足三者才可以称之为"适当"的通知。之所以如此规定，主要是因为在国际民事诉讼案件中，通知的程序是否适当常常会影响判决的承认与执行，进而影响到当事人的实体权利。通过提高适当通知的标准，尽量减少因为通知程序的瑕疵而带来的不利后果。目前，各国法律体系之间有关适当通知的标准略有不同。② 例如，《日本民诉法》第 4 条第 1 款的规定。③《跨国民事诉讼程序原则》第 5 条④规定的"充分合法的通知"的标准是"合理且有效"。第二，通

① 参见何其生：《我国域外送达机制的困境与选择》，载《法学研究》2005 年第 2 期；何其生：《域外电子送达与〈海牙送达公约〉》，载《诉讼法论丛》2005 年第 10 卷，法律出版社 2005 年版。

② 参见何其生：《美国域外送达制度研究》，《武大国际法评论》2003 年第 1 卷。

③ 《日本民诉法》第 4 条第 1 款规定：民事诉讼相关程序中的催告和通知得以适当方式作出。

④ See ALI / UNIDROIT Principles of Transnational Civil Procedure 2004

5.1　At the commencement of a proceeding, notice, provided by means that are reasonably likely to be effective, should be directed to parties other than the plaintiff. The notice should be accompanied by a copy of the complaint or otherwise include the allegations of the complaint and specification of the relief sought by plaintiff. A party against whom relief is sought should be informed of the procedure for response and the possibility of default judgment for failure to make timely response.

…

5.3　After commencement of the proceeding, all parties should be provided prompt notice of motions and applications of other parties and determinations by the court.

…

5.8　An order affecting a party's interests may be made and enforced without giving previous notice to that party only upon proof of urgent necessity and preponderance of considerations of fairness. An ex parte order should be proportionate to the interests that the applicant seeks to protect. As soon as practicable, the affected party should be given notice of the order and of the matters relied upon to support it, and should have the right to apply for a prompt and full reconsideration by the court.

知的方式。作为通知方式的送达分为直接送达、留置送达、转交送达、公告送达、委托送达、邮寄送达等。传统的通知方式是“直接送达”。至今，直接送达在一定程度上仍然是充分的、最好的通知方式。例如，美国《联邦民事诉讼规则》(2006)第4条(e)明确规定了联邦法院所在州内外的直接送达。① 此外，正当程序要求通知方式并不局限于“直接送达”，各国可以根据本国的立法或者参加的国际条约来决定适合自己情形的送达方式。例如，美国《联邦民事诉讼规则》(2006)第4条(d)规定：可以使用一级邮件的方式进行送达。② 总之，各国可以根据自己的情况制定适当和合法的通知方式。我国《民诉法》第267条规定的送达方式作出了具体规定。第三，通知的主体。目前，我国对于通知中的送达主体采用的是法定的立法例，即人民法院被界定为唯一的送达主体。送达是人民法院所为的一种诉讼行为。只有人民法院才能成为送达行为的主体。在国际民事诉讼中，因为涉及的案件往往比较复杂，涉及的通知事项繁多，为了方便当事人和提高效率，在今后的发展中，当事人

---

① See Federal Rules of Civil Procedural 2014

Article 4:… (e) SERVING AN INDIVIDUAL WITHIN A JUDICIAL DISTRICT OF THE UNITED STATES. Unless federal law provides otherwise, an individual—other than a minor, an incompetent person, or a person whose waiver has been filed—may be served in a judicial district of the United States by: (1) following state law for serving a summons in an action brought in courts of general jurisdiction in the state where the district court is located or where service is made; or (2) doing any of the following: (A) delivering a copy of the summons and of the complaint to the individual personally; (B) leaving a copy of each at the individual's dwelling or usual place of abode with someone of suitable age and discretion who resides there; or (C) delivering a copy of each to an agent authorized by appointment or by law to receive service of process.

② See Federal Rules of Civil Procedural 2014

Article 4:… (d) WAIVING SERVICE. (1) Requesting a Waiver. An individual, corporation, or association that is subject to service under Rule 4(e), (f), or (h) has a duty to avoid unnecessary expenses of serving the summons. The plaintiff may notify such a defendant that an action has been commenced and request that the defendant waive service of a summons. The notice and request must: (A) be in writing and be addressed: (i) to the individual defendant; or (ii) for a defendant subject to service under Rule 4(h), to an officer, a managing or general agent, or any other agent authorized by appointment or by law to receive service of process; (B) name the court where the complaint was filed; (C) be accompanied by a copy of the complaint, 2 copies of a waiver form, and a prepaid means for returning the form; (D) inform the defendant, using text prescribed in Form 5, of the consequences of waiving and not waiving service; (E) state the date when the request is sent; (F) give the defendant a reasonable time of at least 30 days after the request was sent—or at least 60 days if sent to the defendant outside any judicial district of the United States—to return the waiver; and (G) be sent by first-class mail or other reliable means.

有可能会成为通知的主体。①

6.3　评注

本款规定了当事人之间平等的申辩机会，主要包括当事人平等地提出事实和法律提出主张，平等地提交证据，并就上述内容进行答辩。

确立当事人之间程序平等，是基于以下几点因素：第一，当事人之间程序平等是宪法规定的"公民在法律面前一律平等"原则在涉外民事诉讼中的贯彻和体现。第二，当事人之间程序平等是由涉外民事纠纷的性质所决定的。涉外民事纠纷是平等主体之间含有涉外因素的民事纠纷，其主体往往会涉及不同的身份。无论主体身份如何，当事人始终处于平等地位。第三，当事人之间程序权利平等，是程序公正的必然要求。程序公正是现在法治的基石，是民事诉讼最基本的价值准则。当事人在诉讼程序中享有平等的诉讼权利，是程序公正的基本构成要素之一。只有确立当事人平等的诉讼地位，使之真正充分地享有和行使诉讼权利，才能保障诉讼程序的平等性和公正性。

外国法院在对一个人的权利、义务、责任进行判定的时候，亦给予当事人充分的权利使其就案件的事实问题、程序问题及法律问题向法院充分发表自己的意见和主张，并以此影响法院的审判程序及其结果的权利。当事人之间程序平等的内容并非固定不变，而是根据各国的国情不同尤其是各国的司法制度不同而有所差异。另外，不同国家和地区对当事人之间程序平等的理解也不尽相同。例如，英国法上，当事人之间程序平等主要包括：第一，披露责任。当事人双方都有权知悉即将在法庭上出示的案件材料，在普通的民事案件中，通过证据开示程序和交换证人证言来完成。第二，法院在审理案件的时候，必须给双方当事人公平地陈述其案件情况的机会。第三，传唤证人和对证人进行交叉询问。在进行口头审理的时候，法庭通常应当允许询问证人，言词审理将有助于法官对案件事实的把握和判断。第四，考虑证据和提出的意见。②《跨国民事诉讼程序原则》第3条第1款和第2款对当事人之间程序平等的内容作了具体规定。③《英国民事诉讼法规则》(1998)第15条第2款

① 参见何其生：《我国域外送达机制的困境与选择》，载《法学研究》2005年第2期。

② 斯蒂文·N.苏本、马莎·L.米卢、马克·N.布诺丁、托马斯·O.梅茵：《民事诉讼法：原理、实务与运作环境》，傅郁林等译，中国政法大学出版社2004年版，第22~23页。

③ See ALI / UNIDROIT Principles of Transnational Civil Procedure 2004

3.1　The court should ensure equal treatment and reasonable opportunity for litigants to assert or defend their rights.

3.2　The right to equal treatment includes avoidance of any kind of illegitimate discrimination, particularly on the basis of nationality or residence. The court should take into account difficulties that might be encountered by a foreign party in participating in litigation.

3.3　A person should not be required to provide security for costs, or security for liability for pursuing provisional measures, solely because the person is not a national or resident of the forum state.

3.4　Whenever possible, venue rules should not impose an unreasonable burden of access to court on a person who is not a habitual resident of the forum.

和第 3 款亦对此内容进行了规定。①《日本民诉法》第 87 条规定了口头辩论来保证当事人的诉讼权利平等。② 大陆法系有些国家也对当事人之间程序平等进行了立法。例如,《法国新民事诉讼法典》(1975)(以下简称《法国新民诉法典》)第 8 条和第 9 条也对当事人之间的权利进行了规定。③《俄罗斯民诉法典》第 12 条规定了根据双方辩论制与平等原则进行审判。④ 此外,德国和朝鲜也分别在其民事诉讼法中规定了当事人平等辩论等权利。⑤ 我国《民诉法》第 12 条对当事人有权进行辩论进行了规定。

7. 程序公开原则

7.1 人民法院依法公开审理涉外民事案件,所作出的判决应当公开,但法律另有规定的除外。

---

① See The Civil Procedure Rules 1998

…

15.2. Filing a defence

A defendant who wishes to defend all or part of a claim must file a defence.

(Part 14 contains further provisions which apply where the defendant admits a claim)

15.3 Consequence of not filing a defence

If a defendant fails to file a defence, the claimant may obtain default judgment if Part 12 allows it…

② 《日本民诉法》第 87 条规定:当事人应在法院进行口头辩论,但法院可以决定是否就裁定终结的案件进行口头辩论。依前款但书规定不进行口头辩论时,法院可询问当事人。有其他特别规定时不适用前两款规定。

③ See Code of Civil Procedure

…

Article 8 The judge may invite the parties to provide factual explanations that he deems necessary for the resolution of the dispute.

Article 9 Each party must prove, according to the law, the facts necessary for the success of his claim.

④ 《俄罗斯民诉法典》第 12 条规定:民事案件的审判根据双方当事人辩论制和平等原则进行。法院保持其独立、客观和公正,领导诉讼,向案件参加人说明其权利和义务,警告实施或不实施诉讼行为的后果,对案件参加人行使权利给予协助,为审理和解决民事案件时全面和充分地调查证据、确定事实情况和正确适用立法创造条件。

⑤ 《德国民诉法》第 136 条第 3 款规定:审判长应注意使案件得到充分的讨论并使辩论能持续进行,直到终结;必要时,为继续言词辩论,他应及时决定下次开庭时间。

7.2　涉外民事案件的卷宗和档案应当公开，涉及国家安全、商业秘密、个人隐私的部分除外。

【制定目的】

随着现代法治的发展，诉讼程序的公开越来越普遍，透明度也越来越高，公开的范围不仅涉及审判阶段，而且也发展到审前程序阶段和审后程序阶段。公开的对象也由以前的仅对当事人公开，发展到既对利害关系人公开，亦对社会公众公开。① 程序公开作为诉讼的一项基本原则，无论是在刑事诉讼中还是在行政诉讼中以及民事诉讼中都在努力完善有关程序公开的内容。设计程序公开原则的目的主要有三个方面：一是保障裁判的公正性。程序公开符合现代法治理念，是一种法治在程序法上的实现，要求司法机关在审理案件时应遵循程序理性，最终保障裁判结果的公正。在涉外民事诉讼中，经过公开程序所作出的判决也有利于得到承认与执行。二是程序公开对当事人有一定的约束作用。尤其是在涉外民事诉讼中，通过公开判决的内容理由与结果，促使当事人正确行使诉讼权利和履行诉讼义务。三是加强程序的透明度。通过接受各方面的监督和增强法院审判活动的自我监察来推动程序公开，使程序的运转更加透明。

【条文释义】

本规则中的程序公开原则包括两个方面的内容：公开审理以及判决公开和相关的卷宗、档案的公开两部分。

7.1　评注

本款规定了一般情况庭审应当公开进行以及判决要公开，同时又规定了例外条款。

公开审理是一系列程序的公开操作过程，它大致包括两个方面：一是法官的审判行为要依法向当事人及其他参加、参与诉讼的人公开。首先，法官(有时也针对律师)依当事人的申请进行职权调查，收集证明一方主张的事实和证据的活动，应当向另一方公开进行，一般不宜进行背靠背的庭下调查，庭下调查所得的事实和证据材料，应当在开庭中接受对方的质证。② 其次，法官庭审调查活动乃至认证应当依法在法庭上公开进行，不能对上述事实和证据径直认定和采信。二是当事人、代理人、证人、鉴定人等各个角色的诉讼行为必须公诸法庭，如举证、作证、质证、辩论及作出产生一定法律效果的意思表示，都应当公开在法庭上进行，并得到法官

① 杨一平：《司法正义论》，法律出版社 1999 年版，第 177 页。

② 鲁千晓、吴新梅：《诉讼程序公开论》，人民法院出版社 2004 年版，第 211~212 页。

的允许或认可。例如,《法国新民诉法典》第 22 条规定口头辩论要公开进行。① 公开审理是原则,但考虑到各种特殊情况,世界各国对审判公开的范围和程度都有一定的限制。这里包括对待特定案件公开审理的限制,对特定人员旁听审理的限制和对特定媒体报道审理的限制。

自美国确立审判公开原则以来,法国、德国、日本、意大利等国,或在宪法、法院组织法、或在诉讼法中都规定了审判公开或程序公开。不仅如此,联合国也在《人权宣言》(1948)和《公民权利和政治权利国际公约》(1966)中确立了公开审判的原则。② 纵观各国的立法例,在庭审过程中,一般都是采用以公开审理为原则,不公开为例外的模式,只是在不公开的范围上有所差别。例如,《俄罗斯民诉法典》第 10 条第 1 款规定所有的案件均应该公开审理;第 2 款则对不公开审理的案件类型作了列举。③ 我国《民诉法》第 10 条规定:"人民法院审理民事案件,依照法律规定实行合议、回避、公开审判和两审终审制度。"但第 134 条规定:"人民法院审理民事案件,除涉及国家秘密、个人隐私或者法律另有规定的以外,应当公开进行。离婚案件,涉及商业秘密的案件,当事人申请不公开审理的,可以不公开审理。"因该款是原则性规定,且不公开案件的类型与国内民事诉讼的规定无差异,故未列出例外情形。

程序公开除了要求庭审公开外,还应将判决书公开。目前,各国一般规定宣判公开,即将判决结论以公开的形式宣布。然而仅仅是公开宣告判决并不能充分体现审判公开的真正内涵,另应将其内容也予以公开。换言之,就是要将判决书通过媒体、网络向社会公开,准许公民自由查阅和接受社会监督。各国法律虽没有明确规定,但公开判决书已经成为现代各国司法制度的通例。在英美法系国家中,如美国、英国都定期或不定期发表判决书。大陆法系的一些国家也认为法庭的审理、裁判活动最终应当依法以裁判文书的方式向社会公开,并在相关法律中作出了明确的规定。《俄罗斯民诉法典》第 10 条第 8 款规定了判决公开的原则以及例外情况。④

---

① See Code of Civil Procedure, Article 22: Oral arguments are held in public hearings, save where the law requires or allows that they be held in the judge's council chamber.

② 程味秋、周士敏:《论审判公开》,载《中国法学》1998 年第 3 期,第 33~41 页。

③ 《俄罗斯民诉法典》第 10 条规定:所有法庭审理案件一律公开。含有构成国家机密、子女抚养秘密的信息材料的案件,以及其他案件,联邦法律有规定的,进行不公开审理。案件参加人要求必须保守商业秘密或其他受法律保护得秘密、公民私生活不受侵犯权或其他公开讨论可能妨碍案件的正确审理或者可能泄露上述秘密或侵犯公民权利和合法利益的情况,根据案件参加人的申请,也可以进行不公开审理。

④ 《俄罗斯民诉法典》第 12 条第 8 款规定:法庭的判决公开宣布,但公开宣布涉及未成年人的权利和合法利益的情形除外。

《德国民诉法》第 311 条①对判决宣告的方式作了具体规定。

有些国家将作出理由充分的判决视为宪法规定的要求，或者被认为是司法治理的基本保障。因此，要求公开的判决中要包含主要事实、法律和证据所作的详细说明。② 根据我国《裁判文书网上公开规定》的规定，各级法院也已经建立起专门的网站，通过网络的形式向社会公开裁判文书，这一举措真正完整地体现了公开审判原则的精神内涵。但是，从网络公开的情况来看，主要存在着公开裁判文书的进度不够，公开的方式单一，裁判文书说理薄弱等问题。其中，公开裁判文书的内容过于简单，说理缺乏逻辑等问题较为突出。是故，本款在拟定时，考虑将判决的内容结果和理由对外公开，一方面想以此来督促法官更严谨地办案，制作高质量的裁判文书；另一方面也增强审判工作的透明度，加强司法监督，增强司法民主，充分满足公众对审判工作的知情权。

7.2　评注

本条第 2 款是关于相关的卷宗和档案公开的规定，较之于国内民事诉讼法有所创新。随着程序公开原则的发展，公开范围亦逐渐扩展。为了使程序更加透明，很多国家开始将案件的卷宗和档案等内容向利害关系人和社会进行公开。考虑到程序公开已然成为涉外民事诉讼的必然要求，本款设计时倾向于诉讼公开为主，以有限的例外为辅。通常，法院的文件和审判记录应当是公开的，即便暂时不能够为公众和媒体所获取，至少应当让具有法律上利害关系或进行合理查询的人可以获得法院的文件。对公开的文件中涉及当事人及相关人员的私人信息的应删除或用符号代替。

纵观各国的立法例，对于公开的内容延伸到卷宗和档案，规定一般情况下案卷和档案(包括原被告的起诉状与答辩状)，但是特殊案例除外。如前所述，在涉及

---

① 《德国民诉法》第 311 条规定：判决，以人民的名义为之。宣誓判决时，朗读判决主文。缺席判决、根据认诺而为的判决以及因撤回诉讼或舍弃诉讼请求而为的判决。即使在判决主文尚未写成时，也可宣誓。宣誓判决时，如认为适当时，可以朗读判决理由，或口述理由的主要内容。判决如未在言辞辩论终结的期日宣誓时，审判长可以在受诉法院的其他成员缺席时宣誓之。如果在宣判期日当事人均未到场时，可以不宣读判决主文而指出判决主文。

② See ALI / UNIDROIT Principles of Transnational Civil Procedure 2004

23. Decision and Reasoned Explanation

23.1　Upon completion of the parties' presentations, the court should promptly give judgment set forth or recorded in writing. The judgment should specify the remedy awarded and, in a monetary award, its amount.

23.2　The judgment should be accompanied by a reasoned explanation of theessential factual, legal, and evidentiary basis of the decision.

诉讼程序的不同部分的公开性问题上，不同的国家态度存在着差异。在一些大陆法系国家，法院的文件和审判笔录一般情况下是保密的，虽然在有正当理由时也可以公开披露；与此相对，依照普通法系的惯例，法院的文件和笔录一般是公开的(在特定情况下可以申请保密)，该种规定强调司法程序的公开性以及对司法程序透明度的要求。①

8. 法院地法原则

人民法院审理涉外民事案件，诉讼程序适用法院地法，但法律另有规定的除外。

【制定目的】

“场所支配行为”是程序法适用的一条国际通用准则，虽然现在随着连结点的变化，这一原则有些适用的例外，但其依然是国际民事诉讼程序法律适用的一般性原则。

【条文释义】

评注

本原则设计主要内容包括两个方面：一是一般情况下，涉及民事诉讼程序的，应适用法院地法。二是存在一些例外。例如，判决的承认与执行中的冲突规范。承认与执行外国法院的判决与裁定，不能完全依照法院地国的法律来判断其合法性及效力，只要该判决与裁定符合承认和执行地国法律，不违背法院地国的公共秩序，则就当依照判决与裁定作出国的法律进行审查。

传统国际私法理论中，程序问题一般适用法院地法，原因主要包括：保持前后

① See ALI / UNIDROIT Principles of Transnational Civil Procedure 2004

20. Public Proceedings

20.1 Ordinarily, oral hearings, including hearings in which evidence is presented and in which judgment is pronounced, should be open to the public. Following consultation with the parties, the court may order that hearings or portions thereof be kept confidential in the interest of justice, public safety, or privacy.

20.2 Court files and records should be public or otherwise accessible to persons with a legal interest or making a responsible inquiry, according to forum law.

20.3 In the interest of justice, public safety, or privacy, if the proceedings are public, the judge may order part of them to be conducted in private.

20.4 Judgments, including supporting reasons, and ordinarily other orders, should be accessible to the public.

适用程序规则一致，即诉讼开始时和准据法确定后适用一致；追求正义，保护诉讼当事人和其他诉讼参与人的权利和利益。如果程序问题须适用外国法，那么由于内国法院不熟悉外国的程序法，必然会发生确定外国程序法的困难，从而导致在案件进行中时间和金钱的成本的大幅提高以及产生应遵守的程序法的不确定性。①

但区分可以根据冲突规范选择适用法律的实质问题和适用法院地法的程序问题存在实际困难和争议，部分学者对于程序问题必须适用法院地法也存有疑义。② 一种观点认为冲突规范的构成的方面，程序和实体没有本质的区别，因此在程序问题上有适用属人法和最密切联系地法等的可能，有必要对于在程序法上单纯适用法院地法的倾向作出限制。③ 本规则加入兜底条款。部分程序性问题在此规则下由于其特殊性可能会适用除了法院地法以外的其他法律。这些问题根据实际情况可能包括期间、送达、取证、财产诉前扣押和诉讼保全、诉讼期限、司法协助、证据规则等。④

在国际上，有很多的立法例规定了该原则。例如，《布斯塔曼特法典》(1928)第 314 条规定："在诉讼程序方面应适用法院地法。"《巴西民法施行法》(1986 年修订)(以下简称《巴西民法》)第 15 条规定，诉讼权限、诉讼形式和答辩方式都应依提起诉讼的法律来裁决。《匈牙利国际私法》第 63 条规定："除本法令另有规定外，匈牙利法院或者其他机关的诉讼程序适用匈牙利法。"《罗马尼亚国际私法》第 159 条规定："若无其他明文规定，罗马尼亚法院在审理国际私法案件时适用罗马尼亚诉讼法。"

9. 既判力原则

人民法院作出的涉外民事案件判决发生法律效力后，以及外国法院作出的已生效判决经中华人民共和国人民法院承认后，在中华人民共和国具有既判力。但外国法院对中华人民共和国人民法院判决的效力加以限制的除外。

---

① 参见韩德培主编：《国际私法》，高等教育出版社、北京大学出版社 2007 年版，第 115 页；何其生：《比较法视野下的国际民事诉讼》，高等教育出版社 2015 年版，第 6~7 页。

② 翟中鞠、屈广清：《"程序法适用法院地法"原则之局限与克服》，载《法商研究》1998 年第 4 期，第 86~89 页。

③ 李双元等：《国际社会本位的理念与法院地法适用的合理限制》，载《武汉大学学报》(哲学社会科学版)2001 年第 5 期，第 517~525 页。

④ 李双元、郑远民：《关于国际民事诉讼法的几个基本问题》，载《法学家》1995 年第 3 期，第 3~12 页。

【制定目的】

本条规定了涉外判决和外国法院判决获得既判力的条件。涉外民事判决获得既判力的条件是该判决必须是生效判决，外国法院生效判决获得既判力的条件是须经中华人民共和国人民法院承认。对外国法院生效判决效力的承认遵循对等原则。

【条文释义】

评注

判决因宣示或送达而成立后，就发生一定的形式效力，其效力表现在：作出该判决的法院，自判决成立后，即受其拘束。以后该法院在同一审级内不得自行撤销或变更其判决，即使当事人同意撤销或变更时亦然。判决对法院的拘束力是判决的内在属性，任何满足了成立要件的判决都具有这种不可剥离的天然属性。正是基于这个原因，各国民事诉讼法典在判决的成立之后均规定了判决的拘束力。

一个完全效力的判决，即一个确定的判决，应当包含形式效力和实质效力：形式效力包括判决对法院的拘束力和形式上的确定力；实质效力包括判决实质上的确定力(即既判力)、形成力和执行力。判决的确定是使判决发生完全效力的条件，“完全效力”既包括判决的形式效力，也包括判决的实质效力。形式上的确定力是在判决确定后开始发生，当事人不得通过上诉救济来变更或撤销判决。判决的既判力(即实质上的确定力)、执行力及形成力，原则上是以形式上的确定力为前提而产生的。

判决发生既判力后，当事人就应当放弃自己的法律观点和主张，而服从法院基于国家审判权作出的判决。即使发生了误判的情形，判决的既判力也应予以维持，除非当事人提出再审之诉排除既判力的遮断效力。既判力强调的是前诉判决所裁判的事项对于后诉的程序上的效力，其效果一般包括当事人和法院不得相异主张或作出矛盾判决，以及重复起诉和重复判决的禁止两方面。既判力的作用包括积极作用和消极作用两个方面。积极作用包括两个方面的内容：一是终局地确定当事人之间的实体权利或法律关系；二是禁止就确定判决的既判事项为相异主张或矛盾判决。既判力的消极作用是指在诉讼标的同一的情形，前诉判决对于后诉的程序上的约束力。既判力最重要的功能就在于通过判决终局性的达成，来帮助在观念上确立一种规范的秩序，并使其相对地固定下来，进而诱导社会生活空间内的秩序形成。①

任何民事判决都具有双重性质，即它是一种国家行为的结果，又是当事人之间的一种交易。作为国家行为时其效力仅局限于判决法院主权领土之内，领土之外则不具有任何效力，除非有关国家受条约约束必须在其领土内赋予判决的效力，或者

① 王亚新：《对抗与判定——日本民事诉讼的基本结构》，清华大学出版社2002年版，第348页。

出于某种原因自愿赋予其效力。基于这个原因，在国际民商事交往中需要建立国家间判决承认与执行制度。承认外国判决的意思是，承认其具有同本国判决相同的效力。其功能在于，防止判决一方当事人在外国就相同事实在相同当事人之间提起新诉讼。在承认与执行外国判决方面，一个国家的利益在于拒绝浪费其司法资源去重新审理在其他地方业已得到公平审理的案件，这一点就足以构成承认或执行外国判决的理由。对于赢得诉讼的当事人来说，维护诉讼的果实就是其利益之所在。由此，终结诉讼具有公私两方面的性质。

国际礼让学说作为主权国家在不损害最高领土权力的情况下为承认外国判决提供了理论支持，该学说使得既判力原则就如同主权原则一样受到尊重，一国再也不会因重复诉讼而造成时间和资源上的浪费。互惠已经构成世界许多国家在贸易和对外关系中更加先进的礼让形式。为保护当事人的合法权益和国际贸易的顺利发展，许多国家通过双边协定的方式规定互惠条件，以减少因履行程序而引起的时间和费用。

《民诉法》第282条,①《民诉法解释》247条②和第533条③规定了该原则的适用。国外也有相关立法，英国的《司法管理法》(1920)、《外国判决承认法》(1933)和《民事管辖权和判决法》(1982)；美国的《外国金钱判决承认统一法》(1962)、《冲突法重述(第二次)》和《对外关系法重述(第三次)》(1987)；以及《德国民诉

---

① 《民诉法》第282条规定：人民法院对申请或者请求承认和执行的外国法院作出的发生法律效力的判决、裁定，依照中华人民共和国缔结或者参加的国际条约，或者按照互惠原则进行审查后，认为不违反中华人民共和国法律的基本原则或者国家主权、安全、社会公共利益的，裁定承认其效力，需要执行的，发出执行令，依照本法的有关规定执行。违反中华人民共和国法律的基本原则或者国家主权、安全、社会公共利益的，不予承认和执行。

② 《民诉法解释》第247条规定：当事人就已经提起诉讼的事项在诉讼过程中或者裁判生效后再次起诉，同时符合下列条件的，构成重复起诉：(1)后诉与前诉的当事人相同；(2)后诉与前诉的诉讼标的相同；(3)后诉与前诉的诉讼请求相同，或者后诉的诉讼请求实质上否定前诉裁判结果。当事人重复起诉的，裁定不予受理；已经受理的，裁定驳回起诉，但法律、司法解释另有规定的除外。

第248条规定：裁判发生法律效力后，发生新的事实，当事人再次提起诉讼的，人民法院应当依法受理。

③ 第533条规定：中华人民共和国法院和外国法院都有管辖权的案件，一方当事人向外国法院起诉，而另一方当事人向中华人民共和国法院起诉的，人民法院可予受理。判决后，外国法院申请或者当事人请求人民法院承认和执行外国法院对本案作出的判决、裁定的，不予准许；但双方共同缔结或者参加的国际条约另有规定的除外。外国法院判决、裁定已经被人民法院承认，当事人就同一争议向人民法院起诉的，人民法院不予受理。

法》、《荷兰民诉法》、《瑞士国际私法》、《俄罗斯民诉法典》①和《法国新民诉法典》②等都有关于该原则的规定。

10. 支持和监督仲裁原则

在本规则规定的事项上，人民法院支持国际商事仲裁的发展，依法对国际商事仲裁予以协助、进行必要的监督。

【制定目的】

本条的设计体现了对非诉讼纠纷解决方式的支持倾向。仲裁作为最主要的非诉讼纠纷解决机制(ADR)之一，对迅速解决当事人之间的纠纷、构建和谐有序的社会发展环境有重要意义。本条设计的目的在于厘清司法与仲裁的关系，以期在宏观上对司法实践予以指导，一是支持仲裁，避免司法的过度监督；二是司法需要对仲裁的发展给予必要的协助和监督。

【条文释义】

评注

在跨国争议频繁的环境下，法院在纠纷解决中面临着巨大的压力。非诉讼纠纷解决方式相对简便灵活，能够满足多元化主体的需求，对于定纷止争、构建良好有序的社会环境有着重要的作用。仲裁作为最主要的非诉讼纠纷解决机制，更以高效、灵活、保密、专业的特点迅速获得当事人的青睐。本条设计的内容包括两个方面：第一，体现支持仲裁发展的理念，司法支持仲裁，仲裁的发展需要司法的协助；第二，仲裁的发展需要司法的监督，同时这种监督是有限的、被动的，必须依法进行。

仲裁与法院的关系经历了完全自治、严格监督到合理监督的发展过程。如今，理论上非国内化理论的发展，公共秩序的严格解释；实践中仲裁可争议事项的演进，仲裁协议效力的扩张，仲裁过程中保全措施的完善，仲裁裁决撤销程序严格的

---

① 《俄罗斯民诉法典》第134条规定：有下列情形之一的，法官拒绝受理起诉状：(1)对相同当事人、相同标的和相同理由的争议已经存在发生法律效力的法院判决，或者因原告人放弃诉讼请求或批准双方的和解协议而法院裁定中止诉讼；(2)相同当事人、相同标的和相同理由的争议已经存在对当事人具有强制力的公断庭裁决，但法律拒绝发出公断庭裁决强制执行令的情况除外。

② 《法国新民诉法典》第480条规定：在其主文中对本诉讼之全部或一部作出裁判的判决，或者对程序上的抗辩、诉讼不受理或者其他任何附带事件作出裁判的判决，已经宣告，即相对于所裁判的争议具有既判力。

司法审查，仲裁裁决在他国承认与执行环境得以改善就是很好的体现。① 立法中，《联合国关于承认及执行外国仲裁裁决公约》(1958)(以下简称《纽约公约》)构建了全球范围内仲裁裁决流动机制，《联合国国际贸易法委员会国际商事仲裁示范法》(1985)(以下简称《联合国贸法会仲裁示范法》)为国际仲裁规则的统一提供了范本。《联合国贸法会仲裁示范法》体现的支持仲裁，排除法院干预仲裁的态度②得到国际社会的普遍认同。《英国仲裁法》(1996)、《德国民诉法》、《俄罗斯联邦国际商事仲裁法》(1993)、《巴西仲裁法》(1996)、《印度仲裁和调解法》(1996)，以及《韩国仲裁法》(2010 年修订)中均有类似的规定。③

支持仲裁是当今社会的发展趋势，一方面需要避免过严的司法监督，另一方面这种发展离不开法院的协助，同时也离不开法院必要的监督。第一，仲裁从一种完全自治的民间纠纷解决方式，发展成为具有国家强制力的民商事纠纷解决机制，关键的契机在于国家权力的介入。国家通过立法将仲裁上升成为一种法律制度，是仲裁发展史上的一个重大进步，之后各国关于仲裁立法不断完善的过程，也是仲裁自身不断发展的过程。因此，仲裁很难脱离国家权力的保障而独立存在。第二，国际仲裁在一定程度上会受到仲裁地法律和执行地法律的双重制约。虽然减少法院干预

---

① See HE Qisheng, *Enforcement of Foreign Arbitral Awards in China: Dominant Role of the Supreme People's Court*, 7(3) World Arbitration & Mediation Review (2013).

② See the Model Law 2006, Article 5 Extent of Court Intervention: In matters governed by this Law, no court shall intervene except where so provided in this Law.

③ English Arbitration Act 1996, Article 1 General principles: The provisions of this Part are founded on the following principles, and shall be construed accordingly… c. in matters governed by this Part the court should not intervene except as provided by this Part.

German Code of Civil Procedure 1998, Section 1026 Extent of court intervention: In matters governed by sections 1025 to 1061, no court shall intervene except where so provided in this Book.

Law of the Russian Federation on International Commercial Arbitration 1993, Article 5 Extent of Court Intervention: In matters governed by the present Law, no court shall intervene except where so provided in the present Law.

Brazilian Arbitration Act (LAW N0 9.307) 1996, Article 18: The arbitrator is the judge in fact and right, and his decision does not become subject to appeal or homologation by State Courts.

Indian Arbitration and Conciliation Act 1996, Section 5 Extent of Judicial Intervention: Notwithstanding anything contained in any other law for the time being in force, in matters governed by this Part, no judicial authority shall intervene except where so provided in this Part.

Korean Arbitration Act (Act No. 1767 of March 16, 1966, as amended up to Act No. 10207 of March 31, 2010), Article 6 Extent of Court Intervention: In matters governed by this Act, no court shall intervene except as provided in this Act.

是当今仲裁的发展趋势，但这一点不能否认仲裁地和执行地的客观存在。仲裁地法律直接影响仲裁事项的可仲裁性，决定实体法和程序法的适用，影响裁决的上诉和撤销程序；执行地公共政策的审查标准则直接决定了仲裁裁决被承认与执行的可能性。第三，司法是保障公正的最后一道防线。相对诉讼而言，虽然仲裁具有先天的效率优势，但实现正义是仲裁制度的本质要求，也是其存在和发展的基础。正当程序保证了仲裁的公正性。当程序公正受到损害，可以通过司法审查来进行弥补和救济。通过这种基本公正的维持和保障，法院的司法审查反过来也会提升仲裁的效率，促进仲裁的发展。① 仲裁的良性发展离不开法院的协助与监督，各国的立法与司法实践也体现了这一点。比如，墨西哥要求法官在管辖范围内的一切事项中协助仲裁员。② 具体而言，仲裁庭的组成、仲裁中的保全措施以及合并仲裁这几个方面均需要司法的协助；仲裁协议效力的审查和强制实施、仲裁裁决的撤销程序以及仲裁裁决的承认和执行则需要司法的监督。

11. 公共秩序原则

依照本规则所规定的国际民事诉讼程序，不得违反中华人民共和国的公共秩序。

【制定目的】

公共秩序是指与国家重大利益、道德体系、基本观念密切相关的主流政策，体现在管辖权、送达文书、调查取证、法律适用、外国法院判决的承认与执行等各个方面，各国均不允许外国司法权力行使的结果威胁到本国的价值体系。公共政策作为一国重大利益的维护者，是各国承认与执行外国法院判决的兜底条款或者利益维护的安全阀，是一国利益转让的底线。在国际民事诉讼领域，公共秩序也发挥着同样的功能。

【条文释义】

公共秩序原则是国际民事诉讼中保障国家主权和利益的安全条款，③ 主要涉及管辖权、送达文书、调查取证、外国法院判决的承认与执行等各个方面。《中华人

---

① See William W. Park, *Why Courts Review Arbitral Awards*, Festschrift für Karl-Heinz Böckstiegel 595-596 (2001).

② 《墨西哥民诉法典》第634条规定：普通法官有义务在其管辖权范围内，在一切事项方面协助仲裁员。

③ 关于公共秩序的详细讨论，可参见何其生：《国际商事仲裁司法审查中的公共政策》，载《中国社会科学》2014年第7期。

民共和国涉外民事关系法律适用法》(2010)(以下简称《涉外关系法律适用法》)第5条明确规定了公共秩序原则。①

在管辖权领域内，大多数国家在涉及本国重大公共利益上都有有关专属管辖权的规定。但是，在法律没有明确规定的情形下，是否要适当扩张管辖权，或者为了本国公共利益对外国法院有管辖权的案件行使管辖，都需要考虑公共秩序原则。我国《民诉法解释》第532、533条②，《土耳其国际私法和国际民事诉讼程序法》第31条③对此都有规定。

域外文书的送达涉及内国的司法主权问题。所以，世界各国都毫不例外地在其国内立法和它们缔结或参加的国际条约中规定了拒绝履行某些域外送达的委托的条件。综观各国立法及有关国际条约，一般在送达将会侵犯其主权、影响其安全，或与其内国的公共秩序(或公共政策)相抵触的情形下不予送达。④ 有关立法例有：《关于向国外送达民事或商事司法文书和司法外文书公约》(1965)(以下简称《海牙送达公约》)第13条第1款。⑤ 此外，《中法民商事司法协助协定》第11条和《中华人民共和国与波兰人民共和国关于民事和刑事司法协助的协定》(1987)(以下简称

---

① 《涉外关系法律适用法》第5条规定，外国法律的适用将损害中华人民共和国社会公共利益的，适用中华人民共和国法律。

② 《民诉法解释》第532条规定：涉外民事案件同时符合下列情形的，人民法院可以裁定驳回原告的起诉，告知其向更方便的外国法院提起诉讼：(1)被告提出案件应由更方便外国法院管辖的请求，或者提出管辖异议；(2)当事人之间不存在选择中华人民共和国法院管辖的协议；(3)案件不属于中华人民共和国法院专属管辖；(4)案件不涉及中华人民共和国国家、公民、法人或者其他组织的利益；(5)案件争议的主要事实不是发生在中华人民共和国境内，且案件不适用中华人民共和国法律，人民法院审理案件在认定事实和适用法律方面存在重大困难；(5)外国法院对案件享有管辖权，且审理该案件更加方便。

第533条规定：中华人民共和国法院和外国法院都有管辖权的案件，一方当事人向外国法院起诉，而另一方当事人向中华人民共和国法院起诉的，人民法院可予受理。判决后，外国法院申请或者当事人请求人民法院承认和执行外国法院对本案作出的判决、裁定的，不予准许；但双方共同缔结或者参加的国际条约另有规定的除外。外国法院判决、裁定已经被人民法院承认，当事人就同一争议向人民法院起诉的，人民法院不予受理。

③ 《土耳其国际私法和国际民事诉讼程序法》第31条规定："在不违反土耳其专属管辖权和公共秩序的前提下，当事人就合同事项等争议可以通过协议提交外国法院管辖。"

④ 参见何其生：《我国域外送达机制的困境与选择》，载《法学研究》2005年第2期；何其生：《域外电子送达与〈海牙送达公约〉》，载《诉讼法论丛》2005年第10卷，法律出版社2005年7月版。

⑤ 《海牙送达公约》第13条第1款规定："如果送达请求书符合本公约的规定，则文书发往国只在其认为执行请求将损害其主权或安全时才可拒绝执行。"

《中波司法协助协定》)第10条等从保护我国的安全和重大利益不受损害，维护我国的国家主权不受侵犯这一考虑出发，也明确规定，如果域外送达的请求的执行有损于我国的主权或安全，或与我国的公共秩序相抵触，人民法院就可以拒绝送达该有关文书。另外，《美洲国家间关于嘱托书的公约》(1975)第17条和《亚非法协范本草案》(1983)第9条第2款等都作了这样的规定。

域外取证作为行使国家司法主权的一种行为，具有严格的属地性。因而，如果没有外国允许，不能在该外国境内实施取证行为。国际社会所公认的一条理由是“被请求国认为在其境内执行取证请求危害其主权或安全”或“执行取证请求显然违背其公共秩序”①条约方面，主要有《关于从国外调取民事或商事证据的公约》(1965)(以下简称《海牙取证公约》)第12条第1款，② 1975年《美洲国家间关于国外调取证据的公约》③和2001年欧盟《关于成员国法院之间民商事案件取证合作的第1206号理事会条例》④。《中法民商事司法协助协定》第18条规定：“如果被请求一方认为代为调查取证违反本国的主权、安全或公共秩序……可以全部或部分予以拒绝，但应将拒绝的理由通知请求一方。”《民诉法》第276条规定，根据中华人民共和国缔结或者参加的国际条约，或者按照互惠原则，人民法院和外国法院可以相互请求，代为送达文书、调查取证以及进行其他诉讼行为。外国法院请求协助的事项有损于中华人民共和国的主权、安全或者社会公共利益的，人民法院不予执行。

在承认与执行外国法院民商事判决方面，所有国家的国内立法和它们缔结或参加的有关国际条约，在规定内国法院承认与执行外国法院判决的同时，都毫不例外地规定了承认与执行外国法院判决时应予遵循各种各样的条件。其中，承认与执行外国法院判决不得违反内国公共秩序，是国际社会普遍公认的承认与执行外国法院判决的一个条件，对此各国有关立法及国际条约均有规定。《民诉法》第282条规定，对申请或者请求承认和执行的外国法院作出的发生法律效力的判决、裁定，依照中华人民共和国缔结或者参加的国际条约，或者按照互惠原则进行审查后，认为不违反中华人民共和国法律的基本原则或者国家主权、安全、社会公共利益的，裁

① 参见黄进：《国际私法》(第二版)，法律出版社2005年版，第678~679页。

② 《海牙取证公约》第12条第1款规定：“如果取证请求符合本公约的规定，则文书发往国只在其认为执行请求将损害其主权或安全时才可拒绝执行。”

③ 《美洲国家间关于国外调取证据的公约》(1975)第16条明确规定：“被请求国可以拒绝执行显然违背其公共政策(公共秩序)的取证请求书。”

④ 《关于成员国法院之间民商事案件取证合作的第1206号理事会条例》(2001)(以下简称《欧盟1206号理事会规则》)第14条规定，被请求法院不得仅以其本国法律、该国法院对此案有专属管辖权或该国法律不承认此案的诉因为由，拒绝执行请求书。

定承认其效力，需要执行的，发出执行令，依照该法的有关规定执行。违反中华人民共和国法律的基本原则或者国家主权、安全、社会公共利益的，不予承认和执行。《外国判决的承认和执行公约》第5条第1款①、1979年《美洲国家间关于外国判决与仲裁裁决的域外效力的公约》第2条第8款②、海牙《民商事管辖权及外国判决公约》(草案)(1999)第28条第1款第6项③、《选择法院协议公约》第3章"承认和执行"第9条第1款④。《德国民诉法》第328条第1款⑤、《日本民诉法》第118条⑥、《瑞士国际私法》第27条第1款⑦对此都有规定。

① 《外国判决的承认和执行公约》第5条第1款规定："承认或执行判决与被请求国的公共秩序明显不相容，该判决将不被承认或执行。"

② 《美洲外国判决与仲裁裁决域外效力公约》第2条第8款规定："不与要求其承认或执行它们的国家和公共政策(公共秩序)的原则与法律存在明显抵触的外国判决、裁决与规定，在各成员国均应有域外效力。"

③ 海牙《民商事管辖权及外国判决公约》(1999)(草案)第28条第1款第6项规定：如果承认或执行该判决将会与被申请国的公共秩序明显相悖，该判决将不被承认或执行。

④ 《选择法院协议公约》第3章"承认和执行"第9条第1款规定："一项由排他性法院选择协议指定的缔约国法院作出的判决，应按本章规定在其他缔约国根据情况得到承认和执行。承认和执行仅因下述情形可被拒绝：(5)承认和执行将会明显地违反被请求国的公共秩序，包括作出原判决的程序与被请求国程序公正的基本原则不一致。"

⑤ 《德国民诉法》第328条第1款规定："以下外国法院的判决将不被承认：……4. 如果判决承认的结果与德国法律的根本原则明显不符，尤其是其承认与基本权利不符。"

⑥ 《日本民诉法》第118条规定："外国法院判决的内容及其诉讼程序，不违背日本的公共秩序和善良风俗。"

⑦ 《瑞士联邦国际私法》第27条第1款规定："如果承认外国判决明显地与瑞士公共秩序不相容，应在瑞士拒绝予以承认。"

先受理法院规则与国际平行诉讼问题的解决

□ 杜 涛*

内容摘要：“先受理法院规则”越来越成为国际上普遍采用的解决国际平行诉讼问题的基本规则。该规则具有简单明确的优点，可操作性强，可以使跨国民事诉讼管辖权具有更强的可预见性。该规则的一些缺陷可以通过引入灵活性修正机制得到很好弥补。随着我国对外民商事交往的日益扩大，我国法院与外国法院之间的平行诉讼问题必然会愈演愈烈。新修订的《民事诉讼法》对我国的涉外民事诉讼管辖权制度作了调整，将涉外案件的管辖权逐步纳入到非涉外案件的统一体系之内。这为我国法院解决国际平行诉讼问题提供了一个良好契机。只要把《民事诉讼法》第35条所规定的先受理法院规则稍作变通解释，就可以圆满地解决国际平行诉讼问题。最高人民法院新颁布的《关于适用〈中华人民共和国民事诉讼法〉的解释》第533条未能将《民事诉讼法》第35条扩大适用于涉外案件，实属遗憾。先受理法院规则也存在一些限制和例外。专属管辖权和当事人协议管辖权可以排除该规则。为了避免当事人滥用该规则，可以采用预期承认原则和公平原则对其加以限制。

关键词：先受理法院规则　平行诉讼　诉讼系属　不方便法院

目　次

* 华东政法大学国际法学院教授。

一、概论

平行诉讼(parallel proceedings)也称为“重复诉讼”(duplicative proceedings)或诉讼竞合(concurrent proceedings)，是指相同当事人就同一争议基于相同事实以及相同目的在两个以上国家或地区的法院进行诉讼的现象。① 在西方法学文献中，也经常使用“异地诉讼系属”(lis pendens)这一概念来表示这种现象。② 平行诉讼可能发生于一国内部各地区法院之间，也可能发生于不同国家法院之间。前者为区际平行诉讼，如一方当事人向我国上海法院起诉，另一方当事人向北京法院起诉。后者为国际平行诉讼，如一方当事人在纽约法院起诉，另一方当事人则向我国上海法院起诉。前者由各国国内诉讼法直接加以规范，往往不会引发很大的争议。后者则涉及不同国家司法主权的冲突，往往会引发国家间的管辖权争夺，需要通过国际合作才能解决。本文主要探讨的是国际平行诉讼。

国际平行诉讼的产生是与各国法院在国际民事案件上的平行管辖权密切相关的。根据各国实践，法院管辖权通常包括一般管辖权和特殊管辖权。一般管辖权即被告住所地法院可以行使管辖权。特别管辖权是对一般管辖权的例外和补充，是指在某些特殊类型民事案件中，被告住所地以外的其他国家的法院也可以行使管辖

---

① James P. George, *International Parallel Litigation—A Survey of Current Conventions and Model Laws*, 37 Tex. Int'l L. J. 499 (2002); Austen L. Parrish, *Duplicative Foreign Litigation*, 78 George Wash. L. R. 237 (2010).

② Rolf A. Schütze, *Lis Pendens and Related Actions*, 4 European Journal of Law Reform 57 (2002); 我国国际私法学界普遍将 lis pendens 翻译为“未决诉讼”，参见肖凯：《国际民事诉讼中未决诉讼问题比较研究》，《中国国际私法与比较法年刊》2001年卷，法律出版社2002年版，第495页。但是在德语中，lis pendens 对应的是 Rechtshängigkeit，而我国民事诉讼法学界普遍将其翻译为“诉讼系属”，参见谢怀栻译：《德意志联邦共和国民事诉讼法》，中国法制出版社2001年版，第63页。

权。特殊管辖权可以根据各种因素来建立，比如合同签订地、合同履行地、侵权行为地等。因此，对于绝大多数国际民事纠纷案件来讲，并非只有一个国家的法院可以进行管辖。比如，甲和乙之间因为合同发生纠纷，甲和乙的住所地均在外国，但合同在我国缔结和履行。对于该合同纠纷，甲或乙可以在外国法院起诉，该外国法院可以根据"被告住所地"原则享有管辖权，但如果甲或乙向我国法院起诉，我国法院也可以根据合同缔结地或履行地在我国境内而行使管辖权。如果甲向外国法院起诉，而乙向我国法院起诉，就会产生平行诉讼或诉讼竞合问题。

平行诉讼的产生很大程度上是当事人"挑选法院"(forum shopping)的结果。因为对于同一涉外民事纠纷，在几个国家都有管辖权的情况下，不同当事人会选择去不同国家法院提起诉讼，以便获得对自己最有利的判决结果。① 平行诉讼也可能因某国法院的"过度管辖"(exorbitant jurisdiction)而引起。过度管辖在美国也被称为"长臂管辖"(long arm jurisdiction)，即只要案件与法院地存在最低限度的联系，该法院就可行使管辖权。② 美国各州都制定了自己的长臂管辖立法，法院在实践中也经常对其做扩张性解释，这就会与其他国家的管辖权发生重叠。

平行诉讼通常会带来相抵触的判决，非常不利于当事人之间纠纷的解决。重复诉讼也会造成司法资源的浪费，并引发不同国家之间的管辖权竞争，影响国家间友好合作关系。因此，各国都需要通过一定方式加以避免。

平行诉讼最初主要产生于一国内部不同地区法院之间，因此各国最开始需要解决的都是这种国内的平行诉讼问题。对此问题，各国普遍奉行的是所谓的"先受理法院规则"(first-seized court approach or first-filed rule or first-to-file rule)。该规则是指同一案件在其他地区法院已经被受理的情况下，如果当事人又到另一地区法院提起诉讼，则后受理案件的法院应当停止或中止该法院的诉讼，让先受理案件的法院优先审理。先受理法院规则起源于各国诉讼法上的一项基本原理，即诉讼系属的阻挡功能。通常，诉讼案件于起诉后即发生诉讼系属(lis pendens)。在诉讼系属期间，不允许当事人在另一法院另行起诉。因此，这一原则也被称为禁止重复起诉原则。③ 该原则与既判力原则(res judicata)和再诉禁止原则(estoppel)相结合，都是为了避免出现一事两诉。

---

① 李晶:《国际民事诉讼中的挑选法院》，北京大学出版社 2008 年版，第 10 页；何其生:《非方便法院原则问题研究》，载《诉讼法论丛》2002 年第 7 卷，第 441~443 页。

② International Shoe Co. v. Washington, 326 U.S. 310, 66 S. Ct. 154, 90 L. Ed. 95 (1945).

③ 参见刘学在:《略论民事诉讼中的诉讼系属》，载《法学评论》2002 年第 6 期；[德]汉斯-约阿希姆·穆泽拉克:《德国民事诉讼法基础教程》，中国政法大学出版社 2005 年版，第 77 页；[日]高桥宏志:《民事诉讼法——制度与理论的深层分析》，法律出版社 2003 年版，第 102 页。

先受理法院规则在大陆法系国家得到普遍采用。德国《民事诉讼法》最先规定了诉讼系属原则的排他功能。① 德国的做法影响到法国、日本、瑞士等国家。《日本民事诉讼法典》第142条规定："对于正在法院系属中的案件，当事人不得重复提起诉讼"。《法国民事诉讼法典》第100条同样规定了"诉讼系属抗辩"(litispendence)，即当事人不得向两个都有管辖权的法院提出两项相同的诉讼请求。如果两个以上的法院都受理的相同的诉讼请求，则第一个受理的法院有优先权(《法国民事诉讼法典》第104条)。

先受理法院规则在大陆法系国家被类推适用于涉外民事诉讼。在德国，对于国际平行诉讼，法院如果认为外国法院对该案件所作出的判决有可能得到德国法院的承认，就会类推适用德国《民事诉讼法》第261条第3款的规定，禁止或中止当事人在本国法院提起的相同诉讼，以等待外国法院的判决。这一做法被1987年《瑞士联邦国际私法》第9条采纳②。比利时2004年《国际私法典》第14条的规定与瑞士完全相同。

欧共体1968年的《关于民商事管辖权及判决承认与执行的布鲁塞尔公约》和取代该公约的2000年《布鲁塞尔条例》③也都采用了"先受理法院规则"。该《布鲁塞尔公约》第21条和《布鲁塞尔条例》第27条都规定："相同当事人就同一标的及同一诉因向不同成员国的法院提起诉讼，则受理在后的法院在受理在先的法院确定管辖权之前，应主动中止程序。当受理在先的法院的管辖权确定时，任何其他受诉法院都应放弃管辖权，由受理在先的法院审理。"④随着欧盟成员国的日益扩大，《布鲁塞尔条例》规定的先受理法院规则也逐渐被所有欧盟国家(包括英国)采用。

在美国，先受理法院规则也被经常用来解决不同联邦法院和不同州法院之间的

---

① 《德国民事诉讼法》第261条第3款规定："在诉讼系属期间，当事人双方都不能使该诉讼案件另行发生系属关系。"

② 该条第1款规定："如果相同当事人之间就同一诉讼标的已在国外提起的诉讼尚未判决，且可预见该外国法院在合理的期限内将作出一项能在瑞士得到承认的判决，则瑞士法院应中止诉讼。"

③ 2000年欧盟理事会的《布鲁塞尔条例》，全称为《关于民商事案件管辖权与判决承认和执行的条例》，于2002年3月1日生效。

④ 此处为非官方翻译。该条英文官方文本为："1. Where proceedings involving the same cause of action and between the same parties are brought in the courts of different Member States, any court other than the court first seised shall of its own motion stay its proceedings until such time as the jurisdiction of the court first seised is established.

2. Where the jurisdiction of the court first seised is established, any court other than the court first seised shall decline jurisdiction in favour of that court."

平行诉讼问题。① 该规则被认为最早由美国最高法院在 1824 年的“史密斯案”所创立。② 在国际平行诉讼中，美国法院也曾在判例中根据礼让原则终止本法院对案件的审理而让位于先受理案件的外国法院。③ 不过，在美国，不同法院解决平行诉讼问题的方法各异，先受理法院规则只是其中的一种考虑因素，而非硬性要求。④

此外，由美国法学会和国际统一私法协会联合起草的《跨国民事诉讼原则》(ALI / UNIDROIT *Principles of Transnational Civil Procedure*)也采纳了先受理法院规则。⑤ 该原则第 2.6 条规定：“如果争议已经首先在另一有管辖权的法院受理，后受理的法院应停止管辖或中止诉讼程序，除非该争议在先受理法院将不会被公平、有效和迅速地得到解决。”

国际法协会在 2000 年发布的一项关于国际民事诉讼的管辖权原则(鲁汶/伦敦原则)中，也采纳了先受理法院规则作为解决平行诉讼的首要规则。⑥

二、我国《民事诉讼法》中的先受理法院规则

(一)国内平行诉讼中的先受理法院规则

1982 年《民事诉讼法》(试行)⑦第 31 条规定：“两个以上人民法院都有管辖权

① Michael Cavendish, *Understanding the First-to-File Rule and Its Anticipatory Suit Exception*, 75 Florica Bar Journal 24 (2001).

② Smith v. M'Iver, 22 U.S. (9 Wheat) 532, 535 (1824).

③ See Royal & Sun Alliance Ins. Co. of Can. v. Century Int'l Arms, Inc., 466 F. 3d 88, 96 (2d Cir. 2006); Belize Telecom, Ltd. v. Gov't of Belize, 528 F. 3d 1298, 1305 (11th Cir. 2008). See Parrish, Duplicative Foreign Litigation, 78 Geo. Wash. L. Rev. 237, 248 et seq. (2010).

④ 在著名的兰蒂斯(Landis)案中，法院考虑了七种因素，包括：礼让；其他法院是否能够提供救济；司法效率；两个案件的当事人和案情是否一致；其他法院是否能够迅速处理案件；对当事人的方便性；停止诉讼是否会带来损害等。See: Landis v. North American Co., 299 U.S. at 248。而在科罗拉多河(Colorado River)案中，法院提出了九项考虑因素，包括：哪一法院首先拥有对物管辖权；其他法院是否方便审理；避免分头诉讼的必要性；哪一案件首先提起；两起诉讼的关联性；联邦法律是否适用；政府的意愿；其他法院是否足够保护当事人权利；是否恶意起诉等。See Colorado River Water Conservation District v. United States, 424 U.S. at 800.

⑤ 该原则 2004 年通过，不具有法律效力，供各国立法参考。具体内容参见：http://www.unidroit.org/instruments/transnational-civil-procedure, 2014 年 3 月 15 日访问。

⑥ International Law Association Committee on International Civil and Commercial Litigation, Third Interim Report: Declining and Referring Jurisdiction in International Litigation (2000).

⑦ 1982 年 3 月 8 日第五届全国人民代表大会常务委员会第二十二次会议通过。

的诉讼，原告可以选择其中一个人民法院起诉；原告向两个以上有管辖权的人民法院起诉的，由最先收到起诉状的人民法院受理。”1991 年《民事诉讼法》①第 35 条规定：“两个以上人民法院都有管辖权的诉讼，原告可以向其中一个人民法院起诉；原告向两个以上有管辖权的人民法院起诉的，由最先立案的人民法院管辖。”最高人民法院 1992 年发布的《关于适用〈中华人民共和国民事诉讼法〉若干问题的意见》②第 33 条进一步规定：“两个以上人民法院都有管辖权的诉讼，先立案的人民法院不得将案件移送给另一个有管辖权的人民法院。人民法院在立案前发现其他有管辖权的人民法院已先立案的，不得重复立案，立案后发现其他有管辖权的人民法院已先立案的，裁定将案件移送给先立案的人民法院。”2008 年和 2012 年修订的《民事诉讼法》第 35 条均沿用了 1991 年的条文。由此可见，我国民事诉讼法一开始就采纳了先受理法院规则用于解决国内法院之间的管辖权竞合问题。

(二)国际平行诉讼中拒绝采用先受理法院规则

虽然 2012 年《民事诉讼法》第四编第 259 条规定：“在中华人民共和国领域内进行涉外民事诉讼，适用本编规定。本编没有规定的，适用本法其他有关规定。”但是我国法院并未把《民事诉讼法》第二编中所规定的先受理法院规则适用于第四编的涉外诉讼。最高人民法院 1992 年发布的《关于适用〈中华人民共和国民事诉讼法〉若干问题的意见》第 306 条中明确规定：“中华人民共和国人民法院和外国法院都有管辖权的案件，一方当事人向外国法院起诉，而另一方当事人向中华人民共和国人民法院起诉的，人民法院可予受理。判决后，外国法院申请或者当事人请求人民法院承认和执行外国法院对本案作出的判决、裁定的，不与准许；但双方共同参加或者签订的国际条约另有规定的除外。”该意见第 15 条还规定：“中国公民一方居住在国外，一方居住在国内，不论哪一方向人民法院提起离婚诉讼，国内一方住所地的人民法院都有权管辖。如果国外一方在居住国法院起诉，国内一方向人民法院起诉的，受诉人民法院有权管辖。”最高人民法院 2005 年发布的《第二次全国涉外商事海事审判工作会议纪要》③第 10 条也规定：“我国法院和外国法院都享有管辖权的涉外商事纠纷案件，一方当事人向外国法院起诉且被受理后又就同一争议向我国法院提起诉讼，或者对方当事人就同一争议向我国法院提起诉讼的，外国法院是否已经受理案件或者作出判决，不影响我国法院行使管辖权，但是否受理，由我国法院根据案件具体情况决定。外国法院判决已经被我国法院承认和执行的，人民

① 第七届全国人民代表大会第四次会议于 1991 年 4 月 9 日通过，自公布之日起施行。
② 1992 年 7 月 14 日最高人民法院审判委员会第 528 次会议讨论通过，法发(92)22 号。
③ 法发[2005]26 号。

法院不应受理。我国缔结或者参加的国际条约另有规定的，按规定办理。”

司法实践中，我国法院也未考虑同一案件是否已在外国法院审理。在“旅美华侨张雪芬重复起诉离婚案”中，旅居美国的中国公民张雪芬，为与居住在中国上海市的中国公民贺某离婚，向中国上海市中级人民法院起诉，同时也向其居住地的美国法院起诉。最高人民法院于1985年9月18日批复指出，在张雪芬未撤回向中国法院起诉的情况下，按《中华人民共和国民事诉讼法(试行)》第20条第1款的规定，中国受诉法院得依法作出裁决，不受外国法院受理同一案件和是否作出裁决的影响。①

我国法院的这种做法虽然不违反国际法上的司法主权原则，但显然与国际法上的“礼让”(comity)原则不符。如果一个案件已经在国外法院被受理，而我国法院完全不顾及外国法院的管辖权而对该案重复审理，不仅会引起外国的抗议甚至报复，而且也会产生与国外法院相矛盾的判决，不利于纠纷解决，并使当事人疲于应付，浪费人力物力。如果所有国家都如此行事，国际平行诉讼问题就无从解决。随着国际民事交往的发展，越来越多的国家放弃了这种做法。比如，意大利《民事诉讼法典》原第3条曾规定：“意大利的裁判管辖权不因同一案件或相关案件已在外国法院起诉而被排除。”但1995年意大利颁布《国际私法改革法》后，该条已被废除。意大利《国际私法改革法》第7条采用了与德国和瑞士完全相同的做法，即先受理法院规则与预期承认理论相结合。日本《民事诉讼法》第231条虽然也禁止重复诉讼，但是早期的日本判例均认为该条规定只适用于国内案件，而不适用于国际平行诉讼。不过从20世纪80年代以后，日本法院在判例中也开始采用德国和瑞士的类似做法。②

(三)双边司法协助条约中的先受理法院规则

在我国与其他国家订立的数十个双边司法协助条约中，并没有直接规定如何解决彼此间的平行诉讼问题。但是，很多条约中对平行诉讼情况下判决的承认与执行问题作了规定。其中，我国与保加利亚、希腊、意大利等国的司法协助条约规定：在我国和对方缔约国之间相互申请承认和执行对方法院的裁决时，如果被请求的缔约一方的法院对于相同当事人之间就同一标的和同一事实的案件已经先于提出请求

① 《最高人民法院关于旅美华侨张雪芬先后向我国法院和美国法院起诉离婚美国法院已判决离婚我国法院是否再作判决问题的批复》，1985年9月18日。

② 李旺：《国际诉讼竞合》，中国政法大学出版社2002年版，第191页。

的缔约方法院受理并正在审理之中，则被请求国可以拒绝承认和执行对方的请求。① 这实际上是间接地承认了先受理法院规则。

当然，并非所有双边司法协助条约都接受该规则。在我国与埃及、法国、西班牙等国订立的双边司法协助条约里，都没有把被请求的缔约一方法院对于相同案件正在进行审理作为拒绝承认与执行裁决的理由。另外一些司法协助条约虽然将平行诉讼列为拒绝承认和执行对方判决的理由，但并不限制哪一法院先受理案件。例如中国和古巴、埃及、哈萨克斯坦、吉尔吉斯斯坦、蒙古、波兰、罗马尼亚、俄罗斯、塔吉克斯坦、摩洛哥、土耳其、乌兹别克斯坦等国订立的双边司法协助条约。

三、《民事诉讼法》第35条适用于国际平行诉讼的可行性

(一)自由贸易时代应逐步取消涉外案件和非涉外案件的差别对待

2012年8月31日，第十一届全国人民代表大会常务委员会第二十八次会议通过了《关于修改〈中华人民共和国民事诉讼法〉的决定》，对我国《民事诉讼法》②进行了第二次修正。此次修正对第24章的涉外民事诉讼管辖规则作出了调整。该章原有4个条文(原《民事诉讼法》第241～244条)，此次修正后只保留了两个条文(新法第265～266条)。其中取消了原第242条(协议选择管辖权)和原第243条(应诉管辖权)。取消该两项条文并非废除了协议管辖权和应诉管辖权制度，而是将其分别合并入新法第34条和第127条。保留下来两条，即原第241条、现第265条(特别地域管辖)和原第244条、现第266条(专属管辖)。

这样的思路表明：我国立法者倾向于逐步取消涉外民事诉讼管辖权制度和国内民事诉讼管辖权制度之间的区别待遇，也就是说，涉外民事诉讼管辖权应该尽量参照国内民事诉讼管辖权制度，实现真正的“国民待遇”。

这种努力是值得肯定的。我们注意到，随着经济全球化的发展和各种自由贸易区的兴起，国内纠纷和涉外纠纷的区分越来越模糊和淡化，人为地区分国际和国内案件容易造成歧视待遇。而且，“涉外性”的判断标准在实践中也很难掌握，不同

① 参见司法部司法协助局编：《中外司法协助条约规则概览》，法律出版社1998年版，第193页。

② 《民事诉讼法》于1991年4月9日第七届全国人民代表大会第四次会议通过；根据2007年10月28日第十届全国人民代表大会常务委员会第三十次会议《关于修改〈中华人民共和国民事诉讼法〉的决定》第一次修正。本书引用的《民事诉讼法》除另有说明外均为第二次修正后的文本。

国家、不同国际条约、不同类型案件都会有特殊的判断标准。人为地将案件区分为涉外案件和非涉外案件并适用不同的审判程序会造成事实上的非国民待遇，不符合当代社会追求平等权利的发展趋势。很多民事领域的国际条约尤其是海牙国际私法会议通过的条约，现在都越来越对“国际性”做淡化处理。

当今世界上很多国家的民事诉讼法也不刻意区分涉外民事诉讼和非涉外民事诉讼。无论是《德国民事诉讼法典》还是《法国民事诉讼法典》，都没有专门的涉外民事诉讼程序规则，对于涉外民事案件的管辖权，如果没有特别法的规定，都是直接或类推适用民事诉讼法的一般地域管辖规则。① 在美国，联邦法院审理案件，无论是国内案件还是国际案件，在管辖权问题上采用的标准都是统一的。②

我国虽然在《民事诉讼法》中专设了第四编对涉外民事诉讼程序作了单独规定，但是通观该编的条款，涉外民事诉讼在程序上的特殊规定是很少的。除了国际民事司法协助方面的内容之外，二者在程序上的区别只是体现在某些事项的期间和期日方面。新《民事诉讼法》第四编第二十四章虽然保留了两个条款，但如果我们对该章这两个现存条文加以认真分析的话，我们会发现，这两个条文其实也完全可以并入第二章第二节之中，没有必要单独加以规定。

比如，新《民事诉讼法》第 265 条所规定的特别管辖制度，与第二章第 23～32 条的规定并无多大差别，完全可以合并。第 265 条的独特之处在于它所规定的诉讼标的物所在地、被告可供扣押的财产所在地和被告代表机构所在地这三项管辖权依据，在第二章第二节中并不存在。这可以理解为是对我国人民法院涉外管辖权的扩张。不过对于这三项管辖权依据，国际上一直存在争议。退一步讲，即使抛开这些争议，只要通过司法解释对第二章第二节的相关条文进行扩大解释，仍然可以达到第 265 条所要实现的目标。

再如，在专属管辖方面，《民事诉讼法》第 266 条所规定的“因在中华人民共和国履行中外合资经营企业合同、中外合作经营企业合同、中外合作勘探开发自然资源合同发生纠纷提起的诉讼”，其实并不属于真正的涉外案件，而且也不应被归入专属管辖案件。三资企业完全是我国国内企业而非外国企业。三资企业合同纠纷与一般的国内合同纠纷并无太大独特之处。随着上海自由贸易区的设立，在企业制度上我国会越来越倾向于实现准入前国民待遇，三资企业已经没有必要再享有特殊待遇。对于涉及三资企业合同的纠纷，完全应该与一般国内合同同等对待。

① 即地域管辖权规则的“双重功能”（Doppelfunktion），see Schack，Internationales Zivilverfahrensrecht 89（2001）.

② ［美］Joseph W. Glannon：《民事诉讼法》（第四版），中国方正出版社 2004 年版，第 5 页。

(二)《民事诉讼法》第35条类推适用于涉外民事诉讼的方式

按照《民事诉讼法》第259条的规定，“在中华人民共和国领域内进行涉外民事诉讼，适用本编规定。本编没有规定的，适用本法其他有关规定”。如上所述，《民事诉讼法》第二章第二节所规定的一般地域管辖和特别地域管辖制度以及协议管辖和专属管辖制度都完全可以类推适用于涉外民事诉讼。既然如此，《民事诉讼法》第35条所规定的管辖权竞合规则适用于涉外民事诉讼程序也是完全合乎情理的。

《民事诉讼法》第35条规定：“两个以上人民法院都有管辖权的诉讼，原告可以向其中一个人民法院起诉；原告向两个以上有管辖权的人民法院起诉的，由最先立案的人民法院管辖。”有人或许会质疑：第35条中采用了“人民法院”这一专门用语，因此只能用于解决我国不同地区人民法院之间的管辖权竞合，而不能适用于国际平行诉讼。我们认为，在解释“人民法院”这一用语时，不能过于拘泥于字面意义。实际上，各国对于本国法院的名称都有各自专门的用语。比如美国各个州的法院名称都各有不同。很多国际法律文件在解释“法院”这一术语时，都采取扩大性解释方法。比如欧盟2012年新修订的《布鲁塞尔条例》第3条就规定：“为本条例之目的，‘法院’包括下列有权机构，但以其对于本条例范围之内的案件具有管辖权为限……”我国青岛市中级人民法院曾在一起案件中对合同中约定的“人民法院”作了扩大解释，取得了良好效果。①

因此，对于《民事诉讼法》第35条，只要将其中的“人民法院”解释为任何有管辖权的法院(包括外国法院)，就完全可以类推适用于涉外民事诉讼。它是一项标准的“先受理法院规则”，与国际上通行的规则完全一致。

四、先受理法院规则的限制和例外

(一)先受理法院规则的缺陷

先受理法院规则对于国际平行诉讼的解决具有无可置疑的优点。一方面，它能

① “青岛某贸易有限公司与被告某贸易进出口及建筑有限公司国际货物买卖合同纠纷”[山东省青岛市中级人民法院民事裁定书(2011)青民四初字第18-2号]。该案合同约定：“解决合同纠纷的方式，由双方协商解决，协商不成交由卖方所在地人民法院审理。”而卖方所在地即柬埔寨没有“人民法院”。因此，原告主张管辖权条款约定不明确，应当归于无效，青岛法院应有管辖权。法院审理认为：无论卖方所在地即本案被告所在地是否有特定称谓的“人民法院”，双方当事人均以书面形式选择了与争议有实际联系的柬埔寨的法院管辖，从而排除了我国法院对本案的管辖权。

够有效化解各国法院之间的管辖权争夺，避免一事两诉；另一方面，它可以督促当事人尽快行使诉权，在一定程度上可以提高诉讼效率；此外，它在规制设置上以法院受诉时间先后为主要的管辖权判断标准，具有很强的操作性。

但是该规则也具有难以避免的缺陷。它以受理案件的时间先后来分配管辖权，完全不考虑客观的情况，因此是一个非常机械的规则，会带来一些消极后果，主要体现在两个方面：首先，它过度保护原告和先受诉法院的管辖权。在实践中，先受诉的法院不一定是最适合审理案件的法院，如此做法可能牺牲案件的实质正义。其次，它鼓励当事人挑选法院，甚至激发当事人进行"诉讼竞赛"(race to the court)，从而引发所谓的"鱼雷诉讼"(torpedo actions)。①

"鱼雷诉讼"是指当事人利用先受理法院规则而恶意地在一个与案件没有实质性联系的国家法院提起诉讼的现象。比如在跨国侵犯专利的案件中，专利侵权地在甲国，但是侵权人抢先到乙国提起一个要求宣告专利无效或不侵权的诉讼，此时根据先受理法院规则，甲国法院就要让乙国法院优先行使管辖权。如果乙国是一个审判制度非常拖沓的国家，这样一来，即使最终乙国法院宣布自己没有管辖权，但是侵权者已经获得了一段时间的"诉讼冻结期"，从而谋取了不正当利益。②

(二)对先受理法院规则的限制

1. 不方便法院原则

英美法院在判断管辖权时自由裁量权比较大，而且都特别重视管辖法院与案件之间的适当联系。在出现平行诉讼问题时，英国法院只有在避免不公正结果的情况下才会中止或停止本国的诉讼程序，而不会在意受理案件的先后。美国法院同样不太关注平行诉讼问题。美国1971年《第二次冲突法重述》第86条也规定："一州可以受理一项诉讼，即使关于同一权利请求的诉讼正在另一州进行亦同。"对于本国法院和外国法院都有管辖权的案件，如果法院认为外国法院审理该案件更为合适，而本法院审理该案件不方便，则可以根据"不方便法院原则"(forum non conveniens)拒绝行使管辖，将该案件交由其他法院审理。③ 对于外国法院首先受理的案件，如

① Christopher Stothers, *Forum Shopping and "Italian torpedoes" in Competition Litigation in the English Courts*, G. C. L. R. 2011, 4(2), 67-73.

② Franzosi, *Worldwide Patent Litigation and the Italian Torpedo*, [1997] E. I. P. R. 382.

③ USA cases see: Gulf Oil Corp. v. Gilbert (330 U. S. 501[1947]), Koster v. Lumbermens Mutual Casualty Co. (330 U. S. 518[1947]); See Born Rutledge, *International Civil Litigation in United States Courts* 369 (5th ed. 2010); Donald Earl Childress III, *Forum Conveniens: The Search for a Convenient Forum in Transnational Cases*, 53 Virginia J. Int'l L. 157 (2013). British cases see: The Spiliada [1986] 3 All ER 843, 856 (House of Lords); Lubbe v. Cape plc [2000] 1 W. L. R. 1545 (House of Lords).

果法院认为外国法院行使管辖权不适当，英美法院甚至会采用"禁诉令"(anti-suit injunction)的方式来阻止当事人在外国法院诉讼。①

在发生国际平行诉讼时，以行使管辖权是否正当来判断应由哪一国法院管辖，实际上是用英美法院的标准来裁断他国法院的管辖权。而"禁诉令"更是一种干预他国司法主权的行径，遭到很多国家抵制。② 欧盟法院也在相关判例中拒绝了英国法院发布的禁诉令。③ 我国在实践中也不承认外国法院发布的禁诉令。④

由此可见，单纯地依赖所谓的合理性标准或"不方便法院原则"也无法真正解决国际平行诉讼问题，甚至会使平行诉讼问题愈演愈烈。但是同时我们也应看到，英美的不方便法院原则可以弥补先受理法院规则所具有的弊端。如果将二者结合，则可以扬长避短，从而妥善解决国际平行诉讼问题。⑤

实践中，我国一些法院运用"不方便法院原则"来解决我国内地与香港、我国与外国法院之间的平行诉讼问题。在"某银行有限公司与某房地产有限公司贷款合同纠纷管辖权异议上诉案"⑥中，最高人民法院就认为，本案原告既可以向香港法院提起，也可以向香港以外的其他有管辖权的法院提起。由于本案当事人均系在香港注册登记成立的法人，该融资贷款协议的签订地、履行地均在香港，当事人又选择香港法作为贷款协议准据法，从方便诉讼的原则考虑，本案由香港特别行政区法院管辖更为适宜。在"大浩化工株式会社诉宇岩涂料株式会社、内奥特钢株式会社买卖合同纠纷案"⑦和"捷腾电子有限公司与时毅电子有限公司买卖合同纠纷上诉

---

① 参见欧福永：《国际民事诉讼中的禁诉令》，北京大学出版社 2007 年版，第 6 页。

② 张丽英：《"最先受诉法院原则"与禁诉令的博弈》，载《中国海商法年刊》2012 年第 1 期，第 77 页。

③ ECJ 10 February 2009 — C-185/07 — Allianz SpA et al. v. West Tankers, Inc., [2009] ECR I-663. See also Kronke, *Acceptable Transnational Anti- suit Injunctions*, in Geimer und Schütze, *Recht ohne Grenzen — Festschrift für Kaissis* 549 (2012).

④ 在一起案件中，广东深圳市粮食集团公司与外国某公司签订货物买卖合同，该货物由希腊一货运公司承运。因发生严重货损，深圳粮食集团公司拒付货款并向青岛海事法院请求扣船，起诉索赔。希腊货运公司则以双方签订有仲裁协议为由提出管辖权异议，并向英国高等法院起诉，请求该法院发出禁诉令，撤销中国青岛海事法院的诉讼。英国高等法院作出了禁止深圳市粮食集团公司在中国法院提起诉讼的禁诉令，并向中国司法部提出请求协助送达该禁诉令的申请，但遭到我国司法部的拒绝。参见青岛海事法院民事裁定书(2004)，青海法海商初字第 245 号。

⑤ 胡振杰：《不方便法院说比较研究》，载《法学研究》2002 年第 4 期，第 138 页；何其生：《中国的非方便法院原则》，载《武汉大学学报》2000 年第 5 期，第 641~644 页。

⑥ 最高人民法院民事裁定书(1999)经终字第 194 号。

⑦ (2010)苏商外终字第 0053 号。

案”中，不方便法院原则也被采用。①

2015 年 2 月 4 日施行的《最高人民法院关于适用〈中华人民共和国民事诉讼法〉的解释》第 532 条以司法解释的方式正式采纳了不方便法院原则。不方便法院原则可以作为对“先受理法院规则”的一种限制。如果先受理法院是我国法院，而我国法院审理案件确属不方便时，可以根据该原则驳回诉讼，告知当事人向更方便的外国法院起诉。这样可以避免某些当事人恶意地到我国法院起诉以规避本应受理案件的外国法院。

2. 判决预期承认的限制

根据先受理法院规则，后受理案件的法院应当暂停或终止诉讼，让先受理的法院进行审理。在国内诉讼中，先受理法院作出的判决自然可以在其他任何地区得到执行，因此后受理法院就没有必要再对案件重复审理。但是在国际民事诉讼中，外国法院作出的判决不一定都能得到其他国家的承认和执行。我国《民事诉讼法》第 282 条规定：“人民法院对申请或者请求承认和执行的外国法院作出的发生法律效力的判决、裁定，依照中华人民共和国缔结或者参加的国际条约，或者按照互惠原则进行审查后，认为不违反中华人民共和国法律的基本原则或者国家主权、安全、社会公共利益的，裁定承认其效力，需要执行的，发出执行令，依照本法的有关规定执行。违反中华人民共和国法律的基本原则或者国家主权、安全、社会公共利益的，不予承认和执行。”根据这一规定，我国法院承认与我国没有条约关系的外国法院判决、裁定的条件包括：(1)该裁判是已发生法律效力的裁判；(2)该外国法院的裁判不违反我国法律的基本原则或我国的国家主权、安全、社会公共利益；(3)存在条约或互惠关系。如果先受理的法院所属国与我国没有条约和互惠关系，或者该外国法院的判决可能违反我国国家主权、安全和社会公共利益，则无法得到我国的承认与执行。有鉴于此，在国际平行诉讼中采用先受理法院规则通常还有一个条件限制，即先受理的外国法院作出的判决必须有可能得到后受理法院的承认与执行，后受理法院才会优先尊重先受理法院的管辖权。这一理论被称为“预期承认理论”(Anerkennungsprognose)。②“预期承认理论”被德国法院实践所创立，并被很多欧洲国家包括《布鲁塞尔条例》第 27 条所采纳。③ 海牙国际私法会议 1971 年通过

① (2009)沪高民四(商)终字第 59 号。

② Schack, Internationales Zivilverfahrensrecht S. 327 (2001).

③ 例如《瑞士国际私法》第 9 条第 1 款规定：“如果相同当事人之间就同一诉讼标的已在国外提起的诉讼尚未判决，且可预见该外国法院在合理的期限内将作出一项能在瑞士得到承认的判决，则瑞士法院应中止诉讼。”

的《民商事案件外国判决的承认与执行公约》①以及1999年《民商事管辖权和外国判决公约》(草案)都采纳了该理论。②

我国《民事诉讼法》原本仅适用于国内诉讼竞合，所以没有规定“预期承认理论”。在类推适用于国际平行诉讼时，则应当辅之以“预期承认理论”。不过，在实践中，人民法院如何预先判断外国法院的判决能否被我国承认呢？这在国际上也是一个有争议的难题，因为外国法院判决尚未作出，很难预先判断其结果。实践中，德国等国都采取暂时中止诉讼的办法，等待外国法院的判决结果，然后再决定是否承认外国判决。日本1989年的宫越机工案也采用了该做法。③

(三)先受理法院规则的例外

1. 专属管辖例外

专属管辖也称为排他性管辖。一国通常会将某些特定类型的案件交由特定法院审理。比如我国《民事诉讼法》第33条规定：“下列案件，由本条规定的人民法院专属管辖：(一)因不动产纠纷提起的诉讼，由不动产所在地人民法院管辖；(二)因港口作业中发生纠纷提起的诉讼，由港口所在地人民法院管辖；(三)因继承遗产纠纷提起的诉讼，由被继承人死亡时住所地或者主要遗产所在地人民法院管辖。”专属管辖的目的主要是为了保护本国主权和社会公共利益，因此具有排他性。属于专属管辖的案件，其他非专属管辖法院不得行使管辖权。

在跨国民事诉讼中，享有专属管辖权的法院也可以不受先受理法院规则的约束。比如，欧洲法院在Overseas Union Insurance v. New Hampshire Insurance④一案的判决中指出，《布鲁塞尔条例》有关专属管辖权的规定是先受理法院规则的例外，也就是说，当后受诉法院具有条例规定的专属管辖权时，第27条不适用，此时应当由该专属管辖的法院审理。

2. 排他性协议管辖例外

在司法实践中，经常会发生先受理法院规则与协议管辖权的冲突。如果当事人之间在合同中约定了某国法院具有管辖权，但纠纷发生后，一方当事人向非约定的另一国法院起诉，此时是否仍然采用先受理法院规则？对这个问题存在争议。2003

---

① 参见该公约第20条。该公约1979年8月20日生效，缔约国只有荷兰、葡萄牙、科威特等五个。

② 参见该公约草案第21条。该公约草案尽管最后并未被通过，但其条文经过了各国专家的多年审议，具有代表性。参见肖永平、何其生：《对海牙〈民商事管辖权和外国判决公约〉(草案)的分析》，载《中国国际私法与比较法年刊》2001年卷，第276页。

③ 东京地裁平成元年5月30日中间判决，载《判例时报》第1348号，第91页。

④ Overseas Union Insurance v New Hampshire Insurance, ECJ, 27 June 1991, C-351/89, p. I-3351.

年，欧洲法院在 Erich Gasser GmbH v. MISAT Srl① 一案中明确指出，即使存在管辖权协议，仍然要适用先受理法院规则，由首先受理案件的法院来判定该管辖权协议的有效性和可执行性。法官给出的理由是，先受理法院规则的目的是适当司法，防止不同缔约国法院之间的平行诉讼，避免产生相冲突的判决，为了该目的，应当尽可能宽泛地解释该规则，从而最大限度地排除可能的冲突判决。

但这种做法导致的弊端显而易见。它是对当事人意思自治原则的极大破坏，鼓励和纵容当事人恶意规避合同中的法院选择条款。同时，它也鼓励当事人进行诉讼竞赛。一些债权人为了保障合同中约定的法院能够取得管辖权，而过早地提起诉讼，产生一系列负面的经济效果。②

为了弥补该规则带来的弊端，2012 年 12 月 20 日，欧盟委员会通过的《关于民商事案件管辖权和判决执行的第 1215/2012 号条例(修订)》③中，专门强调了法院选择协议的优先性，试图以此来化解先受理法院规则的负面效果。修订后的《布鲁塞尔条例》在第 31 条规定："在不影响第 26 条的情况下，如果第 25 条所指的协议赋予了某一成员国法院排他性管辖权且该法院已经受理了案件，则在该法院宣布其根据协议没有管辖权之前，任何其他成员国法院都应暂停诉讼程序。"

但欧盟上述规定也仅仅把排他性管辖权协议视为先受理法院规则的例外。如果当事人约定的不是排他性管辖权协议，该协议条款就不一定能排除先受理法院的管辖权。因此，这里的关键问题是如何区分排他性(exclusive)管辖权和非排他性(non-exclusive or permissive)管辖权。

对此问题，美国和欧盟的做法正好相反。在美国并没有这样一种推定，认为法院选择条款所赋予的是一种排他性管辖权。在美国，一项法院选择条款被认为仅仅具有许可性(permissive)而非排他性，除非其中包含有相反的用语。④ 比如在 2012

---

① Erich Gasser GmbH v. MISAT Srl, ECJ, 9 December 2003, C-116/02, p. I-14738.

② Commission of the European Communities, Report from the Commission to the European Parliament, The Council and the European Economic and Social Committee on the Application of Council Regulation (EC) No. 44/2001 on Jurisdiction and the Recognition and Enforcement of Judgments in Civil and Commercial Matters, p. 6, 2009.

③ Regulation (EU) No. 1215/2012 of the European Parliament and of the Council of 12 December 2012 on jurisdiction and enforcement of judgments in civil and commercial matters (recast), [2012] O. J. L 351/1. 新条例将于 2015 年生效并取代现行《布鲁塞尔条例》。

④ See, e. g., John Boutari & Son, Wines & Spirits, S. A. v. Attiki Imp. and Distrib., Inc., 22 F. 3d 51, 53 (2d Cir. 1994); Docksider, Ltd. v. Sea Technology, Ltd., 875 F. 2d 762, 764 (9th Cir. 1989); Hunt Wesson Foods, Inc. v. Supreme Oil Co., 817 F. 2d 75, 77-78 (9th Cir. 1987); Keaty v. Freeport Indonesia, Inc., 503 F. 2d 955, 956-57 (5th Cir. 1974); Citro Florida, Inc. v. Citrovale, S. A., 760 F. 2d 1231, 1231-32 (11th Cir. 1985).

年的 Boland v. George S. May Intern. 案中,① 法院选择条款规定"管辖权授予伊利诺伊州"。马萨诸塞州法院认为该条款只是"允许而非要求诉讼在伊利诺伊州法院进行"。②

相反,根据在大多数欧洲国家适用的《布鲁塞尔第一条例》和《卢加诺公约》的规定,约定俗成的做法是相反的——一项法院选择条款被认为具有排他性(exclusive),除非其中包含相反用语。③

海牙国际私法会议于 2005 年 6 月 30 日通过的《选择法院协议公约》④的规定采纳了欧盟的做法,它对"排他性选择法院协议"作了定义:"排他性选择法院协议实质由双方或多方当事人根据第三款要求而订立的协议,其指定某一缔约国法院或者某一缔约国的一个或者多个具体法院处理因某一特定法律关系而产生或者可能产生的争议,从而排除任何其他法院的管辖。指定某一缔约国法院或者某一缔约国的一个或者多个具体法院的选择法院协议应当被认为是排他性的(deemed to be exclusive),除非当事人另作明确规定。"《选择法院协议公约》也赋予了当事人协议选择的法院优先管辖权。该公约第 6 条规定:"未被选择的缔约国法院应当暂停或驳回该排他性法院选择协议所涉及的诉讼程序,除非……"

我国法院的做法接近于欧盟。通常,如果当事人在管辖权协议中出现了明确的"非排他性"字样,则该协议不可排除其他法院的管辖权。在"中国国际钢铁投资公司与日本国株式会社、劝业银行等借款合同纠纷管辖权异议案"⑤中,最高人民法院认为:"由于当事人约定香港法院享有的管辖权是非排他性的司法管辖权,因此不能排除其他依法享有管辖权的法院的司法管辖权。……因此,被上诉人有权在香港法院以外的其他依法有管辖权的法院就贷款合同纠纷提起诉讼。"最高人民法院在"汕头海洋(集团)公司、李某与被上诉人中国银行(香港)有限公司借款担保纠纷管辖权异议一案"⑥和"黄某、苏某与周大福代理人有限公司、亨满发展有限公司

---

① 969 N. E. 2d 166 (Mass. App. Ct. 2012).

② Id. at 168. McDonald v. Amacore Group, Inc., 2012 WL 2327727 (unpublished, N. J. Super. Ct. App. Div. June 20, 2012),该案中的法院选择条款规定"本协议应受佛罗里达州法律支配,该州对本合同有关的事务引起的任何请求或纠纷具有排他性管辖权……"

③ 《布鲁塞尔第一条例》第 25 条规定:"当事人无论住所位于何地,如果同意某一成员国法院解决他们之间特定法律关系引起的纠纷,该法院即拥有管辖权,除非该协议根据该成员国法律在实质上无效或失效。除当事人另有约定外,该管辖权具有排他性。"《卢加诺公约》第 23 条之规定也相同。

④ 该公约已有墨西哥和欧盟两个缔约方,已于 2015 年 10 月生效。

⑤ 中华人民共和国最高人民法院民事裁定书(2001)民四终字第 12 号。

⑥ 中华人民共和国最高人民法院民事裁定书(2007)民四终字第 16 号。

以及宝宜发展有限公司股权转让合同纠纷案”①等案中都有相同判决。

3. 恶意诉讼例外

我国 2012 年修订的《民事诉讼法》第 13 条新增加了一项规定：“民事诉讼应当遵循诚实信用原则。”这一规定意义重大，它首次明确地对当事人恶意诉讼的行为进行了限制。

先受理法院规则虽然是民事诉讼法上的一项基本规则，但也难免被当事人恶意利用。如上所述，当事人利用该规则抢先发起“鱼雷诉讼”的情况就属此例。为了规范此种恶意诉讼行为，很多国家都规定了相应的针对措施。欧盟 2012 年修订后的《布鲁塞尔条例》第 33 条就规定，如果某一非欧盟成员国法院先行受理的某一案件，而另一成员国法院后受理了该相同案件，则后受理的法院在以下情况下仍然可以继续审理该案件：(1)先受理法院的诉讼程序暂停或中断；(2)先受理法院的诉讼程序在合理期间内不能结束；(3)为了正当司法程序的目的，需要继续进行诉讼。该规定的目的就是为了限制当事人抢先在外国发起的恶意诉讼。

美国法上也存在一项所谓的“过早诉讼例外”(Anticipatory Suit Exception)。根据该项例外，如果一方当事人提前到某个法院提起诉讼的目的是为了阻扰另一方当事人行使合法权利或为了谋取其他不法利益，则后受理法院可以不受其约束。②

我国《民事诉讼法》第 13 条也可以用来限制当事人利用先受理法院规则发起恶意诉讼。不过在实践中，当事人的主观恶意很难判断。因此，只能在极为有限的情况下才可以适用该条。

五、结论与建议

通过上述分析我们可以看到，“先受理法院规则”越来越成为国际上普遍采用的解决国际平行诉讼问题的基本规则。该规则具有简单明确的优点，可操作性强，可以使跨国民事诉讼管辖权具有更强的可预见性，有利于实现国际司法合作。该规则的一些缺陷可以通过引入灵活性修正机制得到很好弥补。

随着我国对外民商事交往的日益扩大，当事人在我国法院和外国法院之间进行挑选法院的情况肯定会越来越常见，从而使得国际平行诉讼问题日益突出。新修订的《民事诉讼法》对我国的涉外民事诉讼管辖权制度作了调整，将涉外案件的管辖

① 中华人民共和国最高人民法院民事裁定书(2011)民四终字第 32 号。

② Michael Cavendish, *Understanding the First-to-File Rule and Its Anticipatory Suit Exception*, 75 Florica Bar Journal 24 (2001).

权逐步纳入到非涉外案件的统一体系之内。这为我国法院解决国际平行诉讼问题提供了一个良好契机。只要把《民事诉讼法》第35条所规定的“先受理法院规则”稍作变通解释，辅之以《民事诉讼法》第13条和其他条文的规定，就可以圆满地解决国际平行诉讼问题。

不过令人遗憾的是，2015年新颁布的《最高人民法院关于适用〈中华人民共和国民事诉讼法〉的解释》第533条原封不动地沿用了原来的《关于适用〈中华人民共和国民事诉讼法〉若干问题的意见》第306条的规定：“中华人民共和国法院和外国法院都有管辖权的案件，一方当事人向外国法院起诉，而另一方当事人向中华人民共和国法院起诉的，人民法院可予受理。判决后，外国法院申请或者当事人请求人民法院承认和执行外国法院对本案作出的判决、裁定的，不予准许；但双方共同缔结或者参加的国际条约另有规定的除外。外国法院判决、裁定已经被人民法院承认，当事人就同一争议向人民法院起诉的，人民法院不予受理。”从当今国际上的发展趋势来看，这一规定实际上关闭了将《民事诉讼法》第35条类推适用于涉外民事诉讼的大门，显得较为保守。我国法院与外国法院之间围绕着同一案件的平行诉讼问题将继续存在。

笔者认为，最高人民法院应当采取更为开放的态度，可以在将来的司法解释中参考如下规定：

“中华人民共和国人民法院和外国法院都有管辖权的案件，一方当事人向外国法院起诉后，另一方当事人再向中华人民共和国人民法院起诉的，人民法院如果预期该外国法院的判决能够在我国被承认或执行的，可终止或暂停行使管辖，等待外国法院判决。但为了维护国家主权、安全或社会公共利益，或为了司法公正的需要，人民法院有必要行使管辖权的除外。

外国法院拒绝行使管辖权或长期拖延审理的，经当事人申请，人民法院可恢复对案件行使管辖权。判决后，外国法院申请或者当事人请求人民法院承认和执行外国法院对本案作出的判决、裁定的，人民法院应依照《民事诉讼法》有关规定予以审查，符合《民事诉讼法》有关承认和执行条件的，予以承认和执行；不符合《民事诉讼法》有关承认和执行条件的，裁决不予承认和执行，并恢复人民法院此前的诉讼程序。

中华人民共和国人民法院和外国法院都有管辖权的案件，一方当事人向人民法院起诉后，另一方当事人再向外国法院起诉的，人民法院认为我国法院审理确属不便的，可以裁定终止或暂停行使管辖，告知当事人向更方便审理的外国法院起诉或应诉。但双方共同参加或者签订的国际条约另有规定的除外。”

The First-filed Rule and the International Parallel Litigation
—The Feasibility of the Analogical Application of Article 35 of the Civil Procedure Law to Foreign-related Cases

Abstract: With the growth of transnational litigation, the issue of international litigations becomes a more common problem. What should a court do when a lawsuit involving the same parties and the same issues is already pending in the court of another country? Courts should adopt a modified first-filed principle to resolve this problem. Absent exceptional circumstances, courts should usually stay duplicative litigation so long as the first-filed foreign action has jurisdiction and its judgment can be recognized by the Chinese court.

Key words: first-filed rule; parallel litigation; lis pendens; forum non conveniens

拉美国家"报复立法"对美国不方便法院原则适用的影响

□ 王吉文*

内容摘要：不方便法院原则已经逐渐演变成为保护本国及当事人利益的工具。在这种情况下，拉美国家通过了一些所谓的"报复立法"来对抗不方便法院原则的适用给拉美国家民众所带来的严重后果。这种"报复立法"通过规定资金账户条件、特殊证据制度、惩罚性损害赔偿制度等来对在外国法院诉讼中提出不方便法院原则动议的外国被告加以"报复"或者对他形成威胁，从而达到阻止外国法院适用不方便法院原则的价值目标。从司法实践看，"报复立法"确实对外国被告产生了威慑作用，进而对不方便法院原则的适用产生了影响。我国的新不方便法院原则虽然可能不会受"报复立法"的影响，但是其规定的适用条件存在一定缺陷，因而可能需要在今后的立法中予以完善。

关键词：报复立法　不方便法院原则　适用条件

目　次

作为一种本质上属于法院自我限制管辖权的特殊管辖权适用机制，不方便法院原则是一国法院基于公平正义原则对自己拥有管辖权的案件拒绝行使管辖权，以符合公平正义原则并实现平衡双方利益的价值目标。正是如此，在当前国际社会普遍

* 江西财经大学法学院副教授，法学博士，美国圣地亚哥大学访问学者。

本文系教育部人文社科规划基金项目"我国统一协议管辖制度的适用问题研究"（批准号：13YJA820049）的阶段性成果；受"江西财经大学公派留学基金"项目的资助。

扩张自身管辖权、进而导致各国管辖权的国际冲突现象日益严重的情形下，不方便法院原则在一定程度上有着协调管辖权国际冲突的理论意义。

尽管如此，不方便法院原则在各国的适用中却逐渐演进成为对本国及本国国民(或者在该国有住所的居民)利益进行特殊保护的利益防范机制，对于那些可能会损害本国及国民利益的诉讼，法院适用不方便法院原则加以拒绝。事实上，从20世纪八九十年代开始，一些发达国家尤其是美国的法院就日益面临着其跨国公司被发展中国家原告在美国法院起诉要求跨国公司承担巨额赔偿的诉讼纷争，对于这些外国原告的诉讼，美国法院几乎都肯定了被告所主张的不方便法院原则动议，从而客观上保护那些对于发达国家的经济、社会发展而言具有重要作用的跨国公司的利益。毫无疑问，美国法院这种以法律为名来刻意保护本国跨国公司利益、进而严重损害其他国家特别是发展中国家人民生命、健康、环境、财产等利益的司法实践必然要遭受国际社会的严厉批评。为此，作为深受美国不方便法院原则之害的拉丁美洲国家(尤其是加勒比海国家)开始通过严厉的特别立法来抗衡美国司法实践的严重后果。这些特别立法通常被美国学者称为“报复立法”。那么，这种报复立法将会对不方便法院原则的适用产生何种效果，是值得我国注意的，因为作为一个国际经济地位已经得到很大提升的国家，我国未来在不方便法院原则的适用上也可能需要面对如何应对这种“报复立法”的问题。

一、不方便法院原则的演变与“报复立法”的形成

不方便法院原则最初在英美法国家中的采用，主要是基于公平正义的价值追求，以保护被告免受原告不合理的诉讼困扰。因而，作为法院享有广泛裁量权这一传统的国家，英美法国家一方面要保证原告提起诉讼寻求救济的权利，另一方面又基于公平正义原则对原告的诉讼进行不方便法院原则的审查，以断定是否构成了对被告的“压迫”或“困扰”。尽管如此，无论是英国还是美国，不方便法院原则在演变过程中其适用标准都经历了一个逐渐宽松化的过程。

在英国，早期不方便法院原则的适用强调严格的“压迫”或者“困扰”标准，只有被告提出证据证明原告的诉讼是对被告的压迫或困扰，英国法院才会认可被告提出的适用不方便法院原则的动议。在早期一个案件中，英国法院声称，被告寻求不方便法院原则，必须同时满足以下两个条件：其一，原告的诉讼是对被告的压迫或困扰，或者是对司法程序的滥用，其二，中止诉讼不会对原告产生不公正的结果。① 但是，在20世纪70年代之后，不方便法院原则适用上的“压迫”或“困扰”

① St. Pierre, [1936] 1 K. B. 398.

标准日益转化成了“更合适/便利”标准，这个标准在 Spiliada 案①中被明确提出。美国不方便法院原则也经历了这样一个转变过程；不过，与英国实践相比，美国法院似乎更加强调法院的自由裁量权，也更纯粹地把不方便法院原则视为法院运用的一种工具。早在 Gilbert 案中，美国联邦最高法院就明确提出了不方便法院原则适用的私人利益和公共利益两大考量因素，要求受案法院应当把这两种因素综合予以考虑；只有上述两类因素的平衡结果有力地支持被告时，才可以对原告的法院选择进行干预。② 应当注意的是，这种私人利益因素和公共利益因素如此之广泛，而且没有衡量的比重和标准，从而使得法院享有极为宽松的裁量空间；而美国独特的公共利益因素则赋予了法院更直接的裁量权力。③ 而在随后的 Reyno 案中，联邦最高法院不仅把适用标准明确为“便利”(convenient)，主张如果存在一个更便利的法院，则应由该法院来审理案件；而且明确要求区分本国原告和外国原告，对于外国原告的诉讼给予更少的尊重。

就此看来，美国法院在不方便法院原则的适用上比其他国家走得更远。美国法院不仅可以对私人利益因素和公共利益因素进行通盘考查，而且把适用标准降格为便利标准，以判断对于当事人参与诉讼以及法院审理案件是否便利(方便)；而更为出格的是，美国法院还明确表明对外国原告的歧视。正如美国学者所指出的，毫无疑问，“不便利”是与“压迫”、“困扰”甚至“不合适”标准都有着明显区别的。因为，对于一起诉讼，被告要向法院证明原告的诉讼是对他的压迫或困扰，或者法院对案件的审理是不合适的，都是相当困难的；但是，如果被告告诉美国法院说，外国原告提起的这个案件对于美国法院的审理是不便利的，比如证据的收集、证人的出庭、法院案件的堆积等都存在困难，则可以成功地劝服美国法院适用不方便法院原则中止诉讼。④

我们认为，英美法院特别是美国法院有关不方便法院原则适用标准的转变，除了法院观念上的一些因素之外，也有一些客观的原因。首先，保护本国国民特别是跨国公司利益的需要。从 20 世纪 70 年代开始，美国面临着如何保护本国资本和跨国公司利益以获取更大经济和社会效应的问题，为此，美国需要在国内、国际层面采取各种促进投资保护的措施。与此同时，发达国家一些公司受国内环境政策的影

---

① Spiliada Maritime Corp. v. Cansulex Ltd., [1987] App. Cas. 460.

② Gulf Oil Corp. v. Gilbert, 330 U.S. 516 (1947).

③ 具体讨论可参见何其生：《非方便法院原则问题研究》，载《诉讼法论丛》2002 年第 7 卷，第 422~442 页；何其生：《比较法视野下的国际民事诉讼》，高等教育出版社 2015 年版，第 166~172 页。

④ Martin Davies, *Time to Change the Federal Forum Non Conveniens Analysis*, 77 Tul. L. Rev. 370 (2002).

响，纷纷把它们的有毒、有害产品转移到发展中国家，从而导致生产或使用过程中对发展中国家的民众带来生命、健康或财产的严重伤害。为此，这些跨国公司日益面临着发展中国家民众的巨额损害赔偿请求，如 1990 年 Alfaro 案、① 1995 年 Delgado 案、② 1998 年 Jota 案，③ 都涉及数十个发展中国家成千上万的受害人在美国法院提起的人身侵权损害赔偿诉讼请求。所以，虽然这些跨国公司的生产、销售有毒、有害产品行为违反了美国法律，但是面对其他国家受害人所提起的巨额损害赔偿诉讼时，美国法院仍然不管不顾地适用不方便法院原则拒绝对案件行使管辖权。其次，消除本国法院过大审理压力的需要。美国法律和司法制度上的优势，是吸引外国当事人向美国法院提起诉讼的重要因素。美国的严格责任制度、损害赔偿制度、证据开示制度、陪审团制度以及风险收费制度等，都是吸引外国原告不远千里到美国法院起诉的重要考量，以获得“超额”的诉讼收益；加上美国被告的主要财产位于美国境内，在美国获得一个胜诉判决也不会有判决难以执行的担忧。正因为如此，美国法院确实需要面对如何消除案件积压、审理压力过大的困难。在这种情况下，适用不方便法院原则也就在相当程度上成为了美国法院摆脱困境的有效途径了。

毫无疑问，美国法院在不方便法院原则适用上观念的转变，对于外国原告尤其是遭受着美国跨国公司风险和危害转移的广大发展中国家的当事人而言，显然是一个重大的打击，他们既由于本国法治的不甚发达状况而无法在本国寻求有效的救济，也根本不能利用被告所在地国家——美国——法院的司法救济。而美国跨国公司能够在非法行为和不当获利之后，在遭遇侵权损害赔偿诉讼时，竟然能获得美国法院实质性保护的支持。事实上，尽管有美国法官曾经对不方便法院原则的这种消极效果有清醒的认识，但也无能为力，并最终随波逐流。如得克萨斯州法院在 1990 年的 Alfaro 案中明确拒绝适用不方便法院原则，但在类似性质的 1995 年 Delgado 案中却改变了观念。在 Alfaro 案中，Doggett 法官在其同意意见书中曾如此指出：“在全球市场时代和更注意保护全人类生态安全的社会中，不方便法院原则显得过时了。因为该原则使跨国公司逃避了法律的监控……而且，这种狭隘的地域观念也忽视了一个现实，即对外国人民造成危害的行为最终也必将危害本国人。这种考虑其实并非出于方便与否，相反是避免公司责任的姑息养奸行为(connivance)。其结果是诉讼就此结束，从而使被告公司因此获利数十亿美元，无

① Dow Chemical Co. v. Castro Alfaro, 786 W. 2d 674 (Tex. 1990).

② Delgado v. Shell Oil Co., 890 F. Supp. 1324 (S. D. Tex. 1995).

③ Jota v. Texaco, Inc., 157 F. 3d 153 (2d Cir. 1998).

辜受害者则孤苦无助。"①但在 Delgado 案中，这种观念却未能获得法院的继续支持。正是如此，面对本国国民无法利用美国法院对美国跨国公司所造成的严重人身伤亡、财产损失寻求司法救济的消极状况，从 20 世纪 90 年代开始，拉丁美洲国家开始尝试特殊立法，以期突破所面临的不利困局。

在美国法院不顾 Delgado 案 26000 多名、以及 Jota 案 30000 多名发展中国家受害者的利益而强行适用不方便法院原则拒绝行使管辖权，进而使得案件在数十个国家的数百个法院重新提起之后，拉丁美洲国家议会(the Latin American Parliament, PARLATINO)于 1998 年通过了一个"示范法"(the Model Law)，并建议其成员国家采取类似的行动制定相应的立法。依据序言，该"示范法"的主要目的是希望保护遭受了外国跨国公司生态危害的拉丁美洲国家受害者，并期望达到阻止享有管辖权的外国(通常是被告跨国公司的所在地国)法院适用不方便法院原则拒绝行使管辖权的目的。该"示范法"包含两个条款，② 其内容涉及两个性质不同的制度和不同的价值追求："封锁"和"报复"；相应的，前者被称为"封锁法案"(Blocking Statutes)，是这样一种特殊法律，即期望通过对其他国家(主要是美国)法院适用不方便法院原则拒绝的案件拒绝行使管辖权以使得"合适的替代法院"不存在，从而间接使外国法院因"合适的替代法院"条件无法满足而不能适用不方便法院原则拒绝拉丁美洲国家原告的诉讼；后者则被称为"报复立法"(Retaliatory Legislation)，是通过制定严厉规定以使美国跨国公司被告无法从不方便法院原则的适用中获得不当利益，如规定惩罚性损害赔偿制度，从而客观上对拒绝行使管辖权的外国法院、以及对提出适用不方便法院原则动议的被告的一种报复。当然，正如"示范法"把二者同时规定一样，在一些拉丁美洲国家的"报复立法"中也涉及了"封锁法案"的内容，因而一些美国学者就不加区分地通称之为"报复立法"。③ 不过，我们认为，从二者所规定内容的实质内涵和价值目标来看，"封锁法案"和"报复立法"是有区别的；而且，它们对于不方便法院原则适用所可能产生的效果也会有明显的差异。

---

① Dow Chemical Co. v. Alfaro, 786 S. W. 2d 680-689 (Tex. 1990).

② 该示范法第 1 条　国内管辖权和国际管辖权

如果在被告住所地国法院提起诉讼，则消灭了原告所在地国法院对该案的管辖权。只有在原告出于完全自由的情况下，原告放弃外国的诉讼而在原告所在地国提起一个新诉讼，原告所在地国法院才可重新享有管辖权。

第 2 条　国际侵权责任、损害赔偿

对于国际侵权责任，在原告的请求下，原告所在地国法院可以作出惩罚性判决，并适用相关外国法中所规定的相关赔偿标准和数额。

③ See Winston Anderson, *Forum Non Conveniens Checkmated? — The Emergence of Retaliatory Legislation*, 10 J. Int'l L. & Pol. 183 (2001).

所以，应当对它们加以区分。当然，囿于篇幅和本文主旨，本文仅涉及“报复立法”的问题，对于“封锁法案”则另文论述。

二、“报复立法”的基本内容

受拉丁美洲国家议会“示范法”的影响，一些拉美国家先后通过了对抗不方便法院原则的报复立法，如尼加拉瓜、危地马拉、多米尼加等。其中，1997 年通过、1998 年生效的多米尼加《跨国诉因(产品责任)法》①最为详尽，其规定也极大程度地凸显出“反不方便法院原则”(anti-FNC)的性质，进而突出了该立法的“报复”性质；而且，随着其他拉美国家利用“封锁法案”效果明显性的不足，它们也更重视“报复立法”所具有的内在“报复性”，因而，多米尼加立法的严厉性对它们将具有极大的吸引力。下面对该法主要内容加以简要阐述。

在其“序言”中，多米尼加立法明确地指出了其立法目的：“当一个针对外国被告的跨国产品责任侵权诉讼在外国法院以不方便法院原则、礼让或者其他类似理由被拒绝后，多米尼加法院应迅速而公正地进行审理。”从其立法目的来看，多米尼加立法只适用于那些被外国法院适用不方便法院原则所拒绝的跨国产品责任侵权案件，这使得该法具有极强的针对性，本质上就是一部“反不方便法院原则”的法律。

作为“报复”的体现，主要表现在以下条款中：第 5 条要求被告提供资金账户、第 6 条团体诉讼、第 7 条准据法、第 9 条提供外国诉讼所提供的证据以及第 11 条惩罚性判决的规定，都是把该立法的“报复”性特征体现得淋漓尽致的基本方面。

对于被告而言，必须设置资金账户作为其参加诉讼的前提条件显然是极为不利的；而这种规定在多米尼加立法中不仅被明确规定，且数额极大。第 5 条第 1 款规定，“法院应命令任何出庭的被告提供一个资金账户(deposit bond)，其数额是原告在外国类似诉讼(similar foreign proceedings)②中将可以获得赔偿总额的 140%”。应当承认，这种设置资金账户作为被告参与诉讼条件的规定极其罕见，甚至可能导致“拒绝司法”的后果。不过，一方面，根据美国学者的研究，在拉美国家中对外国人实行差别待遇是符合宪法精神的；③ 另一方面，这种资金账户的要求本质上是对

---

① Dominica's Transnational Cause of Action (Product Liability) Act. 有关多米尼加立法详细规定的说明，可参阅 Winston Anderson, *Forum Non Conveniens Checkmated? — The Emergence of Retaliatory Legislation*, 10 J. Int'l L. & Pol. 183 (2001)。

② 根据立法内容和立法目的来看，这个“外国类似诉讼”应该是指适用不方便法院原则拒绝行使管辖权的那个外国(如美国)法院诉讼。

③ See Winston Anderson, *Forum Non Conveniens Checkmated? — The Emergence of Retaliatory Legislation*, 10 J. Int'l L. & Pol. 205 (2001).

跨国公司被告的一种不便，也是一个威胁，使跨国公司被告能够知难而退，否则，在外国法院提出不方便法院原则动议的最终结果只能是作茧自缚。那么，外国被告为了避免承担这种“过分”的责任，则要么不出庭应诉，而这必然导致对其不利的缺席判决；要么在先前的美国法院诉讼中，不提出不方便法院原则的动议。毫无疑问，这两种结果都达到了多米尼加立法所期望的目标。当然，对于这个资金账户条件，也有美国学者提出了质疑：首先，这个140%的数字是如何得出来的？因为这不仅过于沉重，而且可能导致法院滥用权力来惩罚责任未定的外国被告。其次，如何确定外国类似诉讼的赔偿数额？因为这个赔偿数额并没有被外国法院所作出。再次，假设资金账户设置的要求是合理的，那么，如果被告拒绝提供、却要参与诉讼，则法院该如何处理？因为该法通篇没有相关规定。① 事实上，稍后制定的危地马拉、尼加拉瓜立法的规定就更加明确，如尼加拉瓜立法就直接规定以每个请求人10万美元的标准来进行设置，且必须在案件受理之日起90天内提供，如果被告拒绝提供，则必须无条件接受美国法院的管辖权。当然，无论如何，这种资金账户要求的真正目的显然是期望对被告构成一种不便、形成一种威慑，使被告投鼠忌器，不敢过于坚定地提出不方便法院原则的动议。

如果说资金账户的设置是强加给被告的消极条件，那么，严厉的实体法规定则将导致被告先前所提出的不方便法院原则动议彻底无功而返。为此，多米尼加立法先后在第7条有关法律适用和第11条有关惩罚性赔偿两个方面加以了特殊规定。第7条第2款规定：“侵权诉讼，当事人的权利义务适用与诉因和当事人有最密切联系地国的法律。”第3款：“在确定最密切联系地时，应考虑以下相关因素：损害发生地；当事各方住所、居所、国籍、公司所在地、交易行为地；当事各方相互关系的重心所在地。”因而，本条肯定了最密切联系原则的地位。表面上看，在当前国际社会都强调最密切联系原则法律地位的情况下，本条规定似乎并无多少“报复”性质的成分；不过，从本法序言所确定的目的来看，多米尼加法院显然是期望适用跨国公司被告所在地国的法律来作为案件的准据法，那么，在最密切联系原则的适用中，法院将更可能把重心放在外国被告之上，进而以该被告所在地国法律作为最密切联系地法来加以适用。那么，被告期望在多米尼加法院被诉的结果是，不仅需要承担苛刻的提供资金账户的义务，还要面对其本国严格的实体法规定。

第11条则涉及惩罚性损害赔偿规定。其第1款规定：“在被告存在恶意或严重忽视他人利益、或者明知可能的危害却为了追逐利益而从事行为时，法院可判决惩罚性损害赔偿。”第2款规定：“法院在作出惩罚性损害赔偿判决时，应当考虑以下

① See Zanifa McDowell, *Forum Non Conveniens*: *The Caribbean and Its Response to Xenophobia in American Courts*, 49 Int'l & Comp. L. Q. 121-122 (2000).

因素：产品或者物质在生产国或其他任何使用、消费国所禁止或限制使用，被告仍然继续生产或者销售；被告未能向多米尼加政府或任何其他可能遭受损害的民众告知，或者告知是不充分的。"需要指出的是，作为大陆法体系的拉美国家是没有惩罚性赔偿制度的。那么，对于外国(主要是美国)跨国公司被告而言，该法中特别规定的惩罚性损害赔偿制度无疑使其期望达到的利用拉美国家较低赔偿标准的目的无法实现。因而，即使案件在多米尼加法院审理，外国被告也将面临惩罚性损害赔偿判决的风险；而且，按照美国学者的分析，这种判决在美国并不存在执行方面的实质问题，将会获得美国法院的承认与执行。①

除此之外，多米尼加立法也在程序法上进行了努力。第 6 条规定："如果发现一个跨国诉因中一个以上的原告基于相同的法律或事实提起诉讼，法院则可以进行：(1)合并诉讼；(2)代表人诉讼；或者(3)团体诉讼。"因而，本条是关于集团诉讼的规定，从而可以有效避免势单力薄的原告单独去与跨国公司对抗、以及司法能力极为落后的多米尼加法院被众多诉讼压垮的危险。而集团诉讼之所以成为具有"报复"的性质，根本原因在于，包括多米尼加在内的拉美国家法律其实都没有集团诉讼的法律地位。通过特别法律允许人数众多的原告提起集团诉讼，既可以对被告形成巨大的心理压力，也可以增强原告的能力和信心，对于案件审理法院而言也是多有助益的。对于普遍存在的法院少、法官人数少且设备简陋等不利状况的拉美国家来说，这种特设的集团诉讼机制显然相当有益，反过来也极大地威胁着跨国公司被告。

第 9 条则是关于证据的特殊规定："多米尼加法院应当要求当事人提供证据，而这些证据是相同或类似(the same or similar)当事人在外国法院的先前诉讼中所提出过或者所采纳了的。"按照该条规定，法院不仅可以要求当事各方提供证据，而且这些证据是先前提供给外国法院(即适用不方便法院原则的法院)并获得认可的证据。众所周知，外国原告选择在美国法院诉讼是基于多种因素的考虑，美国法律中的证据开示主义就是其中最为重要的一个因素。根据美国《联邦民事诉讼程序规则》第 26 条，对于任何不属于保密特权范围而与诉讼标的有关的事项，均可进行证据开示。如果被请求披露的信息很可能在庭审中被采纳为证据，则当事人不得以该信息在庭审中不能被采纳为证据为由提出异议。那么，对于没有多少证据也缺乏更多相应专业知识和能力的原告来说，这种证据制度显然是极为有利的；相反，对于被告，则不仅背负着沉重的举证压力，也可能承受巨大的心理压力。那么，该法

① See Walter Heiser, *Forum Non Conveniens and Retaliatory Legislation: The Impact on the Available Alternative Forum Inquiry and on the Desirability of Forum Non Conveniens as a Defense Tactic*, 56 U. Kan. L. Rev. 649-657 (2008).

第 9 条特殊证据制度(拉美国家国内制度并没有这种规定)要求当事各方把先前在外国(美国)法院诉讼的可采证据直接提供给法院，则不仅直接减轻了法院查证的巨大压力,① 也给了外国跨国公司巨大的压力。

综合起来看，多米尼加“报复立法”的报复性主要体现在以下几个重要方面：首先，明确要求外国被告必须提供总额达原告赔偿请求数额 140%的资金账户，作为其参加诉讼的前提条件；其次，设置了国内民事诉讼领域并不存在的集团诉讼制度，从而增强了原告的对抗能力，减轻了法院案件审理的巨大压力，并使被告逐个突破的企图无法实现；再次，规定倾向性明显的最密切联系原则，法院享有广泛的自由裁量权以适用被告所在地国的法律；复次，规定被告须向法院提供先前在被告所在地国法院的诉讼中所提交的证据，从而不仅给被告施加了巨大的压力，也极大地减轻了法院证据收集和认定上的压力；最后，规定了惩罚性损害赔偿制度，外国被告在多米尼加法院参与诉讼将面临严厉的惩罚，从而对于被告而言可能具有釜底抽薪的效果。

三、“报复立法”对美国不方便法院原则适用的效果

毫无疑问，“报复立法”对于外国被告无疑是一个重大威胁。事实上，这种威胁似乎正在演变成为一种现实。2002 年，尼加拉瓜的马那瓜城(Managua)法院对于美国几家跨国公司(包括 Shell Oil Co.，Dole Food Co.，Dow Chemical 在内)作出了要求其赔偿总额达 4.89 亿美元的损害赔偿判决;② 在 Osorio 案中，美国法院也被请求承认与执行一起由尼加拉瓜法院作出的针对美国跨国公司的总额达 9700 万美元的判决。③ 在 2011 年，厄瓜多尔法院更是针对美国能源巨头雪佛龙公司(Chevron Corporation)作出了一个总数高达 180 亿美元(据说这是厄瓜多尔史上最大数额的判决，也是美国法院被请求承认与执行历史上遇到的最大数额判决)的损害赔偿判决，请求美国法院予以承认与执行。虽然执行程序仍处于上诉阶段，但联邦上诉法院支持予以执行。④ 由此可见，作为拉美国家应对美国不方便法院原则的直接产

① 在 1995 年的 Delgado 案中，美国跨国公司被告就提供了超过 10000 份的证据，而且很多涉及专业知识的内容。那么，对于拉美国家普遍存在的法官人数极少、几乎没有辅助工作人员、设备简陋的情况，证据方面的压力是可想而知的。

② See David Gonzalez & Samuel Loewenberg, *Banana Workers Get Day in Court*, N. Y. Times, Jan. 18, 2003, at 1C.

③ Osorio v. Dole Food Co., 665 F. Supp. 2d 1307 (S. D. Fla. 2009).

④ See Gregory H. Shill, *Ending Judgment Arbitrage: Jurisdictional Competition and the Enforcement of Foreign Money Judgments in the United States*, 54 Harv. Int'l L. J. 505-506 (2013).

物，“报复立法”显然将对不方便法院原则的适用产生一定的效果。

正如上文所述，不方便法院原则经历了一个适用标准日渐宽松化的过程；尽管如此，“合适的替代法院”这一条件却始终得到法院形式上①的支持，如果缺乏一个合适的替代法院，英美国家法院通常不会适用不方便法院原则拒绝行使管辖权。毕竟，如果不存在可替代的法院，那么法院对案件拒绝行使管辖权无疑是对当事人司法救济权的剥夺，不符合公平公正原则的基本准则。在 Gilbert 案中，美国联邦最高法院就声称，被告提出适用不方便法院原则的动议，不是因为受案法院没有管辖权，而是因为在另外一个国家存在一个对该案有管辖权的替代法院，且该替代法院审理本案更便利。②

在美国法院不方便法院原则的具体适用上，“合适的替代法院”条件一般分解为两个内容，即该替代法院的“可获得”(available)性和“足够”(adequate)性，法院必须严格审查是否存在一个“可获得”和“足够”的替代法院。③ 对于替代法院的“可获得”性问题，一般的实践是，如果该法院对于被告享有对人管辖权、且不存在其他程序方面的限制因素，如时效规定，从而阻止法院对案件的审理，则认为是满足了条件。④ 应当来说，这种条件是较为宽松的，事实上也几乎没有法院以此为由来否定被告提出的动议；当然，美国法院在适用不方便法院原则时，为了使“可获得”性更加“真实”，法院通常还要求被告作出放弃诉讼时效抗辩的承诺、并在裁决中包含一个“管辖权回归条款”(a return jurisdiction clause)，在替代法院拒绝对案件行使管辖权时重新审理案件。而有关替代法院的“足够”性问题，美国法院通常不会做过多的实际审查，因为美国法院通常认为，这样的审查可能会导致对他国法治状况进行评价的局面，不符合“礼让”(comity)的精神。在一般的实践中，美国法院认为，替代法院所在国的实体法以及程序法与美国法之间的差异，从而使原告在替代法院的诉讼中处于不利的状况，都不是“足够”性审查中需要考虑的因素；只有在替代法院所提供的救济是如此的“显著不足或者令人沮丧以至于等同于无救济”时，才会触动公平正义原则进而构成“非足够”的问题。⑤ 就此看来，其他国家法

---

① 所谓“形式上”，一方面主要是指法院在审查时主要考查形式上的相关因素，对于外国实体法规定的落后等事项不做考虑；另一方面是法院有时为达到适用不方便法院原则的目的而表面认可“替代法院”的合适性，如在外国法律拒绝这种案件从而客观上使得“替代法院”可能不存在，英美法国家也对此不管不顾。

② Gulf Oil Corp. v. Gilbert, 330 U.S. 506-509 (1947).

③ Piper Aircraft Co. v. Reyno, 454 U.S. 255 (1981).

④ Gulf Oil Corp. v. Gilbert, 330 U.S. 506-507 (1947); Piper Aircraft Co. v. Reyno, 454 U.S. 255 (1981).

⑤ Piper Aircraft Co. v. Reyno, 454 U.S. 254 (1981).

律(无论是实体法还是程序法)的状况并不会对美国法院的审查产生太多的影响，美国法院仅从自身的层面来理解外国法院"合适的替代法院"的性质。

那么，与此相关的问题是，如果其他国家立法规定过于严苛，并且其针对性直接指向美国被告时，是否会对美国法院"合适的替代法院"条件的审查和认定产生影响呢？作为法院断定是否对案件行使管辖权的一种实用主义工具，不方便法院原则在美国的适用逐渐演变成为保护美国跨国公司被告利益的一种手段，并客观上使得美国法院摆脱了审理此类复杂案件的麻烦，无须耗时费力、浪费本国有限的司法资源来为外国原告提供"超额"的利益。所以，面对拉美国家这种以美国跨国公司和美国不方便法院原则为直接对象的"报复立法"，美国法院应该理所当然地会有所表示。毕竟，从不方便法院原则的发展演变趋向来看，它作为保护本国被告利益(有时也兼顾法院利益)的一种自由裁量权工具，在拉美国家"报复立法"直接威胁美国跨国公司被告利益的情况下，美国法院将会限制不方便法院原则的适用：由于拉美国家法律对美国被告的公然"歧视"，已经使得拉美国家法院并非审理案件的公正法院，显然不是"合适的替代法院"，继续适用不方便法院原则显然无法保护本国被告的利益。

但是，令人好奇的是，美国不方便法院原则的司法实践似乎竟然未受任何影响。在一起涉及巴拿马原告的案件中，原告提出巴拿马法院将拒绝行使管辖权的抗辩，强调巴拿马法院不是合适的替代法院。结果受理案件的佛罗里达州法院不为所动，并声称，本法院不会受外国法院和外国立法者的强迫而对应由该外国法院审理的案件加以审理……如果本法院认为外国法院是合适的替代法院，那么原告就有义务去接受该外国法院的管辖权并努力促使该外国法院行使管辖权。① 在另外一起涉及墨西哥原告的产品责任侵权案件中，原告主张墨西哥法院不是一个合适的替代法院，因为墨西哥法院不会对案件行使管辖权：在先前涉及本案美国被告的两起诉讼中，墨西哥法院就曾声称除非原告、被告自愿接受墨西哥法院的管辖权，否则就将拒绝行使管辖权。对此，受案的密歇根法院不以为然，认为只要美国法院认定其他国家法院是合适的替代法院，则法院就可不考虑其他国家立法的状况而适用不方便法院原则。②

毫无疑问，美国法院的态度多少有些令人意外，应该不符合不方便法院原则作为保护本国被告利益工具的发展倾向。尽管如此，从另一个角度来看，美国法院的

① Scotts Co. v. Hacienda Loma Linda, Fla. App. 3 Dist., Dec 24, 2008. See Symeon C. Symeondes, *Choice of Law in the American Courts in* 2008: *Twenty-Second Annual Survey*, 57 Am. J. Comp. L., 296 (2009).

② Hernandez v. Ford Motor Co., 759 N. W. 2d 396 (Mich. 2009).

实践似乎也理所当然。因为，虽然美国法院在不方便法院原则的适用上坚持私人利益因素的审查和内外国人法律地位不对等性，从而使人感觉该原则就是美国被告的利益保护工具而已；但是，事实上，与其他国家不方便法院原则的适用明显不同的是，美国法院还非常明确地强调了公共利益(主要是法院)的保护问题。所以，美国不方便法院原则并不仅仅强调对私人利益的单一保护，还必须同时考虑对本国公共利益的保护问题。或许正是如此，美国法院并不觉得拉美国家报复立法构成了对美国被告乃至美国不方便法院原则的威胁，从而需要作出相应的调整。事实上，在2007年Sinochem案①中，美国联邦最高法院就对于“替代法院”的合适性问题表明了既往的立场，认为国际社会的法律发展并没有导致合适“替代法院”问题有进行调整的必要。在该案中，美国联邦最高法院触及了应如何处理替代法院的“合适性”问题，但是，联邦最高法院并未加以正面的说明，而是提出：“Gilbert案中最高法院确实提出了合适替代法院的条件。不过，Gilbert案未涉及与本案相同的问题；而且，在谈到不方便法院原则适用时‘假定是什么’的问题上，最高法院在Gilbert案中也没有说什么否定其他法院管辖权诸如此类的问题；相反，最高法院只是不确定地断定原告在提起诉讼时受案法院的合格性问题。”②就此看来，美国联邦最高法院似乎并不认为有对“合适的替代法院”这个条件作出调整的必要。对于联邦最高法院的上述立场，有人评价道：“如果法院在适用不方便法院原则时，既不需要断定它自身的管辖权问题，也不要考查外国法院的管辖权；那么，对于原告而言，最糟糕的境况就是，他发现他将处于一个管辖权地狱的边缘。”③

毫无疑问，美国联邦最高法院Sinochem案对不方便法院原则的适用所持立场将会直接影响到美国各级法院的实践，也就是说，对于拉美国家的“报复立法”，

① Sinochem International Co. Ltd. v. Malaysia International Shipping Corp., 127 S. Ct. 1184 (2007). 本案是一个倒签提单争议案件。涉案的中国Sinochem公司向广州海事法院提起诉讼；但被告随后在美国宾夕法尼亚州法院提起侵权诉讼。Sinochem公司向美国法院提出适用不方便法院原则的动议。需要指出的是，本案并不涉及拉美国家的当事人或者其“报复立法”；但是，报复立法所引发的拉美国家法院合适性(appropriateness)的各种争论已经对美国州法院和联邦法院的实践产生了实际影响，并导致了联邦上诉法院三种不同的观念和实践。所以，联邦最高法院对本案的审理应该具有某种协调立场的意思。

② Sinochem International Co. Ltd. v. Malaysia International Shipping Corp., 127 S. Ct. 1193-1194 (2007). “*Gulf Oil* did not present the same question as *Sinochem* and, in speaking of what the forum non conveniens doctrine ‘presupposes’, the *Gulf Oil* Court said nothing that would negate a court's authority to presume, rather than dispositively decide, the propriety of the forum in which the plaintiff filed suit.”

③ Nathan Viavant, *Sinochem International Co. v. Malaysia International Shiping Corp.: The United States Supreme Court Puts Forum Non Conveniens First*, 16 Tul. J. Int'l & Comp. L. 570 (2008).

美国法院可能并不会给予过多的关注。当然，如果就此认定“报复立法”对于不方便法院原则的适用将毫无影响，肯定并不正确。因为，对于美国被告而言，拉美国家“报复立法”显然将是影响其提出不方便法院原则动议的严重障碍，进而对不方便法院原则的适用产生间接的阻碍作用。因此，这种作用具有一定的间接性，通过作用于被告来实现对不方便法院原则的影响。正如美国学者指出的，拉美国家“报复立法”将会影响到不方便法院原则的适用。虽然出于减轻法院案件堆积的需要，美国法院可能会有意识地强调外国替代法院的合适性，因而拉美国家“报复立法”对美国法院的影响可能并不会那么显著；但是，对于被告来说，情况就可能会截然不同了，因为，这种严格立法将使被告处于极为不利的状况，从而使被告在提出不方便法院原则的动议时就会极其慎重乃至予以放弃。① 毫无疑问，拉美国家“报复立法”对于被告来说几乎是一种灾难：一方面，如果被告在拉美国家有足够的财产，那么，不仅拉美国家法院判决结果会相当不利，而且程序方面的要求如设置资金账户、证据制度等也使被告处于困难的境地；另一方面，即使被告在拉美国家没有财产，拉美国家法院作出的判决也可能会通过泛美联盟条约、加勒比海共同体协定等合作机制获得认可，甚至也会获得美国法院的承认与执行。因为，无论是“报复立法”中的证据制度还是惩罚性损害赔偿制度，其实都是美国法律所允许的；虽然设置资金账户的要求似乎会引发美国宪法正当程序的问题，不过，美国联邦最高法院在 1973 年的 Kras 案否定了上述主张：在涉及非基本权利的案件中，要求当事人事先提供案件受理费作为法院受理的前提条件，并不违反正当程序原则。② 此外，值得注意的是，在被告向美国法院提出适用不方便法院原则的动议时，已经承认接受替代法院的管辖权，甚至作出了放弃某些权利的声明、或者同意履行替代法院作出的判决，那么，在承认与执行阶段，被告的抗辩理由显然也难以为美国法院所接受。

或许，司法实践应该是上述观点的最好注脚。2004 年数千名尼加拉瓜香蕉园工人向美国加州多个法院对包括美国都乐食品公司(Dole Food Co.)和陶氏化学公司(Dow Chemical Co.)在内的美国跨国公司提起人身侵权诉讼，要求美国被告赔偿因生产、使用 DBCP③ 而对原告所造成的人身伤害。需要指出的是，上述两家美国

---

① See Walter Heiser, *Forum Non Conveniens and Retaliatory Legislation*: *The Impact on the Available Alternative Forum Inquiry and on the Desirability of Forum Non Conveniens as a Defense Tactics*, 56 U. Kan. L. Rev. 658-662 (2008).

② United States v. Kras, 409 U. S. 443-450 (1973). 该案涉及破产事项，结果法院要求申请人缴纳申请费用作为受案的条件。

③ Dibromochloropropane，二溴氯丙烷，一种对人体有毒的杀虫剂。

跨国公司正是引发拉美国家纷纷通过“报复立法”的1995年Delgado案的主要被告之一，而该案也涉及DBCP这种农药在使用过程中对工人和周边环境造成严重的人身伤害；不过，1995年的Delgado案中，美国被告都提出了不方便法院原则的动议。在2007年加州法院先行作出的涉及6个尼加拉瓜原告的判决中，美国陪审团裁决了总数达3200000美元的损害赔偿和2500000美元的惩罚性损害赔偿。① 毫无疑问，这种巨额赔偿裁决对于这两个被告而言无疑是沉重的打击；但对于它们来说，更为严重的后果可能还在后面，因为其他数千名尼加拉瓜原告的诉讼仍在加州法院继续进行着。尽管如此，值得注意的是，上述美国被告都没有采用以往的一般实践向美国法院提出适用不方便法院原则的动议，而接受了美国法院的管辖权。就此看来，“报复立法”通过对被告发挥威慑作用、使其不愿或不敢任意提出不方便法院原则的动议，从而对不方便法院原则的适用产生了间接性的作用，达到了“报复”的目标。

四、结语

客观上说，不方便法院原则的适用对于原告而言或许就是一个不幸，因为原告所耗时费力的努力几乎完全失效，甚至严重影响他再次提起诉讼的能力。正如20世纪90年代的一项调查所发现的那样：在美国法院以不方便法院原则为由拒绝行使管辖权的55个人身侵权案件中，只有1起在外国法院重新提起了诉讼，其他案件要么是被迫与被告进行和解，要么就是放弃了诉讼。② 虽然时代已经变迁，但是这种消极状况在如今应该也没有根本性的变化。正是如此，拉美国家发现其国民在遭受了美国跨国公司的恶意压榨之后竟然“投诉无门”，而被美国法院运用不方便法院原则加以歧视，因而制定了一些特殊的“报复立法”，期望以此来对抗美国不方便法院原则所带来的消极后果。这些“报复立法”对于那些实施不方便法院原则拒绝行使管辖权国家的被告规定了严格的要求，将使他们在拉美国家法院参与诉讼面临诸多的障碍和危险，从而最终不敢在其本国法院的诉讼中提出适用不方便法院原则的动议。所以，即使美国（其他国家也同样如此）法院可以不顾拉美国家的“报复立法”，本国被告所可能遭受的困境也将最终间接地影响到不方便法院原则的适

① See Christian Miller, *A Times Investigation: Plantation Workers Look for Justice in the North*, L. A. Times, May 27 (2007), at A1; John Spano, *Dole Must Pay $ 2.5 Million to Farmhands*, L. A. Times, Nov. 16 (2007), at B3.

② See Hilmy Ismail, *Forum Non Conveniens, United States Multinational Corporations, and Personal Inquires in the Third World: Your Place or Mine?*, 11 B. C. Third World L. J. 250 (1991).

用及其效果，进而事实上形成了一种倒逼机制。正是如此，其他实行不方便法院原则的国家也需要适当关注这种动态。

当然，不可否认的是，拉美国家"报复立法"是针对美国跨国公司被告以及美国不方便法院原则的，是美国不方便法院原则适用的直接产物，到目前为止，并没有迹象表明会有扩展至其他国家被告和其他国家法院的情形；所以，直接以"报复立法"为由对我国不方便法院原则提出所谓的"完善建议"或许多少有些不着边际。尽管如此，这并不意味着我国当事人和我国不方便法院原则就能够完全置身事外；因为，虽然"报复立法"是美国不方便法院原则适用的直接产物，但"报复立法"本身并没有局限于美国被告和美国不方便法院原则，所以，所有那些有跨国公司且有不方便法院原则的国家，都可能逐渐会受到"报复立法"的影响。我国应当也不会例外。所以，适当地了解"报复立法"并作出相应的应对策略，应该是我国跨国公司需要正视的，也是我国法律制度需要事先加以防范的。

不过，令人疑惑的是，与美国不方便法院原则在面对"报复立法"所可能面临的合适替代法院的缺乏以及美国跨国公司被告将处于极端不利的诉讼环境从而不敢在美国法院提出适用不方便法院原则的动议、进而对不方便法院原则产生间接性作用的状况有明显差异的是，我国不方便法院原则的适用却可能遭遇另外一种截然相反的情形，即对于拉美国家原告在我国法院的诉讼，我国被告(特别是跨国公司被告)提出适用不方便法院原则的请求根本不可能获得我国法院的支持。其后果是既可能无法适当保护我国被告的利益，也使我国法院承受了更多的诉讼压力。根据最高人民法院 2015 年《关于适用〈中华人民共和国民事诉讼法〉的解释》①所确立的不方便法院原则的适用条件②、尤其是第 4 个条件即"不涉及我国国家、公民、法人或其他组织的利益"这一条件来看，我国的这个自我限制管辖权的机制就可能实际成为了固定管辖权行使的工具。因为，依据这个适用条件，只有纯粹外国性质的国际案件方可被我国法院所拒绝；而凡是涉及我国及我国当事人利益的案件，我国法院均不得适用不方便法院原则，无论是否存在一个更合适的管辖法院，还是我国法院在案件的审理上存在重大的困难。可以肯定的是，这个条件的本质目的应该是希望对我国及我国当事人的利益进行宽泛的程序法保护，从而使当事人能够在我国法院寻求救济，而不会因为我国法院适用不方便法院原则拒绝行使管辖权从而只能另行寻求外国的司法救济。这一规定的初衷是好的。但是，在实践中，这种条件是否

① 法释[2015]5 号。

② 这些条件涉及 6 个方面：(1)被告提出管辖权变更请求或者管辖异议；(2)不存在选择我国法院的管辖协议；(3)不属于我国法院专属管辖；(4)不涉及我国国家、公民、法人或其他组织的利益；(5)主要事实不在我国境内，且不适用我国法律；(6)外国法院是更合适的法院。

能够真正保护我国及当事人利益、是否符合我国民事诉讼的“两便原则”，以及它未来存在的实际价值如何，确实值得商榷。

当然，我国不方便法院原则适用条件的合理性问题与本文主旨关联性不大，因而对此不予赘述；尽管如此，我们依然认为，我国民诉法司法解释中所确立的不方便法院原则适用条件的存的价值以及合理性均有待进一步考量，我国学界甚至司法界都应当对此进行深入的研究。

Influence of the Latin American Countries' Retaliatory Legislation on the Application of Forum Non Conveniens in the United States

Abstract: The forum non conveniens doctrine has been developed into a judicial instrument to protect the national and its persons' interest of the adjudicating court. The Latin American countries, therefore, passed some so-called "retaliatory legislation", in order to combat serious consequences to their people with application of the forum non conveniens doctrine in the America's courts. In general, the retaliatory statute stipulates some particular requirements, such as, posting of bond requirement which requires foreign defendant who enters an appearance to make a deposit in the form of a bond, special notice of evidence which is presented by foreign courts in similar proceedings, and punitive damages which shall be made in similar proceedings. Thus, the legislation shall block the foreign defendants to put forward a motion for application of the forum non conveniens doctrine, by the means of retaliation for or threat to the defendants. As far as judicial practices are concerned, these retaliatory legislations deter foreign defendants in fact not to bring a motion, thus having an effect on its application of the doctrine. The Chinese forum non conveniens doctrine may be not to be affected by the retaliatory legislation; however, the doctrine will not protect interest of China and its people because of its application requirements' vague value target.

Key words: retaliatory legislation; forum non conveniens doctrine; conditions of application

跨国民事诉讼证据开示的冲突与统一

——以《跨国民事诉讼原则》为视角

□　乔雄兵*

内容摘要：由于存在不同法律传统和诉讼结构，两大法系国家之间证据开示制度存在较大差异，使跨国民事诉讼产生了冲突。国际社会为了推动各国民事诉讼程序及证据开示规则的统一，海牙国际私法学会、国际律师协会以及欧盟等都先后制定过一些涉及国际民事诉讼程序的公约、示范规则等，但产生的效果十分有限。在美国法学会与国际统一私法协会的联合努力下，2004年《跨国民事诉讼原则》得以通过。《跨国民事诉讼原则》对证据开示作了较为详细的规定，尽管其内容还存在有待完善的地方，但是其必将对各国立法带来影响，推动国际民事诉讼规则的协调与统一。《跨国民事诉讼原则》对我国完善相关立法，也有一些有益的启示。

关键词：跨国　民事诉讼　证据开示

目　次

---

*　武汉大学国际法研究所副教授。

本文为教育部人文社会科学研究青年基金《国际民商事司法协助条约在我国实施实证研究》（项目批准号：10YJC820087）的阶段性成果。

随着经济全球化的发展，跨国民商事纠纷范围不断扩大，数量与日俱增。国际民商事纠纷的妥善处理直接影响到当事人的利益，并最终影响到国际民商事交往关系的顺利进行。证据开示①作为国际民事诉讼中的一个重要环节，直接影响到案件的审理结果。在证据开示方面，由于各国立法差异巨大，证据开示的冲突经常发生，从而给纠纷解决带来了许多程序上的障碍。如各国在民商事纠纷的解决上能采取相同或类似的程序规则，则可大大减少因立法差异而引起的法律冲突，促进纠纷解决，为国际民商事交往提供可预见的程序保障。在国际社会，为协调各国民事诉讼程序的冲突，国际统一私法协会联合美国法学会于2004年通过了《跨国民事诉讼原则》，而欧盟目前也尝试以《跨国民事诉讼原则》为蓝本制定《欧盟民事诉讼原则》。《跨国民事诉讼原则》对证据开示问题作了较为详细的规定，我国对该原则应该持什么样的立场？该原则又将对我国的证据制度产生什么样的影响？这些都值得我们研究，因此，本文拟以《跨国民事诉讼原则》为视角，对证据开示的冲突与协调问题进行研究，希望对完善中国有关证据制度有所启发。

一、跨国民事诉讼证据开示的冲突

由于存在不同法律传统，两大法系国家的民事证据开示制度方面存在很大差异。大陆法系国家的取证制度，通常可称为“纠问制度”，它起源于中世纪罗马—教会法的程序。法官凭借职权亲自收集事实，听取证人或鉴定人的陈述，审查文件，保全证据。他们认为，取证属于一种行使国家司法权力的活动，所以这一活动

① 对于证据开示，各国立法有不同的称呼，美国《联邦民事诉讼程序规则》称之为“discovery”(证据开示或证据发现)；英国《民事诉讼规则》称之为“disclosure”(证据披露)；德国《民事诉讼法典》称之为证据调查；我国《民事诉讼法》称之为证据收集。本文为了行为方便统一称为证据开示。

主要由法院进行，而当事人仅起协助司法机关的辅助作用。①

而与大陆法系国家的“纠问制度”不同，普通法系国家实行的是“抗辩制度”。在这一制度中，将“获取并提供用于审判的证据的义务置于诉讼当事人”，法院不起主导作用，只是在当事人不能达成协议的时候才介入。法院的作用，主要是在双方当事人提供证据的基础上对案件作出判断。可见，在这些国家，法官在调查取证过程中起着一种被动的、消极的、仲裁人的作用。

综合来看，两大法系在证据开示或收集制度方面存在以下差异：

(一)法官在证据开示中的地位不同

在绝大部分大陆法系国家，证据收集的主动权在法官手中，而不在诉讼当事人手中。在这些国家，法官在案件审判中起着主导作用，法官控制着证据的收集程序。法官必须通过法庭命令要求当事人出示有关文件，询问必要的证人。所有的证据收集方法都要求有一个正式的法庭程序。另外，法庭中所被承认的绝大部分证据是书面证据，② 例如，《德国民事诉讼法》第355条规定：“调查证据，由受诉法院为之。只有在本法没有规定时，方可把调查证据的职能委托给受诉法院的其他成员和其他法院。”法官可以决定哪些证人被听证、哪些文件可以被出示等。在作这种命令的时候，法官必须确认证据与当事人的主张有密切联系。而当事人为了说服法官也必须提供足够的理由。③

而在普通法系国家，所有民事审判和刑事审判一样，采取一次性的、连续的和口头的审理，如果需要，审判持续许多小时乃至数日。普通法系国家将审判压缩为一次性口头审理，引起一系列后果，其中之一就是律师对审判的准备极其重要。④在普通法系国家审判实践中，因审判是一次性的，当事人或律师在审判前必须充分收集证据，而证据收集的主导权也主要在当事人及律师手中。如在美国，当事人及其律师有收集证据的义务。证据收集主要由律师发动和进行，当事人可以通过《联邦民事诉讼程序规则》所规定的非正式程序交换事实和文件，司法机关通常不会参与到证据的收集过程中，法院唯一的作用是强制适用规则和解决纠纷。一般而言，

① 参见徐宏：《国际民事司法协助》，武汉大学出版社2006年版，第169页。

② 例如，在法国，法官一般在审判之前获取证人的口头证据，法院秘书记录证人的陈述，然后，秘书把陈述宣读给证人以及其律师听，如果证人对陈述没有反对意见，则他就必须在上面签上自己的名字。这份记录就可以在法庭上作为证据。

③ See Donald R. Shemanski, *Obtaining Evidence in the Federal Republic of Germany: The Impact of the Hague Evidence Convention on German-American Judicial Cooperation*, 17 Int'l Law 466 (1989).

④ 参见[德]K. 茨威格特、H. 克茨：《比较法总论》，潘汉典、米健等译，法律出版社2003年版，第395页。

法院只会发起一个程序强制非当事人的证人提供证言。①

不过，值得注意的是，目前有些大陆法系国家开始采纳普通法系国家证据开示的内容。例如，日本在1996年制定新的《民事诉讼法》之后，证据开示制度具有了更多的英美法系的特征。日本《民事诉讼法》第163条就规定："在诉讼中，当事人为了准备主张或证明所必需的事项，可以向对方当事人提出请求，要求其在指定的适当期间内，以书面作出回答。"②证据开示制度在日本被称为当事人照会制度。关于当事人照会制度的实效性以及这一制度是否会被滥用的问题，在法律修订时曾有过激烈的争论(因为考虑到美国民事诉讼证据开示程序被滥用的"先例")。日本法上的当事人照会制度，是当事人之间直接进行的、旨在获取案件有效信息的制度。从这一点看，当事人照会制度，从有利于当事人主张和立证为出发点，充实了当事人接近和收集证据的手段，并促进了当事人双方在诉讼中就案件信息的相互"交流"。这一规定，更进一步强化了当事人在一定程度上的"合作"及其对发现案件真实所负的义务。③

同时，2002年，《德国民事诉讼法》也扩大了民事诉讼中证据披露的范围，授予了法院自由裁量权。只要一方当事人提出请求，法院就可以命令另一方当事人或第三者出示有关文件。④

另一方面，普通法系国家也开始加强法官对证据收集的控制，如英国自1999年新的《民事诉讼规则》制定之后，法院对证据收集等都进行充分的监督。美国《联邦民事诉讼程序规则》也在近年通过不断的修订在一定程度上限制了当事人证据开示的范围。⑤ 这说明，随着法律趋同化的发展，两大法系的部分取证制度不再绝对对立。

(二)证据开示所处的阶段不同

在大陆法系国家，所有的取证活动都是在法院审理过程中进行的，由法院依其权限或在其控制下进行的取证活动，属于诉讼程序的组成部分，在此之前，当事人

---

① See Joan M. Betti, *Reconciling American and Civil Law Concerns in Taking Evidence Abroad: A Reevaluation of the Compromise from the Hague*, 10 ASILS. Int'l L. J. 109 (1986).

② See Craig P. Wagnild, *Civil Law Discovery in Japan: A Comparison of Japanese and U.S. Methods of Evidence Collection in Civil Litigation*, 3 Asian-Pacific L. & Pol'y J. 1 (2002).

③ 唐力:《日本民事诉讼证据收集制度及法理》，载《环球法律评论》2007年第2期，第84页。

④ See Gary B. Born, International Civil Litigation in United States Courts 911 (4th ed., Wolters Kluwer 2007).

⑤ 该规则最新一次修订是2014年12月1日。

寻找信息资料的活动被视为诉讼程序的准备。在这些国家，由于不使用陪审团，诉讼程序可以分若干次听审，每次听审时都有法官在场，都可以提供证据。而确定之后的证据被保存在案件卷宗中，直至法院最后分析案件及作出决定。①

而在普通法系国家，如美国，一审诉讼包括两个独立而又互相依赖的部分——审前决断和开庭审理阶段。在普通法系国家传统中，诉讼程序的中心部分是开庭审理，由于在民事诉讼中存在陪审团制度，开庭审理必须是持续的，这就意味着在法院审理案件时几乎没有机会去发现新的事实，每一方当事人都必须在法院审理案件前进行准备。随着在美国法律制度中无限制地获得案件事实愈来愈有价值和随着证据特别是作为证据的书面文件变得愈来愈容易获得，诉讼程序被逐渐扩大为包括寻找有关资料以在开庭审理时使用的阶段，并且国家力量现在也强制保护律师获得证据资料权的实现。设立审前程序的主要目的之一在于通过要求在审理之前澄清事实争议而节省开庭时间和提高诉讼效率。因此，从美国法的角度上看，审前证据开示是整个诉讼阶段的必要构成部分。②

由于两大法系的诉讼程序结构的差异，因此导致大陆法系国家认为美国的审前程序是为诉讼程序而做准备，而实际上不是诉讼程序的一部分。这种误解又因为证据开示被冠以"审前(pre-trial)"的称谓和标志而被强化，因为审前通常被误解为诉讼程序前。不过，现在随着《海牙取证公约》的签订及实施，大陆法系国家对普通法系国家的审前证据开示已经不再完全陌生。

(三)证据开示的范围存在差异

在普通法系国家，特别是美国，律师取证的范围不受限制，只要他认为可能与诉讼有一点关系的材料，哪怕是间接有关，或关系非常微小，都在搜寻之列。尤其在贸易、专利、产品责任等诉讼中，往往要调查数以万计的文件，涉及公司的业务记录、账户以及公司运作的许多方面。③ 同时，2006 年美国修订了《联邦民事诉讼程序规则》允许实行电子证据开示，要求开示电子储存信息，包括各种类型的电子文件，如电子邮件、电子数据表、图表、图示、pdf 格式文档及其他电子通信件等。④ 这进一步加剧了美国与其他国家之间的冲突。而在其他许多国家，证据收集

---

① See Stephen N. Subrin, *Discovery in Global Perspective: Are We Nuts?* 52 DePaul L. Rev. 299 (2002).

② 参见[美]戴维·J. 格博:《域外证据开示和诉讼制度的冲突》，蔡彦敏译，载《外国法译评》2000 年第 2 期，第 28 页。

③ 参见徐宏:《国际民事司法协助》，武汉大学出版社 2006 年版，第 172 页。

④ Federal Rules of Civil Procedure, Rule 26(b)(2)(B).

的范围都比美国的证据开示范围要窄，在这些国家，都认为美国式审前证据开示是"非法调查证据"(fishing expeditions)①方式。在大陆法系的德国、法国、瑞士甚至在与美国同属普通法系的英国，证据收集的范围都有明确的限制。正如有学者所言，美国法院所允许的广泛的审前证据开示程序和其他国家的程序完全不相容，以至于这些国家产生了怀疑和敌视，这种敌视有时候导致一个正常的甚至是一个范围极小的证据开示在这些国家都会被认为属于非法证据调查。②

(四)证据开示的程序不同

在美国，当事人主要对证据收集负责，而证据收集主要由律师发动和进行，当事人可以通过联邦民事诉讼程序规则所规定的非正式程序交换事实和文件，司法机关通常不会参与证据的收集，法院唯一的作用是强制适用规则和解决纠纷。一般而言，法院只会发起一个程序强制非当事人的证人提供证言。在美国诉讼实践中，任何与案件有关的非特权材料都是可以开示的。③ 而在大陆法系国家，法官在案件审判中起着主导作用，法官控制着证据的收集程序。法官必须通过法庭命令要求当事人出示有关文件，询问必要的证人。在大陆法系国家，所有的证据收集方法都要求有一个正式的法庭程序。另外，法庭中所被承认的绝大部分证据是书面证据，④ 在大陆法系国家，所有已获取的证据将会成为永远的法庭记录，所以，法官限制了对相关证据的询问。因为大陆法系国家认为证据收集是主权行为，因此，只有司法官员才能在本国收集证据，而非经授权的外国人在本国境内收集证据会被认为是对该国司法主权的侵犯。

---

① 对该词语我国学者有很多不同的翻译，有的把它翻译为"打鱼式的搜索"(参见徐宏:《国际民事司法协助》，武汉大学出版社2006年版，第173页)；有的把它翻译为"钓大鱼"：(参见熊大胜博士论文《民商事域外调查取证研究》)；还有人把它翻译为"撒网捕鱼"(参见王克玉:《国际民商事案件域外调查取证比较研究》，人民法院出版社2008年版，第94页)；还有人把它翻译为"远距离求证"(参见:《元照英美法律词典》，法律出版社2003年版，第559页)。其实，该词语是美国长期司法实践使用的一个俚语，主要指通过各种方式获取广泛的证据，因此，笔者认为，不宜根据字面意思进行翻译，翻译为"非法证据调查"更为妥当。

② See Gary B. Born, International Civil Litigation in United States Courts 911 (4th ed., Wolters Kluwer, 2007).

③ See Joan M. Betti, *Reconciling American and Civil Law Concerns in Taking Evidence Abroad: A Reevaluation of the Compromise from the Hague*, 10 ASILS. Int'l L. J. 109 (1986).

④ 例如，在法国，法官一般审判之前获取证人的口头证据，法院秘书记录证人的陈述，然后，秘书把陈述宣读给证人以及其律师听，如果证人对陈述没有反对意见，则它就必须在上面签上自己的名字，这份记录就可以在法庭上作为证据。

由于两大法系各国之间在证据开示或收集制度上存在以上诸多差异，因此，如果跨国民事诉讼当事人来自不同国家，在证据开示方面就有可能产生冲突。例如在1979年，在美国法院审理的西屋电气公司(Westinghouse)一案中，西屋电气公司在美国法院寻求对英国、法国、加拿大等国的铀生产者直接进行证据开示，引发多个国家政府向美国提出外交抗议。①

二、国际社会统一跨国民事诉讼证据开示规则的努力

在《跨国民事诉讼原则》产生之前，国际社会有过各种统一和协调包括证据开示在内的民事诉讼程序规则的各种努力。海牙国际私法会议、国际律师协会以及欧盟等都制定过有关文件，也取得了一定的成效。

(一)海牙国际私法会议的努力

民事诉讼程序的统一化运动发端于18世纪的欧洲。1715年法国和瑞士签订了有关民事诉讼的条约；1760年《法兰克—撒丁条约》订立；1881年奥地利与塞尔维亚缔结了有关民事诉讼当事人权利互惠、判决相互承认与执行、遗产继承、监护和公文证明的条约。19世纪末开始出现了国际民事诉讼的多边公约，如1890年《关于铁路货物运输的伯尔尼公约》及几个航海条约，都对国际民事诉讼的特定问题作了规定。② 但这一时期制定的规则较为简单，产生的影响十分有限。

不过，在跨国民事诉讼领域，推动民事诉讼规则统一化最重要的组织是海牙国际私法会议。海牙国际私法会议为促进民事诉讼法的统一作了大量工作。1893年海牙国际私法会议第1届会议起草了关于民事诉讼程序的公约。该草案在1894年第2届海牙国际私法会议上略加修正后得以通过，并于1896年11月14日得以签署。它是海牙国际私法会议统一国际私法历史上第一个被签署并生效的多边国际公约，是海牙国际私法会议统一国际私法成功的最早标志。1904年，海牙国际私法会议第4届会议对1896年公约进行了修订，进而在1905年签署后形成一项新的《民事诉讼程序公约》。"二战"后，海牙国际私法会议步入了新的起点，1951年第7届海牙国际私法会议通过了《海牙国际私法会议章程》，正式确认了海牙国际私法会议作为一个固定的政府间国际组织的性质和地位，从而更加推动了其统一国际私

① See Gary B. Born, International Civil Litigation in United States Courts 916 (4th ed., Wolters Kluwer 2007).

② 参见赵健、孙晓红等：《国际民事诉讼法统一化运动述评》，载《法学评论》1998年第3期，第77页。

法活动的开展。在本届会议上，考虑到两次世界大战使民事诉讼程序公约的履行遭到极大破坏，于是着手修订1905年《民事诉讼程序公约》，最终制定出新的公约草案，并于1954年3月1日获得签署。该公约主要包括以下事项：(1)司法文书和司法外文书的送达；(2)调查取证；(3)诉讼费用担保；(4)无偿的诉讼救助；(5)免费发给身份证明书等作了规定。公约对域外取证的规定主要集中在第二章，主要是对域外取证请求书的提出、内容、语言、执行及适用的法律等问题作了规定。① 此后，海牙国际私法会议先后制定了一系列的涉及民事诉讼程序方面的公约。主要包括：1961年第9届海牙国际私法会议通过的《关于取消要求外国公文书认证的公约》;② 1965年通过《关于民商事案件中司法和司法外文书的国外送达公约》(以下简称《海牙送达公约》)，取代了1954年《民事诉讼程序公约》关于国外送达的规定;③ 1965年通过的《协议选择法院的公约》④；1970年第11届海牙国际私法会议通过的《关于民商事案件国外调取证据海牙公约》(以下简称《域外取证公约》)⑤。该公约主要是进一步完善了请求书取证制度，扩大了领事取证的权利，引入了特派员取证制度；1971年通过的《关于民商事案件外国判决的承认与执行公约》;⑥ 1980年第14届会议通过的《国际司法救助公约》;⑦ 2005年海牙国际私法会议通过的《关于协议选择法院的公约》，替代了1965年的《协议选择法院的公约》，截至目前，该公约已有30个国家或组织批准，公约将于2015年10月1日生效。⑧ 该公约的生效将会对国际民事司法实践产生重大影响。

---

① 截至2015年7月31日，该公约已有49个签署国。资料来源于 http：//www. hcch. net/index_en. php？ act=conventions. status&cid=33，2015年7月31日访问。

② 截至2015年7月31日，该公约已有108个签署国。资料来源于 http：//www. hcch. net/index_en. php？ act=conventions. status&cid=41。2015年7月31日访问。

③ 截至2015年7月31日，该公约已有68个缔约国。资料来源于 http：//www. hcch. net/index_en. php？ act=conventions. status&cid=17，2015年7月31日访问。

④ 该公约至今仅有以色列签署。资料来源于 http：//www. hcch. net/index_en. php？ act=conventions. text&cid=77，2015年7月31日访问。

⑤ 截至2015年7月31日，该公约共有58个缔约国。资料来源于 http：//www. hcch. net/index_en. php？ act=conventions. status&cid=82，2015年7月31日访问。

⑥ 截至2015年7月31日，该公约只有塞浦路斯、荷兰、葡萄牙、科威特及阿尔巴尼亚五国签署。资料来源于 http：//www. hcch. net/index_en. php？ act=conventions. status&cid=78，2015年7月31日访问。

⑦ 截至2015年7月31日，该公约已有32个缔约国。资料来源于 http：//www. hcch. net/index_en. php？ act=conventions. status&cid=91，2015年7月31日访问。

⑧ 资料来源于 http：//www. hcch. net/index_en. php？ act=conventions. status&cid=98，2015年7月31日访问。

综上所述，海牙国际私法会议成立100多年以来，尽管在推动民事诉讼程序的协调和统一方面取得了一定的成效，但是效果并不明显，因为其通过的很多公约并没有被普遍接受和认可。在证据开示规则方面，尽管1954年《民事诉讼程序公约》及1970年《海牙取证公约》都涉及证据问题，但是这两个公约主要是规范域外取证国际合作的，并不涉及各缔约国的已有证据开示规则，因此，其在推动证据开示规则统一化方面的作用十分有限。

(二)国际律师协会取证规则

为了提高取证效率，指导国际商事仲裁中证据的获取，国际律师协会(IBA)于1983年制定了《关于国际商事仲裁取证规则》(以下简称《IBA取证规则》)。此后，国际律师协会先后于1999年、2010年对《IBA取证规则》进行了修订。目前，最新版本是2010年5月29日通过的《IBA取证规则》。对于证据开示，《IBA取证规则》第3条第1款规定，在仲裁庭规定的期限内，当事各方均应向仲裁庭及其他当事人提交其得以依赖的所有文件，包括公开文件和公共领域的文件，但另一当事人已经提交的除外。在仲裁庭规定的期限内，任何一方可以向仲裁庭提出开示要求。对于开示的要求，《IBA取证规则》第3条第3款规定主要包括：(1)足以界定所请求出示各项文件的说明；或者如果合理地认为存在某类文件材料，对则请求出示的该类文件材料的细致类别进行充分具体的描述(包括主题事项)。如果文件材料以电子方式保存，提出请求的一方当事人可以指明，或者仲裁庭可以要求该方当事人指明，具体的文档、搜索关键词、人名以及可以高效、经济地搜索该文件材料的其他方式。(2)关于所要求的文件与案件结果的关联性和重要程度。(3)提出要求的一方未拥有、保管或控制所要求的文件的声明，并声明该方认为所要求的文件为其他当事人所拥有、保管或控制的原因。①

从内容来看，《IBA取证规则》排除了美国式的广泛的审前证据开示制度，起草工作组认为，美国式的证据开示方式在国际商事仲裁中是不合适的。② 因此，《IBA取证规则》规定，当事人要求开示的文件必须是“确实用以”(does use)支持其请求的文件，同时还强调文件的关联性，而不是如美国《联邦民事诉讼程序规则》第26条第1款所规定的“可能”(may)支持其请求的文件。同时，《IBA取证规则》没有规定美国式证据开示的其他一些方式，如笔录证言(depositions)和质询书(interrogatories)。《IBA取证规则》此举的目的是为了保持国际商事仲裁的特

① IBA Rules on the Taking of Evidence in International Arbitration, Article 3(3).

② Commentary on the revised text of the 2010 IBA Rules on the Taking of Evidence in International Arbitration, available at http://www.ibanet.org/Publications/, visited on 30 May 2015.

殊性，便于来自不同法律制度的当事人都能够接受，维护国际商事仲裁的快捷性。

《IBA 取证规则》从多方面限制了当事人证据开示的范围，其内容代表了国际社会对此问题的一般观点和趋势。虽然规则仅仅只是针对国际商事仲裁案件取证的，并不针对跨国民事诉讼案件。但是从规则的内容可以看出国际社会在域外取证合作方面的趋势，该规则的出台对于推动跨国证据开示的统一无疑是有帮助的。

（三）欧盟民事诉讼法的统一化

欧洲联盟的前身是欧洲共同体。欧共体国家开展统一国际民事诉讼程序立法的工作主要是在欧洲经济共同体的范围内进行的。1968 年 9 月 27 日，欧共体制定《有关民商事案件管辖权以及判决的承认和执行的布鲁塞尔公约》（简称《布鲁塞尔公约》），向统一法律迈出第一步。1992 年《马斯特里赫特条约》的签署为欧盟的成立奠定了法律基础。1993 年 1 月 1 日，欧洲联盟（以下简称欧盟）正式成立。欧盟的整个法律制度框架由“三大支柱（Pillars）”组成，其中与民事诉讼法的统一密切相关的是其第三支柱，即司法与内务领域的合作政策。欧盟成立 20 多年来，制定了大量的民事诉讼的指令、规则等，涉及管辖权及外国判决的承认与执行、送达、取证等方面，但是一直未能制定统一的民事诉讼法典。不过，在此方面，民间有些学者已作了有益的尝试。

早在 1988 年，比利时的马歇尔·斯托姆（Marcel Storme）教授就以私人名义开始了欧洲诉讼法典的起草。1990 年 2 月 22 日，欧洲委员会正式任命以马歇尔·斯托姆（Marcel Storme）教授为主席，成立专家起草小组，负责起草《欧洲民事诉讼示范法典》（以下简称《示范法典》）。专家小组成员来自各个成员国，绝大部分是法学教授，还有部分法官和律师。在经过约 3 年的艰苦工作之后，1993 年，专家组向欧盟委员会递交了最后报告，并在随后出版。① 它明确地体现了欧盟的价值，出于灵活性的考虑，报告并没有涵盖民事诉讼的所有方面，只是限定在最适合统一的领域。② 在证据开示方面，该《示范法典》第 4 条第 1 款规定，每一方当事人都有义务向另一方当事人送达其占有、保管或控制的与诉讼有关的文件列表。文件列表应该

---

① See Konstantinos D. Kerameus, *Procedural Harmonization in Europe*, 43 Am. J. Comp. L. 409 (1995).

② See Xandra E. Kramer, *The Structure of Civil Proceedings and Why It Matters: Exploratory Observations on Future ELI-UNIDROIT European Rules of Civil Procedure*, 19 Unif. L. Rev. 218-238 (2014).

表明当事人可以享有特权为由拒绝出示或交换文件。特权范围将由各国国内法来决定。① 该条第3款规定，在所有当事人都给机会进行听审后，法院可以出于案件的公正审理的需要命令一方当事人出示以下文件：(1)一方提出享有特权而拒绝出示但被法院判定特权不成立的文件；(2)在文件列表中未列明，但与案件有关的特定文件。此外，该条第5款还规定，应当事人申请，法院可以命令第三人向当事人出示其占有、保管或控制的与诉讼有关的文件。②

从内容上看，《示范法典》对证据开示的规定较为全面，对当事人出示文件的义务、特权问题、法院命令出示文件等都作了规定。一方面，《示范法典》对当事人出示文件的义务作了明确规定，但另一方面，其所规定的证据开示的范围是有限制的，仅限于与案件有关的文件，这与美国《联邦民事诉讼程序规则》所规定的广泛的证据开示制度有很大不同。不过，由于《示范法典》证据开示的内容主要以英美法系法律制度尤其是英国法为基础起草，因而报告一出台就遭到大陆法系国家学者广泛的批评，认为其没有尊重大陆法系国家的法律传统。尽管如此，但该《示范法典》也代表了国际社会在协调各国民事诉讼制度，解决域外取证冲突的一种新的尝试。

尽管《示范法典》并没有取得成功，但是欧盟对制定一部统一民事诉讼法典的梦想一直没有破灭。在《跨国民事诉讼原则》于2004年颁布后，欧盟重新启动了欧盟民事诉讼法典的制定计划。2013年，欧盟法学会决定与国际统一私法学会开始合作，决定从欧盟的视角采纳《跨国民事诉讼原则》，并且发展适合欧盟的跨国民事诉讼原则。③ 对于欧盟跨国民事诉讼原则的必要性，学者予以了充分肯定。有学者认为，欧盟需要一个独立的民事诉讼原则，可以规定的更加具体，能体现欧盟的需要。特别是欧洲人权法院及欧洲法院基于人权保护公约发展了一系列欧洲标准，因此，在《跨国民事诉讼原则》的基础上，形成欧盟自己的民事诉讼原则，以便将来能够具体化形成《欧盟民事诉讼法典》是十分有必要的。④ 2013年10月18日至19日，在奥地利维也纳召开了“从跨国民事诉讼原则到欧盟民事诉讼规则”的会议，来自欧盟以及美国、日本、伊朗及南非等国的75名专家代表参加了此次会议。

---

① See Marcel Storme, Approximation of Judiciary Law in the European Union 195 (Martinus Nijhoff Publishers 1994).

② See Marcel Storme, Approximation of Judiciary Law in the European Union 197 (Martinus Nijhoff Publishers 1994).

③ See Loiĉ Cadiet, *The ALI—UNIDROIT Project: From Transnational Principles to European Rules of Civil Procedure*, 19 Unif. L. Rev. 292-294 (2014).

④ See Rolf Stürner, *Principles of European Civil Procedure or a European Model code? Some Considerations on the Joint ELI—UNIDROIT Project*, 19 Unif. L. Rev. 322-328 (2014).

2014 年 5 月 12 日，项目委员会在罗马举办了首次会议，确定了项目的首批三个主题，分别是证据收集、临时保全措施及域外送达问题。2015 年 4 月 16 日，项目委员会在布鲁塞尔召开会议，听取了有关工作组的报告。① 因此，可以预见，在不久的将来，欧盟将会在民事诉讼程序的统一方面取得新的突破。

三、《跨国民事诉讼原则》与证据开示规则的统一

(一)《跨国民事诉讼原则》的产生背景

《跨国民事诉讼规则》(以下简称《规则》)及《跨国民事诉讼原则》最初由美国法学会理事、宾夕法尼亚大学法律理事哈泽德教授和意大利民事诉讼程序比较法专家塔鲁夫教授合作起草。他们试图消除英美法系和大陆法系的传统障碍，建立一套新的规则，从而将两大法系的特征结合起来，避免各国民事诉讼程序不同带来的障碍。② 后来，国际统一私法协会(UNIDROIT)也参与进来，并作为共同发起人。学者先后已经起草了多个版本，《规则》第一稿于 1995 年发表在《得奈尔国际法杂志》第 89 期，第二稿则于 1998 年发表在《得克萨斯国际法杂志》第 33 卷。其内容主要包括：(1)规则的解释和范围；(2)管辖权；(3)法院职权；(3)证据；(4)其他诉讼程序等。该《规则》关于证据开示的规定主要体现在第 21 条以及第 22 条中。从内容上来看，《规则》一方面详细地规定了证据开示制度，另一方面，《规则》规定证据开示限于与案件具有直接关联性的事项，这实际上保证了证据开示的有限性。因此，《规则》实际上是希望能在普通法系国家和大陆法系国家之间寻求平衡。③ 不过，该《规则》草案被提出之后，很多学者提出了严厉的批评，认为规则关于证据的规定主要体现了美国的证据开示观念，受到了美国程序规则太多的影响。④ 同时，对于《规则》草案中的证据条款能否为欧洲、美国及其他国家所接受也存在争论。但是无论如何，《规则》的起草反映了国际社会对当前民事诉讼程序冲突的反

---

① See Transnational Civil Procedure-ELI-UNIDROIT Project Steering Committee Meeting, available at http://www.unidroit.org/work-in-progress-studies/current-studies/transnational-civil-procedure, visited on 28 May 2015.

② 斯蒂尔纳：《跨国民事诉讼程序原则评析》，任婧译，载《中德私法研究》2010 年第 6 卷，第 170 页。

③ See ALI/UNIDROIT, Transnational Civil Procedure 311-312 (Cambridge University Press 2006).

④ See Catherine Kessedjian, *First Impressions of the Transnational Rules of Civil Procedure*, 33 Texas. Int'l L. J. 477 (1998).

思，是民事诉讼统一和协调的重大进步。① 由于《规则》草案引起了广泛的争论，因此，联合起草小组将最终目标定为《跨国民事诉讼原则》。2004 年，《跨国民事诉讼原则》先后在国际统一私法协会和美国法学会通过。

(二)跨国民事诉讼原则对证据开示的规定

1. 证据开示的当事人

《原则》第 16 条第 1 款规定，一般情况下，法院及每一方当事人可收集相关的且不受特权保护的证据，包括各方当事人和证人的证言、专家证言、文件和检验物品或实地勘验得出的证据，或在适当情况下对某人的身体或精神进行检验得出的证据。当事人应有权提交被赋予证据效力的陈述。

对于证据开示，大陆法系国家主要是在法官的主导下进行的，而在英美法系国家，证据开示主要是在律师的主导下进行了，《原则》对此作了概括性的规定，以适应不同法系国家的需要。

根据《原则》的解释报告，这里的相关性证据主要是指支持、否定或削弱案件争议的事实问题的证明材料。同时，根据该原则，当事人不能从事美国式的“非法证据调查”来开始一个没有证据支撑的诉讼案件，原则只允许在法院的监督下进行有限的证据开示，第三方也应该予以合作。② 同时，在有些国家，当事人的证言是不允许作为证据使用的，或者证明力要低于其他证据，但该原则赋予了证人证言与其他证据同等的证明力，不过法院在此方面可以进行自由裁量。③ 当事人及时获知对方证据的权利贯穿于诉讼的全过程，只要对方当事人将要提出对案件有影响的证据(这不仅仅限于审前证据开示阶段)，当事人就应当及时地了解该证据的内容，以便在庭审前进行充分的准备，针对该证据收集相反证据，准备辩驳的思路等。此外，对于该条规定，有学者认为，起草者是为了适应自动的证据披露方式，如英国法中采取的做法。④

---

① See A. Nuyts & N. Watte, International Civil Litigation in Europea and Relations with Third States 356 (Bruylant 2005).

② See Comment on ALI / UNIDROIT Principles of Transnational Civil Procedure, available at http://www.unidroit.org/, visited on 20 May 2015.

③ See Comment on ALI / UNIDROIT Principles of Transnational Civil Procedure, available at http://www.unidroit.org/, visited on 20 May 2015.

④ See Nicolo`Trocker, *From ALI—UNIDROIT Principles to Common European Rules on Access to Information and Evidence? A Preliminary Outlook and Some Suggestions*, 19 Unif. L. Rev. 239-291 (2014).

2. 证据开示的范围

《原则》第16条第2款规定，应一方当事人的及时请求，法院应下令披露另一方当事人(或如有必要，并且在公平的条件下，案外人)占有或控制下的相关的、不受特权保护并且可以合理确定的证据。证据可能对进行披露的当事人或某人不利不构成对披露提出异议的依据。

在证据开示上，美国式的证据开示制度是世界各国中独一无二的，这也使得其他国家很难接受美国的做法，因此，《原则》并没有使用美国的"discovery"，而是使用了"disclosure"及"exchange of evidence"，以免引起其他国家的误解和混淆。① 这也间接表明《原则》对美国式的广泛的审前证据开示制度是不认可的。同时，尽管《原则》并没有就证据开示范围的限制问题制定专门的规定，但从其规定可以推出其限制的就是"特权证据"不予开示。当事人的保密特权，是不管在证据开示中，还是在法庭审理中都应受到保护的特权。证据开示中的保密特权正是源自庭审程序中的"特权"，二者可以互相说明。在证据开示程序中，凡依法享有保密特权的人，包括任何第三人和当事人在内，除非其主动放弃特权保护，否则都有权拒绝进行开示，他们所拥有的任何证据或证据信息，都可以保密而不予公开或出示。

3. 证据特权及豁免权问题

《原则》第18条第1款规定，当事人或案外人就证据或其他信息的披露的特权、豁免权或类似的保护应当被赋予效力。该条第2款规定，在裁决得出不利的推论或采取其他间接制裁措施时法院应考虑这些保护是否使一方当事人有正当理由不予披露证据或其他资料。此外，该条第3款规定，在行使权力对当事人或案外人采取直接的制裁措施以强制披露证据或其他资料时，法院应对这些保护予以承认。

大部分国家立法都承认各种证人特权及豁免，具体特权和豁免主要包括：免于自证其罪、职业保密、个人隐私以及配偶与家庭成员之间的特权等。特权制度虽然保护了特定的利益，但是损害了事实的确定。在不同国家，对于这些问题的相关措施、概念基础等各不相同，相关的法律后果也是不同的。《原则》无意在此问题上寻求一致，而是将此问题留给处理具体案件的法院地法来解决。

4. 拒绝出示证据的制裁

《原则》第17条第1款规定，法院可因各方当事人、律师和第三人未遵守或拒绝遵守与诉讼有关的义务对其采取制裁措施。第17条第2款规定，制裁措施应当是合理的，并与有关事宜的严重性和造成的损害相适应，反映参与的范围和行为的故意程度。具体而言，针对当事人的适当制裁措施有：得出不利的推论；驳回部分

① See Michele Taruffo, *Principles and Rules of Transnational Civil Procedure: An Evidentiary Epistemology*, 25 Penn St. Int'l L. Rev. 509 (2006).

或全部诉讼请求、答辩或指控；宣告缺席判决；中止诉讼；在通常的费用规则允许的范围之外判给诉讼费用。针对当事人和案外人的适当的制裁措施包括金钱制裁，如罚金或迟延履行金。针对律师的适当的制裁措施有判给诉讼费用。①《原则》还规定，法院地法还可规定进一步的制裁措施，包括针对当事人和第三人的严重或加重的不法行为的刑事责任，如提交伪造的证据或暴力、威胁行为。②

所有国家法律都规定了违反证据规则会受到法院的惩罚，但是这种惩罚在不同国家之间有很大差异。所有国家法院都可以作出对当事人不利的推定，在英美法系国家，法院还能根据情形对当事人或律师处以藐视法庭等的处罚。③ 英美法系国家还有针对第三人的强硬制裁。而在大陆法系中却对拒绝出示证据的制裁有诸多限制，比如，在法国民事诉讼中，如果第三人没有提交指定的文件给法庭，唯一可使用的制裁措施是逾期罚款。④

（三）对《跨国民事诉讼原则》的评价

《跨国民事诉讼原则》的制定的目的是为了使民事诉讼程序在世界范围内得到和谐和统一。特别是在诉讼当事人来自不同国家的诉讼程序中，不同法律和诉讼文化会发生冲突，因此，借助《跨国民事诉讼原则》可以有效地减少跨国诉讼带来的法律冲突。正如有学者所言，《跨国民事诉讼原则》有效地平衡了普通法系国家和大陆法系国家的立法，为各个国家提供了一个很好的讨论基础。⑤ 同时，虽然《跨国民事诉讼原则》只是裁判跨国商事纠纷的标准，但该原则也同样适合于解决大部分其他类型的民事纠纷，并可作为将来各国修订本国民事诉讼法的示范立法。⑥《原则》是两个法律机构进行第一次国际合作的成果，它的通过为其将来在世界范围内的接受和认可奠定了一个良好的基础。

不过，也有一些学者对原则持怀疑或否定态度。一些大陆法系国家法官认为，该原则是英美法系方法的翻版，很多概念会带来麻烦。例如，证据开示、法官的自

---

① ALI / UNIDROIT Principles of Transnational Civil Procedure, Article 17. 3.

② ALI / UNIDROIT Principles of Transnational Civil Procedure, Article 17. 4

③ See Comment on ALI / UNIDROIT Principles of Transnational Civil Procedure, available at http://www.unidroit.org/, visited on 20 May, 2015.

④ 朱颖：《国际民事诉讼程序统一立法研究——以〈跨国民事诉讼程序原则〉为主线》，重庆大学2007年博士论文，第72页。

⑤ See Konstantinos D. Kerameus, *Scope of Application of the Principles of Transnational Civil Procedure*, 9 Unif. L. Rev. 847 (2004).

⑥ See Cassio Scarpinella Bueno, *Principles and Rules of Transnational Civil Procedure and Brazilian Civil Procedure Compared: A First Assessment*, 9 Unif. L. Rev. 859 (2004).

由裁量权、律师询问当事人、当事人作为证人等。部分英美法系国家法官对该原则也不满意，认为原则是与普通法系国家的做法不一致的，是一个外国的机制。① 有学者指出，尽管原则为统一跨国民事诉讼程序规则提供了方便，但是该原则能否被法院接受依然带有很强的政治色彩。② 还有人认为，证据开示制度会增加当事人的负担和诉讼成本。但是也有学者认为，如果没有证据开示制度，也会给当事人带来相当的危害，因为当事人无法获取足够的证据，可能会对一方当事人带来不公平的后果。

笔者认为，尽管《跨国民事诉讼原则》的通过及其一些国家的采纳有效地协调了跨国民事诉讼的部分程序问题。但是，对于该原则，我们也不能过于乐观，《跨国民事诉讼原则》在统一国际民事诉讼程序方面还会面临诸多的挑战。首先，《跨国民事诉讼原则》在国内适用的时候可能会面临着语言和翻译方面的问题，不同国家都可能会根据自己的规则去解释原则，带来潜在的原则的不一致。其次，《跨国民事诉讼原则》可能带来适用的不公平。一些跨国公司在日常业务中可能会经常适用原则，比较熟悉该规则。而一些小公司或个人却可能不熟悉该规则带来的事实上的不公平。再次，两大法系诉讼文化和诉讼传统的差异依然存在，这也会影响到《跨国民事诉讼原则》在国内的采纳。

四、《跨国民事诉讼原则》与中国的证据开示制度

（一）我国现有的证据收集制度

在我国，民事证据收集制度主要规定在《民事诉讼法》（2012 年）中。该法第 64 条规定：“当事人对自己提出的主张，有责任提供证据。当事人及其诉讼代理人因客观原因不能自行收集的证据，或者人民法院认为审理案件需要的证据，人民法院应当调查收集。人民法院应当按照法定程序，全面地、客观地审查核实证据。”该法第 68 条规定：“证据应当在法庭上出示，并由当事人互相质证。对涉及国家秘密、商业秘密和个人隐私的证据应当保密，需要在法庭出示的，不得在公开开庭时出示。”

从以上规定可以看出，在我国，当事人和人民法院都有调查收集证据的义务或职责。但是，对于收集证据的范围，《民事诉讼法》并没有明确规定。有学者认为，在一个具体民事案件中所需要收集调查证据的范围，是由该案件需要加以证明的对

① See Antonio Gidi, *Notes on Criticizing the Principles and Rules*, 6 Unif. L. Rev. 820 (2001).

② See Antonio Gidi, *Notes on Criticizing the Principles and Rules*, 6 Unif. L. Rev. 821 (2001).

象所决定的。① 一般来说，人民法院收集证据可采用以下方法：(1)责成当事人提供。如《民事诉讼法》第121条规定，当事人起诉时应向人民法院提供"证据和证据来源、证人姓名和住所"。(2)由人民法院直接收集证据。人民法院依职权收集证据主要包括：当事人及其代理人因客观原因不能自行收集的；人民法院认为需要鉴定、勘验的；当事人提供的证据相互有矛盾、无法认定的；人民法院认为应当由自己收集的其他证据；② 有些证据，由对方当事人或第三方占有或控制，举证一方当事人无法获得，因而只能在提供证据线索后申请人民法院调取，或请求法院协助自己去获取证据。申请调取证据时，应向人民法院说明证据的种类、通过该证据可证明的案件事实，该证据由谁占有或控制以及自己无法收集的原因。③ (3)委托调查。根据民事诉讼法的相关规定：人民法院在必要的时候可以委托外地人民法院调查。委托调查，必须提出明确的项目和要求。④

2001年12月，最高人民法院通过的《关于民事诉讼证据的若干规定》(以下简称《证据规定》)第一次较为系统地对庭前证据交换制度作了规定。该规定对证据交换的发起、交换的时间、交换的方式、交换的次数以及不交换证据的后果等作了详细的规定。对于证据交换的发起，既可以由当事人申请，也可以由人民法院依职权发起。⑤ 对于证据交换的时间，《证据规定》第38条指出，交换证据的时间可以由当事人协商一致并经人民法院认可，也可以由人民法院指定。而对证据交换的程序，《证据规定》第39条指出，证据交换应当在审判人员的主持下进行。在证据交换的过程中，审判人员对当事人无异议的事实、证据应当记录在卷；对有异议的证据，按照需要证明的事实分类记录在卷，并记载异议的理由。最后，为防止当事人滥用证据交换程序，《证据规定》对证据交换的次数也作了明确限制，指出证据交换一般不超过两次。但重大、疑难和案情特别复杂的案件，人民法院认为确有必要再次进行证据交换的除外。

从我国民事诉讼证据收集制度规定来看，主要有以下特点：

第一，法院享有广泛的证据调查权力。我国和大陆法系国家一样，认为司法权是国家主权的一个重要部分，因此，证据收集主要是在法官的主导下进行的。虽然当事人也有义务提供证据，但是对证据的认定依然是法官的职权范围。这点也是我国与普通法系国家证据开示制度最大的差别之处。

---

① 参见柴发邦主编：《民事诉讼法学新编》，法律出版社1992年版，第227页。

② 最高人民法院《关于适用〈中华人民共和国民事诉讼法〉若干问题的意见》第73条。

③ 参见江伟主编：《民事诉讼法》，高等教育出版社2013年版，第192页。

④ 参见张卫平主编：《民事诉讼法教程》，法律出版社1998年版，第216页。

⑤ 参见最高人民法院《关于民事诉讼证据的若干规定》第37条。

第二，我国没有英美法系国家的证据开示制度。尽管我国现有的证据交换制度与英美法系国家的证据开示程序从功能上来说有一定的相似性，但是与其在制度上存在实质性不同。首先，从范围来看，我国的证据交换范围比英美等国的证据开示范围明显要窄。同时，我国的证据交换方式单一，仅仅规定法官组织当事人在开庭前交换证据。而英美法系国家，尤其是美国的证据开示既可以针对当事人，也可以针对第三人，证据开示的范围极为广泛。① 其次，从证据交换的过程来说，英美的证据开示是在当事人主导下进行的，法院原则上不干预，只有在当事人申请法院介入时，法院才会作出命令或制裁。② 而根据我国司法解释，只有当事人申请，人民法院才组织当事人在开庭前交换证据。再次，从法律后果来看，英美对违反证据开示规定了多种严厉的制裁措施，甚至可处以藐视法庭罪，不履行证据开示义务的法律后果严厉而且很明确。我国虽然也规定了证据交换的法律后果，即超过举证期限不举证的，视为放弃举证。逾期举证的，人民法院不组织质证。但该规定缺乏足够的制裁后果，且没有《民事诉讼法》的依据。③

而对于我国现有的证据交换制度，我国学者认为很多方面还存在问题，需要进一步完善。如我国的证据交换主动权主要在法官手中，当事人虽然有证据交换的申请权，但最终的决定权还在法官，这可能导致一些原本需要交换证据的案件交换程序得不到运用。此外，还存在证据交换的范围过窄、证据交换的效力不明等方面的问题。④

(二)《跨国民事诉讼原则》对我国的启示

1. 积极参与国际民事诉讼规则的制定

长期以来，我国都是被动式地接受域外的司法制度，在立法及修法的过程中较多地采取了法律移植技术，导致很多移植的法律制度在中国水土不服。如今，我国已经日益发展成一个政治大国、经济大国，也相当重视国际法与国内法的接轨，在国际立法方面，我国应该采取一种更加积极的态度，参与国际规则的制定。因此，笔者认为，尽管《跨国民事诉讼原则》及《规则》还有很多不够完善的地方，国际社

① See Joan M. Betti, *Reconciling American and Civil Law Concerns in Taking Evidence Abroad: A Reevaluation of the Compromise from the Hague*, 10 ASILS. Int'l. L. J. 110 (1986).

② See Joan M. Betti, *Reconciling American and Civil Law Concerns in Taking Evidence Abroad: A Reevaluation of the Compromise from the Hague*, 10 ASILS. Int'l. L. J. 110 (1986).

③ 参见石华琴、陈云涛：《民事证据庭前交换制度的理性思考》，载《浙江社会科学》2004年第3期，第112~113页。

④ 参见宋英辉、汤唯建主编：《我国证据制度的理论与实践》，中国人民公安大学出版社2006年版，第458~461页。

会实现国际民事诉讼规则的协调将是一个漫长的过程，但无论项目是否成功，对各国立法的改革都具有较强的参考作用，因此，我国应该更加广泛地主动参加跨国民事诉讼统一与协调的运动中去，掌握一定的话语权，使我国的制度在将来的公约或示范法典中被采纳，为我国争取合理的权益，也为世界范围内的跨国民事诉讼程序的统一与协调作出自己的贡献。

2. 借鉴《原则》规定，进一步完善国内立法

在民事诉讼证据制度方面，尽管我国于2012年再次修订了《民事诉讼法》，对民事证据制度作了很多新的修订，包括增加了电子数据证据、将鉴定结论改为鉴定意见、调整了证据的排序等，① 但是新法对证据制度的改进并不尽如人意，对证据开示、证人特权、有关制裁措施等均没有规定。因此，笔者认为，我国可以借鉴《跨国民事诉讼原则》，在将来修改《民事诉讼法》或在将来出台的《证据法》中完善有关法律制度。具体而言，应该包括以下几个方面：

首先，立法上明确规定证据开示制度。为减少证据开示的冲突，适应国际社会的发展趋势，我国需要进一步完善现有民事证据收集制度。但是，在证据开示制度方面，我们不能完全移植美国的证据开示制度。美国的审前证据开示制度是根植于其上百年的诉讼制度和诉讼文化之上的，它是与美国诉讼制度所特有的机制，如陪审团制、对立控辩制，甚至律师收费制等密不可分的。而我国引入证据开示制度只能从中国实践出发，在具体制度设计方面，应该注意以下几方面：(1)在证据开示的模式方面，我们可以参考《跨国民事诉讼原则》的规定，采取以当事人主义与法官职权主义相结合的模式，即证据开示主要由当事人自行进行，但同时，法官可以依职权进行监督和指导。正如有学者所言，以当事人为主导的证据开示是与对抗制携手而行的，它需要一个庞大的律师团体才有效。② 在我国，因律师制度并不发达，故完全由当事人自己控制进行证据开示并不可行。而法官依职权监督和管理证据开示，既可以推进证据开示的进行，也可以防止当事人滥用证据开示拖延诉讼，因此，采取当事人主义和职权主义相结合的证据开示模式对构建我国证据开示制度是可行的。(2)在证据开示的范围方面，我国显然不能采取美国式的过于宽广的证据开示立法，而应该对证据开示的范围予以限制，应该限于与案件有实质性联系的证据，且主要在当事人之间进行。这种有限制的证据开示既可以适应我国目前律师制度不发达的现状，也可以降低诉讼的成本。③ (3)在证据开示方法方面，立法应

① 参见李浩：《民事证据制度的再修订》，载《中外法学》2013年第1期，第198页。

② 参见韩波：《民事证据开示制度研究》，中国人民大学出版社2005年版，第296页。

③ 参见徐伟功、王育琪：《美国的域外证据开示制度评析》，载《河南省政法管理干部学院学报》2005年第6期，第147页。

采取自动开示与强制开示相结合的方法，以保证证据开示的顺利进行。

其次，对于证人的特权，我们可以借鉴《跨国民事诉讼原则》，规定证人可以基于一定的亲属关系、作证可能会自证其罪、特定职业关系等享有特权。

再次，明确相关处罚措施。对于拒绝作证的制裁，现行《民事诉讼法》第 114 条对拒绝或妨碍法院调查取证规定了一定的强制措施，但总体上来说力度不够。正如学者所言，证人提供证据是公法上的义务，对无正当理由拒不出庭的证人规定某些制裁性措施是完全必要的，各国在规定证人制度时几乎毫无例外地规定制裁性措施，如负担不到庭产生的程序费用、罚款、拘留、拘传，这也说明了制裁性措施不可缺少。① 因此，为了加强对当事人证据收集权的保护，应在修订的《民事诉讼法》或新《证据法》中规定证人无正当理由不服从法院证据提交命令的，可以处以相应罚款；证人被处以罚款后，经再次合法传唤仍拒不到庭的，可以处以 30 日以下拘留。

五、结语

《跨国民事诉讼原则》尽管在统一证据开示规则方面取得了一定的成效，但是要想彻底统一和协调各国证据开示规则，依然还有很长的路要走。诉讼文化的差异只能通过一个漫长的彼此取长补短的过程逐渐消除，因此，推行示范规则不谛是一种明智的选择，借助《跨国民事诉讼原则》的示范，我们可以兼顾各国民事诉讼程序的基本构造的不同需求，通过降低司法协助和判决承认与执行的难度以促使各国采纳之。②

随着全球化浪潮的不断发展，21 世纪两大法系的诉讼模式将日益融合，对抗制色彩浓的国家逐渐强化法官职权，而法官职权过度的国家将进一步贯彻当事人的处分权，当事人在程序运行中的权利与法官的程序管理权交错互补，共同推进程序的进行和纠纷的解决。诉讼模式的融合将逻辑地衍生出民事诉讼法一体化的动向。无边界民事诉讼将渐渐走入人们的视野。民事诉讼程序的统一和协调虽然困难重重，但是却一直都在向前迈进。如在欧盟，从 1968 年《布鲁塞尔公约》的签署到现在，欧盟已经签署了一系列的公约，颁布了一系列的规则、指令、命令等，这些都使得欧盟各国民事诉讼程序制度出现了趋同。而在国际层面上，在海牙国际私法会议的努力下，国际社会已经通过了一系列的程序法公约。2005 年，《协议选择法院

① 参见李浩：《民事证据制度的再修订》，载《中外法学》2013 年第 1 期，第 207 页。

② 陈刚主编：《比较民事诉讼法》，中国法制出版社 2008 年版，第 201～203 页；何其生：《比较法视野下的国际民事诉讼》，高等教育出版社 2015 年版，第 344～361 页。

公约》的通过标志着国际社会在分歧最为严重的管辖权方面的统一取得了阶段性的成果。放眼21世纪，国际民事诉讼程序的协调与统一将是一股不可阻挡的潮流。证据开示的规则也将在冲突与协调的曲折中向前发展。

On Conflict and Unification of Discovery in Transnational Civil Litigation: A Perspective of the Principle of Transnational Civil Procedure

Abstract: Due to different legal tradition and procedure structure, there are conflict between the civil law countries and the common law countries in discovery. In order to harmonize the civil procedure and discovery rules in different countries, International community have taken many measures. The Hague conference on private international law, International Bar Association and the European Union have developed some international civil procedure Conventions, however, the effect is very limited. Under the joint efforts of the American Law Society and International Institute for the Unification of Private Law, the principle of transnational civil procedure was passed in 2004. The Principles of transnational civil procedure formulated detailed provisions for discovery. Although the Principles of transnational civil procedure need to be perfected, it will impact national legislations in the future, promote the Unification of international civil procedure rules. The principle of transnational civil procedure is also helpful to improve the relevant legislations in China.

Key words: transnational; civil procedure; discovery

承认与执行外国法院判决中的国际礼让*

□ 王承志**

内容摘要：荷兰国际私法学者胡伯提出的国际礼让观点，经过几个世纪的发展，至今在推动跨国民商事纠纷解决中仍发挥着重要的作用。国际礼让倡导的便利及礼遇精神尤其有助于推动国际社会在承认与执行外国法院判决领域开展合作。美国、德国等国法院在承认与执行我国法院判决中灵活开放的司法态度彰显了促进国际民商事争议解决的国际礼让精神，对我们承认与执行外国法院判决具有重要的借鉴意义。树立正确的国际礼让理念，妥善处理国际礼让与互惠原则的关系，合理规范国际礼让在承认与执行外国法院判决中的适用，将是我国涉外司法从封闭走向开放的必然选择。

关键词：国际礼让　胡伯　判决的承认与执行　互惠原则

目　　次

---

* 本文系司法部中青年项目“我国涉外民事司法中的理性与礼让”（编号：14SFB30042）的阶段性成果。

** 中山大学法学院副教授，法学博士。

（二）妥善处理国际礼让与互惠原则的关系

（三）严格控制执行地公共政策的适用

一、国际礼让在外国法院判决执行中的必要性

对外国法院判决的承认与执行是整个国际民事诉讼程序的归宿，也是有关司法程序的实质所在。① 涉外司法中的判决能否得到承认与执行，不仅直接关系到当事人的实体权利能否实现，作为国际民事诉讼的最后阶段，它对整个国际民商事诉讼程序也具有重要的意义。由于外国法院判决的承认与执行与国家司法主权密切相关，国际社会尚未对此达成一致意见。1971 年海牙国际私法会议通过的《国际民商事案件中外国判决的承认和执行公约》迄今为止仅得到荷兰、葡萄牙等少数几个国家批准，所起到的实际效果微乎其微。

对于跨国民商事争议的解决，当事人不仅追求满意的判决结果，更关注实现该判决的能力，尤其是当被告的财产位于他国境内时，如何在该国寻求判决的承认与执行。在各国的实践中，承认与执行外国法院判决通常依据国内法中规定的互惠原则或对外签订的司法协助条约开展。我国亦不例外，《民事诉讼法》确认我国法院承认与执行外国法院判决的依据是国际条约与互惠关系。最高人民法院 2012 年通过的《关于适用〈中华人民共和国民事诉讼法〉的解释》明确规定，除离婚判决外，对于其他类型外国法院判决的承认与执行均要求存在条约基础或互惠关系。② 实践中，外国法院判决在我国得到承认与执行的数量不多。

一方面，我国对外签订的双边条约数量有限。由于我国并未加入海牙国际私法会议推动制定的《国际民商事案件中外国判决的承认和执行公约》等多边条约，外国法院判决要得到我国法院的承认与执行，绝大多数情况下只能基于该外国与我国之间缔结的双边条约。虽然目前我国已与 60 多个国家签定了 100 多项司法协助条约，但其中包含承认及执行民事裁判内容的司法协助条约只有 30 多项，③ 而包含承认及执行商事裁判内容的司法协助条约仅 10 多项。并且，我国与美国、日本等主要经贸往来国之间并未签订此种双边协定，而与韩国、新加坡等国签订的协定中均将法院判决的承认与执行排除在外。

---

① 参见韩德培：《国际私法》（第 2 版），高等教育出版社 2007 年版，第 506 页。

② 法释［2015］5 号，第 544 条。

③ 参见何其生：《比较法视野下的国际民事诉讼》，高等教育出版社 2015 年版，第 13～15 页。

另一方面，互惠关系的认定标准过于严格。最高人民法院将互惠原则解释为"事实互惠"，这就使得互惠的运用变得十分困难，当事人不仅要证明两国之间存在相互承认和执行对方法院判决的先例，还需要证明拟申请承认与执行的外国判决在相同的条件下由中国法院作出时，也能得到该外国法院的承认与执行。毫无疑问，该要求大大增加了承认与执行的难度，当事人援引互惠原则向人民法院提出请求而获得支持的案件凤毛麟角。这种对"互惠"的保守理解既给国际民商事争议的解决带来消极影响，也不利于保护当事人的合法权益。例如，最高人民法院在拒绝承认与执行日本"五味晃"案的复函中明确表示：由于中日两国间不存在互惠关系，因而拒绝承认与执行日本法院判决。后来，日本大阪高等法院就以我国最高人民法院上述复函认定中日之间不存在互惠关系为由，拒绝承认与执行山东省高级人民法院生效的给付判决。①

由于国家之间缔结条约的数量有限，互惠原则在现实操作中又往往因为条件严苛而难以得到运用。在条约与互惠原则缺失的情况下，外国法院判决难以有效得到承认与执行已成为妨碍跨国民商事正常交往的障碍之一。

起源于 17 世纪的国际礼让观点，经历了几个世纪的发展和演变之后，在国际社会处理跨国民商事纠纷中扮演着十分重要的角色。虽然国际礼让并非源自法律的现实规定，但其反映的相互宽容和善意的价值为处理跨国民商事纠纷提供了重要的指引。② 一国法院基于礼让承认与执行外国法院判决，不仅有利于跨国民商事纠纷的顺利解决，而且还能促进国家之间关系的协调。在欧美，国际礼让甚至已经由一种理论学说发展成为国内法院承认与执行外国法院判决的重要理据。在承认与执行外国法院判决领域，如何借鉴并规范国际礼让的适用成为摆在我们面前的现实课题。

二、国际礼让的理论演进及实践发展

（一）国际礼让的理论演进

国际礼让概念最早可溯源至罗马法时期，但其真正具备我们所理解的内涵则是伴随着欧洲主权国家的出现而产生。欧洲三十年战争后签订的《威斯特伐利亚和

---

① 参见王慧：《论我国承认与执行外国法院判决的法律依据》，《北大国际法与比较法评论》(第 4 卷第 1 辑)，北京大学出版社 2005 年版，第 5 页。

② See Harold G. Maier, *Extraterritorial Jurisdiction at a Crossroads*, 76(2) Am. J. Int'l L., 281 (1982).

约》成为了第一个宪法意义的国际法律文件，主权、平等等理念由此根植于人们的思想观念之中。① 在主权理念盛行的当时，关于法律效力的观点得到欧洲国家的普遍认同，即主权国家的法律都是有界限的，它们只能在特定领土范围内发生效力。

在17世纪，荷兰已发展成为一个现代意义上的欧洲主权国家，其贸易总额占据当时世界贸易总额的一半。一方面，频繁的经济交往和人员流动使荷兰面临大量快速增长的跨国民商事纠纷；另一方面，荷兰国内不同主体之间及各独立省份之间均存在着较大的利益冲突。在此背景下，需要一种理论来协调荷兰内部各省之间以及荷兰与其他国家之间的法律冲突。

荷兰国内法律冲突的现状为优利克·胡伯(Ulrich Huber)法律思想的萌芽提供了土壤。在《各国不同法律之冲突》一文中，胡伯阐述了著名的“胡伯三原则”以解释外国法在另一主权国家领域内的适用问题。主要内容包括：

(1)一个国家的法律在其主权管辖范围内，但也仅仅在其主权管辖范围内，具有绝对的效力；

(2)居住在该国境内的所有人，不管是长期居住的，还是临时居住的，都被视为它的臣民，并因此而受其法律的约束；

(3)不过，每一个国家，基于礼让的考虑，都允许一个在其自己国家范围内已经发生法律效力的法律在其他任何地方都保持其效力，只要不至于因此而损害承认该法律效力的国家及其臣民的利益。②

胡伯的三原则理论首先肯定了绝对主权的观念，认为在一般情况下，法院应当适用的只能是法院地国的法律。这种绝对的领土主权思想同时也带来了其冲突法理论体系中的一个矛盾：当一国的法律在境外失去法律效力，那么一个主权国家的法院将依据何种前提适用另一个主权国家的法律？面对这种看似矛盾的逻辑关系，胡伯运用他的第三项原则来解决这一问题。该原则是胡伯思想的核心，也即后世所熟知的“国际礼让说”。胡伯认为，不存在一个超越国家的权力强迫某一个国家去适用外国的法律。③ 胡伯形象地用“各主权者相互施以援手”来解释外国法的适用并非出于一种义务或者责任，而是一种给予外国人的善意和便利。在胡伯看来，当外国法律通过“礼让”这种自愿的方式对内国法院的审判产生拘束力的时候，在绝对

① See Joel R. Paul, *The Transformation of International Comity*, 71 L. & Contemp. Probs., 22 (2008).

② See James Fawcett *et al.*, Cheshire, North & Fawcett: Private International Law 21 (14th ed., Oxford University Press 2008).

③ See Hessel E. Yntema, *The Comity Doctrine*, 65 (1) Mich. L. Rev. 29-31 (1966).

主权原则和适用外国法之间就不存在冲突了。① 胡伯进一步指出：之所以基于礼让承认当事人的既得利益，是出于保护各国交往的便利的考虑。如果当事人在一国获得的利益到了他国因为法律不同而不受保护，必然会使跨国商业交易举步维艰步。② 由此可见，胡伯的国际礼让理论本质上是平衡主权原则与现实经济贸易交往之间矛盾的产物。

尽管国际礼让理论滥觞于欧洲大陆，这一理论学说却是在普通法系国家被广泛地继承下来，收获了大量拥护该观点的学者。③ 针对英国法院长期以来拒绝适用外国法的现象，曼斯菲尔德法官在其审理的霍尔曼诉琼森（Holman v. Johnson）一案中开创性地指出：英国法院在某些特殊情况下，如具有涉外因素的契约依法订立时，就应该适用诉因发生地国家的法律。由此可见，曼斯菲尔德法官在强调主权属地主义的同时，深受胡伯国际礼让学说的影响，为诉因发生地等外国法律的适用留下了空间。

而在美国，哈佛大学教授、联邦最高法院大法官斯托雷（Joseph Story）将礼让视为调和绝对的国家主权与跨国商业活动引发的法律适用纠纷的桥梁。经其进一步演绎之后，“礼让”发展成为现代美国国际私法的理论基础。④ 正如胡伯以国际法的视角来构建自己的冲突法理论一样，斯托雷试图通过寻求“超内国法原则”（extra-municipal principles）来解释他的冲突法观点。受主权观念的影响，斯托雷在主权和礼让的基础上建立自己的冲突法体系。⑤ 他用自己的语言重新解释了胡伯的三原则：在对主权原则和属地原则的理解上，最首要的原则就是每一个国家都在自己的领域内拥有绝对的、专属的主权和管辖权，并且法律对其管辖范围内的与其主权有关联的所有人和事物、合同与行为具有最高的约束力；没有一个州或者国家能够通过其法律直接影响或者约束那些不在其领域内的财产或者自然人，无论他们是本国人还是外国人。

在对主权原则进行论证之后，斯托雷得出了他的第三项原则：如果一个国家的

---

① See Donald Earl Childress III, *Comity as Conflict: Resituating International Comity as Conflict of Laws*, 44 U. C. Davis L. Rev. 22 (2010).

② 参见许庆坤：《胡伯的国际礼让说探微》，《民商法论丛》（第35卷），法律出版社2006年版，第486页。

③ See Kurt Lipstein, Principles of The Conflict of Laws: National and International 17 (Springer 1981).

④ See Eugene F. Scoles et al., Conflict of Laws 19 (4th ed., West Group 2004).

⑤ See Matthias Lehmann, *Liberating the Individual from Battles between States: Justifying Party Autonomy in Conflict of Laws*, 41 Vand. J. Transnat'l L. 399 (2008).

法律能够在另一个国家发生效力，完全取决于另一个国家法律上的明示或默示的同意。① 这是斯托雷冲突法理论的核心之所在。相比胡伯而言，斯托雷的国际礼让观点向前迈出了新的一步：他认为适用另一个国家法律的真正基础在于“国家间的共同利益”(mutual interest)，而并不是出于道德或者法律义务。因此，一国法院若选择了国际礼让，则意味着该法院将基于冲突中的两个国家的“共同利益”而适用另一个国家的法律。在确定存在此种共同利益后，法院将自由裁量作出是否适用外国法的决定。显然，“共同利益”的考量将涵盖所有与案件有联系的国家的利益，而非仅考虑某一个国家的利益。

(二)国际礼让在外国法院判决执行中的实践发展

国际礼让最初作为指导法律适用的理论提出，后来逐渐发展到承认与执行外国法院判决领域。英美等普通法国家通过司法实践不断丰富和完善国际礼让的内涵，并推动其国际私法的发展。

在1797年的埃默里诉格里诺案(Emory v. Grenough)案中，美国联邦最高法院首次在判决中直接援引胡伯三原则的原文，从而将国际礼让理论引入美国国际私法的审判实践。② 在1839年的奥古斯塔银行诉厄尔(Bank of Augusta v. Earle)案中，美国联邦最高法院采纳了斯托雷的国际礼让理论，对案件涉及的共同利益进行衡量与评判。③ 在1895年的希尔顿诉盖特(Hilton v. Guyot)案中，美国联邦最高法院试图对礼让的判断标准及内涵作出界定，认为在对“礼让”进行法律意义的理解时，它既不是绝对的义务问题，也不仅仅是单纯的礼遇或者好意。一国在其领土内允许另一国的立法、行政以及司法行为时，既要适当地考虑国际义务和便利，也要考虑本国法律保护下的本国公民及其他人的权利。④

对于国际礼让的特点，美国联邦最高法院格雷(Gray)法官认为：它既非法律亦非政策，它既不是纯粹的自由裁量权，也不能像法律一样产生有力的拘束作用。国际礼让作为具有规范性的法律原则存在于国内法与国际法之间以及政策与法律之

① 参见李双元：《国际私法(冲突法篇)》，武汉大学出版社2001年版，第129页。

② Emory v. Grenough, 3 U.S. 369 (1797).

③ Bank of Augusta v. Earle, 38 U.S. 519 (1839).

④ Hilton v. Guyot, 159 U.S. 113 (1895). 在该案中，法国国籍的原告针对美国公民的判决要求在美国执行判决。美国国籍的被告对此作出了反对承认与执行法国判决的4个抗辩理由：(1)被告在法国法院的出庭是非自愿的；(2)进行审判的法国法院没有进行交叉询问；(3)被告认为所涉及的合同违反了美国的税法；(4)被告认为法国的《皇家条例》(*The Royal Decree*)第121条的内容使得法国不存在承认与执行外国判决的互惠制度。

间的中间地带，占据着一定的规范空间。①

在英国，关于执行外国法院判决的理论依据一直存有争议。对英国冲突法产生深远影响的即为胡伯的国际礼让理论，后来始出现“债务说”、“既得权说”和“互惠说”等不同主张。

对于中国、美国等与英国不存在条约关系国家的判决的承认与执行，英国法院适用的是其普通法的一套规则体系。根据英国普通法传统，外国法院判决在英国不具有可执行性，英国法院并没有义务承认与执行外国法院的判决。如果对外国法院依法作出的判决不予理睬是对外国主权的不礼貌行为，基于国际礼让的考虑，英国法院出于现实和便利的需要会让渡一部分权利给外国。在英国法院看来，承认与执行外国法院的判决既不是绝对的义务，也不是纯粹的礼貌。在个案中，法官可以基于自由裁量权来判断礼让的需要。国际礼让也因此被认为是法院的一种政策，其内涵随着英国社会、经济条件的发展变化而变化。

加拿大最高法院在承认与执行外国法院判决时亦采纳了国际礼让规则，认为礼让的概念包含正义、必要性及便利性。就法律意义而言，它既不是一个绝对的债务，也不是对外国判决的善意礼节，而是一个国家基于国际义务和便利的考虑对另外一个国家的立法、行政和司法行为予以承认，从而保护本国公民和其他人的合法权利。②

20 世纪 90 年代以来，加拿大法院通过莫哥德投资有限公司等案的审判实践在承认和执行外国法院判决方面逐渐发展出一种不同于传统礼让说的新礼让理论。加拿大法院所遵从的礼让，以最大化消除民商事领域内各种藩篱为目的。外国判决(包括加拿大姊妹省之间判决)的承认与执行，必须有助于现代社会财富、技术和人员的自由、公平与有序流动。③

由此可见，国际礼让的内涵处于不断发展变化之中，具有较强的灵活性和不确定性。无论是将国际礼让作为承认与执行外国法院判决的原则、规则，还是将其作为司法政策，国际礼让的核心在于一国法院在承认与执行外国法院判决时应本着对国际交往便利的尊重，充分考虑当事人利益、内国利益以及国际社会利益，以促进跨国民商事争议的顺利解决。

---

① See Joel R. Paul, *Comity in International Law*, 32 Harv. Int'l. L. J. 54 (1991).

② 参见贺晓翊：《英国的外国法院判决承认与执行制度研究》，法律出版社 2008 年版，第 58 页。

③ 参见刘仁山：《国际民商事判决承认与执行中的司法礼让原则》，载《中国法学》2010 年第 5 期，第 69 页。

三、外国法院承认与执行我国法院判决中的国际礼让

在司法实践中，我国为数不多的承认与执行外国法院判决的案件是在双方存在司法协助条约的基础上进行的。① 在条约与互惠缺失的背景下，我国的司法实践是偏向保守的，如弗拉西动力发动机有限公司申请承认和执行澳大利亚法院判决一案②，株式会社 SPRING COMM 申请承认与执行韩国法院判决案等均因此理由而遭到拒绝。③ 然而，我国至今尚未与美国、英国、德国等发达国家就民商事判决的相互承认与执行签订任何双边或多边条约。在这样的情况下，承认与执行外国法院判决时需要法院从方便国际民商事交往的角度出发，以更加开放的心态开展司法互助活动。鉴于此，关注礼让在此过程中发挥的作用，考察国际礼让在外国法院承认与执行我国法院判决中的运用更有借鉴意义。

（一）美国法院执行我国法院判决的实践

作为将国际礼让运用得最为充分的国家，美国在承认与执行外国法院判决方面保持着较为开放的态度。美国国内各州之间的判决在不违反各州的公共政策（public policy）的前提下，即可依据宪法第 4 条的充分诚实和信任条款相互执行。但是，美国宪法的这一条文并不适用于外国法院判决在美国的承认与执行。实践中，美国通过与其他国家签订判决承认与执行方面的条约来保障外国判决在美国的承认与执行。④ 而在承认与执行其他未与美国签订此种条约的国家法院判决时，国际礼让发挥着重要的作用。

在前述希尔顿案中，美国联邦最高法院在全面分析礼让的内涵时，确立了承认与执行外国法院判决中的互惠原则。不过，这一原则在随后的司法实践中招致较多的批评。美国统一州法委员会 1962 年通过了《承认外国金钱判决统一法》（UFMJRA），该法并未将互惠原则确立为承认外国判决的前提条件，为礼让留下了

① 2000 年，意大利 B&T Ceramic Group s. r. l 有限公司（“B&T 公司”）向佛山市中级人民法院提出申请，要求承认和执行意大利米兰法院作出的破产判决和意大利米兰市法院民事、刑事法庭作出的《被没收财产转让判处令》。截至目前，只有该案获得在中国法院的承认与执行。参见佛山市中级人民法院，（2000）佛中法经初字第 633 号。

② 参见《最高人民法院关于申请人弗拉西动力发动机有限公司申请承认和执行澳大利亚法院判决一案的请示的复函》，2007 年 3 月 1 日，[2006]民四他字第 45 号。

③ 参见深圳市中级人民法院，（2011）深中法民一初字第 45 号。

④ [日] 山冈永知：《外国判决承认与执行的日美比较》，刘斌斌译，载《科学经济社会》2007 年第 2 期，第 116 页。

较大的适用空间。《承认外国金钱判决统一法》已发展成为美国法院承认与执行外国法院判决最重要的法律依据，目前全部或部分接受该法的州已逾30个。除科罗拉多、得克萨斯等少数州仍强调把互惠原则作为承认与执行外国法院判决的前提条件外，越来越多的州以更加开放的态度对待外国法院判决的承认与执行问题。如果一国法院对案件拥有正当的管辖权，并且程序正当，美国法院即可依据礼让来承认并执行该外国法院的判决，对于实体问题并不进行重审。2009年，美国加利福尼亚州地区法院承认与执行我国湖北省高级人民法院所作判决即是典型。

在三联公司、平湖公司诉美国罗宾逊公司案中，原告为两家中国公司，被告为美国公司。原告因被告提供的直升飞机存在产品质量问题造成人员伤亡等问题提起赔偿诉讼。湖北省高级人民法院依据1965年《海牙送达公约》的要求向被告送达了传票、起诉状等相关文件，被告未出庭应诉。湖北省高级人民法院于2004年12月作出判决，支持了原告的大部分诉讼请求，判决被告承担2000余万元人民币的损失赔偿金及相应利息。中国原告后向美国加利福尼亚州地区法院申请执行该判决，美国法院以在中国的诉讼超过时效为由予以拒绝，中国公司遂提出上诉，美国第九巡回上诉法院将案件发回重审，最终加利福尼亚州地区法院承认并执行了中国法院的这一判决。①

作为北美地区第一个承认与执行中国法院判决的案件，该案无疑将对中美司法产生重大影响。由于中美之间并未签订相关司法协助协定，作出承认与执行中国法院判决的法官认为：(1)中国法院对于争议事项享有管辖权；(2)中国法院根据《海牙送达公约》送达文书是妥当的；(3)中国的判决系由3名法官基于完整的证据记录后作出；(4)根据中国法律，该判决具有终局性和可强制执行性；(5)没有证据表明中国法院的审判程序缺乏公平和公正。基于此，加利福尼亚州地区法院应当对案件予以承认和执行。第九巡回上诉法院对加州地区法院的决定予以了认可。在无条约义务之下，这种灵活开放的司法态度彰显了促进国际民商事争议解决的礼让精神，具有显著的积极意义。②

(二)德国法院承认我国法院判决的实践

2006年，德国柏林高等法院对我国江苏省无锡市中级人民法院的一项民商事判决作出了承认。由于中国与德国之间并未签订民商事司法协助协定，德国法院的

① Hubei Gezhouba Sanlian Industrial Co., Ltd. and Hubei Pinghu Cruise Co., Ltd. v. Robinson Helicopter Company, Inc., 06-01798 (C. D. Ca. l 2009).

② 参见谢新胜：《条约与互惠缺失时中国判决的域外执行》，载《环球法律评论》2010年第4期，第152页。

这一做法引起了国内外较大的关注。

本案审理的焦点在于确定德国旭普林公司(简称德国公司)与中国无锡某工程橡胶有限公司(简称中国公司)所签合同中仲裁条款的有效性问题。仲裁条款规定：若发生争议适用国际商会仲裁规则，仲裁地点在上海。仲裁庭裁决德国公司胜诉，若该仲裁条款有效，德国公司可以获得经济赔偿。中国公司提出了仲裁条款无效的抗辩，德国公司则向无锡市中级人民法院请求确认仲裁条款的有效性。经江苏省高级人民法院请示，最高人民法院复函认为涉案仲裁条款为无效条款。① 德国公司在申请中国法院执行涉案仲裁裁决未获支持的情况下，转向德国柏林高等法院请求执行仲裁裁决。中国公司遂以涉案仲裁条款已被中国法院认定无效为由向德国法院提出抗辩。经审理后，柏林高等法院承认了中国法院所做判决。

德国法院在判决书中指出：由于中、德之间不存在相互承认法院判决的国际条约，具体司法实践就成为了处理案件的依据。如果双方都等待对方先迈出一步，然后自己再跟进给予对方互惠，那将永远不可能发生相互间的互惠，互惠原则也只能是空谈。由于《德国民事诉讼法》第 328 条第 1 款规定了互惠原则，而中国的《民事诉讼法》中也对互惠原则作出了规定，因此，德国法院认为“不应当对给予互惠产生怀疑”。② 在该案中，柏林高等法院的法官面对中国法院曾拒绝承认德国法兰克福地方法院判决的先例，③ 在两国之间缺乏国际条约义务的情况下仍然保持独立见解，考虑到全球一体化的趋势，着眼于未来两国间的经贸合作而率先主动承认中国法院的判决，体现了开放的司法心态和魄力。虽然德国法官通过对互惠原则进行扩张性解释来为承认中国法院判决寻求法律依据，即只要求对方国家存在互惠原则的法律规定，而不要求对方存在承认与执行本国法院判决的先例，但是，该案更多体现的是现代社会追求保护交易安全的精神，体现的是促进国际民商事争议顺利解决的国际礼让理念。

---

① 在该案中，最高人民法院认为：当事人在合同中约定了仲裁条款“Arbitration：ICC Rules，Shanghai shall apply”，但当事人没有约定确认仲裁条款效力准据法，根据确认仲裁条款效力准据法的一般原则，应当按照仲裁地的法律予以认定，因而应当根据中国法律确认本案所设仲裁条款的效力。而根据中国《仲裁法》的有关规定，有效的仲裁条款应当同时具备仲裁的意思表示、仲裁的事项和明确的仲裁机构三个方面的内容。从本案所涉仲裁条款的字面来看，虽然仲裁意思明确，也具有明确的仲裁规则和仲裁地点的意思表示，但却没有明确指出仲裁机构。因此，应当认定该仲裁条款无效。参见万鄂湘主编：《涉外商事海事审判指导》(第 3 辑)，人民法院出版社 2004 年版，第 37~38 页。

② 参见马琳：《析德国法院承认中国民商事判决第一案》，载《法商研究》2007 年第 4 期，第 154 页。

③ (2003)二中民初字第 00002 号民事调解书。

(三)新加坡法院承认我国法院判决的实践

2014年1月，新加坡高等法院对中国江苏省苏州市中级人民法院的一项民商事判决作出正式判决书予以执行。案件的焦点在于：其一，苏州中院是不是适格的有管辖权的法院；其二，包含非金钱给付内容的判决书是否可予执行。

针对上述两点，新加坡高等法院法官首先依据英国普通法，认为外国法院的适格权可依据被告“存在、接受或者协议的方式”取得,① 被告新加坡公司于2005年在中国法院的第一次诉讼中已经应诉，这次诉讼因和解未成功而由原告在2008年再次提起诉讼，两次诉讼紧密相关，若以此支持被告“中国法院无管辖权”的主张无疑对原告不公平；其次，根据新加坡一贯的判例，可执行的判决为金钱给付内容的判决，而中国法院的裁判内容不仅包含金钱给付内容，还有要求原告返还机器设备等内容。高等法院法官最后认为当外国法院作出一方当事人必须履行确切的金钱给付判决时，即使判决中同时包含其他与金钱给付无关的指令，该判决仍应被视为确立了债权债务关系，具有确切的金钱给付内容，应当被执行。

本案法官在审理中确立了基本的态度：即新加坡法院不对案件事实进行审查，只要外国判决不违反新加坡的公共政策、自然正义，新加坡法院将不会拒绝执行外国法院判决。由于新加坡与中国之间不存在任何涉及法院判决承认与执行的条约规定，这一做法无疑是对投资安全产生积极的推动作用；同时，作为普通法国家，新加坡高等法院首次承认与执行中国法院的判决将对两国法院判决的相互承认与执行带来积极、正面的影响。

上述外国法院承认中国法院的民商事判决的实践均是在我国与这些国家之间不存在司法协助条约的背景下所作出的。在条约与互惠缺失的环境下，这些国家的法院法官并没有据此对我国法院的判决设置审查障碍，而是本着事实的精神，对程序等问题进行审理，这样的司法思维无疑是国际礼让的一种体现。作为中国重要的经贸往来国家，倡导便利跨国民商事交往的礼让精神对于双方的民商事来往将产生正面的作用；而对于我国法院，在涉外司法中树立这一观念更是势在必行。

四、国际礼让在承认与执行外国法院判决中的规范适用

(一)树立正确的国际礼让理念

国际礼让理论发轫于欧洲，盛行于美国，其所倡导的对交易安全和当事人权益的合理保护值得我们在承认与执行外国法院判决中借鉴与发扬。在我国，承认与执行

① [英]劳伦斯·柯林斯主编：《戴雪、莫里斯和柯林斯论冲突法》(上卷)，商务印书馆2012年版，第588~589页。

外国法院判决工作中所面临的挑战不仅仅体现在案件数量上的迅猛增长，更应体现在司法观念的转变之上。我国的涉外司法要突破原有的属地主义和单边主义的束缚，以更加开放的司法心态对待外国判决的承认与执行。在条约与互惠缺失的情况下，一方面，若外国法院对我国法院判决予以承认或执行，我国的司法实务界应该作出正面的回应，以便在相关问题上也能够积极跟进；另一方面，礼让意味着“主动”的行为和“开放”的心态，我国法院应当更加积极主动发挥能动性，而不应消极等待外国法院作出优惠安排，更不应将互惠原则作为拒绝承认与执行外国法院判决的工具。树立正确的国际礼让理念，无疑是我国涉外司法从封闭走向开放的必然选择。

(二)妥善处理国际礼让与互惠原则的关系

从内涵上，国际礼让与互惠是同质的，国际礼让就是基于互惠的、有礼貌的和亲善的行动。① 互惠原则强调同等对待内外国法院的判决，以达致对不同国家当事人合法利益的平等保护。可以说，国际礼让与互惠原则殊途同归，二者皆为自身利益而计。在历史上，国际礼让与互惠原则先后作为承认与执行外国法院判决的理由被英美法院所秉持。英国法院一度认为互惠原则是国际礼让的固有含义，如果一国法院拒绝承认英国法院的判决，英国法院也不会承认该国法院判决。该观点历经发展与完善，虽失去了其作为承认与执行外国法院判决的基础地位，但仍保留在英国判决执行制度的成文法当中。

相较国际礼让内涵的变动不居，互惠原则对互惠条件的要求则十分清楚明确，它满足了制定法对于法律确定性的要求，因而更多地见诸各国成文立法，如英国1933年《外国判决互惠执行法令》、加拿大《互惠承认和执行外国判决法》以及我国《民事诉讼法》关于司法协助的规定。但是，互惠原则在承认与执行外国法院判决的司法实践中存在一定的争议，具有一定的局限性，因为法院在适用该原则时不可避免会受当事人利益的影响而出现选择性的限制态度，动辄以不存在互惠关系为由拒绝承认与执行外国法院的判决。针对互惠原则的局限性，英国、瑞士、日本等国将互惠原则限定在金钱判决或破产宣告等特定范围内，美国大多数州甚至放弃了互惠原则，不再将其作为承认与执行外国法院判决的条件。②

鉴于国际礼让与互惠原则各自的优点及不足，在承认与执行外国法院判决过程

① [德]马丁·沃尔夫：《国际私法》(第2版)，李浩培、汤宗舜译，北京大学出版社2009年版，第30~31页。

② 对于是否要求以互惠关系作为承认与执行外国判决的条件，各国立法及司法实践存在着不同的做法。可参见李旺：《外国法院判决承认和执行条件中的互惠原则》，载《政法论坛》1999年第2期，第96页；杜涛：《互惠原则与外国法院判决的承认与执行》，载《环球法律评论》2007年第1期，第112~114页。

中尤其有必要处理好二者之间的关系。无论是从理念还是从实践层面而言，国际礼让理应作为互惠原则的基础存在，一国法院在基于礼让拟承认与执行外国法院判决时，应通过对互惠原则的合理解释，促成外国判决在内国的执行。可以说，前文中德国法院承认我国无锡市中级人民法院判决的实践为我们树立了良好典范，德国法院在该案中对互惠原则的分析无不折射出国际礼让的精神与实质。

（三）严格控制执行地公共政策的适用

合理地适用国际礼让，必然要准确处理好礼让与公共政策的关系。在胡伯的论述中，国际礼让的观念便与公共政策紧密相联。作为涉外司法中通常是排除外国法适用的“安全阀”，公共政策在长期的司法实践中也得以运用。例如，曼斯菲尔德依据胡伯礼让的理论，在 Somerset v. Stewart 案中提出了相应的观点，强调了公共政策在法庭审判中的运用。① 作为拒绝承认与执行外国法院判决的一项传统事由，公共政策广泛存在于相关国际条约和各国国内立法中，但与国际礼让类似，迄今为止并没有一个关于公共政策的明确定义。公共政策通常反映了每一个国家经济的、法律的、道德的、政治的和社会的根本准则，然而在不同的国家，在每一个案中，道德标准或政策重要性的程度又存在差异性。② 因此，公共政策深受各国司法实践的影响，任何公共政策的界定均有较强的相对性，需要法官行使自由裁量权进行个案解释。

在判决的承认与执行环节，它蕴涵着一个原则，即出于国际尊重及礼让，一国法院应当承认外国法院所作判决的有效性，并且予以执行，除非执行该判决有违道德和正义的基本理念。意大利、瑞士法院认为，公共政策是近乎相同文明的国家所共享的普遍性准则，其旨在保护基本人权。瑞士联邦最高法院则认为：在执行程序中应从狭义上理解公共政策，只有当外国判决或裁决的承认与执行会以一种不可容

① See Wiecek, William M., *Somerset: Lord Mansfield and the Legitimacy of Slavery in the Anglo-American World*, 42 (1) University of Chicago Law Review 86-146 (1974). 该案中，美国奴隶 Sommersett 与其主人 Stewart 一同前往英国。由于英国此时已经废除了奴隶制，Sommertsett 在伦敦停留一段时间后宣布自己不再是奴隶。Stewart 认为这种宣告是无效的：依据美国法律，Stewart 生来即是奴隶。本案中，曼斯菲尔德法官认为英国法院没有义务去认可一个与英国的公共政策相抵触的奴隶财产权利。根据法院地公共政策排除外国法的适用，曼斯菲尔德认为这种排除是与胡伯的学说完全一致的。

② See Seriki H., *Enforcement of Foreign Arbitration Awards and Public Policy*, 9 The Arbitration and Dispute Resolution Law Journal 195 (2000)；何其生：载《国际商事仲裁司法审查中的公共政策》，《中国社会科学》2014 年第 7 期，第 143~163 页。

忍的方式损害瑞士正当程序并违背瑞士司法制度的根本原则时方可适用。①

虽然执行地法院对外国判决是否违反其公共政策享有完全的自由裁量权，但近年来的发展趋势表明，各国法院基于国际礼让，普遍从严解释并适用公共政策。在我国，如果承认与执行外国法院判决有损国家统一和主权安全，或有违宪法的基本精神和部门法的基本准则，或违背我国的善良风俗和道德的基本观念，或与我国基于国际条约所承担的国际义务相抵触，我国法院方可以公共政策为由拒绝承认与执行。

International Comity Concerning Recognition and Enforcement of Foreign Judgments

Abstract: The notion of international comity presented by the scholars in the Netherlands has developed for centuries, nowadays it still plays an important role in resolving transnational disputes on civil and commercial issues. Convenience and courtesy which proposed by international comity especially can be conducive to the cooperation in the field of recognition and enforcement of foreign judgments. The flexible and open attitudes reflected, for instance, in the courts in United States and Germany on China's foreign-related judgments manifest the spirit of international comity. They are also good examples which we can use for reference. In a long run, cultivating proper notion of international comity, dealing the relation between international comity and principle of reciprocity and properly applying international comity on recognition and enforcement of foreign judgments are all the methods China must take in the process of opening to the outside world in terms of foreign-related justice.

Key words: International comity; Huber; Recognition and enforcement of foreign judgments; principle of reciprocity

① 参见王承志、李剑强：《内地仲裁裁决在香港法院执行中的公共政策问题》，载《仲裁研究》第 26 辑，法律出版社 2011 年版，第 74~75 页。

论国际民事管辖权的法理基础*

□ 甘　勇**

内容摘要：国际民事管辖权的法理基础对一国国际民事管辖权制度的塑造具有重要意义。这一法理基础主要包括四个方面：一是国家主权对国际民事管辖权确定的影响；二是国家利益与当事人利益平衡的考虑；三是判决承认与执行在决定国际民事管辖权中的作用，四是法律选择是否应该成为决定国际民事管辖权的一个考虑因素。这些因素为国际民事管辖权决定提供了一个理论框架。建立中国国际民事管辖权法理基础，要考虑司法界和实务界在国际管辖权制度的发展和完善中提出一些原则和考虑，如国家主权原则、互惠考虑、对特定领域审判工作的重视和发展、保护我国当事人利益等，构建我国的国际民事管辖权基本理论。

关键词：国际民事管辖权　法理基础　国家主权　利益平衡　判决执行　法律选择　重构

目　次

* 本文是作者在武汉大学国际法研究所召开的“大国司法与国际民事诉讼制度完善”专题研讨会上的发言稿基础上完善而成的，感谢肖永平教授、何其生教授、宋晓教授、涂广建教授、李晶教授、邹国勇教授等与会学者对本文提出的中肯的批评意见和建议，文中的有些思想是经他们启发而形成的，在此表示诚挚谢意。

** 武汉大学国际法研究所、武汉大学法学院副教授，法学博士。

（一）涉外离婚领域的法律选择与国际民事管辖权确定

（二）涉外工伤赔偿的法律适用和国际民事管辖权确定

（三）外国法不能提供救济时的国际民事管辖权确定

五、结论

2012 年 9 月，我国新修订的《民事诉讼法》通过生效。新法对于涉外民事诉讼管辖权规定进行修正，将已有的第 242 条（有关协议管辖）删除，在国内民事管辖权的部分则进一步修正了有关协议管辖（2012 年《民事诉讼法》第 34 条）的规定，同时将第 243 条有关推定管辖的内容转化为第 127 条第 2 款。2015 年 1 月 30 日，最高人民法院颁布了长达 552 条的民事诉讼法司法解释，对《民事诉讼法》未明确规定而实践中又会遇到的争议问题进行规定，展现了最高人民法院对程序正义的高度重视。尽管如此，其中关于涉外民事管辖权的相关规定，应该说与我国涉外民事诉讼的实践还有不小的差距，有学者认为最新的《民事诉讼法》及其司法解释对涉外民事管辖权制度的修正，不符合在全球化、国际化条件下，世界各国涉外民商事案件不断增加涉外民事管辖权制度日趋复杂的趋势，还有待进一步完善。①

对于如何完善我国涉外民事管辖权制度，学者们一直比较关注，各种观点见仁见智，其理由则涉及对涉外民事管辖权制度一些根本问题看法的不同，如管辖权权力划分的合理性，对当事人利益的平衡，国家利益的考量，其他相关制度的影响等。这些根本问题，决定了国际民事管辖权制度的发展方向和变化规律，构成了国际民事管辖权制度的法理基础，对这些问题的探讨，有助于丰富我们对国际民事管辖权制度认识的广度和深度；对国际民事管辖权制度的发展完善也具有相当的重要性。本文试图对国际民事管辖权的法理基础进行探讨，以便能够为我国国际民事管辖权制度的发展和完善建立更加深厚的理论基础。

本文分五个部分。第一部分从权力划分的角度阐述了对确定国际民事管辖权的理论区分；第二部分从利益平衡的角度说明国家利益和个人利益在国际民事管辖权中所起的作用；第三部分则就判决承认与执行对国际民事管辖权确定的影响进行了阐述；第四部分对法律选择是否应该成为国际民事管辖权确定中的因素进行探讨；最后第五部分结论对中国国际民事管辖权制度的法理基础进行了探讨，并对建立中国国际民事管辖权的基本理论框架提出了自己的一点看法。

---

① 参见甘勇：《涉外协议管辖：问题与完善》，载《国际法研究》2014 年第 4 期，第 57～68 页；李旺：《国际民事裁判管辖权制度析——兼论 2012 年修改的〈民事诉讼法〉关于涉外民事管辖权的规定》，载《国际法研究》2014 年第 1 期，第 92 页。

一、国家主权与国际民事管辖权的确定

国际民事管辖权是国家主权的内容，国际民事管辖权涉及不同主权国家主权在审理民事案件时的权力界限，本质上也就是对不同政府权力的划分，因此，这种主权界限的划分，也受到有关政治权力理论或者说政治哲学的影响。

（一）近代政治哲学理论与国家主权行使

政治哲学是用来解释政府权力的存在、组织和行使，解释政府权力的正当性的理论。政府权力行使受到特定时代、特定文化的影响。近代政治哲学对权力的解释，概括地说有三种模式：关系论、权力论和功能主义。

关系论是在中世纪占主导地位的政治哲学理论。中世纪欧洲的封建制度认为政府权力是建立在领主和佃农之间的一套复杂的权利义务关系基础上的。佃农对领主有效忠和服务的义务，作为交换，领主保护佃农并且给他们正义。政府权力的存在和合法性来源于这种个人的关系。

权力论是近代国家出现后的理论。随着国王将政府权力越来越集中在自己手中的时候，关系论也慢慢失去了其解释的力量。臣民虽然对领主还是有效忠的义务，而国家则成为了权力的来源和正义的源泉。后来，以博丹、霍布斯和奥斯丁等人为代表，他们强调权力的现实和社会组织的层级，权力本身成为权力行使的理由。

功能主义论则以霍布斯、洛克、边沁等人为代表，则从功能主义和功利主义的观点来看待社会和政府。

托马斯·霍布斯将有序的市民社会视为对残酷危险的自然状态的一种代替。人类与生俱来对安全的需求，只能通过将绝对的权力赋予一个统治者来实现，因此，个人是为了自己的安全而接受政府权力的行使。洛克和霍布斯一样也应用了社会契约的比喻，但是在洛克看来，这一契约不是统治者和被统治者之间的，而是每一个社会自由人之间的契约，自愿通过明示或者默示的方式来达成。“由于契约是在一个社会的各个成员中达成的，主权最终应该是属于人民的。以立法、行政、司法机关的形式所表现出来的主权是人民最终主权的代理人和执行者。”①

对于政治哲学的核心问题，即人民为什么要服从国家和尊重这个国家的制度，霍布斯派的学者以权力作为答案，他们认为残酷有效的权力是一个有序市民社会必

---

① J. Clapp, *John Locke*, in The Encyclopedia of Philosophy III（ed. P. Edwards）499-500（Macmillan 1967）.

不可少的因素。[①] 而对洛克派的学者来说，同意，不管是明示的，还是默示的同意，才是权力的源泉，他们不同意霍布斯派所主张的为了维护自身安全的必要性和有效性是权力源泉的理论。

以上两派哲学都认为国家权力的存在是为了实现特定目标的，从而在这种意义上都是功能主义的哲学；同时两种哲学都在对制度和法律进行评价时加入了一个教条主义的前提。霍布斯的哲学过分强调了权力，在霍布斯一类的哲学家看来，政府权力的必要性和现实性占据了他们的论证。奥斯丁就持这种观念，认为法律是强者将自己的意志附加给弱者的观念。[②] 而洛克则过分强调了同意。实际生活中，政府常常甚至没有获得哪怕是为数很少的一批受其行为影响人的同意就进行行动，而且在行动时所依据的原则和规则也并不能说是人民同意了的规则和原则。

以边沁为代表的功利主义认为，人民之所以要服从的原因在于，服从比不服从会更大程度上增进社会的普遍福利。对功利主义者来说，国家不是一个全能的超自然的具有自由意志的实体，而是人类为了尽可能地实现自己愿望的设计。[③] 现代许多理论家并不认同边沁对欢乐的计算——即个人欢乐与痛苦的总和，但是他们认同功利主义的前提，即行使国家权力的政治活动和政府活动的目的是为了增进社会福利。

(二)政治哲学理论与国际民事管辖权划分

管辖权作为国家权力的组成部分，也可以适用政治哲学关于权力行使的理论。管辖权理论的核心问题是为什么一个裁判能够约束争议的多个当事人。对于纯粹的国内案件，上述政治哲学理论能够很好地解释管辖权的行使。但对于涉外案件，由于争议涉及多个国家，上述政治哲学理论可以解释为什么一个国家能够对争议具有管辖权，但无法解释多个国家都具有管辖权时应该由哪一个国家享有管辖权。

比如，如果双方当事人都是同一个国家的公民，相互之间就位于另一个国家的不动产产生争议。这种情形下，根据关系理论，当事人所属国的法院将对案件具有管辖权，而权力论则将管辖权分配给不动产所在地的法院。即使所涉国家接受相同的管辖权理论，也可以解释为什么多个国家都可以主张管辖权。比如所涉国家都接

---

① R. Peters, *Thomas Hobbes*, in The Encyclopedia of Philosophy III (ed. P. Edwards) 43 (Macmillan 1967).

② H. Morris, *John Austin*, in The Encyclopedia of Philosophy I (ed. P. Edwards) 210 (Macmillan 1967).

③ D. Monro, *Jeremy Bentham*, in The Encyclopedia of Philosophy III (ed. P. Edwards) 284 (Macmillan 1967).

受权力论，既可以解释为什么当事人所属国的法院能够主张管辖权，又可以解释为什么不动产所在地的法院能够主张管辖权。功能主义的理论也可能承认对于一个涉外争议，多个国家的法院可以行使管辖权。也就是说，即使现代涉外管辖权的行使只建立在其中的一种理论上，对于许多涉外争议来说，都有两个以上的国家可以行使管辖权。问题的关键是，对一个案件存在多个管辖权时应该怎么处理，仅仅依靠某一种传统的政治哲学理论无法很好地解决这些问题。

1. 关系论的不足

如果只有争议的一方当事人与某一个国家具有社会、政治或者经济的联系，而另一方没有，从关系论的逻辑上说，法院只对一方当事人具有管辖权。严格遵循关系论，一个国家只能作出对其国民不利的判决，而不能作出对其国民有利的判决，因为对本国国民有利的判决就意味着对外国国民不利的判决，这样的判决在外国执行时常常遭到拒绝，其理由是："只有主权者，以及其法官才能对其国民进行惩罚，每一个主权者都希望自己的这种权威得到尊重，如果一个主权者的臣民受到外国法官的不利判决，它将拒绝这一判决。① 因此，关系论的逻辑会导致其不能在有些涉外案件，尤其是并非所有当事人都是一国臣民或者公民的案件中适用。《法国民法典》第 14 条、第 15 条规定，任何一方当事人和法国具有联系就可以使法国法院具有管辖权，这一规定解决了关系论在理论上的困难，但是实际上并非严格遵循关系论的做法，法国人也未对其理由做过阐述。

2. 功能主义的不足

以当事人同意为基础的功能论，在涉外案件管辖权的确定上，也会遭遇困难。涉及多国当事人的案件，由于当事人的同意只能对自己的国家作出，只有当事人双方都属于一个国家时，该国才能对双方当事人主张管辖权，而涉及多国当事人的争议，这一理论就无法解释管辖权的行使了。要避免这一困难，就要对"同意"进行扩大解释，即同意不应该是洛克所理解的一项社会契约，而是指根据特定情形所作出的、适用于很多社会的具体意思。因此，从理论上说，一国法院对一方当事人行使管辖权来源于当事人的同意。这种同意有时是实际的同意，但更经常的是拟制的同意，拟制的基础是该当事人从法院地所在国家获得了利益，或者当其位于或者身在该国时，在该国制造了危险。②

因此，功能主义理论导致了在一个涉外争议中总是存在很多理由使得许多国

① D. Holleaux, Compétence du Juge Etranger et Reconnaissance des Jugements 204 (Dalloz 1970).

② R. Cappalli, *Locke as the Key: A Unifying and Coherent Theory of In Personam Jurisdiction*, 43 Case W. Res. L. Rev. 97, 102 (1992).

家，只要与当事人或者争议所涉及的事实或者交易具有某种重要的联系，他们就都可以对这一争议行使管辖权，这些管辖权很难在事先通过设计好的某种规范予以排除。

3. 权力论的不足

权力论带来的问题和关系论与功能论所带来的问题不同。权力论下的分析要比关系论和功能论更为简单，因为在这种理论下，要解释的只是为什么法院能够对被告行使管辖权。对于原告来说，因为他提起诉讼，被认为自动服从了法院的管辖权。因此这种理论可以简化管辖权分析，并将关注焦点集中在被告，从而能够较好地获得可预见性的结果。但是，权力论的简单也有相应的代价，这就是根据权力论，有时管辖权的行使过于宽泛，有时又过于狭窄。

总之，现代的政治哲学理论可以解释一个国家为什么要对某一个涉外案件行使管辖权，但是这种解释无法解决对某一个案件多个国家具有管辖权时应该如何划分不同国家之间的国际民事管辖权。这就需要引入其他的一些因素来进一步完善国际民事管辖权的分析。

二、利益平衡与国际民事管辖权的确定

为了确定国际民事管辖权的目的而进行的利益平衡，包括公共利益和私人利益的平衡，主要涉及私人利益的平衡。① 同时，一个国家的司法政策利益作为国家主权利益以外的考虑因素，也起到较为重要的作用。

(一)涉及国家利益的因素

在行使国际民事管辖权时，一国法院还要考虑下列国家主权利益以外的政策因素。

1. 国家提供正义的义务

国家有义务为当事人提供正义是主张国际民事管辖权要考虑的因素之一。根据美国的《对外关系法》，一般来说，一个国家可以对于普遍国际法上的犯罪和其他不是在其领域内犯下的刑事罪行进行惩罚，以执行其刑法。② 同时美国《对外关系法》还规定，一国有权对某些国际社会普遍关切的刑事犯罪，如海盗、奴隶贸易、

---

① J. Kropholler, International Zuständikeit, in 1 (3) Handbuch des Internationalen Zivilverfahrensrechts 183-533, No. 1-901 (Mohr 1982).

② Restatement Third of Foreign Relations Law of the United States, Vol. 1, § 423 (St. Paul, Minn., American Law Institute Publishers 1987).

劫持飞行器、种族灭绝、战争罪、和某些恐怖罪行进行规定，并制定刑罚。①

上述因国家提供正义的义务而主张的管辖权涉及公认的国际犯罪行为；对于由这些行为所引起的侵权和其他民事责任的国际民事管辖权基于同样的理由也应该存在。② 在这样一些情况下，普遍人性和人类文明共同的价值要求一个国家作为国际秩序的代理人来作出行动，行使管辖权。这一国际法上公共利益的要素，通过国际民事诉讼中原告获得司法救济的权利来发生作用。

2. 国家在某些法律领域发展法律的利益

国家希望在某些法律领域形成法律规则的利益也会影响其国际民事管辖权实践，这些领域常常包括保险、航运或者商业等。如果国际贸易对一国具有重要作用，则该国就希望通过对涉外案件行使管辖权来发展商人法，相应地，该国法院会更加愿意对某些涉外案件，尤其是那些与法院的联系仅限于当事人协议选择法院的案件，行使管辖权。这在英国的海事审判中表现突出，判例法国家必须通过审判案件来发展法律。相对而言，大陆法系国家在这方面的考虑不如普通法国家强烈，因为后者主要通过立法机关来发展法律。

3. 国家在经济利益方面的考虑

国家在经济利益方面的考虑也会影响一国法院行使国际民事管辖权，这种理由常常被其他理由所掩盖，但在实践中却表现清楚。比如，法院地可以从提供裁判机构方面获得经济利益，从而获得为了维持这些裁判机构需要支出的费用，还可以为当地的律师和旅馆、餐馆等提供服务的单位提供收入来源。

经济利益方面的考虑对管辖权的影响并不总是良性的。比如海地、美属维尔京群岛等法域都有基于当事人的同意对离婚案件行使管辖权的实践，这种情形又称"迁徙离婚"，是为了经济利益行使管辖权的典型例子，这些法院在没有任何可以普遍接受的行使管辖权的依据时，为了经济利益还是行使了管辖权。维尔京群岛的有关离婚管辖权的立法甚至明白无误地说明其主张离婚管辖权的理由："维尔京群岛的离婚产业是一项发达的产业。这一产业为市政机关提供了相当一笔收入，据估计，每年有来自世界各地的前来离婚的人要在维尔京花费约 30 万美元。我们认为，规定对于居住在外国的离婚夫妇的离婚管辖权，是增加本岛经济收入的手段之一。"③

---

① Id. §404.

② Id. comment b to §404: In general, jurisdiction on the basis of universal interests has been exercised in the form of criminal law, but international law does not preclude the application of non-criminal law on this basis, for example, by providing a remedy in tort or restitution for victims of piracy.

③ Proceeding and Debates, 17th Legislative Assembly of the Virgin Islands of the United States, 3d Sess., 1955, pp. 46-47 (Rohlsen). 维尔京群岛立法机关通过的这项立法最终被美国最高法院宣告为违宪。See Granville-Simth v. Granville-Smith, 349 US 1 (1955); see also Alton v. Alton, 207 F. 2d 667 (3rd Cir. 1953).

(二)涉及个人利益的因素

国际民事管辖权的确定，主要涉及个人利益的平衡，包括涉及原告利益和涉及被告利益的因素。涉及原告利益的因素主要是原告有获得司法救济的权利，法院不能毫无理由地拒绝对原告起诉；涉及被告利益的因素主要表现为被告可以抗辩法院不合理管辖权的权利，也就是对被告的管辖权必须具有合理性。① 相比较而言，普通法系特别是美国的法律实践更注重保护被告的管辖权利益，而欧洲的法律实践则侧重保护原告的管辖权利益。其原因与美国实体法比较有利于原告和欧洲国家的实体法较为保护被告的利益有关。在美国，原告几乎不会遇到诉权上的问题，基本上可以自由地对被告提起诉讼，这样，被告无端被原告诉讼侵扰的机会增加，所以美国管辖权法尤其是正当程序原则较为重视对被告的保护；而欧洲的法律尤其是德国的法院则对原告权利保护较美国有力。② 出于平衡美国和欧洲这种分别对原告和被告有利的法律制度，其管辖权法律制度则恰好相反，美国管辖权对被告的利益保护较为注重，而欧洲管辖权制度对原告利益较为注重。

1. 对被告利益的保护

被告利益保护的因素在国际民事管辖权的确定上，一是以被告住所地为依据确定的一般管辖权；二是美国法院自"国际鞋业公司案"以来所提出的"最低联系"等标准。

在大陆法系国家以被告住所为依据的一般管辖权体现了对被告利益的保护。以被告住所为管辖依据，又称为"原告就被告"，即原告要到被告的法院去起诉被告。其理由是原告是诉讼的发动者，是平衡状态的打破者，原告在程序上具有优势，所以要求原告到被告的住所地去起诉，就能够在原被告之间造成一种平衡，使得原告不能够轻易地对被告提起诉讼，以此达到对被告利益的保护。③《德国民事诉讼法》第 12 条有关被告住所地管辖权的规定，被绝大多数德国法学家解释为对被告进行保护的表现。④《布鲁塞尔公约》和《布鲁塞尔条例》不仅将"原告就被告"确立

---

① Peter D. Trooboff, *Ten (and Probably More) Difficulties in Negotiating a Worldwide Convention on International Jurisdiction and Enforcement of Judgments: Some Initial Lessons*, in A Global Law of Jursidction: Lessons from The Hague 263, 271-272 (John J. Barcelo III & Kevin M. Clermont eds., 2002).

② Peter F. Schlosser, *Lectures on Civil-Law Litigation System and American Cooperation with Those Systems*, 45 U. Kan. L. Rev. 9, 37 (1996).

③ See, e.g., Case C-412/98, Group Josi Reinsurance Co. SA v. Universal Gen. Ins. Co., 2000 E.C.R. I-5925, paras. 34-35.

④ F. Stein & M. Jonas, *Kommentar zur Zivilprozebordnung*, Vol. 1 (21st ed., 1993).

为基本原则,① 同时也要求对特别管辖权进行狭义的解释，从而保证被告不会在对其极为不便的法院被诉。②

美国的法律实践对被告利益的保护一方面表现为美国法院将被告住所地作为一般管辖权的依据，有学者甚至主张其应该是唯一的依据。③ 另一方面，还体现在自"国际鞋业公司案"④以来，最高法院对管辖权的限制主要根据对被告行使管辖权是否会给被告造成不便来确定。根据这一案件法院确立的保护被告利益的两个标准，即被告是否和法院存在最低联系，以及法院行使管辖权是否会对被告造成实质上的不公正。后来美国最高法院又加上了另一个标准，即法院行使管辖权是合理的。⑤

2. 对原告利益的保护

对原告利益的保护在国际民事管辖权的确定上则表现为欧盟对原告提起诉讼的宪法保护，以及美国法院在确定国际民事管辖权时对原告利益的考虑。

欧盟《布鲁塞尔公约》以及随后的《布鲁塞尔条例》对原告的保护较为重视。比如按照《布鲁塞尔条例》的规定，住所不在成员国的原告提起的诉讼可以适用《条例》的规定，但是住所不在成员国的被告提起的诉讼则不可以适用《条例》，这一点虽为学者所诟病，却是《条例》规定的显著特点之一。⑥ 此外，对欧洲国家来说，原告向法院起诉的权利来源于其对被告在实体法上的诉权，保护这一权利是国家的义务。⑦ 和美国的正当程序原则在法院行使国际民事管辖权时对被告提供的保护相对应，在欧洲，对原告的管辖权利益的保护还通过《欧洲人权公约》第 6 条关于人

---

① Paul Jenard, Report on the Convention of 27 September 1968 on Jurisdiction and the Enforcement of Judgments in Civil and Commercial Matters, [1979] OJ C 59, 1, at 22.

② Jenard Report, at 22.

③ Mary Twichell, *The Myth of General Jurisdiction*, 101 Harv. L. Rev. 610, 667 (1988).

④ Int'l Shoe Co. v. State of Washington, 326 U.S. 310 (1945).

⑤ See Asahi Metal Indus. Co. Ltd. v. Super. Ct. of Cal., 480 U.S. 102, 114 (1987); Burger King Corp. v. Rudzewicz, 471 U.S. 462, 477-78 (1985).

⑥ E.g., Case C-318/93, Brenner v. Dean Witter Reynolds, Inc., 1994 E.C.R. I-4275. Also see George Berman & Bernard Audit, *The Application of Private International Norms to "Third Countries": The Jurisdiction and Judgments Example*, in International Civil Litigation in Europe and Relations with Third States (Arnaud Nuyts & Nadine Watté eds., Editions Jurisdique Bruylant, 2005) at 65-68.

⑦ John C. P. Goldberg, *The Constitutional Status of Tort Law: Due Process and the Right to a Law for the Redress of Wrongs*, 115 Yale L. J. 524 (2005).

民享有公正审判的权利的规定,①《欧洲基本权利宪章》(*European Charter of Fundamental Rights*),以及相关国家的宪法如《德国基本法》第101条第1款的规定进行保护。

相对来说,美国法院在确定国际民事管辖权时,对被告的保护非常注重,对原告的管辖利益则较少重视,但是也并非完全忽视。在美国最高法院判决的"阿萨西案"中,法院提出了判断行使管辖权是否合理的因素,这些因素包括:(1)对被告的负担;(2)法院地州的利益;(3)原告获得救济的利益;(4)州级司法体系有效解决争议的利益;(5)各州促进实体司法政策的利益。② 其中就考虑了原告获得救济的利益。但是,和对被告的保护来看,显然原告利益给予的考虑相对较少。

三、判决承认与执行与国际民事管辖权的确定

判决在外国的承认与执行一般不应该成为国际民事管辖权的确立条件,但是不同国家的理论和实践存在差异。

美国各州的实践不同。有些州肯定将判决在外国的承认与执行作为决定是否行使管辖权的一个决定因素。比如在美国的有些州,就拒绝行使类似哈里斯诉博克(Harris v. Balk)③案一类的管辖权,原因就是如果这些判决将需要在不受完全诚信条款约束的外国承认时,这些外国可能要使被扣押人多次支付。但是,也有观点认为这样做是不合理的,因为这一条件事实上是无法适用的。也正因为这样,实践中以判决在外国的承认与执行作为判断管辖权的依据较为少见。

在德国的管辖权实践中,一般也不将判决在外国承认和执行的可能性作为主张管辖权的条件。如德国民诉法第23条就规定:"针对在德国没有住所(wohnisitz)的自然人提起的主张惩罚性赔偿请求的诉讼,该自然人拥有财产的地方的法院拥有管辖权。"

根据该规定,财产的价值并不需要和争议的金额有任何关系,被告如果有商业银行账户,如果该账户有300项明细,其中有180项是涉及其分支机构的尚未完成的营业,就足以构成对该被告行使管辖权的依据,而且不论对被告的诉讼请求的额度大小。④ 即使判决无法在国内得到执行,或者因为所行使的是过渡管辖权而导致

---

① See e.g., Golder v. United Kingdom, App. No. 4451/70, 1 Eur. Ct. H. R. (Ser. A) 524, para. 36 (1979).

② Asahi Metal Industry Co. v. Superior Court, 471 U.S. 462 (1985).

③ 198 US 215 (1905).

④ RG, 7 April 1902, 51 RGZ 163.

判决也无法在外国承认和执行，都不能阻止德国法院行使第 23 条所规定的管辖权。①

第 23 条背后的法理就是严格区分管辖权问题和判决执行这两个问题的。正如德国法院在判决中所说："……事实上，即使原告不可能以法院地财产来执行其可能获得的胜诉判决，原告也可以在财产所在地主张法院具有管辖权。……这是非常合理的。因为债务人在德国没有住所(Wohnsitz)而带来的起诉不便，债权人此时所具有的利益就是获得一个胜诉判决，以便在日后主张其权利的时候可以运用。"②

在国际离婚领域，一般认为判决的承认与执行应该和管辖权的确定关系密切的领域，对是否将离婚判决的承认与执行作为行使国际民事管辖权的条件之一，美国和德国的实践也不同。

在美国，为了防止"跛脚婚姻"的情形，曾经规定只能由婚姻住所地的法院来行使离婚管辖权。③ 20 世纪 40 年代，婚姻住所地法院管辖的规则被抛弃，主要原因是为了方便离婚，而许多州的离婚法对离婚又限制太严。④ 就美国各州而言，抛弃婚姻住所地规则并不会导致跛足婚姻的产生，因为完全诚信条款要求一州的离婚判决在其他州也必须得到承认与执行。

在涉及外国婚姻时，如果两国关于离婚判决的效力意见不一时，则有可能产生"跛脚婚姻"。即使这样，也没有国家规定其对婚姻案件管辖权的行使应该以判决将在外国能够确定得到承认作为条件，而是规定配偶共同住所地或者共同国籍国法院具有管辖权。在配偶双方有不同的住所或者国籍时，一国法院则可基于配偶一方的住所或者国籍来行使管辖权，也不需要证明离婚判决将在国外得到承认和执行。

但是，德国民事诉讼法第 606(a)(4)条规定，当配偶一方与法院地的联系非常微弱时，如果作出的判决明显不能够得到配偶另一方所属国家法院的承认时，法院不能够依据该方的经常居所主张管辖权。⑤ 这一条在提交议会时，是联邦议会的法律委员会代之以"明显不承认"(clear non-recognition)字句；上议院则认为，判决的承认不应成为管辖权行使的条件，这一意见没有获得认同；⑥ 德国法学家像西罗泽(Schlosser)就认同德国上议院的主张，曾对第 606(a)(4)条包括了承认和执行的条

① 值得注意的是，第 23 条在涉及欧盟成员国居民为被告的案件中不能适用。
② RG, 29, 29 April 1881, 4 RGZ 410.
③ Haddock v. Haddock, 201 US 562 (1906).
④ 具有分水岭意义的案件是 Williams v. North Carolina [I], 317 US 287 (1942).
⑤ ZPO §606(a)(4)所替换的规定将管辖权和承认与执行联系得更为紧密。
⑥ Bundestagsdrucksache 10/504.

件表示担忧。①

应该说，将管辖权的确定和判决的承认联系起来，这对法院来说在实际执行时是非常困难的，因此，一般不会将判决承认与执行作为行使管辖权的条件，只是在极例外的情况下，才偶尔有这样的规定。

四、法律选择与国际民事管辖权的确定

一般来说，国际民事管辖权和法律选择作为两个不同的问题，是相互独立的，前者属于民事诉讼程序问题，而后者属于实体法的选择问题，二者的价值取向、考虑因素都不尽相同。但是在有些法律领域，对涉外案件具有管辖权的裁判机关往往会直接适用法院地法，这时管辖权的确定就意味着法律的选定。在这种情形下，管辖权和法律适用的联系就非常紧密了，对法律选择的考虑往往就会对管辖权的确定产生影响。这样的领域主要包括三种情形，即离婚、工伤赔偿以及外国法无法确定的时候。

（一）涉外离婚领域的法律选择与国际民事管辖权确定

涉外离婚案件中管辖权和法律适用紧密联系是很多国家的做法。这些国家一般都是以当事人的住所或者居所或者国籍作为管辖权依据，同时也是法律选择的依据。这样做，主要是基于国家主权的考虑，认为一国有关离婚法律应该调整与该国有社会、政治联系的人的婚姻和身份问题；此外也有利于当事人和法院的诉讼方便。

美国是这种做法的典型。它完全不承认以当事人的同意作为离婚案件的管辖权的基础，而适用法律时适用当事人一方或者双方的住所居所或者国籍国法的做法。在美国联邦巡回法院判决的 Alton v. Alton 案②中，一审法院基于当事人的同意行使了对离婚案件的管辖权，并根据法院地法作出了离婚判决。在上诉中，离婚判决被推翻，上诉法院认为维尔京群岛不是当事人双方任一方的住所地，从而对该案没有管辖权。③

在反对意见中，海斯迪法官主张只要夫妇双方同意，法院对夫妇双方具有属人

① T. Pfeiffer, *Internationale Zuständigkeit und prozessuale Gerchtigikeit* 496-502 (Klostermann, 1955).

② 207 F. 2d 667, 678, at 682-685 (3rd Cir. 1953), cert. granted, 347 US 911 (1954), vacated as moot, 347 US 610 (1954).

③ 207 F. 2d 667. 676-677.

管辖权，美国宪法的正当程序条款并不妨碍任何美国法院对离婚案件主张管辖权；他认为，如果一个法院可以根据当事人的协议来主张离婚管辖权时，会面临一个冲突法上的难题，那就是离婚争议的准据法应该是哪一个法律。而在本案中要正确地适用冲突法或者符合正当程序原则的条件是，维尔京群岛，由于和争议没有实际联系，其法律不应该得到适用，应该适用的是与当事人双方有联系的州（本案中为马萨诸塞州）的有关离婚的法律。

这种将管辖权和法律适用区分的意见在美国并没有引起重视。住所依然是离婚管辖权的行使依据。① 实际上，在 Alton 案中的多数意见依然是更有说服力的通说，即如果各州真的要对其居民的家庭关系有所制约，像维尔京群岛这样一个缺乏合法理由主张管辖权的法域，就不应该行使管辖权。只要离婚还没有被完全视为私人的事件，当事人诉讼上的考虑就要服从于主权的考虑。

海斯迪法官的意见对当事人和法院来说也没有吸引力。当事人之所以要同意在维尔京群岛法院诉讼，是希望适用该地的离婚法律，而不是他们住所地的离婚法律。他们选择在维尔京群岛离婚的目的是根据该地的离婚法可以达到他们想要达到的目的，而法院的目的则是为了获得经济利益，这一切必须以管辖权的行使和法律选择紧密联系为前提。如果接受了海斯迪法官的意见，维尔京的法院就对需要离婚的当事人不再具有吸引力，也不再能从提供方便离婚的法院业务中获益。

德国法虽然区分离婚案件的管辖权和离婚的准据法，并没有将离婚管辖权和法律适用完全分割。德国民法典第 606（a）条是有关离婚的管辖权规定，该条规定，“德国法院对下列离婚案件具有管辖权：（1）如果夫妻一方为德国公民或者在结婚时曾经为德国公民；（2）如果夫妻双方在德国有经常居所；（3）如果夫妻一方是在德国有居所的无国籍人；（4）如果夫妻一方在德国有经常居所，但德国法院的判决如果明显不会得到夫妻一方的国籍国的承认时除外。”上述管辖权不是专属管辖权。

德国民法施行法规定了离婚的法律适用。德国民法施行法第 17 条规定，原则上离婚应该适用婚姻关系的准据法。第 14 条规定：“[I] 婚姻的一般效果受下列法律的支配：（1）双方当事人的现在的共同国籍国法，或者在婚姻存续期间双方当事人曾经拥有的共同国籍国法，如果当事人一方现在是该国公民；如果不存在上述法律，则为（2）双方当事人的共同经常居所地法，或者在婚姻存续期间双方当事人曾

① See E. Scoles, P. Hay, P. Borchers & Symeonides, Conflict of Laws, § § 15.1-15.11 (St. Paul, Minn., West Group, 3rd ed., 2000). 但是随着无过错离婚的发展，当事人选择管辖法院的实践比在传统的单方请求离婚和裁判离婚方面更加常见，被认为是符合现代人的生活方式和法律的新发展的管辖权决定方法。Also see H. Garfield, *The Transitory Divorce Action: Jurisdiction in the No-Fault Era*, 58 Tex. L. Rev. 546 (1980).

经拥有的共同住所地法，如果当事人一方现在仍旧在该地拥有经常居所地；如果上述规定不适用，则(3)双方当事人与之有其他最为密切联系的国家的法律。[II]如果夫妻一方具有几个国家的国籍，则双方当事人可以选择另一方同时也为其国民的国家的法律为离婚的准据法；[III]如果第[I]第1项不适用，且符合下列条件，则夫妻双方可以选择任意一方的国籍国法：(1)任意一方当事人都不是其经常居所地国家的国民，或(2)任意一方当事人都不再同一国家有经常居所。当夫妻双方获得共同国籍时，上述选择的效果终止。"

虽然在德国法上离婚管辖权和法律适用的联系，远不如在美国法上紧密，德国法并没有接受离婚管辖权和法律适用完全分离的观点。在1986年修正第606(a)条时，曾经在1962年有一修正草案建议在有些情形下可以采用海斯迪法官的意见，但是这一草案被拒绝了。① 这一草案规定德国法院可以基于夫妻双方在德国的旅行，而一方当事人在任何地方都没有经常居所时，主张对离婚案件的管辖权。法律委员会的报告最后认为：基于主权的考虑不能接受这一草案。②

显然德国法也认为，对离婚案件具有管辖权的法院应该对所涉及的婚姻不只是具有微小的利益关切。将离婚的管辖权建立在当事人之间的协议上同样也会产生问题。总之，尽管德国法没有将离婚管辖权和离婚准据法之间的联系要求到适用法院地内国法的程度，它同时也主张应该避免和婚姻完全没有联系的国家对离婚案件主张管辖权，德国法主要通过那些能够反映主权考虑的连结点来确立管辖权和选择法律，从而达到这种目的。

(二)涉外工伤赔偿的法律适用和国际民事管辖权确定

现代工伤赔偿法的一个特点在于，救济必须根据法院地的法律作出，这样固定并不仅仅是出于主权的考虑，而是因为通过冲突法适用另一个国家的赔偿法事实上非常困难，也不实际。这样做的结果，就是有关赔偿请求的管辖权和国内法的适用就联系在了一起。因此，有些在合同和侵权案件中的管辖权依据，如对在一个国家领域内的雇主进行送达而主张管辖权，就不适用于工伤赔偿诉讼。行使管辖权的法院所属国家必须与工伤事件、当事人和雇佣关系之间具有合理的联系。

由于很多国家认为冲突法的方法不适用于工伤赔偿请求的解决，所以一般都通过对特定案件主张特殊类型管辖权来处理这些案件。这样管辖权的决定就直接决定了法律选择，而一个国家的法院只有认为有充分的理由根据其法律给予救济时，它

---

① See J. Pirrung, *Internationales Privat- und Verfahrensrecht nach dem Inkrafttreten der Neuregelung der IPR* 200 (Cologne, Bundesanzeiger, 1987).

② Report of the Legal Committee of the Bundestag, quoted *ibid*.

才会主张管辖权。

管辖权和法律选择在工伤赔偿诉讼中的紧密联系导致对工伤赔偿请求的管辖权争议大为增多，甚至超过在婚姻领域的争议。可供选择的管辖权依据的数量越多，判决不一致的风险就越大。但是在离婚诉讼中，判决不一致导致的问题要比工伤赔偿不一致的结果严重。因为在离婚诉讼中，防止跛脚婚姻的政策会防止一个国家的法院在一些与其联系不紧密的边缘性案件中行使管辖权，而在工伤赔偿诉讼请求中则不存在这样的政策，因为工伤赔偿的判决一般在当地就可以执行，而离婚判决的承认与执行很少是当地的。

美国《第二次冲突法重述》对工伤赔偿诉讼规定了广泛的管辖权基础，其第181条规定对工商赔偿诉讼所主张的特殊类型管辖权可以由下列法院来行使：(1)当事人受到伤害的州；(2)雇佣活动或者关系主要的所在地州；(3)雇主对受雇人活动进行监督的营业所所在地州；(4)与涉及工伤赔偿问题的雇佣合同有密切联系的州；(5)当事人在雇佣合同中约定或者根据其他规定其所由主张工伤赔偿权利的州；(6)与工伤事故、当事人或者雇佣合同有其他合理联系的州。

(三)外国法不能提供救济时的国际民事管辖权确定

在法律选择有特别困难的情形时，也可以从管辖权出发来解决法律选择问题，即管辖法院自行决定适用什么法律。

一般来说，现代各国主张涉外案件管辖权都默认有一个前提，那就是尽管一国可以对涉外案件主张管辖权，但该国法院在适当的时候也可以适用外国法。但是，这个前提也存在一种风险，就是在特别情形下，外国法规定可能不能提供一种本地法院不能够有效提供的救济方式。

具体地说，比如在涉及两车相撞的诉讼中，受害人损害赔偿的请求既可以在事故发生地法院，又可以在侵害人的住所或者居所地法院，或者在侵害人的雇主的注册地国家的法院提起。如果上述三个地方的法院都采用侵权行为地法，而侵权行为地的法院采取的是个案的方法来确定侵权责任的，这时后面两个地方的法院应该如何适用法律呢？或者，如果在侵权行为发生地，侵权责任是由委员会来处理，而其处理决定是不会发布的。① 后面两个地方的法院如何知道侵权行为地的法律呢？

在这种情况下，并没有一个决定性的事先确定的理由要求赋予法院地法以优先的效力。法院考虑到这种不曾预见的冲突法上的困难，可以驳回案件。原告此时就只能在侵权行为地法院寻求救济，除非有一个法院愿意面对无法适用侵权行为地法

---

① 涉及这个问题，但是法院却没有讨论这个问题的案件是 Walton v. Arabian American Oil Co., 233 F. 2d 541 (2d Cir. 1956).

来裁判案件的困境。

当然，在特殊情况下，法院也可以规定一个特别的、补充性的冲突法规则，或者直接适用法院地法。加州的民事诉讼法就允许这种法律适用方法，其条件是：外国法的内容不能确定，而法院基于正义的考虑，如果与本州的宪法一致，可以适用加州的法律，或者在不裁判实体问题的条件下驳回当事人的诉讼。

还有一种更加精致的方法，就是在正常情况下应该适用的法律排除后，适用根据案件的情况最有可能适用的法律。

如果法院可以在不影响当事人利益的情况下驳回起诉，以及适用特别的准据法之间进行选择，只要其他应该适用的法律所属国家不能够为原告提供其他的获得救济的方法，比如通过领事裁判的方法，该国法院就可以继续适用特别规则来审理案件。

五、结论

国际民事管辖权的法理基础所要考虑的因素对于我国国际民事管辖权理论的重构也具有启发意义。

我国自改革开放以来，经过30多年的涉外民商审判实践的积累，国际民事管辖权制度有了很大的发展，但相对而言，法学界对国际民事管辖权理论缺乏系统的研究和探索。对于国际民事管辖权行使的理由，主要停留在法院适用相关法律规定遇有疑义的时候，为了解释的目的，提出了一些应该或者不应该行使管辖权的理由。

比如以国家主权作为国际民事管辖权行使的原则和要素，早在1989年的《最高人民法院全国沿海地区涉外、涉港澳经济审判工作座谈会纪要》中，最高人民法院就提出，“维护国家主权的原则。根据我国法律和国际条约的规定，凡是应当由我国法院管辖的案件，人民法院都必须行使司法管辖权”。① 这与国际民事管辖权的“权力论”的观点具有联系。但是问题是，一方面，国际民事管辖权理论的一个重要方面就是要说明对一个涉外案件，几个国家之间究竟哪个国家法院应该具有管辖权，国家主权原则并没有确立这种国际民事管辖权的划分标准，从而并没有解决国际管辖权的行使的根本问题；另一方面，国家主权或者说权力论也会导致一国主张过渡管辖权，坚持国家主权，是否意味着即使是过渡的管辖权也要坚持，而不能进行任何限制。对这一问题，我国最高人民法院显然已经在有关判决中作出了否定的回答。

① 参见1989年的《最高人民法院全国沿海地区涉外、涉港澳经济审判工作座谈会纪要》。

最高人民法院判决的“住友银行有限公司与新华房地产有限公司贷款合同纠纷管辖权异议上诉案”中，基于方便的考虑，首先在司法判决中引入了中国的不方便法院制度，使得诉讼公正和方便在国家主权之外成为很多管辖权判决中的考虑因素。① 这一实践在2005年的《最高人民法院海事商事审判会议纪要》中成为第11条有关不方便法院原则的规定，凸显了方便和公正要素在国际管辖权行使中越来越重要的地位，体现了对诉讼便利和公正在最高人民法院的判决和司法解释中的强调。

同时，为了进一步发展我国的社会主义市场经济法律体系，最高人民法院也加强了某些涉外法律领域如海事海商、知识产权、国际贸易等领域的审判工作，这也影响了这些领域的国际管辖权制度的发展。比如，我国海事、涉外商事诉讼领域扩大我国法院管辖权的规定。②

此外还有互惠原则、尊重国际惯例的考虑，这些考虑也会和前述的国家主权、或者诉讼公正方便的考虑存在一致或者抵触的方面，这些要素无疑都构成了我国国际民事管辖权法理基础的基本要素。这些要素在我国国际民事管辖权基本理论框架中优先劣后的地位如何，相互关系如何把握，在解释我国法院的国际民事管辖权行使中应该占有什么样的地位，应该是未来构建我国国际民事管辖权法理基础要解决的核心问题。

On the Jurisprudential Basis of International Civil Jurisdiction

Abstract: The jurisprudential basis of international civil jurisdiction plays an important role in shaping its institution. It includes four aspects: first, the influence of sovereign on the determination of international civil jurisdiction, second, the balance of state interest and interests of parties, third and forth, the function of judgment recognition and enforcement and the choice of law in deciding jurisdiction. These factors provide for a framework in which international civil jurisdiction is to be determined. To establish the jurisprudential basis of international civil jurisdiction in China requires consideration of some principles and factors, such as principle of state sovereignty, reciprocity,

① 参见韩德培主编、肖永平主持修订：《国际私法》，高等教育出版社2014年版，第492~493页。

② 参见《中华人民共和国海事诉讼特别程序法》第8条、《最高人民法院涉外商事海事审判实务问题解答(一)(2004)》第6条等。

development of adjudication in specific fields, protection of parties interests, etc.

Key words: international civil jurisdiction; jurisprudential basis; state sovereignty balance of interests; judgment enforcement; choice of law, reconstruction

国际民事诉讼规则演进的判例法进路

——以最高人民法院指导案例37号为线索

□ 章 晶*

内容摘要：37号指导案例采用法律解释、续造的判例法方法分别发展出涉外仲裁裁决执行管辖权规则、申请执行期间起算时点的例外规则，以此应对现行国际民事诉讼成文规则之不足。以域外法视角切入，无论成文化程度高低，法院以判例法促进国际民事诉讼规则发展的现象实为普遍。判例法并非普通法所专属，其对成文法国家之重要性业已显现且愈来愈被正视。国际民事诉讼规则发展对判例法之依赖，除判例法与成文法相互伴生、补充成文法之不足，并推动法律的成文化之一般理论之外，国际民事诉讼领域价值衡量的特殊性、实践的专业性，及如何实现法律继受法域的自生化发展皆为重要考量因素。

关键词：判例法　国际民事诉讼规则　指导性案例　法律解释　法律续造

目　次

* 清华大学法学院国际私法方向博士研究生，美国杜克大学法学院访问学者。

(一)前37号指导案例时期——非正式判例法资源之回溯

(二)后37号指导案例时代——正式判例法进路之逐步构建

一、问题的提出

2014年12月18日，最高人民法院(以下简称"最高院")发布第八批指导性案例，其中，37号案例"上海金纬机械制造有限公司与瑞士瑞泰克公司仲裁裁决执行复议案"(以下简称"37号指导案例")①成为国际民事诉讼领域的首个指导性案例。

该案裁判要点指出："当事人向我国法院申请执行发生法律效力的涉外仲裁裁决，发现被申请执行人或者其财产在我国领域内的，我国法院即对该案具有执行管辖权。当事人申请法院强制执行的时效期间，应当自发现被申请执行人或者其财产在我国领域内之日起算。"这一抽象概括近乎规范化规则的裁判要点，一定程度上超越了现行立法。《民事诉讼法》②、《仲裁法》涉外编均未特别规定涉外仲裁裁决的申请执行期间。根据《民事诉讼法》第259条，涉外编无规定则适用该法其他规定。第239条规定："申请执行的期间为2年……自法律文书规定履行期间的最后一日起计算……"这与指导案例37号"发现被申请执行人或者其财产在我国领域内之日起算"的裁判要点矛盾。最高院所编写的判决理由将此背离之合理性解释为："我国法律有关申请执行期间起算，是针对生效法律文书作出时，被执行人或者其财产在我国领域内的一般情况作出的规定"，但本案并非该一般情况，且申请执行人"不存在怠于行使申请执行权的问题"，故"应当合理确定申请执行期间起算点，才能公平保护申请执行人的合法权益"。可见，虽然《民事诉讼法》有意以国内民事诉讼规则填补国际民事诉讼规则的空白，但国内民事诉讼规则的考量因素与国际民事诉讼案件的场景时常并不契合，若严格适用，将无法得出合理、正当的裁判结果。

此种成文法规则缺位、错位的情形，在我国国际民事诉讼领域一直存在。学界

① 详见最高院《关于发布第八批指导性案例的通知》(法[2014]327号)，2014年12月18日，指导案例37号。

② 本案由仲裁裁决作出(2006年)到请求中国法院执行(2008年)，跨越2007年《民事诉讼法》修订；自上海市高级人民法院作出执行裁定(2011年)，到被遴选为指导性案例(2014年)，又跨越2012年《民事诉讼法》修订。其中，2007年修订的《民事诉讼法》第215条将原1991年《民事诉讼法》第219条公民1年，法人或其他组织6个月的申请执行期限统一为2年。本案所涉其他条款，在两次修订中仅有编号调整，并无内容实质变化。本文为论述便利，如无特别标明，均为引用2012年修订版本《民事诉讼法》。

曾屡寄希望于统一国际私法法典制定或《民事诉讼法》修订，但皆未能如愿。① 即便视司法解释为捷径，从最高院2015年2月4日重磅公布的《关于适用〈中华人民共和国民事诉讼法〉的解释》(以下简称《民诉解释》)来看，国际民事诉讼部分确有改观，② 但相对于其他部分，仍然边缘；相对于学界期望，尚显不足。尤以其第547条第1款规定："当事人申请承认和执行外国法院作出的发生法律效力的判决、裁定或者外国仲裁裁决的期间，适用民事诉讼法第二百三十九条的规定"，似乎完全未考虑37号指导案例所发现涉外案件中的例外情形。观察其他法域不难发现，以判例法路径发展国际民事诉讼规则并不乏先例。那么，37号指导案例是否预示了山重水复之外的另一种柳暗花明？循此思路，对该案的研究便不仅止于个案裁判结果与理由评析，更有借由判例法制度发展我国国际民事诉讼规则可行性的探究。

二、37号指导案例对国际民事诉讼现行规则的突破

作为我国最高院发布的首个国际民事诉讼领域的指导性案例，尽管从检讨案例指导制度本身的角度出发，37号指导案例尚存诸多问题；但若论判例法方法与国际民事诉讼规则发展的关系，其则无疑具有开创性，极有可能成为打破我国目前国际民事诉讼规则成文化僵局的开端。该案试图解决涉外仲裁裁决执行管辖权的确定、申请执行期间的起算这两个现行立法上不甚明确或不尽完善的问题，同时涉及了法律解释、续造两种判例法方法。以下将逐一展开分析。

(一)法律解释——国际民事诉讼执行管辖权

理论而言，涉外仲裁裁决执行管辖权的确定涉及两个层面：一是一国在国际民事诉讼层面有无管辖权，若被执行人与一国既无人的联系亦无财产的联系，即便该国法院确认裁决的可执行性，也无法真正满足执行请求。③ 二是在具有国际民事诉

① 国际私法学界曾寄希望于制定统一国际私法法典，同时包含法律适用规则和国际民事诉讼规则，详见《中国国际私法示范法》(第六版，2000)。但2010年通过的《涉外民事关系法律适用法》并未包含国际民事诉讼规则。《民事诉讼法》2007年、2012年两次修订中，国际民事诉讼规则缺失状况都未得到改观。尤其是2012年修订，条款总数由修订前268条增为284条，但涉外编条款数目却从修订前33条降为25条。

② 与1992年《关于适用〈中华人民共和国民事诉讼法〉若干问题的意见》(以下简称"《民诉意见》")相比，《民诉解释》条款数从320条增至552条，与国际民事诉讼相关的条款(包括"涉外民事诉讼程序的特别规定"全章及"管辖"章中部分条款)由22条增至36条。

③ 法国法院在承认仲裁裁决之时并不在意被执行人是否在法国境内出现或者有财产。Gary B. Born, International Commercial Arbitration 2983 (2nd ed., Kluwer Law International 2014).

讼层面管辖权的前提下，国内民事诉讼层面裁判地的确定，即具体应由哪个法院执行。我国现行法并未就第一层面的执行管辖权予以规定。《民事诉讼法》第 273 条规定：我国涉外仲裁机构裁决可“向被申请人住所地或者财产所在地的中级人民法院申请执行”，实为国内法上裁判地的确定。由 37 号指导案例的判决母本①可知，初审法院上海一中院、二审法院上海高院在裁判过程中皆忽略了涉外仲裁裁决执行管辖权的确定问题。一审承办法官所发表的案例评析②始终以执行管辖权的有无作为申请执行期间是否经过之前提，并以“被申请人住所地或者财产所在地是否在我国境内”作为判断执行管辖权之标准。该标准最终基本为最高院所编纂的裁判理由沿用。所不同者，二者论证方向恰好相反；结论亦存细微差别。

一审法官的案例评析以《民事诉讼法》国内法上确定裁判地的规则(第 273 条)为起点，进行扩张解释，由内向外倒推适用至国际民事诉讼层面的执行管辖权确定——既然裁判地的确定以被执行人住所地或财产是否位于某一中级法院辖区为标准；国际民事诉讼层面的执行管辖权亦以被执行人住所地或财产是否位于我国境内为标准。最高院所编写的裁判理由则以《民事诉讼法》第 280 条第 2 款的“如果被执行人或者其财产不在中华人民共和国领域内，应当由当事人直接向有管辖权的外国法院申请承认和执行”为基础，进行取反解释，由外向内框定国际民事诉讼层面的执行管辖权——当被执行人或财产不在我国境内之时，我国无执行管辖权，应由外国法院管辖；反之，当被执行人或财产在我国境内之时，我国则当然具有执行管辖权。确定我国法院整体上具有执行管辖权之后，再进一步根据前述第 273 条确定上海一中院为具体裁判法院。就解释方法本身而言，两种方式并无优劣之分，本质都是通过对现有成文法规则的解释填补国际民事诉讼规则的漏洞。由比较法的视角观之，其内容亦符合各国对国际商事仲裁执行管辖权规定的总体趋势。③

然二者所得结论中的措辞仍存在细微差异。最高院将裁判要点归纳为——“发现被申请执行人或其财产在我国领域内的，我国法院即对该案具有执行管辖权”。使用“发现”而非“出现”，使该标准具有一定主观性，却又主体不明。一审法官的

① (2008)沪一中执字第 640-1 民事裁定，(2009)沪高执复议字第 2 号执行裁定，(2012)沪一中执恢复第 12 号调解书。

② 参见王振杰、康邓承：《涉外仲裁案件执行管辖的依据与申请执行期间的确定》，载《人民司法·案例》2012 年第 14 期，第 54 页。

③ 各国对国际商事仲裁裁决执行管辖权的规定通常较为宽泛，只需被执行人或其财产在域内出现即可。See Julian D M Lew, Loukas A Mistelis, Stefan M Kröll, Comparative International Commercial Arbitration 703-704 (Kluwer Law International 2003). 但也有如美国者，附加事项管辖、土地管辖、方便法院等要求。Gary B. Born, International Commercial Arbitration 2981-2984 (2nd ed., Kluwer Law International 2014).

案例评析则认为"执行纠纷归属我国法院管辖，本身是一个客观事实"，故采用客观化表述——"我国法院是否对涉外执行案件进行管辖的依据，为被申请人住所或者财产所在地是否在我国境内"。① 其实，国际民事诉讼层面的执行管辖权是在划定我国司法主权的范围，其存在与否只能依既定客观标准是否满足而定，并不能因当事人或其他主体主观上是否认知而处于不确定状态。此外，在被执行人与我国"人"的联系方面，最高院裁判要点径直使用"被申请执行人"；而一审法官的案例评析则表述为"被申请人住所地"。试想若被执行人在我国既无住所亦无财产，仅被发现于我国境内短暂出现，我国法院对其行使执行管辖权既不合理亦不实际。当然，作为国际民事诉讼上连结点的"住所"，不可等同于纯粹国内法上的"住所"，其对灵活性的要求更高，这还有待司法实践进一步发展澄清。因此，一审法官案例评析的上述两处表述更为精确、妥当。

(二)法律续造——申请执行期间起算时点之例外规则

与通过对现有规则的体系解释发展出新的执行管辖权判例规则相比，法院在申请执行期间起算的问题上则走得更远，可归为法律的续造。本案从仲裁裁决作出至申请执行程序启动跨越了2007年《民事诉讼法》的修订，故申请执行期间应适用修订前的6个月还是修订后的2年，及是否存在时效中断情形，成为当事人争议的主要焦点。若循此思路，法院则应对《民事诉讼法》第239条进行解释。首先将仲裁裁决所规定履行期间的最后一日作为申请执行期间的起算时点。其次考虑有无该条所言的"申请执行时效的中止、中断"情形。具体而言，即执行债权人向瑞士法院提出执行请求是否构成我国申请执行期间的中断事由；及若构成中断，如何重新计算。最后确定执行债权人向上海一中院申请之时期间是否已经经过。然而无论是原审法院还是最高院，都未采纳此种途径，而是聚焦于申请执行期间的起算时点。最终裁判完全偏离第239条"从法律文书规定履行期间的最后一日起计算"的文义，创造出新的裁判规则——"应当自发现被申请执行人或者其财产在我国领域之日起算"。此二种方式究竟孰优孰劣？

在域外法上，二者皆不乏例证。加拿大判例在解释"当事人知道或应当知道诉讼程序有启动之必要之时"的起算时点时指出，国际商事仲裁裁决的被执行人通常在多个法域内有财产，不可能寄希望执行债权人能同时知晓被执行人的全部财产所在；仅有当尽到合理勤勉义务的执行债权人知晓或应当知晓执行债务人在一法域内

---

① 参见王振杰、康邓承：《涉外仲裁案件执行管辖的依据与申请执行期间的确定》，载《人民司法·案例》2012年第14期，第54页。

有财产之时，该法域的申请执行期间方得起算。① 美国判例法则兼采两种方式。一方面将《联邦仲裁法》(FAA §207)中“自裁决作出之日起3年”的起算标准改写为“自裁决作出或成为终局之日起3年”,② 从而延后申请执行期间的起算时点。另一方面又以期间的中止为补充，即执行债权人虽已尽到勤勉义务，但申请执行程序仍因执行债务人的不当行为或因其他原因受阻之时，执行期间发生中止。③

以申请执行期间的制度功能观之，两种方式的实质差别并不显著。申请执行期间的设置初衷为平衡当事人利益，一方面督促权利人及时行使权利，以防义务人的权利长期处于不确定状态；另一方面又要防止对权利人过于苛刻，出现即便尽到合理勤勉义务仍无法避免时效经过的情形。故无论延后起算时点，还是采取时效中止、中断，不过是在利益衡量中向执行债权人倾斜的程度差异而已。加拿大法院采执行债权人“知晓或理应知晓”的起算标准，无疑最为偏向执行债权人。美国法院的标准则更为严格。37号指导案例的裁判标准看似与加拿大法院的标准类似，但若将其置于整个规则体系之中，力求最大限度保持与现行成文法规则之和谐，该裁判标准的实际效果则又与美国的判例态度更为接近。发布于37号指导案例之后的《民诉解释》第547条规定：“当事人申请承认和执行外国法院作出的发生法律效力的判决、裁定或者外国仲裁裁决的期间，适用民事诉讼法第二百三十九条的规定”，结合《民事诉讼法》第239条，这意味着37号指导案例的判例规则仅可为例外规则。即通常情形下，无论内外判决、仲裁裁决的申请执行期间起算时点皆为第239条之一般标准；当且仅当其无法保障不存在怠于行使权利的执行债权人之合理利益之时，方才启用37号指导案例的例外规则。此种逻辑亦符合37号指导案例裁判理由、一审法官的案例评析中为我国执行债权人提供必要、有效救济的观点。

综上，就个案而言，37号指导案例通过解释、填补、续造成文法规则的判例法方法实现裁判正义，为内国执行债权人提供有效救济。由点及面，则引发进一步制度层面的思考——在我国这样的成文法国家，判例法可否成为推动国际民事诉讼规则发展的长效机制。下文试从描述性和规范性两个角度出发，分别考察比较法上以判例法发展国际民事诉讼规则之现象，以及内在机理。

---

① Yugraneft Corp. v. Rexx Mangement Corp., [2010] 1 S.C.R. 649, 2010 SCC 19 (Canada), para. 61.

② Seetransport Wiking Trader Schiffarhtsgesellschaftt MBH & Co., Kommanditgesellschaft v. Navimpex Centrala Navala and Uzinexportimport, 989 F. 2d 572 (2nd Cir. 1993).

③ Everplay Installation Inc. v. Guindon, 2009 WL 4693884 (D. Colo. 2009).

三、以判例法发展国际民事诉讼规则之现象考察

(一) 内国法上国际民事诉讼规则成文化之现状

国际民事诉讼位处国际私法与民事诉讼法的交叉地带，研究人员以国际私法学者为主；实证立法上在不同国家分属前述两个法律部门。近半个世纪国际私法法典化的浪潮以欧洲为中心波及全球，虽后期一些统一国际私法法典含有国际民事诉讼规则，但整个浪潮的主角仍为法律适用规则。囿于立法体例所限，以德国为首的很多国家，法律适用规则的成文化依附于民法典之下，故而无法容纳国际民事诉讼规则。如我国，虽采单行立法模式，亦仅含法律适用规则，未能涵盖国际民事诉讼规则。① 以上两类法域，国际民事诉讼规则的成文化只能委身于民事诉讼立法，然情况并不乐观，“借用”国内民事诉讼规则的情形非常普遍。以欧盟对成员国国内法上国际民事诉讼管辖权(Jurisdiction)规则的统计为例，有16国单独制定国际民事诉讼管辖权成文法规则，但其中6国是采用统一国际私法法典的立法模式，德法等14国仅有零星几条国际民事诉讼管辖权规则，其余皆适用国内民事诉讼裁判地(Venue)规则。② 我国亦是如此，《民事诉讼法》仅含两条国际民事诉讼管辖权规则(第265、266条)；《民诉解释》亦仅有七条，其中四条(第13~16条)为原《民诉意见》中已无法适应司法实践之需的涉外离婚诉讼管辖权，涉外合同或其他财产纠纷管辖权条款(第531条)与《民事诉讼法》规定(第265条)重合，仅新设涉外离婚财产分割管辖权(第17条)及非方便法院(第532条)两个条款。

相比国际民事诉讼管辖权规则，外国判决承认与执行、域外送达与取证等规则的成文化程度相对较高。由于外国判决可执行性的审查程序无法为国内民事诉讼规则所兼容，无论以德国为首的成文法国家，还是美国之类的普通法国家，外国判决

---

① See Symeon C. Symeonides, Codifying Choice of Law Around the World: An International Comparative Analysis 4-25 (Oxford University Press 2014).

② See Arnaud Nuyts &Katarzyna Szychowska, Study on Residual Jurisdiction: Review of the Member States' Rules concerning the "Residual Jurisdiction" of their Courts in Civil and Commercial Matters pursuant to the Brussels I and II Regulations 16-18, adopted on 3 Sep. 2007, available at http://ec.europa.eu/civiljustice/news/docs/study_residual_jurisdiction_en.pdf, visited on 19 Apr., 2015.

承认与执行规则都实现了成文化。① 域外送达与取证规则的国内法成文化则主要得益于《关于向国外送达民事或商事司法文书和司法外文书公约》(以下简称《送达公约》)、《关于从国外调取民事或商事证据的公约》(以下简称《取证公约》)的广泛影响力。从我国《民事诉讼法》与《民诉解释》的涉外篇章来看，期间送达、判决及裁决的承认与执行亦占据了主要篇幅。

(二)域外法中判例法对国际民事诉讼规则发展之推动

除国际民事诉讼管辖权、外国判决及裁决承认与执行、域外送达与取证这几个研究关注程度最高，独立成文化规则相对集中的领域之外，国际民事诉讼实践对国内民事诉讼规则之倚重无可避免，故希望借由成文化实现国际民事诉讼规则的完全独立几无可能。如何于国际民事诉讼案件与国内民事诉讼规则间实现沟通？法官所主宰的司法过程显得责无旁贷且无出其右。

仍以争议最大的国际民事诉讼管辖权规则为例，以德法为代表的欧盟国家仅有极少数明文规定"国内民事诉讼上裁判地的确定，即意味着国际民事诉讼上管辖权的存在"。大多数国家是由判例法赋予国内民事诉讼裁判地规则双重功能。② 例如，德国《民事诉讼法典》制定之时并未过多考虑非内国因素，嗣后司法实践虽产生确定国际民事诉讼管辖权之需要，但法院多不假思索径直适用国内裁判地规则。直至1965年，联邦最高法院才以判例形式完成国际民事诉讼管辖权规则与国内裁判地规则之间的性质区分及规则合流。其指出这二者考量的因素完全不同，裁判地规则处理第一审案件在国内法院之间的分配，主要考虑诉讼便利；国际民事诉讼管辖权则确定某一跨国案件应由本国法院还是外国法院管辖，法院地程序法、实体法，及与案件联系紧密程度等都应考虑在内。但其同时肯定德国法院之前的做法，即若德国法院可确定为某案之裁判地，则该国亦具有国际民事诉讼管辖权。③ 此种类推适

① German Code of Civil Procedure, Section 328. Uniform Foreign Money Judgment Recognition Act ("UFMJRA"). 在美国，外国判决的承认与执行属州法事项，但有超过三十个州适用UFMJRA。

② See Arnaud Nuyts & Katarzyna Szychowska, Study on Residual Jurisdiction: Review of the Member States' Rule concerning the "Residual Jurisdiction" of their Courts in Civil and Commercial Matters pursuant to the Brussels I and II Regulations 17, adopted on 3 Sep. 2007, available at http://ec.europa.eu/civiljustice/news/docs/study_residual_jurisdiction_en.pdf, visited on 19 Apr., 2015.

③ Arthur T. von Mehren, Adjudicatory Authority in Private International Law: a Comparative Study 64-68, 124, 143-144 (Marinus Nijhoff Publishers 2007).

用的理论亦曾被日本法院采用，至今仍为我国台湾地区法院所普遍采用。① 虽未十分明确，37 号指导案例一审法官所写案例评析对执行管辖权的解释也基本是循此径路。美国国际民事诉讼管辖权理论与规则的发展轨迹看似与前述法域截然不同，其实亦不过是成文法与判例法之间的权重差别而已。美国各州都有长臂管辖成文立法(Long-Arm Statute)，但长久以来法院围绕正当程序(Due Process)宪法原则展开的解释成为州际及国际民事诉讼管辖权规则发展的主流，成文法反而退居次位。也正因司法裁判过程的灵活性，美国法院方能以特殊地域管辖权、非方便法院等标准的伸缩来巧妙实现对内外诉讼当事人的区别对待，② 却又不至于如法国民法典第 14、15 条般备受诟病。在法国，这两个单纯以法国一方当事人国籍确定管辖权的规则的适用范围，无论是过去的扩张，还是如今的限缩，都是由法院的判例法完成的。③

即便有明确成文法规则的领域，判例法的作用也不可小觑。以外国判决承认与执行领域为例，尽管大多数国家都有一定的成文法规则，但仍离不开判例法。例如，美国《统一外国金钱判决承认法》(UFMJRA)序言便明确指出，法院有权超越该法案条文，赋予外国判决更强的效力。再如，公共政策例外是各国普遍采用的拒绝承认或执行外国判决的理由，但何种情形属违反公共政策，只能由法官个案判断。如德国联邦最高法院在面对请求承认美国法院判决的案件之时，便对美国民事诉讼制度之中不同于德国民事诉讼的程序、救济方式和权利等进行区分，承认其中可接受的部分；仅拒绝承认与德国法律根本原则相抵触的部分。④

除国内立法外，国际条约、超国家立法也是国际民事诉讼规则成文化的主要途径，然这些规则的具体适用依然离不开内国法院或国际法庭的判例法解释。以《送

---

① 日本法院曾经的立场参见李旺：《国际民事裁判管辖权制度析——兼论 2012 年修改的〈民事诉讼法〉关于涉外民事案件管辖权的规定》，载《国际法研究》2014 年第 1 期，第 93~95 页。

② See Asahi Metal Industry Co. v. Superior Court, 480 U. S. 102 (1987), Piper Aircraft Company v. Reyno, 454 U. S. 235 (1981).

③ See Kevin M. Clermont & John R. B. Palmer, *French Article 14 Jurisdiction, Viewed from the United States*, Paper 13 Cornell Law Faculty Publications, 9-18 (2004). Also see Arnaud Nuyts & Katarzyna Szychowska, Study on Residual Jurisdiction: Review of the Member States' Rule concerning the "Residual Jurisdiction" of their Courts in Civil and Commercial Matters pursuant to the Brussels I and II Regulations 26, adopted on 3 Sep. 2007, available at http://ec.europa.eu/civiljustice/news/docs/study_residual_jurisdiction_en.pdf, visited on 19 Apr., 2015.

④ Gerhard Wegen & James Sherer, *Germany: Federal Court of Justice Decision concerning the Recognition and Enforcement of U. S. Judgments Awarding Punitive Damages*, 32 I. L. M. 1320-21 (1993).

达公约》的适用为例，美国不同的联邦巡回上诉法院就《送达公约》第 10 条(a)项是否允许直接邮寄送达形成了截然相反的判例。① 德国联邦宪法法院多次通过判例解释何种情形属于《送达公约》第 13 条——因侵犯被请求国主权或国家安全而得以拒绝协助送达之请求。② 而联邦宪法法院之判例是德国唯一具有形式拘束力之判例，可约束一切法院及其他国家机关。③ 普遍性公约之外，区域组织立法亦是如此。例如，欧盟近年来在国际私法统一立法方面所表现出的强劲势头。从 1968 年《民商事管辖权与判决执行公约》到 2015 年 1 月 10 日生效的修订版《民商事管辖权及判决执行规则》(以下简称《布鲁塞尔规则 I》)，可谓欧盟在国际民事诉讼立法方面的典范之作。在其规则演进、适用过程中，欧洲法院(ECJ)判例法的作用举足轻重。例如，《布鲁塞尔规则 I》中合同履行地、损害结果发生地、消费者、对物诉讼、管辖协议的形式有效性、相同诉因、相同诉讼当事人等诸多概念的自体法含义皆由欧洲法院判例法发展而来；诽谤案件在言论形成地与损害发生地的管辖范围差异亦由欧洲法院在判例法中确定。④ 尤为值得注意的是，为最近一次修订而撰写的官方实施报告多次指出，一些领域修订时机尚不成熟，应进一步观察判例法如何发展。⑤

由此便引出判例法与国际民事诉讼规则发展的另一重互动——为成文化作铺垫。比起直接由学术理论到成文法，或径直将域外规则移植为本国成文法，经由判例法循序渐进发展尔后编纂成文的路径，虽相对漫长，但其所发展规则的可靠性与稳定性更高。法国国际商事仲裁制度的发展便循此径，在近一个世纪的历史中一直由法院以判例法逐步推进，直至 1981 年才通过民事诉讼立法修订实现成文化。⑥

---

① See Bankston v. Toyota Motor Corp. 889 F. 2d 172. (8th Cir. 1989); Brockmeyer v. May 383 F. 3d 798 (9th Cir. 2004).

② See Joachim Zekoll, Michael Collins, George Rutherglen, Transnational Civil Litigation 352-358 (West Academic Publishing 2013).

③ See Robert Alexy, Kiel and Ralf Dreier, *Precedent in the Federal Republic of Germany*, in D. Neil MacCormick & Robert S. Summers, Interpreting Precedents: A Comparative Study 26 (Darmouth Publishing Company Limited 1997).

④ See Burkhard Hess, Thomas Pfeiffer, Peter Schlosser, The Brussels I-Regulation (EC) No 44/2001: The Heidelberg Report on the Application of Regulation Brussels I in 25 Member States 53-57, 84, 89, 92-93, 101, (Verlag C. H. Beck 2008).

⑤ See Burkhard Hess, Thomas Pfeiffer, Peter Schlosser, The Brussels I-Regulation (EC) No 44/2001: The Heidelberg Report on the Application of Regulation Brussels I in 25 Member States 98-100 (Verlag C. H. Beck 2008).

⑥ See Aurther Taylor von Mehren, *International Commercial Arbitration: Contribution of the French Jurisprudence*, 46 La. L. Rev. 1046-59 (1986).

无独有偶，有学者指出几乎法国国际私法所有的重要原理都是由判例法发展而来的。① 美国《统一外国金钱判决承认法》序言开宗明义："本法所含规则皆为本国大多数法院长期所适用之规则。在一些领域，本法并不会比法院的判例走得更远。"日本在 2011 年修订《民事诉讼法》并增添国际民事诉讼管辖权规则之前，亦有长期判例、学说、条例的积累。②

四、以判例法发展国际民事诉讼规则之内在机理

虽以判例法发展国际民事诉讼规则已成相对普遍之客观存在，但仅现象描述远不足以论证该路径是否宜为我国所用，深入机理探究实为必要。预论证其可行性，首先须从一般化角度理清判例法与成文法的关系。共性之外，还需探究国际民事诉讼之特性。

(一)判例法与成文法之一般关系

历史上，判例法往往被视为专属于普通法系，而成文法则是大陆法系的首要特征。近现代以来，上述界限日益模糊。普通法国家在判例法的基础上引进了成文法；大陆法(或成文法)国家亦在成文法的基础上接受了判例法。③ 虽同是以司法途径发展法律，判例法在两大法系仍表现出差异性。首先，判例法产生的逻辑起点不同。英国等普通法国家最初对判例法的依赖是缘于没有任何统一的成文立法；法德等大陆法国家则是因成文法典的不健全而不得不转而求诸判例法。④ 其次，逻辑起点的差异也导致了具体判例法方法的适用差别。法官造法为普通法国家传统上最主要的判例法方法，至今仍可与法律解释并重；大陆法系国家则更易于接受法律解释，法官造法的正当化则相对困难。最后，判例法要真正发挥效用，还有赖于判例的效力机制，即当下的个案的裁判规则如何对未来的类似案件的裁判产生影响。⑤ 对此，两大法系亦有不同。普通法国家采取了严格的形式主义进路，赋予先例必须被遵守之效力；大陆法系国家的判例虽然基本不具有严格的形式效力，但多具备事

① Marc Ancel, *Case Law in France*, 16(1) J. Comp. Legis. & Int'l L. 3d. ser. 7, 12 (1934).

② 李旺：《国际民事裁判管辖权制度析——兼论 2012 年修改的〈民事诉讼法〉关于涉外民事案件管辖权的规定》，载《国际法研究》2014 年第 1 期，第 93~98 页。

③ Giacomo A. M. Ponzetto & Patricio A. Fernandez, *Case Law versus Statute Law: An Evolutionary Comparison*, 37 J. Legal Stud. 407, 410-411 (2008).

④ Marc Ancel, *Case Law in France*, 16(1) J. Comp. Legis. & Int'l L. 3d. ser. 2-6 (1934).

⑤ See Frederick Schauer, *Precedent*, 39 Stan. L. Rev. 572-573, 578 (1987).

实上或规范上的拘束力。① 纵然存在以上差异，在分析判例法与成文法之关系时仍可求同存异。因我国的法律传统无疑与成文法国家更为相近，故下文分析亦主要在此种背景下展开。

在成文法国家立法权与司法权严格分立，成文法因可反映政治民主过程而成为国家首要的甚至是唯一的正式法源，② 使判例法尤其是法官造法无法如在普通法国家一般获得名正言顺之地位。但无可否认，判例法在成文法系所发挥的作用不容小觑且越发重要。其对判例法的首要需求来自解释成文法。③ 一则成文法规则高度抽象概括，有具体化之需；再则无论成文法典如何包罗万象，歧义、漏洞在所难免，有澄清、填补之需；最后成文法制定、修订进程与社会发展相比总有一定滞后性，有的立法甚至本身品性不佳，有进化乃至矫正之需。④ 有学者将之概括为四种解释：用语文义解释、上下文歧义或矛盾解释、立法漏洞填补和法官造法。⑤ 也有学者将其归为两大判例类型：解释型判例(precedent of interpretation)和解决方案型判例(precedent of solution)。⑥ 前者因依附成文法规则而较易被接受；但有法官造法之嫌的后者则不然。法官造法的根本动因不外乎不得拒绝裁判及力求裁判正确。但除被瑞士《民法典》明确承认(第1条第2、3款)之外，法官造法在其他成文法国家如何获得正当性则煞费周折。法国在历史与现实的纠结中走向名实分离。其《民法

---

① See Aleksander Peczenik & Lund, *The Binding Force of Precedent*, in D. Neil MacCormick & Robert S. Summers, Interpreting Precedents: A Comparative Study 461-479 (Darmouth Publishing Company Limited 1997).

② See Mary Ann Glendon, Paolo G. Carozza, Colin B. Picker, Comparative Legal Traditions in A Netshell 123-127 (3rd ed. West Publishing Co. 2008). Michel Troper & Christophe Grzegorczyk, *Precedent in France*, in D. Neil MacCormick & Robert S. Summers, Interpreting Precedents: A Comparative Study 112-113 (Darmouth Publishing Company Limited 1997).

③ See Zenon Bankowski, D. Neil MacCormick, Lech Morawski, Alfonso Ruiz Miguel, *Rationales for Precedent*, in D. Neil MacCormick & Robert S. Summers, Interpreting Precedents: A Comparative Study 484 (Darmouth Publishing Company Limited 1997).

④ See Michele Taruffo, *Institutional Factors Influencing Precedents*; Michel Troper &Christophe Grzegorczyk, *Precedent in France*, in D. Neil MacCormick & Robert S. Summers, Interpreting Precedents: A Comparative Study 458-459, 138 (Darmouth Publishing Company Limited 1997).

⑤ See Mary Ann Glendon, Paolo G. Carozza, Colin B. Picker, Comparative Legal Traditions in A Netshell 140-143 (3rd ed. West Publishing Co. 2008).

⑥ Michel Troper & Christophe Grzegorczyk, *Precedent in France*, in D. Neil MacCormick & Robert S. Summers, Interpreting Precedents: A Comparative Study 138 (Darmouth Publishing Company Limited 1997).

典》起草者一开始便意识到法典无法完全预见未来，需法官和法学家嗣后续造，①要求法官不得以法无明文规定而拒绝裁判(《民法典》第4条)。但因历史原因导致对法官信任缺失，又明确禁止法官造法(《民法典》第5条)。② 故法官一面极力维护成文法唯一正式法源之名；一面却行法官造法之实。将所有判例规则的效力依附于成文法，名曰对成文法规则的解释或对既存规则、原则的发现。③ 相较之下，德国法院的逻辑则更为通畅。虽也基本将法官造法依附于成文法规则或原则名下，但无论法官造法的权力，还是法官所造之法的效力，都在其宪法框架下获得正当化。除成文法规则之外，拘束法官之法还包括宪法基本原则，如保护公民基本权利，民主、法治和社会国家的要求。法官既被这些原则所约束，便意味着被授权解释、权衡、适用这些原则，并完善、促进、发展法律。法官所造之法的效力根据则是宪法上的法律确定性、平等及信赖保护原则。④ 虽不尽相同，此做法与美国法院对宪法原则的运用亦有几分共通。

即便在普通法国家，法官造法的权力亦非漫无边际。与成文法国家主要由成文法典构成法律体系中“不变”的基石，判例法注入“变”的灵活性相反；普通法国家传统上则以“先例必须信守”(*stare decisis*)的形式约束力坚守体系的稳定性。先例虽由法官造法而生，但一经确立则不易变动。⑤ 当代普通法国家法律的成文化亦极大压缩了法官造法的空间。不过判例法在对成文法规则的解释方面重获繁荣。这也成为两大法系特征汇流的主要表象。⑥

是故，成文法与判例法并非相互排斥，无论后者能否取得正式名分，二者事实

---

① See Arthor von Mehren & James R. Gordley, The Civil Law System: An Introduction to the Comparative Study of Law 50-51 (2nd ed., Little, Brown 1977).

② Marc Ancel, *Case Law in France*, 16(1) J. Comp. Legis. & Int'l L. 3d ser. 4, 7 (1934).

③ Michel Troper & Christophe Grzegorczyk, *Precedent in France*, in D. Neil MacCormick & Robert S. Summers, Interpreting Precedents: A Comparative Study 115, 117, 119, 133, 137-138 (Darmouth Publishing Company Limited 1997).

④ See Robert Alexy, Kiel and Ralf Dreier, *Precedent in the Federal Republic of Germany*, in D. Neil MacCormick & Robert S. Summers, Interpreting Precedents: A Comparative Study 33, 47 (Darmouth Publishing Company Limited 1997).

⑤ See John T. Loughran, *Some Reflections on the Role of Judicial Precedent*, 22 Fordham L. Rev. 1-4 (1953).

⑥ 参见何然:《司法判例制度论要》，载《中外法学》2014年第1期，第248~251页。Also See P. G. Monateri, Understanding the Civil Law Tradition 9, available at http: //papers. ssrn. com/sol3/papers. cfm? abstract_id=2548417, (2015), visited on 19 Apr. 2015.

上始终相伴而生。没有任何成文法可以精湛完美至无须司法过程予以解释。① 例如，有学者指出：德国民法典甫一制定便被发现需大量司法解释予以补充。② 法官造法虽受限制，但仍有存在必要。其并非仅仅是成文法从不健全到健全的过渡阶段的权宜之计，因为社会发展总会不断给现行法律带来新的难题。况且从最单纯文义解释到最直白法官造法的两极之间，总有无法清晰界定法官角色的模糊地带。例如，37 号指导案例中法院对申请执行期间起算时点的处理，实质上是法官造法；若隐晦一些，亦可说成对法律规范意义边缘的解释。③ 此种以成文法为起点，所得结论却与成文法文义截然相反的司法实践在德国这个法典化程度极高的国家亦不鲜见，尤其集中在其以立法技术高度娴熟著称于世的民法领域。④ 在德法两国民法领域，法官常依托一般条款改变既有规则或发展新规则。⑤ 当法律缺乏明确、直接的指引之时，竭力与现行法相连接，探求其中暗含或间接存在的解决方案；而非单纯从道德良知出发求解，是法治的内在要求。但归根结底，这是对法律的续造，而非仅为发现。⑥ 虽我国学界长久以来对法官造法讳莫如深，⑦ 但与其他成文法国家如出一辙，无论承认与否、掩之以何名，都无法否认其存在之客观事实。如今我国学者亦开始正视法官造法的正当性。⑧

---

① Giacomo A. M. Ponzetto & Patricio A. Fernandez, *Case Law versus Statute Law: An Evolutionary Comparison*, 37 J. Legal Stud. 410 (2008).

② Marc Ancel, *Case Law in France*, 16(1) J. Comp. Legis. & Int'l L. 3d ser. 6 (1934).

③ 关于"法律规范意义边缘的解释"，参见孙光宁：《法律规范的意义边缘及其解释方法》，载《法制与社会发展》2013 年第 4 期，第 57 页以下。

④ See Robert Alexy, Kiel and Ralf Dreier, *Precedent in the Federal Republic of Germany*, in D. Neil Mac Cormick & Robert S. Summers, Interpreting Precedents: A Comparative Study 25 (Darmouth Publishing Company Limited 1997).

⑤ See Mary Ann Glendon, Paolo G. Carozza, Colin B. Picker, Comparative Legal Traditions in A Netshell 140-143 (3rd ed. West Publishing Co. 2008).

⑥ See Jeremy Waldron, *Satre Decisis and the Rule of Law: A Layered Approach*, 111 Mich. L. Rev. 15-16, 19 (2012).

⑦ 例如胡云腾、于同志：《案例指导制度若干重大疑难争议问题研究》，载《法学研究》2008 年第 6 期，第 5 页；夏锦文、莫良元：《司法转型中指导案例的生成机理》，载《法律科学》2010 年第 4 期，第 102~103 页。

⑧ 例如张卓明：《完善法律体系的司法路径》，载《法学》2011 年第 8 期，第 29~31 页；江必新：《司法对法律体系的完善》，载《法学研究》2012 年第 1 期，第 90~93 页；张琪：《再论指导性案例效力的性质与保证》，载《法制与社会发展》2013 年第 1 期，第 96~97 页。陆幸福：《最高人民法院指导性案例法律效力之证成》，载《法学》2014 年第 9 期，第 101 页。雷磊：《指导性案例法源地位再反思》，载《中国法学》2015 年第 1 期，第 280~281 页。

判例法与成文法之间的关系并非仅为相互并行、补充，两大法系经验皆表明判例法极大地推动了法律的成文化。当代普通法国家的很多成文立法并非另起炉灶，而是建立在长期判例法积淀的基础上，① 例如前文所述美国《统一外国金钱判决承认法》。成文法国家的判例法发展到一定阶段也多为新立法或旧法的修订所吸收。最典型的如法国两个最高院(普通和行政两个法院系统)每年向立法机构递交报告，列举重要判决并附立法建议。如确有所需，相应立法会很快出台。② 当然也有耗时长久的，法国国际商事仲裁及侵权法③的成文化便属此类。正面促进之外，判例法有时也会反向激发成文法的发展。即面对成文法的缺失或错误，法官并不积极创造司法裁判规则填补或纠正，而是提醒立法机构，甚至以严格适用现行法所致荒谬判决刺激立法机构，从而推动立法或修订。例如，美国法院常指出尽管依现行法所作判决不尽如人意，但在国会修法之前，法院也只能如此。④ 最极端莫过于 1989 年联邦最高法院对 Barbara Finley v. U. S. 案⑤所作多数意见，其教条适用《联邦侵权法》(FTCA)否定联邦法院的未决事项管辖权(pendent jurisdiction)，引致反对意见的严厉批判，并导致国会在 1990 年通过《司法促进法》，规定补充管辖权(supplement jurisdiction，28 U. S. C. §1367)。此种矫枉过正的策略也常为法国最高院所采。⑥

除与成文法相辅相成外，判例法对健全整个法治体系还有独特贡献。长期来看，判例法的演进是一个永无止境的过程，其间不同法官的观点能够不断互动调和，总体趋向平稳并提高可预见性。类似案件类似对待的要求，不仅可落实公平原则，提高司法效率；更可通过司法系统内部一致性的提升达到增加外部认可度的效

---

① See D. Neil Mac Cormick & Robert S. Summers, Interpreting Precedents: A Comparative Study 4-5, 399 (Darmouth Publishing Company Limited 1997).

② See Michel Troper & Christophe Grzegorczyk, *Precedent in France*, in D. Neil Mac Cormick & Robert S. Summers, Interpreting Precedents: A Comparative Study 135 (Darmouth Publishing Company Limited 1997).

③ See Paula Giliker, *Codifying Tort Law: Lessons from the Proposals for Reform of the French Civil Code*, 57 Int'l. & Comp. L. Q. 563-567 (2008).

④ See U. S. v. Standard Oil Co. of California et al., 67 S. Ct. 1604, (1947), Standard Acceptance Co. v. U. S., 342 F. Supp. 45 (U. S. District Court, N. D. Illinois, Eastern Division 1972). Also see John T. Loughran, *Some Reflections on the Role of Judicial Precedent*, 22 Fordham L. Rev. 7, 9-10 (1953).

⑤ See Barbara Finley v. U. S. 490 U. S. 545 (1989).

⑥ See Michel Troper & Christophe Grzegorczyk, *Precedent in France*, in D. Neil MacCormick & Robert S. Summers, Interpreting Precedents: A Comparative Study 135 (Darmouth Publishing Company Limited 1997).

果，从而维护整个法律体系的稳定性。①

(二)国际民事诉讼规则发展之特性

具体至国际民事诉讼领域，其规则发展对判例法的依赖便更情有可原。除却在前已述的各国国际民事诉讼规则的成文化普遍较晚，且程度总体较低之外；该领域价值与实践的特殊性，以及如何实现法律继受法域的自生化发展亦是主要考量因素。

国际民事诉讼规则的设计背后是多重价值观念的衡量。其中，诉讼便利、经济、程序正义与当事人公平、实质正义之间的权衡为整个民事诉讼制度设计所通用。此外，国际民事诉讼还须衡量三组价值：本国司法主权与国际礼让；国家司法主权与私人诉讼权益；本国诉讼主体倾斜保护与外国诉讼主体平等待遇。与实体法不同，上述价值的平衡主要通过技术性规则实现，如各种诉讼期间的设置等。与单纯的国内民事诉讼偏重案件的实体审查不同，国际民事诉讼中程序性事项往往决定全局的成败，如37号指导案例原案在瑞士法院程序中的文书翻译、在我国法院程序中执行期间的计算。另，国际民事诉讼裹挟着多国诉讼主体、多国司法或准司法机构等多重利益的角逐，更添复杂性。因此，如何恰当衡量各种因素，平衡各方利益，尤其是如何做到既能为本国诉讼主体提供必要、有效的倾斜保护，同时又避免为国际舆论所谴责，便显得尤为重要。常年处理此类案件的法官显然更为经验丰富，进退有度。37号指导案例原案法官超越现有成文法规则，创设例外规则的初衷也正是欲为我国执行债权人提供充分、必要的救济。若本案执行债务人条件不变，而将执行债权人置换为外国主体，我国法院断无必要作此裁判。

况且，在立法专业化趋势愈发盛行的当下，法院本就更适被委以发展民事诉讼规则之任。例如美国国会便授权美国各级法院制定相关民事诉讼规则。② 又如《民诉解释》号称我国史上条文最多、内容最丰富、参与起草法官最多的司法解释，③搁置对司法解释的非议，这客观印证了法院更适合从事民事诉讼规则的细化。民事诉讼规则如是，国际民事诉讼规则更如是。而且我国最高院向来强调国际民商事案

---

① See Giacomo A. M. Ponzetto & Patricio A. Fernandez, *Case Law versus Statute Law: An Evolutionary Comparison*, 37 J. Legal Stud. 411 (2008). Frederick Schauer, *Precedent*, 39 Stan. L. Rev. 595-602 (1987).

② See 28 U.S.C. § 2071, § 2072.

③ 参见孙佑海："维护公平正义，便利人民诉讼——《关于适用〈中华人民共和国民事诉讼法〉的解释》诞生记"，载《人民法院报》2012年2月6日，第4版。

件审判队伍的专业性，严格控制各级法院受理涉外民商事案件的资格。① 但从最高院所披露的《民诉解释》诞生过程来看，无论所聘请专家学者，还是所涉及重点议题，无一不关涉国际民事诉讼。② 这既表明国际民事诉讼在民事诉讼规则成文化过程中的边缘化地位；也为判例法留下广阔作为空间。

此外，对我国这样主要依靠法律移植来推动成文法发展的国家而言，判例法(或事实上的判例制度)更可构筑起沟通法律移植与法律自生化发展之间的桥梁。固然相较于其他领域，国际民事诉讼作为跨国交往的汇集地，规则的共通性更高，法律移植的排斥反应亦理应较小。但其毕竟也位于彰显一国司法主权的最前沿，纵然融合、汇流成为一种趋势，各法系、法域的本土化特征及其相互之间的张力仍不可忽视。从《承认及执行外国仲裁裁决公约》通过至今，促成承认及执行外国判决的普遍性公约的努力徘徊半世纪有余而无果，恰说明该领域规则的统一难易有别，背后横亘的则是各国的法律差异。当然理想主义者从未放弃弥合内国民事诉讼制度差异，实现国际民事诉讼规则统一的努力。海牙国际私法会议的“判决项目”仍在缓慢推进之中，并于 2015 年 2 月第四次工作组会议上提出了初步草案，③ 但其未来命数如何，能否取得如《纽约公约》般辉煌，都尚未可知。与此同时，另一些国际主义者的目标却已从全球统一降至特定区域的统一。例如国际统一私法协会(UNIDROIT)于 2004 年与美国法律协会(ALI)联合发布《跨国民事诉讼原则》(*ALI / UNIDROIT Principles of Transnational Civil Procedure*)；自 2013 年起国际私法统一协会开始与欧洲法律协会(ELI)合作，致力于使《跨国民事诉讼原则》适应于区域化法律文化特性的探索。④ 目前该项目仍在推动之中，未来效果亦未可知。即便是在以国际民事诉讼立法区域统一化而引以为豪的欧盟，调查表明《布鲁塞尔规则 I》在各成员国法院的实际适用比例

---

① 最高人民法院《关于涉外民商事案件诉讼管辖若干问题的规定》(法释[2002]5 号)，2002 年 2 月 25 日；《关于认真学习贯彻〈关于涉外民商事案件诉讼管辖若干问题的规定〉的通知》(法[2002]22 号)，2002 年 3 月 1 日；《关于加强涉外商事案件诉讼管辖工作的通知》(法[2004]265 号)，2004 年 12 月 29 日。

② 参见孙佑海：“维护公平正义，便利人民诉讼——《关于适用〈中华人民共和国民事诉讼法〉的解释》诞生记”，载《人民法院报》2012 年 2 月 6 日，第 4 版。

③ HCCH, Report of the Fourth Meeting of the Working Group on the Judgments project (3-6 Feb. 2015) and Preliminary Draft Text Resulting from the Meeting, adopted on 6 Feb. 2015, available at http: //www. hcch. net/upload/wop/gap2015pd07b_en. pdf, visited on 20 Apr. 2015.

④ See ELI — UNIDROIT Transnational Principles of Civil Procedure, available at http: // www. unidroit. org/work-in-progress-studies/current-studies/transnational-civil-procedure, visited on 4 Apr. 2015.

相当之低;① 而且统一的表面之下往往是碎片化的隐忧。②

一边是国际民事诉讼规则全球化编纂成文的艰难；另一边却是以美、德为代表的少数发展成熟的内国法的不断扩张。将本土化特征发展至极致的莫过于美国，其民事诉讼(国际民事诉讼)制度在很多方面可谓独行于世，但因可良好自洽及自我进化，反倒能在国际竞争中独霸一席并不断输出影响。无独有偶，正因以萨维尼为代表的历史法学派力挽狂澜反对移植法国民法典，主张自生发展，方成就德国民法典日后之辉煌。③ 其民事诉讼制度的发展，在大陆法系国家亦一直处于领军地位。尤为值得称道的是，近几十年来美德学者在探讨各自民事诉讼制度发展与革新之时，常常呈现出英雄相惜之态。④ 而近现代以来，法律移植固然为我国作为现代法律后发国家的必经阶段；但长久而言，其终究不过为我国法学独立发展前的权宜之计。从学习他国经验到制定适合本国的成文法规则之间，判例法及其与学术研究之间的互动无疑是最佳媒介。近可检验舶来规则是否适合本国实际；远可为体系的自我演进积蓄力量。因为如此一来，对他国经验的借鉴便不再是从法典到法典，从规则到规则；而是通过判例将域外做法的有益之处与本国的本土性要素相结合，最终再视需要由本国的判例规则编撰成文。一则可避免直接的规则移植所可能导致的排斥反应。更重要的则是可将外来经验吸收、融入本国自身体系的演进之路。即面对域外经验既不故步自封，更不一味盲从，虽有局部借鉴吸收，但总体上仍保持自我独立发展。在经济实力上升为世界中心之后，如何图谋进一步成为跨国经济争端解决中心，或至少能为我国经济主体提供助力，是我国国际民事诉讼制度所应有的担当。但若无法实现自主发展，恐一切休谈。

五、余论：我国国际民事诉讼规则判例法演进道路之本土资源与革新

综上，以判例法发展国际民事诉讼规则，在比较法现象上具有普遍性；判例法

① See Burkhard Hess, Thomas Pfeiffer, Peter Schlosser, The Brussels I-Regulation (EC) No 44/2001: The Heidelberg Report on the Application of Regulation Brussels I in 25 Member States 1, 11, 13, 14 (Verlag C. H. Beck 2008).

② 参见杜涛:《欧盟跨国民事诉讼制度的新发展——评欧盟〈布鲁塞尔第一条例〉之修订》，载《德国研究》2014年第1期，第103页。

③ See Reinhard Zimmermann, The New German Law of Obligations: Historical and Comparative Perspectives 7-11 (Oxford University Press 2005).

④ 例如 John H. Langbein, *The German Advantage in Civil Procedure*, 52 U. Chi. L. Rev. 823 (1985).

理论上具有可行性；在我国当下实践中具有必要性。接踵而至的问题则是如何以判例法促进国际民事诉讼规则的发展。

(一)前37号指导案例时期——非正式判例法资源之回溯

37号指导案例虽为我国国际民事诉讼领域的首个指导性案例，但其并不能算做我国以判例法方式发展国际民事诉讼规则的源头。虽然我国长久以来并未建立起正式的判例法制度，但是这并不影响我国法院在司法实践中运用判例法方法填补、矫正成文法规则之不足。

例如，在涉外离婚诉讼管辖权领域，原《民诉意见》第13条、第16条(现《民诉解释》第13条、第16条)严格限制了我国法院对夫妻双方均具有我国国籍的离婚案件的管辖权，设定了“如定居国法院以离婚诉讼须由婚姻缔结地法院管辖为由不受理”、“中国公民双方在国外但未定居”的前提条件。然司法实践中，有法院在适用这两个条款时，完全忽略前述限定条件，最终达到以共同国籍确定离婚诉讼管辖权之客观效果。① 同样是面对涉外离婚诉讼管辖权规则的不足，广东省江门市新会区(市)法院则自己发展出以原告(或被告)住所地附加婚姻缔结地确定管辖权的裁判规则，并于该院的审判实践中一以贯之。②

如果说上述例证仍显零散不成体系，那么《民诉解释》第532条对非方便法院原则的引入则可谓是从司法裁判实践发展为成文规则的最好例证。非方便法院原则作为发端于普通法系，内生于判例法的管辖权调节机制，天然与法官的自由裁量权、利益衡量技术相连。其在我国的发展轨迹亦概莫能外。《民诉解释》之前，仅有最高院《第二次全国涉外商事海事审判工作会议纪要》(法发[2005]26号)第11条和广东省高院《关于涉外商事审判若干问题的指导意见》(粤高法发[2004]32号)第14条涉及非方便法院原则，然这并未影响该原则已实际成为我国法院调节平行诉讼的主要途径之一，且已基本形成统一的裁判规则。我国法院在适用非方便法院原则时普遍较严格。首先，须以我国受诉法院有管辖权为前提。③ 其次，申请适用非方便法院原则是被告的一项程序性权利，若未及时行使

① 参见钟某某诉翁某某离婚纠纷案，(2004)清民初字第103号；米某诉隋某离婚纠纷案，(2015)青民辖终字第1号。

② 该院2014年审结涉外离婚诉讼案件中采用该标准的案件有：(2013)江新法民一初字第770、978、1242号；(2014)江新法民四初字第36、45、54、63、64、89、98、108、122、126、131、169号。

③ 例如佛山市人民政府与交通银行香港分行、某发展有限公司借款合同和担保合同纠纷管辖权异议案，(2005)民四终字第11号。

便应视为放弃,① 申请后亦可主动放弃;② 且由被告负举证责任。③ 再次，法院在决定是否以非方便法院原则抑制本国管辖权时必须同时满足多项要求，例如案件当事人均为外国人，无涉我国公民、法人等利益；无选择我国法院管辖之协议，且不属于我国法院专属管辖；主要争议事实未发生在我国境内；以及案件适用域外法，我国法院在认定案件事实和适用法律方面存在重大困难，且域外法院行使管辖权更为方便等。④ 最后，只要法院认为前述要素任何一者不满足，如涉及我国公民利益，主要诉争事实发生于我国境内,⑤ 有选择我国法院管辖之协议,⑥ 或我国法院认定事实及适用法律不存在重大困难,⑦ 皆会拒绝适用非方便法院原则。最终，上述裁判规则皆为《民诉解释》第 532 条所吸收。是故，与其说我国非方便法院原则的成文规则是从域外理论引进，不如说是对我国长期判例规则的经验总结。

(二)后 37 号指导案例时代——正式判例法进路之逐步构建

案例指导制度建立之前，由于缺乏正式的判例法制度，纵使我国司法实践中已经使用判例法方法发展国际民事诉讼规则，仍难以形成体系。固然案例指导制度自

① 例如徐某与陈某等股权转让纠纷上诉案，(2014)浙杭商外终字第 14 号

② 例如蔡某与某纤维株式会社债务纠纷上诉案，(2009)鲁民四终字第 15 号。

③ 例如张某等与某有限公司保证合同纠纷管辖权异议上诉案，(2014)民四终字第 27 号。

④ 例如某摩托车有限公司诉某国际货运有限公司海上货物运输合同纠纷案，(2009)浙辖终字第 81 号；某甲等与河北××船务有限公司船舶碰撞损害赔偿纠纷上诉案，(2010)浙辖终字第 135 号；某化工株式会社与某涂料株式会社等买卖合同纠纷上诉案，(2010)苏商外终字第 0053 号；某化工株式会社与某株式会社等票据追索权纠纷上诉案，(2010)苏商外终字第 0026 号；某工业株式会社与某涂料株式会社等票据追索权纠纷上诉案，(2010)苏商外终字第 0027 号；某摩托车有限公司诉某国际货运有限公司海上货物运输合同货损赔偿纠纷案，(2008)甬海法商初字第 277 号等。

⑤ 例如某公司与某实业有限公司合同纠纷管辖权异议上诉案，(2011)粤高法立民终字第 312 号；林某等与陈某不动产转让合同纠纷案，(2011)民申字第 1012 号。

⑥ 例如姚某与香港投资集团有限公司管辖权异议纠纷上诉案，(2011)闽民终字第 208 号。

⑦ 例如某金融服务有限公司与北京市某律师事务所等委托合同纠纷上诉案，(2014)民四终字第 29 号；某航运有限公司与某石油有限公司合同纠纷上诉案，(2013)浙辖终字第 96 号；(2009)甬海法事初字第 11-1 号；佛山市人民政府与交通银行香港分行、某发展有限公司借款合同和担保合同纠纷管辖权异议案，(2005)民四终字第 11 号。

身还存在诸多不足,① 但其无疑为我国特殊语境下判例法制度环境建构的标志。

判例法的通常过程分为两步——发现规则、统一适用。因成文法规则不健全,及规则本身附带的抽象性或模糊性,需要法官于具体案件的审判中发现裁判规则。以此既满足司法实践之需,保证个案裁判正义,为法律体系注入必要的灵活性;同时又避免频繁变动成文法规则,从而保障法律体系整体的稳定性不被撼动。发现规则的过程既可是基于法官自由裁量权自下而上的自然演进;亦可为依托最高院司法权威自上而下的统摄。裁判规则发现之后的适用统一,即判例的拘束力和说服力,既是源于同案同判的自然正义的要求;又是平衡整个体系内部"变"与"不变"两种因素,维系稳定性、确定性和可预见性,促进司法效率的关键性机制。

我国指导性案例由最高院在全国范围内遴选,而非由审级自下而上自然递进产生的方式;相对缓慢的产出效率;以及其"参照适用"的效力定位;② 都决定了其仅可作为统一适用之机制,而无力承担发现规则之重任。无论发现规则环节的疏通,还是案例指导制度统一适用功能的保障都需要整个判例法大环境的培养。事实上,此种环境在我国也正处于逐步成型之中。

继十八届四中全会《全面推进依法治国若干重大问题的决定》明确提出"加强法律文书释法说理,建立生效法律文书统一上网和公开查询制度"之后,最高人民法院于2015年2月26日发布的《关于全面深化人民法院改革的意见》(法发[2015]3号)进一步细化了上述两项改革措施:一方面,强化一审复杂案件,所有二审、再审案件的说理性;另一方面,提出建立大数据时代背景下的司法统计标准体系、实证分析模型、全国性法院裁判文书库及司法信息大数据中心。如此,在司法过程内部,可期待各级法院法官在面对需创新裁判规则之案件之时,不断加强自身理据;同时亦会参考其他法院对相同或类似案件的处理方式。

司法过程之外,学术界便可借由健全、公开的司法裁判文书加强与司法过程的互动,进行个案分析,开展实证研究,促进共识、形成通说。其实,我国国际私法学界历来重视对我国涉外民商事判决的研究和批判,只是在缺乏正式、完善的判例

---

① 指导性案例制度自酝酿之初便备受关注,正式实施以来批评检讨之声一直不断,涵盖了从指导性案例的产生,到效力、适用等各个环节。这方面比较有代表性的文章如:宋晓:《判例生成与中国案例指导制度》,载《法学研究》2011年第4期;秦宗文:《案例指导的特色、难题与前景》,载《法制与社会发展》2012年第1期;张骐:《再论指导性案例效力的性质与保证》,载《法制与社会发展》2013年第1期;汤文平:《论指导性案例之文本剪辑》,载《法制与社会发展》2013年第2期;牟绿叶:《论指导性案例的效力》,载《当代法学》2014年第1期;郭琳佳:《参照指导性案例的技术和方法》,载《人民司法(应用)》2014年第17期。

② 《关于案例指导工作的规定》(法发[2010]51号),2010年11月26日,第7条。

法制度环境的前提下，此种研究难以真正将国际民事诉讼规则的演进导入判例法的进路。眼下，我国国际私法学会开始致力于新一轮的推动国际民事诉讼规则成文化的努力，设立“国际民事诉讼专题研究委员会”，分阶段起草国际民事诉讼法原则和规则，最终力图实现我国国际民事诉讼的单行立法。其亦提出了要进行“真正意义上的实证分析”进而提出“中国的建设性方案，争取更多的国际话语权”。① 这既暗合了判例法进路对我国国际民事诉讼规则发展的重要性；也明确了学界将强化判例研究的方向。系统回溯、整理、检验我国法院既存裁判之得失，可助起草者明确司法实践对国际民事诉讼规则之具体需求；吸收借鉴已经发展成熟之裁判规则；洞察所存之问题，并通过成文法规则的起草予以矫正。长期观之，此过程也必将为我国国际民事诉讼判例法研究的规范化和系统化奠定基础。

待上述的基础建设完备，典型性裁判规则自下而上晋升为指导性案例的道路便可畅通。最终，最高院再自以指导性案例自上而下统一全国类似案件裁判。届时，我们便可期待国际民事诉讼规则的发展呈现成文规则与判例规则相互促进、推动的良性发展生态。

Case Law and the Evolution of International Civil Procedure Rules: An Analysis from the Guiding Case No. 37 of the Supreme People's Court

Abstract: Facing the gaps in current international civil procedure rules, the No. 37 Guiding Case employs case law methods, including both "interpretation" and "judge made law", to develop exceptional rules for enforcement jurisdiction of foreign-related arbitration awards, as well as when the statute of limitation for applying for enforcement shall begin to run. From the perspective of comparative law, it is very common to promote the evolution of international civil procedure rules through case law by courts, no matter to what extent it has been codified into enacted law. Case law is not exclusive to the common law system, as its significance for civil law jurisdictions has become more and more notable. The evolution of international civil procedure rules shows great dependence on

① 《“大国司法与中国国际民事诉讼法的改革”论坛在武汉大学法学院举行》，资料来源于中国法学创新网，http://www.lawinnovation.com/html/xjdt/13722.shtml，最后访问于 2015 年 4 月 21 日。

case law, not just because of the general correlation between case law and enacted law, such as complementing enacted law and promoting the codification by case law, but also based on other vital factors, such as special values balance, professional practices, and the independent development for importing jurisdictions in the context of legal transplantation in this field.

Key words: case law; international civil procedure; guiding cases; interpretation; judge made law

中国国际民事诉讼法原则体系之构建

□ 万　钧*

内容摘要： 国际民事诉讼法原则是国际民事诉讼法学的基础理论问题。确立中国国际民事诉讼法原则、构建中国国际民事诉讼法原则体系有利于提升中国在国际社会规则制定中的话语权，有利于向世界宣示和推行中国的司法理念和司法价值观。考察中国国际民事诉讼法原则的研究现状有助于探索国际民事诉讼法原则的研究进路。在国际民商事纠纷解决机制的视域下，国际民事诉讼法包含中外国际民事诉讼制度间存在的国家司法主权的冲突与协调、国际民事诉讼程序中法院与诉讼参加人之间的审判权与诉权的制衡以及国际民事诉讼制度与国际仲裁制度之间的解纷权的分配三组关系，分别解决国家利益、国际民事诉讼程序和解纷配置机制这三个核心的问题，涵盖了国家主权原则等十一项原则。国际民事诉讼法原则在我国的立法和司法实践中都有所体现，但原则之间相互独立，缺乏内在的关联性，需要构建逻辑关系明晰的中国国际民事诉讼原则体系。

关键词： 国际民事诉讼程序　国家利益　纠纷解决机制　原则体系　构建

目　　次

* 武汉大学国际法研究所博士研究生，华北水利水电大学副教授，硕士生导师。

引　言

改革开放以来，我国的经济建设取得了举世瞩目的成就：从1978年到2012年，我国的国民生产总值(GDP)增长了142倍，进出口额增长了187倍，财政收入增长了103倍，外汇储备增长了近2万倍。到2013年，中国经济总量已经稳居全球第二，货物贸易进出口额全球第一，对外投资额全球第三，外汇储备额全球第一。① 随着中国国际经济地位的不断提高，国际贸易往来和对外经济交往也日益频繁，与此相生相伴的是国际民商事纠纷数量的迅速增长，国际民事诉讼的数量也随之急剧增加。据统计，2010年1月至2014年6月，全国各级法院审结涉外涉港澳台民商事及海事案件287262件，同比增长41.48%，涉及亚洲、非洲、欧洲、大洋洲及南北美洲百余个国家和地区。2010年以来，全国新增具有涉外商事案件管辖权的中级法院36个、基层法院143个，增设哈尔滨、三沙等7个海事法院派出法庭，辐射范围涵盖北起黑龙江，南至南海诸岛等我国管辖的全部港口和水域，涉外商事案件管辖格局更趋合理。② 以上数据传递出这样一个明确的信息：中国国际民商事纠纷数量呈现快速增长的趋势，国际民事诉讼在纠纷解决中的作用愈发重要，国家对涉外案件的审判也越来越重视，这对中国国际民事诉讼制度的建设和完善提出了新的要求。

然而，中国的国际民事诉讼法理论研究完全不能满足现实的需求。理论的滞后造成了对中国国际民事诉讼立法和司法实践的指导和影响力极为有限。虽然近年来民事诉讼程序改革一直是司法制度改革的热点，但很少有人关注中国国际民事诉讼的理论建设和制度改革。在立法方面，从1982年我国民事诉讼法(试行)涉外民事诉讼法原则规定以来，直到2012年重新修订民事诉讼法，关于涉外民事诉讼部分

① 何茂春等:《“ 带 路”战略面临的障碍与对策》，载《新疆师范大学学报(社会科学版)》2015年第3期，第36页。

② 《潮平两岸阔 风正一帆悬——近五年来全国涉外商事及海事审判工作综述》，http://www.chinacourt.org/article/detail/2014/11/id/1486361.shtml，2015年8月20日访问。

不但没有增加，反而规定越来越多地被合并到国内民事诉讼法中，2012 年协议管辖和应诉管辖从涉外民事诉讼部分删除并被列入国内民事诉讼的规定中，就是很好的例证。① 中国国际民事诉讼的立法现状难以保证向中国公民和企业在海外的投资以及国际贸易提供适当的法律服务，也不利于中国国家利益的合法保护。虽然近年来，以国际商事仲裁制度为代表的 ADR 制度在国际贸易纠纷解决机制中发挥着越来越重要的作用，一定程度上消减了国际民事诉讼制度落后造成的弊端，但国际商事仲裁等 ADR 制度的民间性特点在解决纠纷方面存在着明显的制度局限性，其程序的运行不能完全独立，必须依赖于司法的支持。国际民事诉讼在整个国际民商事纠纷解决机制中具有基础性和核心性地位，对其理论的研究和体系的重构无疑是经济全球化提出的现实课题。

目前，学界已经意识到这种现实的需求，对国际民事诉讼法基础理论的研究已经启动，并计划对中国国际民事诉讼法进行深入的研究和科学性构建。② 法律原则在法律部门中具有核心地位，对中国国际民事诉讼法原则的研究则是撬动中国国际民事诉讼法理论研究的原动力。经过了 30 多年的法治建设，中国法学研究和建设正在进入一个繁盛时期，法理学、民事诉讼法学、国际私法学等学科的基本理论从研究范围和研究深度都有了长足的进步，这为吸收法学基本理论关于法律原则研究的最新成果，同时借鉴其他国家有关国际民事诉讼法原则的立法、司法和学术成果提供了客观条件。

一、国际民事诉讼法原则之功能与研究方法

(一) 国际民事诉讼法原则与中国的国际司法战略

1. 国际民事诉讼法原则的功能辨析

原则问题是法律的根本问题，对这些根本问题的认知和反思，构成了部门法的理论基础。③ 根据法学理论，法律原则是法律的基本要素之一，是法之要旨与目的的凝练，是法律规则的基础或本源，在法律结构中居于核心地位，在法学基本理论

① 参见何其生：《比较法视野下的国际民事诉讼》，高等教育出版社 2015 年版，第 388 页。

② 2015 年 4 月 17 日成立的国际私法协会国际民事诉讼专题研究委员会正是秉承深入研究中国国际民事诉讼的宗旨。

③ 张文显：《法哲学通论》，辽宁人民出版社 2009 年版，第 105 页。

中占据着“基础范畴”的地位。①

德沃金把法律原则作为突出的法学问题来论述，他认为，法律规则之外的其他规则的总体称为一个“原则”，它应该得到遵守，因为它是公平、正义的要求，或者是其他道德层面的要求。有学者认为：“法律原则是规则和价值观念的汇合点。”②

在对法律原则的解读中，都包含着对法律原则共性的认知。首先，法律原则在法律体系中具有基础性和核心性的地位；其次，法律原则内含价值属性。它在法律中综合地反映了特定时代和社会的普遍价值观念，体现着法律通过调整社会关系所希望达到的目标。同时，法律原则还是连接法律与其他社会调整方式的桥梁和中介。③ 在国际视野下，法律原则反映了国家的根本利益以及期望通过法律所宣扬的价值取向。通过确立法律原则，宣示法律所倡导的国家的核心利益以及社会的价值观念。

国际民事诉讼法原则主要是指作为国际民事诉讼程序具体规定基础的，贯穿于国际民事诉讼程序各个领域的，并具有普遍的立法和司法指导意义的那些带有根本性的原则。④ 这些原则是制定和实施国际民事诉讼法规范，处理国际民事法律争议时必须遵循的基本准则。它们贯穿于国际民事诉讼法的整个领域，并在各个诉讼阶段中对任何诉讼参与人都具有普遍的指导意义。国际民事诉讼法原则是国际民事诉讼法体系的核心内容，体现了国家对国际民事诉讼目的、功能和作用的基本定位，反映出立法者通过国际民事诉讼法调整社会关系所期望达到的目标，彰显了国家的司法理念以及所奉行的司法价值观。

2. 中国国际民事诉讼法原则与中国国际话语权的提升

经过三十余年特别是近十年来中国的超速发展和对国际事务的参与，中国虽然已经拥有了一些国际话语权，但是与我国的大国地位还不甚匹配。⑤ 如何利用多种国际场合和媒介，采用多种形式宣传和展示自己的国家理念和价值观，是中国面临的一项重大课题。一国的法律向全球范围进行传播和流动，是当今世界国家提高国际地位和国际话语权的成熟路径和重要方式。近百年来，美国使用这种方式获得了

① 庞正、杨建：《法律原则核心问题论辩》，载《南京师范大学学报》2010年第1期，第29页。

② See N. Mac Cormick and O. Weinberger, An Institutional Theory of Law—New Approaches to Legal Positivism 73 (P. D. Reidel Publishing Company 1986).

③ 徐显明主编：《法理学》，中国政法大学出版社2007年版，第30页。

④ 李广辉等：《国际民商事诉讼程序法》，汕头大学出版社2002年版，第13页。

⑤ 梁玉春：《实然与应然：中国国际话语权面临的困境与提升策略》，载《云南行政学院学报》2013年第4期，第155页。

巨大的成功。美国法大规模输出拉美国家，占领了全球新商人法，猎食了苏联与东欧等转型国家的法律改革，并对欧盟及其成员国的法律文化和法律制度发起了冲击。① 法律的输出使美国在世界规则的制定方面牢牢地掌握着主动权。一国国际民事诉讼法原则在国际贸易纠纷解决规则的制定和国际贸易秩序建设中发挥着重要的作用，也有利于本国法律对外传播和输出。

目前，美国已经敏锐地意识到国际民事诉讼法原则的这一重要作用。美国法学会(ALI)发起《跨国民事诉讼程序规则》项目，旨在制定审理国际民事纠纷的民事诉讼程序规则的示范法典。联合国统一私法协会于2000年也开始加入该项目，并与美国法学会一起作为共同发起人，筹建了一个联合工作组。围绕着该项目，工作组一共举行了四次会议。在第二次会议后，《跨国民事诉讼程序规则》项目正式更名为《跨国民事诉讼程序原则与规则》项目，其工作重点也转移到制定《跨国民事诉讼程序原则》(*Principle of Transnational Civil Procedure*)上来。作为最终成果，国际统一私法协会于2004年4月、美国法学会于2004年5月分别通过了《跨国民事诉讼原则及其注释》文本。② 虽然项目组宣称项目的目的是协调各国之间不同的国际民事诉讼程序规则，为跨国商业贸易涉诉的诉讼当事人提供一套公平的诉讼程序体系，但该文本以美国民事诉讼法为结构框架，体现了美国法的价值观和程序特征。③

欧盟对国际民事诉讼法也给予高度重视，为了在欧盟内部统一各国的民事诉讼的程序，实现成员国内部判决的流动性。1968年欧共体通过了《布鲁塞尔公约》，确保各成员国受到统一的共同规则约束，消除了过去双边条约所带来的差别和冲突。自从公约签署以后，欧共体国家实现了判决的自由流通。欧共体因此也向着政治、经济和文化一体化又迈进了一大步。后来随着《卢迦诺公约》的签订，又将这一强有力的外国判决承认和执行制度扩展适用于西欧所有国家。2012年欧盟修订的《关于民商事案件管辖权和判决执行条例》(以下简称《布鲁塞尔条例Ⅰ》)，总结出国际民事诉讼程序中的相互信任原则、公平审判权原则、法律确定性原则、适当法院原则和禁止滥用权利原则等五项基本原则，作为指导欧盟范围内国际民事诉讼

---

① 高鸿钧：《美国法全球化——典型例证与法理反思》，载《中国法学》2011年第1期，第5页。

② 陈刚主编：《比较民事诉讼法(2007—2008年合卷)》，中国法制出版社2008年版，第391~392页。

③ ALI / UNIDROIT, *Principles of Transnational Civil Procedure*, 4 Uniform Law Review 762 (2004).

的基本准则。①

当前，中国仍然是法律制度的输入国，国际规则主要由欧美发达国家制定。这些国际规则适应于欧美国家的贸易习惯，欧美国家当事人在国际经济贸易交往和纠纷解决机制等方面具有绝对的话语权，中国当事人在国际贸易中和贸易纠纷的解决中处于被动。中国经济贸易的快速发展为中国参与国际规则的制定和国际话语权的提升提供了历史的契机。中国应当充分认识到国际民事诉讼法原则在国际司法交流、博弈和协作中的重要作用，重视中国国际民事诉讼法原则的研究和体系构建。确立中国国际民事诉讼法原则，建立符合中国司法理念和价值观的国际民事诉讼法律体系，促进中国法律理念和法律制度向世界的传播和流动，为国家的"一带一路"等国家战略提供法律保障。另外，对于提升中国的国际话语权，提高中国在国际法律服务市场的地位，具有重要的战略意义。

（二）中国国际民事诉讼法原则的研究现状

1. 国际私法学界关于国际民事诉讼法原则的研究

韩德培先生在论述国际私法的范围时认为，"国际私法就如同一架飞机一样，其内涵是飞机的机身，其外延是飞机的两翼……另一翼是在发生纠纷时，解决纠纷的国际民事诉讼及仲裁程序，这包括管辖权、司法协助、外国判决和仲裁裁决的承认和执行"。② 这个观点被学界普遍接受。国际私法学者对国际民事诉讼法进行了大量的研究，对于重点问题进行了深入的探究和讨论，但尚未形成学科体系，其中一个重要的原因是，对于国际民事诉讼法的灵魂——国际民事诉讼法原则没有引起足够的重视。虽然在诸多国际私法的教材和论著中，大多列举了国际民事诉讼法原则③，但都是对其进行罗列并作出简单的注释性说明，没有深入论证这些原则的范围、确立标准以

① 参见向在胜：《欧盟国际民事诉讼法判例研究》，中国政法大学出版社 2013 年版，第 18~80 页。何其生：《比较法视野下的国际民事诉讼》，高等教育出版社 2015 年版，第 86~98 页。See Regulation (EU) No 1215/2012 of the European Parliament and of the Council of 12 December 2012.

② 参见韩德培主编：《国际私法》，高等教育出版社 2014 年版，第 7 页。

③ 参见韩德培主编：《国际私法》，高等教育出版社 2014 年版，第 478~480 页。章尚锦、杜焕芳主编：《国际私法》，中国人民大学出版社 2014 年版，第 276~277 页。丁伟主编：《国际私法学》，上海人民出版社、北京大学出版社 2013 年版，第 467~468 页。李广辉主编：《国际私法学》，厦门大学出版社 2012 年版，第 386~387 页。张仲伯：《国际私法学》，中国政法大学出版社 2012 年版，第 435~436 页。王福华：《民事诉讼法》，清华大学出版社 2012 年版，第 448 页。杜新丽主编：《国际民事诉讼和商事仲裁》，中国政法大学出版社 2005 年版，第 7~9 页。屈广清、欧福永：《国际民事诉讼程序导论》，人民法院出版社 2004 年版，第 7~10 页。张茂：《美国国际民事诉讼法》，中国政法大学出版社 1999 年版，第 17~31 页。刘振江：《国际民事诉讼法原理》，法律出版社 1985 年版，第 24~39 页。

及各原则之间的联系和相互关系等实质性问题。换言之，目前对国际民事诉讼法原则尚未展开实质性的研究。① 另外，各论著对原则的内容认定也存在着很大的差别，由于各论著中均未提及原则分类标准且缺乏充分的理论论证，因此很难判断论著之间关于原则认定差异的原因。

2. 民事诉讼法学界对法律原则的研究及借鉴

国内民事诉讼法学界对中国国际民事诉讼法的研究也有涉及，但属于从属的、附带性的探讨，并没有将其作为核心问题和重点问题。他们研究国内民事诉讼法的基本原则所采用的思维进路和研究方法对于研究中国国际民事诉讼法原则有重要的借鉴意义。

长期以来，对立法和司法实践进行诠释和解读是研究民事诉讼法原则的传统方法和基本路径。2012 年《中华人民共和国民事诉讼法》(以下简称“我国《民事诉讼法》”)第一章专门规定了“任务、适用范围和基本原则②”，对基本原则的规定采用了立法明示的方法，立法规定成为研究民事诉讼法原则的起点。立法者对什么是基本原则并没有明确的定义，理论界在对基本原则的认识和诠释的过程中产生了很大的分歧，主要分歧集中在基本原则的范围是什么及如何进行分类，但核心问题是构成基本原则的标准是什么。

关于民事诉讼法基本原则的范畴问题，民诉法学界主要有三种观点：一种观点认为，民事诉讼法的基本原则，是在民事诉讼的整个过程中，或者在重要的诉讼阶段，起着指导作用的准则。另一种观点则认为，民事诉讼的基本原则，是指在民事诉讼的整个阶段起着指导作用的准则。第三种观点认为，所谓民事诉讼法的基本原则，是指能够指导民事诉讼活动正常进行的基本原理和基本规则。③ 这些观点都是依赖于注释法学的研究方法，造成了方法限制和路径依赖。除了受立法和司法实践的影响外，对民事诉讼法原则的研究还受制于学界采用的分析工具、研究方法乃至于专业的视野和视角上的缺陷。④

一些学者试图突破现有的研究框架和研究路径。有的学者以原则所涵盖的范围为标准，将民事诉讼法原则分为核心原则、基本原则和具体原则。⑤ 虽然丰富了民

① 笔者分别以“国际民事诉讼原则”、“国际民事诉讼法原则”、“国际民事诉讼程序原则”等作为搜索词在中国知网、万方和维普网等网站对“论文题目”或“主题词”进行搜索，并未搜到相关文章。

② 民事诉讼法学者习惯于用“基本原则”进行表述，与本文中的“原则”概念相同。

③ 常怡主编：《比较民事诉讼法》，中国政法大学出版社 2002 年版，第 282 页。

④ 参见胡亚球：《从中外比较看我国民事诉讼法基本原则》，载江伟主编：《比较民事诉讼法国际研讨会论文集》，中国政法大学出版社 2004 年版，第 437 页。

⑤ 参见肖建国：《民事诉讼程序价值论》，中国人民大学出版社 2000 年版，第 134 页。

事诉讼法基本原则研究的理论性和科学性，但各层次之间的界限并不明显，实践中很难明确地将这些原则区分开，而且在对基本原则体系的反思、辨别上仍然没有跳出现行立法的桎梏。① 有的学者将民事诉讼法的具体程序进行分层，将民事诉讼法的内容分为四个层级，然后针对不同层次的民事诉讼法，分别确定基本原则的论域。这是一个大胆的尝试，但在客观上将民事诉讼法分解为解决财产纠纷的争讼程序、解决人身纠纷的争讼程序、非讼程序和执行程序。割裂了民事诉讼法的系统性，将涵盖民事诉讼阶段的原则也归类为基本原则，与其主张的"民事诉讼法基本原则应当贯穿于整个民事诉讼法"相悖。② 另有学者认为，民事诉讼法的基本原则是在民事诉讼的整个过程中，或者在重要的诉讼阶段，起指导性作用的准则。将渊源、效力、内容和形式四个方面作为考察民事诉讼法基本原则的标准，根据其来源，将基本原则分为立法确立原则、法理归纳原则和判例归结原则三类。③ 这种分类思路突破了现行立法的限制，具有整体观，但此分类在分类标准和原则的内容上出现了重叠，而且没有对各基本原则之间的关系作出分析和解释。

民事诉讼法学者研究法律原则的方法和角度有以下几点对于我们研究国际民事诉讼法原则具有借鉴意义。第一，重视现行立法的规定。目前立法虽然对法律原则的规定不够全面和系统，但这些条文都是在司法实践中总结和归纳出来的，具有重要的参考价值和实践意义。第二，以不同的标准对法律原则进行审视和考察。通过不同的视角，对于法律原则的考量更加全面，不会失之偏颇，而且还能对各种视角下的法律原则进行比较，提炼出更符合民事诉讼法特点的原则。第三，将民事诉讼法作为一个整体进行考察。注意原则的整体性和系统性，注意各原则之间的逻辑关系和涵盖内容的衔接。

(三)中国国际民事诉讼法的研究视角及进路

1. 中国国际民事诉讼法研究的视角

对于法律原则问题，通常可以从外部和内部两个视角进行观察和理解。从外部视角看，可以把法律界定为事务规定性的国家化和公共化的复合呈现。法律原则是其所调整的社会关系之原则的规范表达。从法律的外部视角观察法律原则时，就肯

① 胡亚球：《从中外比较看我国民事诉讼法基本原则》，载江伟主编：《比较民事诉讼法国际研讨会论文集》，中国政法大学出版社 2004 年版，第 447 页。

② 参见王学棉：《民事诉讼法基本原则层次论》，载张卫平主编：《民事程序法研究(第九辑)》，厦门大学出版社 2013 年版，第 1~11 页。

③ 参见胡亚球：《从中外比较看我国民事诉讼法基本原则》，载江伟主编：《比较民事诉讼法国际研讨会论文集》，中国政法大学出版社 2004 年版，第 448 页。

定了整体性的社会关系对个别性的社会关系具有统领作用。这样，法律原则就不仅是法律规则的统领者，更是决定法律之所以存在的事物共同规定的当然体现。也只有这样，我们才能更为深刻地理解法律原则的实践适用性。从内部视角看，在法律的规定中，有些内容反映的是个别事物的规定性，有些内容则反映的是所有或者部分事物的共同规定性。在法律体系中，对其他规则具有统摄功能和指导价值的内容就是法律原则。①

中国国际民事诉讼法的主要目标是解决国际民商事争议，因此对于中国国际民事诉讼法原则的认知，不能完全局限于其国际民事诉讼程序自身，而应该着眼于更加宏观的视野，立足于更高的层面，将其放置于国际民商事纠纷解决机制这个系统中进行研究。在此系统中，存在有三项基本的元素，即中国国际民事诉讼法、外国民事诉讼法、国际商事仲裁制度②。其中，中国国际民事诉讼是制度的核心和基本观察点。从外部视角看，中国国际民事诉讼需要处理与他国司法管辖权和国际商事仲裁之间的关系；从内部视角看，需要规范国际民事诉讼程序中的公平和正义问题。三项元素相互作用、互相制约，形成了考察国际民事诉讼法原则的三组关系，分别解决国家利益、国际民事诉讼程序和解纷配置机制这三个核心问题。

这三组关系为观察和确立中国国际民事诉讼法的原则提供了全面而立体的视角，使中国国际民事诉讼法形成了一个有机统一的多维构造体：国家利益是国际民事诉讼制度的前提和首要问题；国际民事诉讼程序是制度核心；解纷配置机制涉及司法资源的分配和平衡问题。

2. 中国国际民事诉讼法原则的研究进路

国际民事诉讼法原则是国际民事诉讼法研究的基础。国际民事诉讼法具有民事性、程序性、强制性和国际性等多重特点，呈现出既区别于国内民事诉讼法、国际私法和国际仲裁制度的自身独特性，又存在着与这三个法律部门在性质上和内容上某种程度的相似性甚至重合性的特点。性质上的多样性和复杂性使国际民事诉讼法的法律地位问题在学界引起很大的争议。对国际民事诉讼法的法律地位没有形成统一的认识，直接影响了其理论体系的形成，也制约了国际民事诉讼法原则的深入研究。

现实需求的紧迫性使得纠缠于国际民事诉讼法地位的争论显得不合时宜。事实上，对于国际民事诉讼法完全可以“搁置争议，共同开发”。可以“把国际民事诉讼

---

① 谢晖、陈金钊：《法理学》，高等教育出版社2005年版，第68页。

② 目前国际流行ADR作为替代诉讼解决纠纷的方式，因各国的ADR在形式、内容和效力等方面存在着较大差异，因此本文只将ADR中国际社会普遍接受和认可的最完善的制度——国际商事仲裁作为研究对象。

法看做一门兼跨国际私法和民事诉讼法且具有相对独立性的交叉性学科。"①

暂时抛开国际民事诉讼法的法律地位的学术之争，将国际民事诉讼法视为一个相对独立的法律部门，不仅具有可行性，而且可以避开纯粹的理论思辨造成的对现实问题的解决所带来的阻碍和困扰。② 另外，需要建立全面而立体的视角观察分析国际民事诉讼法调整的社会关系，总结核心价值，归纳原则，使其明确化和具体化。以开放的心态研究中国国际民事诉讼法原则，把握不同维度下的法律原则之间的关系，使其形成体系化，建立符合中国国家利益、彰显司法理念和价值取向的国际民事诉讼法原则体系。

民事诉讼法学者对于法律原则的研究着眼于概念的界定，侧重于研究法律原则的范畴。以解释立法为基础，重视理论分析和理论的自洽性解释，思辨多于对实际案件的分析和考察。其研究视角在国内，重点关注国际民事诉讼对国内社会纠纷和社会秩序的影响和作用，侧重于对其社会性和政策性的分析和考察；而国际私法学者多以法律适用方法为研究的侧重点，重视实际案例分析与解读，擅长从个案中总结规律、提取原则。

这两种研究模式各有所长，在国际民事诉讼法原则的研究中，可以将两种方法有机地结合起来，形成独特的研究进路。首先，以国际民事诉讼法涉及的三项元素的关系作为研究的视角，以国家利益、国际民事诉讼程序和解纷配置机制这三个核心的问题作为原则确定的落脚点，分别对中国国际民事诉讼法原则进行考察和研究。其次，需要将中国国际民事诉讼法作为一个整体进行系统性研究，这三项元素之间的关系将决定着对原则的完整把握。最后，关注关于中国国际民事诉讼法原则的现行立法，考察原则在具体案件中的应用，重视实际案例的提取、分析与解读，从个案中总结规律、归纳原则。

二、中国国际民事诉讼法的主要原则③及渊源

根据我们所总结的研究进路，以国际民事诉讼法涉及的三项元素的关系，即规制和协调国家间的关系、规制法院与当事人之间的关系以及规制国际民事诉讼和国

---

① 李双元、谢石松：《国际民事诉讼法概论》，武汉大学出版社 2001 年版，第 13 页。

② 相似的例证是证据法学，关于证据法的法律地位在学界也存在巨大的争议，但并不影响将其作为一门相对独立的法律部门进行研究，近年来涌现出很多建设性的学术成果。

③ 本文作者全程参与了中国国际私法学会国际民事诉讼专题研究委员会关于《中国国际民事诉讼原则（建议稿）》的讨论，本部分内容受委员会讨论的启发，并与《中国国际民事诉讼原则（建议稿）》保持一致，再次表示感谢。

际商事仲裁之间的关系，作为研究的视角，以国家利益、国际民事诉讼程序和解纷配置机制这三个核心的问题作为原则确定的落脚点，分别对中国国际民事诉讼法原则进行考察和研究。

(一)规制和协调国家间关系的原则

协调国家之间的关系是考察中国国际民事诉讼法需要考虑的首要问题。规制和协调这组关系的原则以国家利益为核心，反映了国与国之间在司法管辖权上的斗争与妥协，涵盖了国家主权原则，司法救济原则，平等和对等原则，公共秩序原则。它们确定了中国国际民事诉讼的基本定位，并且为制度的改进和完善指明了方向。

1. 国家主权原则

国家主权原则是国际民事诉讼法的统摄性原则，来源于“平等者无裁判权”的法律理念，强调国家司法权的独立以及司法权的行使不受干涉。国家主权原则包括了独立享有涉外民事案件的管辖权，国家在外国的司法豁免权以及审查外国法院判决和仲裁的承认与执行问题。

司法主权是国家主权的重要组成部分，一国的司法机关在本国境内独立自主地进行司法活动是国家主权的重要表现。国家豁免是国际法的一项通行原则。1961年《维也纳外交关系公约》第31条规定了下述情况外交人员不能援引民事管辖的豁免权，即：涉及外交人员在驻在国私有不动产的物权(如房屋)诉讼；外交人员以私人身份卷入的遗产继承诉讼；外交人员在驻在国从事获利的商业和其他私人职业活动引起的诉讼。美国、英国、加拿大等国都采用国际限制豁免原则。审查外国法院判决和外国仲裁裁决的承认和执行申请也是国家主权原则的一项主要内容。虽然这是一个国家在特定条件下作出主权退让的行为，但这种退让是主动的、有条件的，能够为本国带来利益的行为。1971年海牙国际私法会议制定的《民商事案件外国判决的承认和执行公约》是全面规定承认与执行外国法院判决的全球性国际公约。1968年的《布鲁塞尔公约》和1988年的《卢迦诺公约》，基本上解决了两个欧洲组织成员国之间相互承认与执行法院判决方面的关系问题。① 国家利益可分为非合作利益和合作利益。国际贸易主要是国家间私人或者经济实体利益的博弈。② 在世界经济交流频繁的背景下，国与国之间更多的是合作关系。兼顾与其他国家权益的平衡，保障诉讼程序顺利进行以及最终能够实现判决的内容也是国家主权原则的体现。因此，中国国际民事诉讼法与外国司法之间的关系，应当是一种开放的国际主

① 参见徐宏：《国际民事司法协助》，武汉大学出版社2006年版，第236~237页。

② 参见何其生：《国际商事仲裁司法审查中的公共政策》，载《中国社会科学》2014年第7期，第143~163页。

义，而不是封闭的保守主义。

2. 司法救济原则

为了平等保护当事人的民事权利，保证诉讼中的实质公正，在国际民事诉讼中，给予弱势一方当事人必要的救济措施，保证涉外民商事活动的正常开展，已经逐渐成为一种国际化趋势。司法救济权作为一项基本人权，在多项国际人权公约中都对此进行了规定。1980 年海牙《国际司法救助公约》确立了在国际民事诉讼中就司法救助事项进行了详细的规定。1948 年《世界人权宣言》①、1966 年《公民权利和政治权利国际公约》②也都确立了司法救助原则。美国法学会和国际统一私法协会联合拟定的 2004 年《跨国民事诉讼原则》第 31 条规定，采用了本原则的国家，其本国法院应当为其他国家法院实施符合本原则规定的诉讼协助，包括授权其他国家法院采取保护性或临时性救济措施，以及在鉴定、证据保全和取证等方面提供帮助。

3. 平等原则和对等原则

国家间主权平等是现代国家间关系的基本准则。1812 年，美国最高法院大法官马歇尔（John Marshall）在交易号诉麦克法德恩案（The Schooner Exchange v. McFaddon and Others）中强调了"国家的完全平等与绝对独立"。1825 年，马歇尔法官又在安特勒普案（The Antelope Case）的判决中再次宣称："国家平等是最被普遍承认的一般法律原则"。③ 平等原则和对等原则是对他国国家主权的尊重，也是对本国主权的宣誓和强调。由于国际民事诉讼涉及国与国之间的利益博弈，国家为了长远的利益打算，为获取平等对待，通常会采用平等原则。

平等原则体现了主权国家间的平等地位，对等原则是指国家间相互给予同等待遇。对等原则从平等原则中引申出来，其目的是为了捍卫本国的主权尊严，对抗外国损害本国司法利益的行为，维护本国公民和企业在外国的合法权益。该原则是中世纪欧洲国际商业贸易发展的结果，最早起源于法国。1804 年《法国民法典》第 11 条的规定："外国人在法国享有与其本国根据条约给予法国人的同样的民事权利"，确定了这一原则。④《跨国民事诉讼原则》第三章对国际民事诉讼中内外国当事人的地位平等进行了非常细致的规定，除了平等的地位和待遇、避免任何种类的歧视

---

① See Universal Declaration of Human Rights 1948, Art. 8, 10.

② Scc Intcrnational Convcntion on Civil and Political Rights 1966, Art. 14.

③ See G. von Glahn, Law Among Nations 129 (Prentice Hall 1970). 转引自杨泽伟：《国家主权平等原则的法律效果》，载《法商研究》2002 年第 5 期，第 110 页。

④ 参见徐宏：《国际民事司法协助》，武汉大学出版社 2006 年版，第 66~67 页。

之外，它要求法院考虑外国当事人参加诉讼的困难。俄罗斯联邦①、格鲁吉亚②等国的法律中都有类似的规定。此外，国与国之间关系的远近亲疏，也会在对等原则中有所体现。因此，平等原则和对等原则还能够折射出国与国之间的实力和关系。

4. 公共秩序原则

公共秩序原则也称为"公共秩序保留原则"或者"公共政策原则"。它是指一国法院依冲突规范应该适用外国法时，或者依法应该承认与执行外国法院或仲裁裁决时，或者依法应该提供司法协助时，因这种适用、承认与执行或者提供司法协助会与法院地国的重大利益、基本政策、法律的基本原则或道德的基本观念相抵触而有权排除和拒绝的制度和原则。③ 公共政策作为一国重大利益的维护者，是各国承认与执行外国仲裁裁决的兜底条款或者利益维护的安全阀，是一国利益转让的底线。④ 几乎所有的国家都坚持将公共秩序保留作为国际民事诉讼的一项基本原则，各国均不允许外国司法权力行使的结果威胁到本国的价值体系。⑤ 1896 年《德国民法施行法》第 30 条规定："外国法的适用，如违背善良风俗或德国法的目的时，则不予适用。"日本、泰国、希腊、埃及、波兰、土耳其、奥地利、匈牙利等国也有类似的规定。⑥

(二)规制法院和当事人之间关系的原则

国际民事诉讼程序是中国国际民事诉讼法的主体和核心内容，也是当事人合法权益得以实现的制度性保障，涉及管辖权、程序正当、法律适用等问题。这组关系以程序的正义为核心，包括了适当法院原则，程序公正原则，程序公开原则，法院地法原则，国际条约优先原则和既判力原则等。

1. 适当法院原则

法院的管辖权是国际民事诉讼中最为核心也是最为复杂的问题之一，法院应当

---

① 《俄罗斯联邦民法典》第 1194 条规定：对于那些对俄罗斯公民和法人的财产和人身非财产权利实行特别限制的国家，俄罗斯联邦政府可对其公民和法人的财产和人身非财产权利采取相应的对等措施。

② 《格鲁吉亚国际私法》第 57 条规定：在民事诉讼程序中，外国国民、法人以及无国籍人在格鲁吉亚境内享有与格鲁吉亚国民和法人同样的法律保护。

③ 肖永平：《法理学视野下的冲突法》，高等教育出版社 2008 年版，第 166 页。

④ 何其生：《国际商事仲裁司法审查中的公共政策》，载《中国社会科学》2014 年第 7 期，第 144 页。

⑤ 孙应征主编：《涉外民商事法律原理与实证解析》，人民法院出版社 2004 年版，第 130 页。

⑥ 肖永平：《法理学视野下的冲突法》，高等教育出版社 2008 年版，第 175 页。

合理、适当地对涉外民事案件行使管辖权。适当法院原则是确立法院管辖权的基本原则。在国际民事诉讼中，各国越来越关注一个共同的问题：如果本国法院必须对争议行使管辖权，就应该以本国法院是审判案件“适当”的法院，或者是审判案件“唯一适当”的法院作为行使管辖权的依据。1968 年《布鲁塞尔公约》第二章中确定了不同类型的案件由哪一个法院管辖最为合适，进而使共同体内居民权益能得到有效的法律保护。在公约起草时杰纳德报告指出：“在考量了所有相关因素后，第二章中的管辖权规则明确了何国法院是拥有管辖权的最适合法院。”①公约在分配管辖权时通常考虑以下三个方面：第一，弱者的保护；第二，当事人意思自治的维护；第三，在公约穷尽性列举的特定场合，由“最适合审理案件”的法院行使管辖权。②一些国家还通过判例确立了行使管辖权要“与案件有联系”的这一要素，同时强调合理性和公共利益。美国 International shoes 案③认定“最低联系”主要取决于两点：(1)被告是否在法院地从事系统的和连续性的商业活动；(2)原告的诉因是否源于这些商业活动。加拿大也注重就近原则(the Principle of Proximity)即采纳限制法院行使管辖的规则或者判决执行地省或区的法律所要求的最真实和实质性联系的管辖标准。④ 英国 Spiliada 案⑤中的法官总结了不方便法院请求的六条规则，明确了原、被告之间的举证责任，同时还提出了认为外国法院是否适当所应当考虑的因素，其中包括在决定一个适当的法院时，必须考虑该法院与争议是否有实质联系，以及是否便利、费用、适用的法律、当事人居所地和当事人从事商业行为地等因素。

2. 程序公正原则

程序公正原则来源于英美法的“正当程序”原则，实现正义从来都是程序法的首要价值。其本意是指“财产利益处于危险之中的个人有权获得通知和听审的机会”。⑥ 通知被表述为“在任何被赋予终局性的诉讼中，正当程序的基础和基本的要求是，根据所有的情况，合理筹划通知，以告知未决诉讼的利害关系人并向其提供提出反对意见的机会。该通知必须有如此的性质，以至于合理地传达需要的信

---

① P. Jenard, Report on the Convention on jurisdiction and the Enforcement of Judgments in Civil and Commercial Matters, Official Journal of the European Communities, C 59/15, 5 march 1979.

② 向在胜：《欧盟国际民事诉讼法判例研究》，中国政法大学出版社 2013 年版，第 49 页。

③ International Shoe Co. v. State of Washington, 326 U. S. 310 (1945).

④ Armchem Products Inc. v. British Columbia, [1993] 1 S. C. R. 897.

⑤ Spiliada Maritime Corp. v Cansulex Ltd. , [1986] 3 W. L. R 972; 3 All E. R. 843; [1987] A. C. 460.

⑥ 杜森贝利诉美国案(Dusenbery v. United States)，《美国联邦最高法院判例汇编》第 534 页，第 161、167 页(2002 年)。转引自[美]理查德 · D. 弗里尔：《美国民事诉讼法》(上)，孙利民等译，商务印书馆 2013 年版，第 148 页。

息，且它必须提供让利害关系人出庭的合理的时间……”①除了通知，正当程序还要保证被告有一个有意义的被听审机会。除非获知事项正在待审，且可以自己选择出庭还是缺席，默认还是驳斥，否则被听审的权利就不太真实，或没什么价值。②如何让正义以看得见的形式实现，是国际民事诉讼法必须解决的问题。程序公正原则要求法院及当事人将应予送达的诉讼文书交与对方，告知其争议事实理由及享有的权利义务，便于当事人参加诉讼，实现知情权和辩护权，全面维护自身利益。全面保障当事人及诉讼参与人的诉讼权利的最终目的是为了实现程序公正与实体公正的统一。实现程序公正是内国承认和执行外国判决的基础，内国法院有权拒绝承认与执行未经正当程序而作出的判决。

3. 程序公开原则

程序公开原则是资产阶级反封建斗争的产物。18 世纪意大利法学家贝卡里亚在《论犯罪与刑罚》一书中提出：“审判应当是公开的”，“以便社会舆论能够制止暴力和私欲”。资产阶级革命胜利并掌握政权以后，各国相继规定了审判公开制度。

程序公正原则要求法院必须向当事人赋予相同的程序权利，尤其是提供适当的通知和公平的听审机会，而司法公开是现代诉讼法治理念的要求，是保障程序公正的重要手段。程序公开给当事人和社会提供了监督司法的机会和条件，防止审理和裁判的暗箱操作，也有利于树立司法权威，增强人民法院判决的司法公信力。程序公开包括了审判公开和判决结果公开。1791 年《美国宪法修正案》第 6 条规定：一切刑事诉讼应“由犯罪行为发生地的州和地区的公正陪审团予以迅速和公开的审理”。1946 年《日本国宪法》第 82 条规定：“法院的审讯及判决在公开法庭进行。”1975 年德意志联邦共和国《法院组织法》第 169 条规定：“在审讯法庭上进行的程序，包括宣布判决和判令，都是公开的。”俄罗斯、德国、朝鲜等国家的民事诉讼法典中也规定了程序公开原则。

4. 法院地法原则

“场所支配行为”是程序法适用的国际准则。在法律的适用方面，国际民事诉讼法应当遵循法院地法原则。这一原则在国际私法产生之初，便认为对程序问题只能适用法院地的程序规则，也就是说，认为在国际民事诉讼程序方面是无法律冲突

---

① 马兰诉中央汉诺威银行和信托公司案（Mullane v. Center Hanover Bank & Trust Co.），《美国最高联邦法院案例汇编》，第 339 卷，第 306 页（1950 年）。转引自[美]理查德·D. 弗里尔：《美国民事诉讼法》（上），孙利民等译，商务印书馆 2013 年版，第 149 页。亦可参见何其生：《我国域外送达机制的困境与选择》，载《法学研究》2005 年第 2 期，第 126~131 页。

② 马兰诉中央汉诺威银行和信托公司案（Mullane v. Center Hanover Bank & Trust Co.），《美国最高联邦法院案例汇编》，第 339 卷，第 314 页（1950 年）。转引自[美]理查德·D. 弗里尔：《美国民事诉讼法》（上），孙利民等译，商务印书馆 2013 年版，第 155 页。

可言的。① 这种理论一直沿袭下来，虽然随着国际贸易的复杂化，这一原则有些适用上的例外，但其依然是国际民事诉讼程序法律适用的一般性原则。

程序问题一般适用法院地法的原因在于：保持前后适用程序规则一致，即诉讼开始时和准据法确定后适用一致；追求正义，保护诉讼当事人和其他诉讼参与人的权利和利益②，以及实际司法实践的要求，③ 如果程序问题须适用外国法，那么由于内国法院不熟悉外国的程序法，必然会发生确定外国程序法的困难从而导致在案件进行中时间和金钱的浪费以及应遵守的程序法的不确定。

在国际民事诉讼的理论和实践中，不少国家和地区都将“程序法适用法院地法”作为一项重要的原则。1928 年的《布斯塔曼特法典》第 314 条规定：“在诉讼程序方面应适用法院地法。”美国《冲突法重述》(第二次)第 6 章“程序”的总则中规定：“诉讼程序规则，一般应由法院州的本地决定，即使法院对案件中的其他案件适用另一州的本地法。”1947 年匈牙利《关于国际私法的匈牙利草案》第 38 条规定：“匈牙利法院在处理诉讼和非诉讼案件时都应适用匈牙利诉讼法规范。”根据《戴西和莫里斯论冲突法》一书归纳英国的实践，在其第 209 条中也规定：“所有程序事项都由采取法律程序的法院所属国(法院地法)支配。”并称“在本规则中，‘程序’一词包括救济与程序、损害赔偿、时效制度、证据、当事人、优先权、抵消与反诉、诉讼费用担保及限制财产转移令等”。④

5. 国际条约优先原则

国家间通过缔结国际条约来对一些共同关心的民商事问题进行规范，以便减少当事人交易的成本、促进互相之间的合作和交往。无论是为国际社会整体的利益考虑，还是为国家自身的利益考量，还是为当事人个体的利益着想，国家都需要遵守和执行其所缔结和参加的国际条约。国家在国际上与其他国家缔结了条约之后，通过采取国内法上的措施来进行条约规定的具体实施，使国际条约获得国内法上的有效性和可执行性，这在表面上是条约对缔约国的拘束力使然，实质上是国际社会利益、国家利益、私人利益三者追求协调的利益最大化的要求。⑤

国际条约优先原则在国际民事诉讼法领域表现为：一方面，国家在制定国内的国际民事诉讼法规范时应考虑到本国所参加、缔结或加入的国际的有关规定；另一

① 参见李双元、谢石松：《国际民事诉讼法概论》，武汉大学出版社 2001 年版，第 60 页。

② 韩德培主编：《国际私法》，高等教育出版社、北京大学出版社 2007 年版，第 115 页。

③ 袁发强：《法院地法适用的正当性证成》，载《华东政法大学学报》2014 年第 6 期，第 123 页。

④ 李双元、谢石松：《国际民事诉讼法概论》，武汉大学出版社 2001 年版，第 61 页。

⑤ 王楚：《利益衡平视角下的国际条约优先适用原则》，载《社科纵横》2010 年第 2 期，第 127 页。

方面，国家的司法机关在审理有关国际民事法律争议时应该优先适用其所参加的国际条约的有关规定。① 为了降低当事人因不熟悉他国诉讼程序而须承担的诉讼过程与结果不确定性的风险，保障涉外民事诉讼程序的顺利进行，更好地保护诉讼当事人的权益，促进跨国商事交易的发展，国家之间经过努力缔结了大量的有关国际民事诉讼方面的双边或者多边国际条约，试图在国际民事诉讼中提供一个公平处理的程序平台。

6. 既判力原则

判决的排除效力是由请求排除和争点排除来规定的，统称为"既判力"。② 既判力原则是对判决结果的效力确认的一项原则，为各国所普遍认可的原则。既判力原则的适用需要以下几个方面的考虑：第一，案件终局性的正当性考虑。从某种角度而言，诉讼必须宣告完成。让已在有管辖权的法院提出的诉讼请求或业已裁决的争点进行连续诉讼，对当事人或整个社会而言都不富有效益。第二，被告在一定程度上享有终止权——其制度不能就同一诉讼请求重复地被诉。第三，案件判决一致性的考虑。如果同一争点被多次提起诉讼，可能会出现争点在不同的案件中作出不同裁决的情形，裁决的不一致性会毁损公众对于司法制度的信心，因为这样的司法制度似乎更像抽彩给奖，而非一个有序的纠纷解决制度。第四，社会对司法效率的合理预期。诉讼是公众资助的纠纷解决机制，公众有权期望司法资源不被浪费。而既判力原则的适用昭示了对司法制度的信心——对一个诉讼请求或争点提供一次机会足够确保每一方当事人的"出庭权"。③

1971 年海牙《外国民商事判决承认和执行公约》④第 5 条体现了既判力原则。该条规定，对域外法院裁决不予承认与执行的情形之一是，相同当事人之间基于相同事实和相同目的的诉讼，已在被请求国法院作出裁决；或者，相同当事人之间基于相同事实和相同目的的诉讼，已在另一缔约国法院作出裁决，而该判决根据被请求国法律有权得到承认和执行。2004 年《跨国民事诉讼原则》第 28 条第 2 项规定："在适用既判力规制时，诉讼请求或请求判决的范围由当事人的诉答文书所记载的诉讼请求或答辩理由，包括对诉讼请求和答辩理由的修改以及法院的判决和对判决

---

① 韩德培主编：《国际私法》，高等教育出版社、北京大学出版社 2007 年版，第 480 页。

② 泰勒诉斯特杰尔案(Taylor v. Sturgell)，《联邦最高法院判例汇编》第 128 卷，第 2161、2171 页(2008 年)。转引自[美]理查德·D. 弗里尔：《美国民事诉讼法》(下)，孙利民等译，商务印书馆 2013 年版，第 645 页。

③ 参见[美]理查德·D. 弗里尔：《美国民事诉讼法》(下)，孙利民等译，商务印书馆 2013 年版，第 648 页。

④ 中华人民共和国外交部条约法律司编：《海牙国际私法会议公约集》，法律出版社 2012 年版，第 62 页。

理由的说明所决定。”

(三)规制国际民事诉讼与国际商事仲裁之间关系的原则

支持和监督仲裁原则调整国际民事诉讼与国际商事仲裁在纠纷解决中的解纷权分配和案件管辖平衡问题。国内法院和仲裁庭之间的关系被认为是一种“伙伴关系”,① 但此处存在一种张力。一方面，仲裁作为合意程序，因跨国主义思想而得到了强化。另一方面，不管愿不愿意承认，一个简单的事实是，只有拥有强制权力的法院，才可以在仲裁处于有失败危险的时候，维护和拯救仲裁。②

司法是社会解决纠纷的基础性制度。作为社会正义的最后一道防线，诉讼对其他解决纠纷方式具有示范和监督的作用。仲裁作为商业社会最为重要的替代性纠纷解决方式，无疑是需要司法的支持的监督的。公正和效率是商事仲裁所追求的重要价值目标，也是仲裁作为一种民间性的冲突解决机制赖以存在的基础。当事人选择仲裁方式解决纠纷的原因不是因为仲裁的权威，而是基于仲裁的公正和效率。要实现仲裁的公正和效率，就离不开对商事仲裁的支持和监督。

1958 年联合国《关于承认及执行外国仲裁裁决公约》(以下简称《纽约公约》)构建了全球范围内仲裁裁决流动机制，为法院支持和监督仲裁提供了法律依据。1985 年联合国《国际贸易法委员会国际商事仲裁示范法》体现了支持仲裁，排除法院干预仲裁的态度，为国际社会普遍认同。英国、德国、俄罗斯、巴西、韩国等国家的仲裁法中均有类似的规定。

三、中国国际民事诉讼法原则体系的构建

(一)系统论视角下的国际民事诉讼法原则体系构建思路

贝塔朗菲认为，系统是相互联系、相互作用的诸元素的综合体。如果一个集合中至少包含两个对象，且两个对象按一定的方式相互联系在一起，则这个集合就成为一个系统。③ 系统是由其各个部分——元素组成，而系统内部诸元素不是毫无关

① See Goldman, The Complementary Role of Judges and Arbitrators, 259 (ICC Publication No. 412 [1992]).

② Lord Mustill in Coppee Levalin NY v Ken-Ren Fertilisers and Chemicals, [1994] 2 Lloyd's Rep. 116(HL).

③ 参见苗东升:《系统科学精要》，中国人民大学出版社 2010 年版，第 20~21 页。

系地偶然地堆积在一起的，而是有着紧密的相互联系和相互作用的。系统诸元素之间相互关系和相互作用所造成的约束，在形成结构中起着关键的作用，在系统中，关系比元素更重要。① “不是性质范畴支配着关系范畴，而是关系支配着性质。”② 元素、目标和关系的组合构成了一个系统。

国内民事诉讼法从起诉为起点③，直到最后执行的结束，呈现出单向性和直线性的特点。而对国际民事诉讼不再是单纯的程序问题，往往会涉及国家主权、互惠关系、国际条约以及司法协助等问题，面临着司法主权无法超越国界的困难。因而无论是基本原则，还是在管辖、送达、期间等具体制度上，国际民事诉讼与国内民事诉讼存在着诸多的不同，应当有专门性的、针对性的规则。国际民事诉讼涉及一系列的内容，主要包括：国家间司法主权的冲突和协调；国家豁免问题；外国人在中国国际民事诉讼中的地位；法院的司法管辖权；司法救济问题；当事人权利的平等保护；程序的公平和正义；诉讼中的证据问题；诉讼中的法律适用问题；法院的判决效力问题；判决如何得到外国法院的承认和执行问题等。这些问题构成了国际民事诉讼法的内容体系，它们之间存在着密切的联系，形成了一个完整的系统。

国际民事诉讼法是一个系统，内国及外国的司法主权、法院和当事人、国际民事诉讼制度与国际商事仲裁制度等都是这个系统中的要素，这些要素构成了中国国际民事诉讼法、外国国际民事诉讼法和国际商事仲裁三项基本元素。系统的目标是解决在国际经济贸易交往中引起的纠纷。要素之间的相互关系是理解和分析国际民事诉讼法体系的关键。要素间相互作用，形成了三种基本关系，即本国司法主权与其他国家司法主权的关系、在诉讼过程中形成的法院与当事人之间的关系以及国际民事诉讼与其他纠纷解决机制的关系。这三组关系决定了国际民事诉讼法的性质范畴，三组关系所规制的原则之间的相互作用构成了国际民事诉讼法原则体系。

(二)关于中国国际民事诉讼法原则的评析

中国国际民事诉讼法原则散见于我国《民事诉讼法》中，具体包括了第 5 条“同等原则和对等原则”；第 260 条“信守国际条约原则”；第 261 条“司法豁免原则”；第 262 条“使用我国通用语言、文字原则”；第 263 条“委托中国律师代理诉讼原

---

① 颜泽贤等：《系统科学导论——复杂性探索》，人民出版社 2006 年版，第 77 页。

② See A. N. Whitehead, Process and Reality 8 (Cambridge University Press 1929).

③ 民事诉讼法理论关于诉讼的起点有“起诉说”和“受理说”，本文采用“起诉说”。

则”；第 276 条“司法协助原则”。① 这些原则是立法者收集了大量的司法案例，对其进行归纳和提炼，总结出来的具有指导性的规则，具有很强的针对性、实用性和指导性。

中国在立法上并没有明确规定国家主权原则，但《中华人民共和国宪法》确立了人民法院依法独立行使审判权，并且不受行政机关、社会团体和个人的干涉的原则。② 1949 年的“民用航空运输公司诉中央航空运输公司案”③、1978 年的“吉米诉中华人民共和国烟花产品责任损害赔偿案”和 1979 年的“湖广铁路债券案”④等都涉及国家主权的重要内容——国家豁免问题。在湖广铁路债券案中中国政府表明了立场：“主权豁免是一项重要的国际法原则，它是以联合国宪章确认的国家主权平等原则为基础的。中国作为一个主权国家，无可争辩地享有司法豁免权。”⑤中国政府坚持绝对豁免原则，宣示了坚持国家主权原则的立场，但完全拒绝外国法院的司法管辖，客观上会排除中国法院受理本国企业与外国政府间投资纠纷的可能，也堵死了在外国解决纠纷的渠道，越来越显示出其不适应性。⑥ 并不符合中国的国家利益，也不利于对中国公民和企业的保护。因此，中国应当采用国家限制豁免原则。

我国确立了司法救济原则。根据我国《民事诉讼法》第 118 条第 2 款的规定，当事人(含外国当事人)缴纳诉讼费用确有困难的，可以按照规定向人民法院申请缓交、减交或者免交。最高人民法院公布的《关于对经济确有困难的当事人提供司法救助的规定》(2005 年修订)(以下简称《司法救助规定》)，使我国的司法救助制度大大向前迈进一步，但是，《司法救助规定》仅就司法救助制度进行了原则性的规定，缺乏具体的实施规则。在司法实践中，外国当事人如何进行司法救济的申请，人民法院怎样给予救济，目前尚未有具体的规定。因此，在落实司法救济原则方面，在立法上还存在着完善的空间。

我国《民事诉讼法》第 5 条规定：“外国人、无国籍人、外国企业和组织在人民法院起诉、应诉，同中华人民共和国公民、法人和其他组织有同等的诉讼权利义务。外国法院对中华人民共和国公民、法人和其他组织的民事诉讼权利加以限制

① 《民事诉讼法》，中国法制出版社 2012 年版，第 2、116、121 页。

② 《宪法》(2004)第 123 条规定：中华人民共和国人民法院是国家的审判机关。第 126 条规定：人民法院依照法律规定独立行使审判权，不受行政机关、社会团体和个人的干涉。

③ 林准主编：《国际私法案例选编》，法律出版社 1996 年版，第 128 页。

④ 陈致中主编：《国际法案例》，法律出版社 1998 年版，第 32 页。

⑤ 李双元、欧福永主编：《国际私法教学案例》，北京大学出版社 2012 年版，第 9~11 页。

⑥ 参见江必新、贺荣主编：《涉外商事海事审判指导》(总第 27 辑)，人民法院出版社 2014 年版，第 4~5 页。

的，中华人民共和国人民法院对该国公民、企业和组织的民事诉讼权利，实行对等原则。"这一条明确了在我国涉外民事诉讼中适用平等原则和对等原则。在"日本公民五味晃申请中国法院承认和执行日本法院判决案"(简称"五味晃案")中，人民法院驳回申请人五味晃请求的一项重要原因是"中国和日本国之间，没有两国共同参加的有关相互承认和执行法院判决的国际条约，亦无互惠根据。"①平等原则和对等原则在本案中予以适用。

公共秩序原则为我国法律和政策所认可，并在司法实践中常有应用。从现有案例看，最高人民法院列举的公共秩序内容包括：法律基本原则、社会根本利益和善良风俗。在某国际贸易公司和某媒体有限公司申请承认及执行国际商会仲裁院第13464/MS/JB/JEM号仲裁裁决一案②中，最高人民法院在复函中指出，"在中国有关法院就济南某制药股份有限公司与合资公司某制药有限公司之间的租赁合同纠纷裁定对合资公司的财产进行保全并作出判决的情况下，国际商会仲裁院再对济南某制药股份有限公司与合资公司某制药有限公司之间的租赁合同纠纷进行审理并裁决，侵犯了中国的司法主权和中国法院的司法管辖权"。而善良风俗则主要体现在1997年美国制作公司等申请执行中国国际经济贸易仲裁委员会仲裁裁决案(美国制作公司案)中。最高人民法院认为，执行该裁决将损害中国的社会公共利益。由此可见，公共政策有着明显的时代背景，即使同一个国家在不同历史时期其公共政策的内容也可能不尽相同。而且公共政策并不仅限于经济利益，社会基本的道德、宗教以及社会标准也应是公共政策的内容。③ 最高人民法院在2012年韦斯顿瓦克案中表明的观点，即对公共秩序应作"严格解释和适用"。

我国并没有明确的"适当法院原则"的概念，但在法律对于管辖权的分配中也会反映这方面的内容，我国司法管辖理念由过去的案件必管向现在的"适当法院"转变，借鉴国际上关于法院管辖的实践经验，并结合我国的司法实践，在我国，确立法院行使管辖权是否"适当"时，应当考虑以下因素：(1)当事人的意思表示；(2)案件与法院地的联系；(3)当事人权利救济的必要性；(4)当事人行使诉讼权利的便利；(5)判决承认与执行的可能性。综合考量这些因素，才能对法院管辖的适当性作出科学的判断。本原则作为一般性原则统领管辖权规则，旨在引导法院合理

① 何其生：《域外送达制度研究》，北京大学出版社2006年版，第242页。

② 参见《最高人民法院关于不予承认和执行国际商会仲裁院仲裁裁决的请示的复函》([2008]民四他字第11号)。

③ 参见何其生：《国际商事仲裁司法审查中的公共政策》，载《中国社会科学》2014年第7期，第147~148页。

地确定管辖权，解决涉外民商事管辖权的积极冲突和消极冲突。

我国《民事诉讼法》第 10 条中规定的公开审判制度是程序公开原则的具体体现。我国现在正在进行审判公开的改革，一项重要的措施是判决书上网，既有利于社会的监督，也有利于人们对法律的学习。

法院地法原则和国际条约优先原则在我国同样适用。我国《民事诉讼法》第 259 条规定："在中华人民共和国领域内进行涉外民事诉讼，适用本编规定。本编没有规定的，适用本法其他有关规定。"

作为一个负责任的大国，中国一向遵守和尊重国际条约，严格恪守国际法上的"条约必须信守"的原则。我国《民事诉讼法》第 260 条规定："中华人民共和国缔结或者参加的国际条约同本法有不同规定的，适用该国际条约的规定，但中华人民共和国声明保留的条款除外。"

确立既判力原则，有利于中国法院判决在外国的承认与执行，有助于提升中国的司法国际公信力。目前，中国与 25 个国家的司法协助条约或协定均有此类条款。既判力原则既是对当事人滥用诉权可能性的限制，也是对法院依法行使管辖权的规范，符合国际民事诉讼的内在要求。

我国在近些年来逐步重视和完善仲裁制度建设，我国《仲裁法》和相关的司法解释规定了支持和监督仲裁原则，具体表现为：人民法院不受理有仲裁协议的纠纷。人民法院有权作出仲裁协议是否有效的裁定，并对仲裁协议的效力享有最终决定权。法院是财产保全和证据保全的实施主体。1995 年 8 月 28 日最高人民法院《关于人民法院处理与涉外仲裁及外国仲裁事项有关问题的通知》中，确立了仲裁监督制度——内部报告制度，要求：(1)凡起诉到人民法院的涉外、涉港澳和涉台经济、海事海商纠纷案件，如果当事人在合同中订有仲裁条款或者事后达成仲裁协议，人民法院认为该仲裁条款或者仲裁协议无效、失效或者内容不明确无法执行的，在决定受理一方当事人起诉之前，必须报请本辖区所属高级人民法院进行审查；如果高级人民法院同意受理，应将其审查意见报最高人民法院。在最高人民法院未作答复前，可暂不予受理。(2)凡一方当事人向人民法院申请执行我国涉外仲裁机构裁决，或者向人民法院申请承认和执行外国仲裁机构的裁决，如果人民法院认为我国涉外仲裁机构裁决具有《民事诉讼法》第 260 条规定情形之一的，或者申请承认和执行的外国仲裁裁决不符合我国参加的国际公约的规定或者不符合互惠原则的，在裁定不予执行或者拒绝承认和执行之前，必须报请本辖区所属高级人民法院进行审查；如果高级人民法院同意不予执行或者拒绝承认和执行，应将其审查意见报最高人民法院。待最高人民法院答复后，方可裁定不予执行或者拒绝承认和执行。内部报告制度显示出我国对支持和监督仲裁的谨慎态度。

综上所述，国际民事诉讼法原则在我国的立法和司法实践中都有所体现，但原则之间相互独立，缺乏内在的逻辑关联性，仅仅附属于国内民事诉讼法原则之中，作为国内民事诉讼法基本原则的补充，没有形成涵盖整个中国国际民事诉讼法的明确而完整的原则体系。

(三)中国国际民事诉讼法原则体系的建构

根据建构性诠释模式理论，法律原则是建构性诠释的结果，决定了法律原则要受到法律体系现状的约束，而且法律原则必须构成融贯的原则体系，这就要求用系统论的方法来建构法律原则。法律体系的现状、融贯性和道德合理性要求都对法律原则起着制约的作用。这些与法律原则性质相联系的制约条件设定了适用法律原则的方法论界线。①

国际民事诉讼法以功能作为标准可以分为三个部分，即国家利益、民商事纠纷解决机制和国际民事诉讼程序。国际民事诉讼法的目的是如何以最合理最有效的方式解决国际民商事纠纷，其中，国际民事诉讼程序是国际民事诉讼法的核心，国家利益和民商事纠纷解决机制都是为国际民事诉讼程序服务的，这三个部分共同为达到解决纠纷的目的服务的。

法律体系是在一个主权国家的范围内构建起来的，一般认为，法律体系不是几个国家的法律构成的整体，也不是一个地区或几个地区法律构成的整体，而是一个主权国家法律构成的整体，是一个国家主权的象征和表现。② 国际民事诉讼法尽管可能涉及具有涉外因素的主体和客体以及涉外法律关系，但其实质仍然是国内法，其法律规定依然只能适用于一国主权范围内。国家主权原则要求国家通过立法的形式对该国境内的所有诉讼活动和行为进行规范，外国人(包括外国自然人和法人)在该国境内进行诉讼活动必须遵守该国的诉讼法规范，并根据本国的国家利益和社会利益对某些案件行使专属管辖权，从而排除其他国家审理有关案件的可能性。一个国家的法院有权依据本国的诉讼法规范受理并审理有关的案件；除国际条约或有关国家的法律有相反的规定外，外国人有义务接受所在国法院的这种司法管辖权。③ 国家主权原则是国际民事诉讼法的统摄性原则，是对国际民事诉讼的最基本的要求，如果越过此底线，国际民事诉讼程序则很难进行或者程序的结果——法院

① 刘叶深：《法律原则研究的几种类型》，载《浙江社会科学》2012 年第 3 期，第 44 页。

② 姚建宗：《法理学》，科学出版社 2010 年版，第 79 页。

③ 参见韩德培主编：《国际私法》，高等教育出版社、北京大学出版社 2014 年版，第 479 页。

判决不能得到承认与执行。国家主权原则宣誓了国家主权和国家利益神圣不可侵犯，公共秩序原则则从反向否定了违背法律基本原则、社会根本利益和善良风俗的诉讼行为可能承受的不利后果。这两项原则作为国际民事诉讼的保护性原则，宏观上规范了国际民事诉讼程序的基本要求，奠定了整个国际民事诉讼法的基调。对于国际民商事纠纷的解决，既不可能也没有必要全部由国际民事诉讼程序来承担。在司法实践中，一部分甚至是大部分国际民商事纠纷的解决都是由非诉讼解决机制(ADR)来承担。其中，最重要且最具代表性的制度就是国际商事仲裁制度，它以意思自治、程序灵活、裁决的全球流动性等优势广受纠纷当事人的青睐。制度的设计允许在一定条件下，通常是纠纷当事人有仲裁协议的前提下将纠纷提交仲裁解决。本质上是当事人为解决彼此间已经发生或将要发生的争议的一种契约性安排。国际仲裁只有得到法院的帮助和支持，程序才能顺利进行，离开了法院的支持与协助，仲裁庭难以履行职责。同时，同为解决国际民商事争议的方式，国际民事诉讼和国际商事仲裁之间存在着对国际民商事纠纷案件的权力划分和案件分配。支持和监督仲裁原则是在制度的层面处理了国际民商事纠纷解决的分配问题。适当法院原则规范了中国法院与外国法院对于涉外案件的管辖权的界域，界定了哪些案件适合由中国法院进行管辖。平等原则和对等原则以及司法救济原则是为当事人双方能够平等地进行诉讼提供了条件。

程序公正原则和程序公开原则规制了诉讼程序的正义性问题，它们成为审查判决合法性的关键。法院地法原则和国际条约优先原则规制了国际民事诉讼过程中的法律适用问题，法院地法原则强调的是在程序法的适用以法院地法为原则，而国际条约优先原则适用于实体法和程序法，在中国的做法是将中国加入的国际条约先以国内立法的形式固定，然后在司法实践中进行适用。诉讼程序启动以后，程序公开原则、程序公正原则、法院地法原则和国际条约优先适用原则共同指引诉讼程序顺利流畅地展开，保证诉讼程序的公正，最终实现实体的正义。既判力原则有效地保护了经过诉讼程序所得到的结果——判决的效力，使其受到尊重以及获得法律的强制性保护的可能，也确保了司法的权威性。

国际民事诉讼法与其他的程序法相同，都是通过程序公开和程序正义，最终实现实体的正义。正义不仅要实现，而且要以看得见的形式实现，是现代法治社会公认的司法准则。法官的选任、当事人的程序权利需要在诉讼程序中得到充分的体现。国际民事诉讼程序中诸多制度，例如取证、送达、执行和管辖权、判决的承认和执行等，这些具体制度和诉讼行为的实现必须在国际民事诉讼原则的指引进行和完成。

四、结语

国际民事诉讼在现代国际经济贸易交往中发挥着越来越重要的作用，需要将国际民事诉讼法作为独立的法律部门进行系统性体系化研究。法律原则是国际民事诉讼法的核心问题，也是研究国际民事诉讼法理论的起点。国际民事诉讼的过程超越了国界，不仅涉及法院与内国当事人的关系，还涉及外国当事人的诉讼地位、法院与外国当事人之间的关系，甚至是国与国之间司法权的博弈，呈现出极为复杂的社会关系和法律关系。在这些错综复杂的关系中，将国际民商事纠纷解决机制视为一个系统，中国国际民事诉讼法、外国民事诉讼法、国际商事仲裁制度是该系统中的基本“元素”，解决国际民商事纠纷是该系统的“目标”，而研究它们之间的“关系”，则是这个系统的中心任务。国际民事诉讼制度中隐含的国与国之间的关系、中国国际民事诉讼程序中法院与诉讼参加人之间的关系以及国际民事诉讼与国际商事仲裁之间的关系提供了考察中国国际民事诉讼法原则及结构的视角。在此三组关系视域下研究中国国际民事诉讼法原则所涵盖的内容，相互关系及基本构造。各原则各有分工，相互关联，互相影响和制约，在逻辑上具有自洽性，形成了一个立体而统一的多维构造体，形成了中国国际民事诉讼法原则的体系框架。

On the Construction of a Principles' System of Chinese International Civil Procedure Law

Abstract: Principles are basic theory of international civil procedural law. Establishing principles of Chinese international civil procedural law is conducive to promote Chinese voice in international rule-making. It is also beneficial to spread Chinese judicial ideas and legal values to the world. The research method is very important for studying the international civil procedural law. In the perspective of international dispute resolution mechanism, there are three sets of relationship in the international civil procedural law. Conflicts and coordinations exist in national judicial sovereignties. Balance should be kept between the trial power and the right of appeal. And the power distributions happen between the international civil litigation and international arbitration. National interests, international civil litigation and cases allocation mechanism are also concerned. 11 principles, including national sovereignty principle, regulate such three significant issues. These principles appear in Chinese legislations and judicial cases. However, it is necessary to build the principles system of Chinese international civil procedural law logically for their isolation.

Key words: international civil procedure; national interests; dispute resolution mechanisms; principle system; construction

二、专论

多边贸易谈判中的粮食安全关切探析

——以《巴厘决议》为视角

□ 张晓京 *　李捷理**

内容摘要：粮食安全一直是多哈农业谈判中久议不决、备受争论的议题。2013年，WTO第九届部长会议首次就该议题达成专门协议——《用于粮食安全目的的公共储备决议》。决议以“和平条款”的形式，给予发展中成员粮食公共储备补贴一定的政策灵活性。“和平条款”暂时平衡了各方粮食安全利益之争，但作为一项临时性、过渡性方案，其适用价值有限。因此，WTO未来工作计划要求继续研究粮食安全问题，直至达成永久方案。一系列选择性方案纳入“后巴厘”议程，但方案设计大多聚焦于修改WTO现行规则，给予发展中成员更大的国内支持政策空间。这显然有悖于WTO宗旨，不具有现实可行性。“澄清管理价格与市场价格关系，证明管理价格合格”的方案不仅完全契合现行贸易规则，而且具有经济上的合理性，有利于农业自由贸易与粮食安全目标间的统一，是现有永久性解决方案的最佳选择。

关键词：《巴厘决议》　和平条款　粮食安全　粮食公共储备

目　次

---

* 张晓京，湖北经济学院副教授，法学博士，硕士生导师。

** 李捷理，俄亥俄大学终身教授，社会学博士，博士生导师。

自2001年多哈回合谈判启动以来，几经波折，最终于印尼巴厘岛召开的WTO第九届部长级会议上正式签署了近20年来达成的首份多边贸易协议——"巴厘一揽子协定"。同时，多哈回合余下的议程以及过去20年间出现的各类新问题仍将继续被讨论。《用于粮食安全目的的公共储备决议》（文中简称《巴厘决议》）是"巴厘一揽子协定"的核心组成部分，也是未来谈判需要继续讨论的问题。本文在回顾《巴厘决议》中粮食安全关切历史由来的基础上，分析了《巴厘决议》取得的进展以及法律上存在的局限，探讨了后巴厘时代粮食安全公共储备问题的永久性解决方案，以期为未来多哈农业谈判提供可行路径。

一、历史回溯：WTO框架下的粮食安全关切

WTO框架下的粮食安全关切实质上涉及农业贸易自由化与粮食安全之间的关系，即现行农业贸易规则是否有利于实现国家的粮食安全目标，抑或是指现行WTO框架体系下，在推进贸易自由化改革的同时，如何有效保障国家的粮食安全，尤其是发展中国家的粮食安全。自WTO建立以来，该问题一直是争论的焦点。它凸显于乌拉圭回合，导致多哈议程2008年崩溃，几乎使2013年巴厘部长会议脱轨，成为影响几轮贸易谈判的关键问题。

（一）巴厘部长会议之前作为非贸易关注的粮食安全问题

WTO框架下的粮食安全关切始于乌拉圭回合农业谈判。谈判旨在实现农产品

贸易更大的自由化，对于贸易改革引起的粮食安全关切，并不是谈判的核心问题。① 但是，谈判中一些发达与发展中国家成员通过主张粮食安全需要来证明其粮食进口壁垒及高水平的国内支持的合理性。② 作为谈判各方利益博弈的结果——《农业协定》一定程度上考虑了上述主张。协定在序言中明确规定，所有成员之间改革计划下的承诺应以公平的方式作出，考虑包括粮食安全需要在内的非贸易关注，③ 同时考虑改革计划的实施可能对最不发达国家和粮食净进口发展中国家产生的影响。在协定的具体制度设计方面，粮食安全关切也有所体现，如给予发展中成员市场准入、国内支持、出口补贴削减特殊待遇，规定粮食安全公共储备、国内粮食援助等粮食安全保障措施。此外，该协定第 20 条要求后续谈判应继续考虑粮食安全关切。

然而，自 1995 年实施以来，《农业协定》引起了发展中国家的强烈不满，他们认为《农业协定》推行的农产品贸易自由化破坏了其粮食安全。批评者提出农业贸易规则有利于发达国家，允许他们继续维持高额的农业补贴，他们不合理地限制了发展中国家追求粮食安全和农业发展的能力，甚至破坏了食物权。④ 在此背景下，根据《农业协定》第 20 条的规定，粮食安全成为多哈回合农业谈判的重要议题。

谈判中，欧盟、日本等发达国家将粮食安全作为农业多功能性概念的重要内容，提出农业除具有生产食物和植物纤维等农产品这一主要和传统的功能外，还具有其他经济、社会和环境方面的非商品生产功能，如保障粮食安全、消除农村贫困等。因此，他们主张，粮食进口壁垒和高额的农业补贴对于实现农业多功能性具有合理性。然而，根据粮食生产、消费和出口的可比较指标，发达国家并不存在粮食不安全的状况。最终，发达国家维持农业保护和补贴的要求未能通过谈判实现。另

① 张晓京：《WTO 与粮食安全——法律与政策问题》，湖北人民出版社 2014 年版，第 64 页。

② Eugenio Diaz-Bonilla, On Food Security Stocks, Peace Clauses, and Permanent Solutions after Bali, IFPRI Discussion Paper 01388, p. 4, November 2014, available at http: //www. ifpri. org/sites/default/files/pub-lications/ifpridp01388. pdf, visited on 8 Apr. 2015.

③ 关于非贸易关注，目前并没有统一的界定，根据国内学者倪洪兴、张晓涛的观点，非贸易关注是指那些有悖于 WTO 自由贸易的基本原则，但却涉及个人、国家或整个世界的多方面社会福利的一些问题。从广义上看，非贸易关注主要包括两方面的内容：一是纯粹的农产品自由贸易无法体现和实现的农业生产的全部价值，从而导致贸易某一方（大多数情况下为农产品的进口方）利益的损失和减少的问题；二是指开展农产品贸易可能引起和影响到的问题，在乌拉圭回合协议的序言里被定义为包括粮食安全及环境保护的需要。本文侧重于使用第二个层面的定义。

④ Alan Matthews, *Trade Rules, Food Security and the Multilateral Trade Negotiations*, 41 (3) ERAE 513 (2014).

一方面，发展中国家在多哈谈判中也强烈主张其粮食安全需求。2000年6月，古巴等11个发展中国家提出了建立“粮食安全箱”，要求维持某些农产品进口保护的权利，如指定特殊产品(SP)、设立特殊保障机制(SSM)，同时享有农业补贴削减特殊待遇。这些建议为2008年12月草案(TN/AG/W/4/Rev.4)部分采纳。

(二)巴厘部长会议期间涉及粮食公共储备补贴的粮食安全问题

2008年多哈回合陷入停滞之后，打破僵局的是“早期收获计划”。① 根据该计划，巴厘第九届部长会议将贸易便利化，农业谈判中的粮食安全、农产品关税配额管理、农产品出口竞争以及关注最不发达国家等议题打包进行谈判。在此期间，因受全球粮食价格危机的影响，WTO成员对粮食安全的关注发生了重大变化，从一般性的非贸易关注转向具体的粮食公共储备问题。如果说巴厘会议之前的农业贸易谈判针对的是那些通过补贴和保护而人为地扩大供应的政策，如市场准入、出口补贴，那么巴厘会议期间的谈判则更多侧重于人为限制供应和扩大需求的政策，如出口限制、国内支持。② 用于粮食安全目的的公共储备补贴就属于涉及“黄箱”、“绿箱”等国内支持政策的典型问题。③

所谓“黄箱”支持，是指政府对农产品的直接价格干预和补贴，主要包括：价格支持，营销贷款，面积补贴，牲畜数量补贴，种子、肥料、灌溉等投入补贴等。因其对农产品贸易产生扭曲，成员方必须承担约束和削减义务。《农业协定》要求各成员用综合支持量(AMS)来衡量“黄箱”支持的大小。综合支持量是以货币形式表示的、对基本农产品生产者生产某项特定农产品提供的，或者对全体农产品生产者生产非特定农产品提供的年度支持。对具体农产品(或所有农产品)的支持，只要其AMS不超过该产品生产总值(或农业总产值)的5%(发展中成员为10%)，④ 就无须履行削减义务。对“黄箱”中低于5%或10%而无须要削减的这部分国内支持，《农业协定》称之为“微量许可或支持”。换言之，只要WTO成员提供的“黄

① “早期收获计划”由WTO第八届部长会议提出，要求WTO成员选择一些技术性比较成熟、涉及政治敏感度较低的议题开展小规模谈判，先行达成协议。

② Eugenio Diaz-Bonilla, On Food Security Stocks, Peace Clauses, and Permanent Solutions after Bali, IFPRI Discussion Paper 01388, p.5, November 2014, available at http://www.ifpri.org/sites/default/files/pub-lications/ifpridp01388.pdf, visited on 8 Apr. 2015.

③ “绿箱”、“黄箱”等称谓是用来描述WTO《农业协定》中国内支持政策的专用术语。“绿箱”类似于交通灯中“红灯停，绿灯行，黄灯减速”的绿灯，是“免除削减承诺的国内支持措施”，常称之为“绿箱”支持、“绿箱”政策或“绿箱”措施；“黄箱”是类似于“减速”的黄灯，是需要受到约束、承担削减义务的国内支持措施，常称之为“黄箱”支持、“黄箱”政策或“黄箱”措施。

④ 参见《农业协定》第6.4条规定。

箱”支持没有超过微量许可上限，就免除削减承诺。就用于粮食安全目的的公共储备补贴而言，如果政府采购粮食提供的价格支持超过微量许可上限，则需要计入AMS，履行削减义务。

所谓“绿箱”支持，是指由政府提供的、其费用不转嫁给消费者，且对生产者不具有价格支持作用的政府服务计划和对生产者的直接支付。其对农产品贸易和农业生产不会产生或仅有微小的扭曲影响，成员方无须承担约束和削减义务。《农业协定》附件2列明了“绿箱”支持的三个标准：(1)所涉支持应通过公共基金供资的政府计划提供，包括放弃的政府税收；(2)所涉支持不得具有对生产者提供价格支持的作用；① (3)必须符合特定政策标准和条件。用于粮食安全目的的公共储备补贴作为附件2罗列的“绿箱”措施之一，还必须符合特定的政策标准和条件，包括：(1)这类开支或补贴均不得表现为高于市场价格收购或低于市场价格销售储备粮；(2)储备性补贴必须保持充分透明和符合储备需要，即粮食储备性补贴不得过度；② (3)储备粮政府收购价格(管理价格)与外部参考价格的差额要在综合支持量中加以说明。③

《农业协定》关于“黄箱”、“绿箱”支持的规定，引起了发展中成员对用于粮食安全目的的公共储备国内支持的高度关注：一是大多数发展中成员④在乌拉圭回合谈判中没有宣布国内支持措施，其AMS是负值。因此，乌拉圭回合之后，微量允许就是其能够使用的“黄箱”支持的上限。对于实施粮食公共储备项目的发展中成员而言，其用于储备粮的补贴最大上限是粮食生产总值的10%，超过该限度，就需要履行削减义务。二是“用于粮食安全目的的公共储备”除需满足“绿箱”支持的一般性标准，还必须符合特定政策标准和条件。如果采购粮食的管理价格高于现行市场价格，就会被视为提供了价格支持，不再享有免于削减承诺。

基于此，以印度为代表的33国集团(G33)要求WTO更新《农业协定》规定，在以粮食安全为目的的公共储备上给予发展中成员粮食采购价格操纵更大灵活度。印度认为，如果必须将“管理价格(粮食收购价格)与固定外部参考价格的差额在AMS中加以说明”的话，因外部参考价格为1986—1988年间某一产品的普遍平均价格，而当时初级商品价格水平很低，这可能抬高隐含的补贴数额，加上近期国际粮价很高，因此可能产生较高的管理价格。按上述办法计算的隐含补贴数额可能突破微量许可(10%)的限度。为此，G33建议将这种价格支持排除在整体支持措施(即总

① 参见《农业协定》附件2.1规定。

② 参见《农业协定》附件2.3规定。

③ 参见《农业协定》附件2.3的脚注5规定。

④ 包括95个发展中国家、4个发达国家。

AMS)范围之外，以便这种支持不受任何数量上的限制。①

G33 的提案遭到以美国为首的发达国家和部分发展中国家(如巴基斯坦、泰国)的强烈反对，他们认为过多市场价格支持加入“绿箱”政策将扭曲贸易，损害粮食安全。② 首先，他们认为 G33 的提案违反了“绿箱”不提供价格支持的基本标准(附件第 2.1 条 b 项)，一些发展中国家提供的粮食公共储备补贴构成了事实上的价格支持；其次，他们担心过量的粮食储备可能导致出口补贴，损害其粮食安全。如果 WTO 成员向低收入和缺乏资源的农民收购储备粮时提供价格支持，可能会使粮食库存超过国内粮食消费指标，从而导致剩余粮食出口，最终构成出口补贴，损害其他国家的粮食生产能力。

WTO 成员在粮食公共储备补贴问题上的分歧使得整个巴厘会议充满变数，为避免谈判无果而终，部长会议找到一个临时性解决方案——“和平条款”，即在发展中成员的粮食安全储备补贴超出微量允许上限的情况下，其他成员应保持适当克制，避免通过 WTO 争端解决机制提起法律诉讼。临时方案暂时实现了多方利益妥协，成就“巴厘一揽子协定”。

二、进展与局限：巴厘谈判达成《用于粮食安全目的的公共储备决议》

《巴厘决议》于 2013 年 12 月 7 日由 WTO 第九届部长会议正式通过，是自乌拉圭回合谈判以来首次就粮食安全关切达成的专门决议。决议代表着粮食安全议题在多哈议程中取得的进展，但也存在着明显的先天不足。

(一)《巴厘决议》的主要内容

该决议包含十项条款，涉及六方面内容：

1. 决议性质

决议第 1 条明确规定，在 WTO 第 11 届部长会议谈判达成一项关于粮食储备补贴的永久性解决方案之前，《用于粮食安全目的的公共储备决议》是一项临时机制。③

2. 和平条款

---

① 联合国贸易和发展会议(UNCTAD)，建立一个扶持型多边贸易体系促进包容性和可持续发展，TD/B/C. I/MEM. 5/5，2014 年 9 月 29 日，第 27 段。

② 《农业贸易的小步推进?》，《桥》谈判简报(巴厘特刊)，2013 年 12 月。

③ WTO，WT/MIN(13)/38 — WT/L/913，para. 1.

根据决议第 2 条，在找到永久性解决方案前，并在满足下列条件的前提下，对于本决议通过之日已存在的、为实施用于粮食安全目的的公共储备项目而对传统主粮作物提供的、且符合《农业协定》附件 2 第 3 款、脚注 5 及脚注 5 & 6 的支持，各成员应克制通过 WTO 争端解决机制对发展中成员是否遵守其在《农业协定》第 6.3 款①和 7.2(b)项②下的义务提出质疑。该规定实际上授权已经实施公共粮食储备项目的发展中成员，在符合《农业协定》关于"用于粮食安全目的的公共储备"规则的前提下，其用于粮食安全的收储补贴不计入"黄箱"，不应被提起违反农业补贴纪律的 WTO 法律诉讼。

3. 通报和透明度义务

根据决议第 3 条，受益于"和平条款"的发展中成员应向 WTO 农业委员会通报因实施公共粮食储备项目而超过或者可能超过其综合支持总量(总 AMS)上限之一或全部上限(即总 AMS 约束水平或微量许可水平)的情况，并提供此项目的详细信息和数据。③ 同时，发展中成员还应继续履行《农业协定》项下的国内支持通报要求。决议关于"通报和透明度"的规定旨在保证实施公共粮食储备项目的发展中成员接受农业委员会的监督和检查。

4. 反规避和保障措施

为限制适用"和平条款"对其他 WTO 成员造成不利影响，决议第 4、5 条规定了保障措施，进一步要求实施公共储备项目的成员应保证此类项目下的粮食采购不扭曲贸易或对其他成员的粮食安全造成不利影响，并且不得超过本国总 AMS 约束水平或微量支持上限。④

5. 磋商义务

为监督发展中成员公共储备项目的执行情况，决议要求受益于本决议的发展中成员应请求，应与其他成员就本决议要求通报的公共储备项目的运行情况进行磋商。⑤

6. 决议运行的监督

为保证决议得以有效实施，决议第 7~10 条赋予了 WTO 农业委员会两项工作

---

① 《农业协定》第 6.3 条规定：如一成员在任何一年中其以现行综合支持总量表示的有利于农业生产者的国内支持未超过该成员减让表第四部分列明的相应年度或最终承诺约束水平，则该成员应被视为符合其国内支持削减承诺。

② 《农业协定》第 7.2(b)条规定：如一成员减让表第四部分无综合支持总量承诺，则该成员给予农业生产者的支持不得超过第 6 条第 4 款所列的有关微量水平。

③ WTO, WT/MIN(13)/38 — WT/L/913, para. 3.

④ WTO, WT/MIN(13)/38 — WT/L/913, paras. 4, 5.

⑤ WTO, WT/MIN(13)/38 — WT/L/913, para. 6.

职责。一是处理发展中国家根据本决议必须提交的信息，如可能超过该国综合支持量约束上限或微量支持上限的公共粮食储备项目等。二是在2017年第11届部长级会议上提出对策建议的工作计划。决议规定，该工作计划由“农业委员会”来承担。①

(二)《巴厘决议》取得的进展

作为“巴厘一揽子协定”的重要组成部分，《巴厘决议》是农业议题的亮点，也是此次巴厘会议取得的重点突破。决议的通过，无论对于多哈进程本身，还是对于粮食安全问题的考虑，都具有积极的意义。

1. 促成多哈“发展”议程重新回归多边贸易体制

自2001年确立多哈“发展”议程以来，谈判进程可谓“一波三折、命运多舛”。造成多边贸易谈判举步维艰的原因复杂多样，但在农业这一敏感议题上利益的强烈对抗是导致多哈谈判18年以来屡陷僵局、停滞不前的关键因素。其中，发展中成员对粮食安全的关注是农业谈判破裂的直接导火索。面对多边贸易体制的裹足不前，许多WTO成员转向双边、区域自由贸易协定，使得本来作为WTO多边贸易框架补充的区域贸易协定大有取而代之的势头。“巴厘一揽子协定”的诞生，粮食安全关切的进展，无疑重新燃起了WTO成员对于多边贸易体制的信心，为各方冷静思考多边贸易谈判的未来走向铺平了道路。《巴厘决议》的出台，不仅意味着WTO工作所取得的进展，也有利于增强WTO的有效性和整个多边贸易体制。

2. 为WTO框架下解决粮食安全问题提供新的开端

《农业协定》第20条规定：农业贸易改革进程的继续应当考虑非贸易关注问题，即粮食安全和环境保护等非贸易因素。新一轮农业谈判启动以来，粮食安全成为多哈谈判的重要议题。然而，因各成员农业比较优势和贸易利益不同，他们在处理贸易与粮食安全的关系上立场迥异，导致多哈谈判数10年未就粮食安全关切达成任何共识。巴厘会议期间，虽然谈判各方在改革现行的粮食储备补贴规则方面也未取得一致，但最终能在一项过渡性的临时解决方案上实现妥协，这无疑对解决粮食安全问题迈出了重要的一步。从最终签署的声明来看，WTO各成员将“继续研究粮食安全问题，以提出一项永久性解决方案”列入未来的工作计划，意味着WTO框架下解决发展国家的粮食安全关切进入了一个新的起点。

(三)《巴厘决议》存在的法律局限

1. 决议的效力有限

① WTO, WT/MIN(13)/38 — WT/L/913, para. 8.

这是由决议的出台背景和性质决定的。在“巴厘一揽子协定”正式签署之前，美国和印度等成员在粮食储备补贴问题上不可调和的矛盾曾使巴厘会议屡陷危机。巴厘会议之前的日内瓦先期技术谈判中，印度态度强硬，要求放宽 WTO 农业补贴规则，允许政府以更灵活的操纵价格购买粮食公共储备。而美国、巴基斯坦、泰国等则坚决反对，巴厘会议前景黯淡。在巴厘会议开幕之后，因印度坚持将“和平条款”的时限确定为“永久性方案达成时”，而非美欧要求的 4 年，巴厘会议濒临崩溃。为保证巴厘会议于预定时间结束，唯一的办法是暂缓矛盾，推迟问题解决。正是在这样的背景下，“和平条款”一直到会议的最后一刻才达成。因此，它并非是解决粮食安全问题的终点，更确切地说是起点。另外，协定的临时性与过渡性决定了它只能在有限的时期内发挥有效的作用。根据决议第 1 条，WTO 将在四年内达成永久性解决方案，在此期间实施临时机制，这决定了“和平条款”只能在有限的时间期限内适用。同时，决议第 2 条明确规定“和平条款”仅“在找到永久性办法”前适用，因此，它并不是粮食安全公共储备补贴的最终解决办法。

2.“和平条款”的适用范围有限

决议第 2 条规定，能够免于 WTO 争端解决机制诉讼的只能是那些《农业协定》项下的粮食储备支持(补贴)，只要这些支持符合“绿箱”关于“用于粮食安全目的的公共储备”的规定，即不管提供粮食储备支持的发展中成员是否遵守《农业协定》项下国内支持削减承诺(总 AMS 上限)或微量支持水平，只要支持符合“绿箱”政策，则可以免除 WTO 争端解决机制下的诉讼。因此，“和平条款”仅适用于《农业协定》项下的国内支持纪律。如果其他成员适用《补贴与反补贴措施协定》(SCM 协定)在 WTO 争端解决机制内提出申诉，那么争端解决机构是可以受理的。因为在 WTO 争端解决实践中，当一个成员提出申诉请求，在相关的磋商程序结束及其他的条件满足之后，WTO 争端解决机构通常会设立专家组受理争端。巴基斯坦贸易部长玛丽安妮(Moriani)指出：“决议并没有豁免 SCM 协定项下的诉讼，因为根据 SCM 协定，WTO 成员已承诺不提供对其他成员造成不利影响的补贴。”①因此，“和平条款”的适用范围有限，WTO 成员仍然可以依据其他相关协议提起诉讼。

3.“和平条款”的适用对象受限

根据决议第 2 条，免除起诉的权利仅涵盖那些“已经存在的、为实施用于粮食安全目的的公共储备项目而对传统主粮作物提供的、符合《农业协定》附件 2 第 3 款、脚注 5 及脚注 5 & 6 的支持”，即享有 WTO 法律诉讼豁免权的只能是那些目前已经实施了粮食公共储备支持的国家，因此，那些没有实施或者欲着手实施此项目

---

① Christian Häberli, After Bali: WTO Rules Applying to Public Food Reserves, available at http: //www.fao. org/3/a-i3820e. pdf, visited 10 Apr. 2015.

的国家丧失了使用“和平条款”的权利。因粮食公共储备需要政府大量的财政支出，目前能够提供粮食储备支持的发展中成员数量仅有 16 个。①

4. “和平条款”的适用条件严格、繁琐

决议对“和平条款”的适用设置了很多限制条件和程序。一是决议要求“和平条款”的适用符合《农业协定》“绿箱”政策中关于粮食公共储备的规定。②《农业协定》允许发展中成员为粮食安全目的进行公共储备，作为“绿箱”的一部分，不在削减承诺之内，但必须符合协定附件 2.3 条为粮食储备设定的各项标准，包括要有明确的目标、财务透明、按市场价格收储、管理价格和市场价格的差额部分应计入扭曲贸易的支持总量(AMS)等。因此，“和平条款”的适用必须满足一系列严苛的条件，其实质上并没有赋予发展中成员操纵粮食采购价格更大的灵活度，相反却给发展中成员建立粮食储备带来技术和法律上的复杂性。二是决议为“和平条款”的利用设置了繁琐的程序。决议规定了通报和透明度、磋商及监督等程序上的义务，实施粮食公共储备项目的国家必须向农业委员会通报大量的信息、数据，公布其超过或可能超过 AMS 上限之一或全部上限的补贴，接受农业委员会的监督以及 WTO 其他成员的磋商请求。具体而言，发展中成员必须向 WTO 农业委员会通报其粮食储备项目的细节、规模、具体实施情况、相关统计数据等。繁琐的程序可能导致“和平条款”适用起来耗时耗力，一些缺少技术支撑的国家甚至会放弃对“和平条款”的适用。

三、未来选择：后巴厘时代粮食安全公共储备补贴永久方案

巴厘会议落幕，标志着“后巴厘”时代的开始。从最终签署的《巴厘部长声明》来看，WTO 应提出未来工作计划，继续研究粮食安全问题，旨在形成一项永久性解决方案。根据《巴厘决议》的规定，未来工作计划应考虑各成员现有和未来的提案。③ 目前，此项工作仍处于初级阶段，一些国家和国家集团(G33)提出了一些新的建议，设计了一系列可供选择的永久性解决方案，主要包括：“和平条款”临时方案永久化、重新定义市场价格支持计算的变量、调整通货膨胀率、提高微量许可上限、证明管理价格合格等。然而，这些方案在未来的谈判中能否为 WTO 成员采纳，进而构成永久性解决方案的组成部分，则有待进一步分析论证。

---

① 根据 WTO 统计，这 16 个国家分别是：博茨瓦纳、巴西、中国、哥斯达黎加、印度、印度尼西亚、以色列、肯尼亚、沙特阿拉伯、韩国、纳米比亚、尼泊尔、巴基斯坦、菲律宾、南非和斯里兰卡。

② WTO, WT/MIN(13)/38 — WT/L/913, para. 2.

③ WTO, WT/MIN(13)/38 — WT/L/913, para. 8.

(一)“和平条款”临时方案永久化

永久方案的选择就是使现行的临时解决方案永久化，作为粮食安全公共储备的长期适用机制，向所有发展中成员开放。简单而言，就是发展中成员用于粮食安全的收储补贴不计入“黄箱”，不会因超过 AMS 约束水平或者微量许可而在 WTO 争端解决机制中被申诉。因此，如果 WTO 第 11 届部长会议没有达成永久性解决方案，“和平条款”临时方案将成为部长会议的最终结果，但不同的是，该方案将适用于所有的发展中成员，而不仅限于已经实施了粮食公共储备项目的发展中成员。

“和平条款”永久化获得大部分 G33 国家的支持，如果得到采纳，用于粮食公共储备的价格支持将被列为“绿箱”支持，从而免除国内支持削减承诺的限制。根据《农业协定》附件 2 的规定，“绿箱” 支持不得具有对生产者提供价格支持的作用，而该方案将政府采购储备粮的支出视为“绿箱”支持，实际上是将价格支持合法化，因此，违反了《农业协定》附件 2 对“绿箱”设置的基本准则。巴厘部长会议前，其他国家成员对 G33 提案的强烈反对表明，修改现行“绿箱”政策将会遇到前所未有的阻力。只有那些既不违反现行“绿箱”政策规定，又能给予发展中成员更大的农业国内支持政策空间的方案才能得以通过。鉴于此，“和平条款”临时方案永久化，可能构成对《农业协定》现行规则的违反，因而在后续的贸易谈判中不被采纳，失去转化为永久方案的机会。

(二)重新定义计算市场价格支持的变量

农产品市场价格支持是“黄箱”支持的重要形式，是计入 AMS 的主要组成部分。按照《农业协定》附件 3 的规定，市场价格支持的计算应使用固定的外部参考价格与适用的管理价格之间的差额乘以有资格接受适用管理价格的产量(简称“合格的产量”)。因此，固定的外部参考价格、适用的管理价格、合格的产量是计算 AMS 的核心变量。这些变量的大小与 AMS 估算密切相关。如果估算出来的 AMS 越高，那么提供粮食储备补贴的国家使用国内支持的政策空间就越小，甚至可能超过微量许可，承担削减 AMS 的义务。基于此，一些 G33 国家提出重新定义计算粮食市场价格支持的变量。一是以美元重新定义固定外部参考价格，二是改变对“合格的产量”的界定。

作为计算农产品市场价格支持的重要变量之一，固定外部参考价格是根据 WTO 成员最初通报国内支持材料时使用的构成数据和方法，以 1986 年至 1988 年为基期，用于确定支付率下的实际(进口)价格。① 实践中，大多数国家以本国货

① 参见《农业协定》附件 3. 11 的规定。

币提交数据，也有少数国家以外国货币(美元)提交。此种差异源于附件3并没有明确规定使用哪种货币计量实际进口价格，只规定参考价格必须是“固定的”、“外部的”、“以1986—1988年为基期的”。因发展中国家近10年来通货膨胀严重，全球粮食价格大幅上涨，以本国货币计算管理价格和固定外部参考价格之间的差额，与以美元计算此种差额相比，前者计算的结果远高于后者，势必导致过分夸大发展中国家的AMS。因此，G33国家要求重新审查确立固定外部参考价格的基础，即转换计量货币，使用美元重新定义固定参考价格。按照这种方法，计算出来的AMS就不会受通货膨胀和货币贬值的影响。然而，计量货币的转化至少会违反两项WTO义务。首先，WTO规则要求成员在计算AMS时“采用有连贯性的数据和方法论”。① 这就意味着如果WTO成员最初以本国货币提交国内支持材料表中所需的数据，则之后提交的数据也需以本国货币计量，否则就违反了该义务。其次，如果将最初以本国货币提交的固定外部参考价格转换成以美元计量，则需要：(1)重新以美元界定各自的固定外部参考价格；(2)根据每年的汇率将每年相应的管理价格转化成等值的美元；(3)重新以美元计算差额。这不仅会产生一系列技术上的难度，更重要的是违反了《农业协定》对外部参考价格“固定性”的要求。而且实践中美元也可能存在因通货膨胀或其他原因产生的货币贬值问题。

“合格的产量”(eligible production)是WTO成员向农业委员会通报其国内支持量时必须使用的一个核心变量，也是计算市场价格支持的另一重要变量。但何谓“合格的产量”?《农业协定》并没有作出明确的解释，这导致各成员在向WTO通报其国内支持量时，有时将通报的具体农产品总产量作为“合格的产量”，有时将政府实际采购的产量作为“合格的产量”。“合格的产量”的界定不一，会导致AMS的不同计算结果。针对用于粮食安全目的的公共储备采购，部分G33国家的提案要求根据“政府实际采购的产量”来计算政府采购储备粮提供的价格支持。与前一种定义方法相比，后一种方法计算出来的AMS值要小得多，从而避免突破微量支持的上限或者受AMS削减承诺的约束，可为粮食储备补贴争取更多的政策空间。然而，从WTO争端解决实践来看，没有一个案例支持将“合格的产量”定义为“政府实际采购的产量”。在“美国起诉韩国牛肉进口限制案”中，上诉机构通过争端解决报告(WTO争端DS161)对“合格的产量”作了澄清。上诉机构指出，政府公布的(牛肉)数量是有资格采购的数量，这构成本案中“合格的产量”，即使政府实际采购量仅占公布数量的一小部分。上诉机构裁定韩国政府应向WTO通报的是“合格

① 参见《农业协定》第1(a)(ii)规定：对于(协定)实施期任何一年及此后提供的支持，指依照本协议附件3的规定计算的支持，同时考虑该成员减让表第四部分引用的支持材料表中使用的构成数据和方法。

的产量”，而不是政府实际采购的数量。根据该裁决，一些研究者认为，既然政府实际采购的数量不代表“合格的产量”，那么“合格的产量”应该是指某一具体产品的总产量。然而，这个解释也不成立。因为韩国政府已经公布了(牛肉)采购的最大数量，“合格的产量”理应小于该产品的总产量。该案的裁决既否定将“合格的产量”定义为“政府实际采购的产量”，也反对将“合格的产量”等同于“所有相关农产品的总产量”，而是将其界定为“政府公布的采购数量”。因此，G33 试图改变“合格的产量”的界定并未得到 WTO 争端解决实践的有利支持。

总之，无论是以美元重新定义固定外部参考价格，还是改变“合格的产量”的定义，两种方法均不符合 WTO 现行规则和争端解决实践，调整市场价格支持变量的计算方法并不能成为建立粮食安全公共储备永久机制的最佳方案。

(三)调整通货膨胀率

发展中成员国内经常发生严重的通货膨胀，这无形中抬高了粮食收购的管理价格，相应导致市场价格支持量增加，使得他们在履行 AMS 削减义务时处于一种不利的地位。一些发展中成员，如印度，认为管理价格的升高仅仅反映了过高的通货膨胀率的影响，并不会增加世界市场的贸易扭曲。换句话说，管理价格的增加并不代表市场价格支持的实质性上升。但是，通货膨胀往往会带来一定的法律后果。因为伴随高通货膨胀的是管理价格被抬高，其与固定的外部参考价格之间的差额变大，导致计算出来的 AMS 增高。因此，一些 G33 国家建议在量化粮食公共储备补贴时，应当允许 WTO 成员考虑过高的通货膨胀率的影响。他们认为，《农业协定》第 18.4 条为调整通货膨胀率提供了法律依据。根据该条规定，“在(对承诺执行情况)审议的过程中，各成员应适当考虑过高通货膨胀率对任何成员遵守其国内支持承诺的能力的影响。”基于此，他们提出，在向农业委员通报国内支持削减承诺执行的情况时，WTO 成员可以考虑和调整其过高的通货膨胀率，如高于 4%。①

然而，《农业协定》第 18.4 条并没有为 WTO 成员调整通货膨胀率提供充足的法律依据。首先，根据该条规定，有资格“考虑过高通货膨胀率对国内支持承诺履行能力影响”的主体不是履行国内支持削减义务的通报国，而是对承诺执行情况进行评审的国家。根据《农业协定》第 18.1 条的规定：农业委员会应审议在乌拉圭回合改革计划下谈判达成的承诺的执行情况。因此，WTO 成员有向农业委员会通报

① Alan Matthews, Food Security and WTO Domestic Support Disciplines post-Bali, ICTSD Issue Paper No. 53, p. 14, June 2014, available at http://www.ictsd.org/sites/default/files/research/Food%20Security%20and%20WTO%20Domestic%20Support%20Disciplines%20post-Bali.pdf, visited on 8 Apr. 2015.

承诺执行情况的义务，有权接受通报的是农业委员会。农业委员会召集其他 WTO 成员对承诺执行情况进行评审，评审过程中会考虑过高的通货膨胀率对通报国的影响。基于此，该规定并未赋予国内支持削减承诺执行国在向农业委员会通报时调整通货膨胀率的权利。其次，协定第 18.4 条并没有对“过高的通货膨胀率”作出明确的界定，即通货膨胀率达到什么程度才考虑其对任何成员遵守国内支持承诺能力的影响。最后，对于采取何种措施有效调整通货膨胀率，协定也未明示。《农业协定》第 18.4 条并没有给予 WTO 成员调整通货膨胀率的权利，只是允许农业委员会“适当”考虑过高通货膨胀率对任何成员遵守其国内支持承诺的能力的影响。农业委员会没有权利强迫违法的成员遵守承诺，也不能去保护一个违反承诺的成员。因这种权利在现行《农业协定》中并不存在，这就要求解释或修订《农业协定》，专门规定如何调整通货膨胀率，该方案同样不具备合法性与可行性。

(四)提高微量许可上限

根据《农业协定》第 6.4 条，发展中成员的微量许可上限是 10%。这是乌拉圭回合期间大多数没有提供农产品国内支持或者 AMS 为负值的发展中成员未来能够提供的国内支持上限。伴随着发展中成员粮食储备补贴力度的加大，其国内支持的政策空间越来越小。基于此，部分 G33 国家提出将微量支持的上限(中国除外)从 10%提高到 15%。该方案认为这有利于扩大发展中成员使用“黄箱”支持的政策空间。然而，这个追加的政策空间如何在不同国家间、商品间和项目之间进行分配，则是一个难题。而且，提高微量支持的上限，既可能导致市场价格支持的扩大，也可能带来其他“黄箱”支持的增加，最终导致生产、贸易扭曲措施的扩张。这不仅与 WTO 追求的农业贸易自由化相左，也有违于多哈谈判进程中达成的共识，如 2008 年 12 月模式草案要求发展中成员的微量支持应减少 1/3。在永久方案的谈判中要求增加微量许可上限，显然与多哈议程削减微量支持的趋势相悖。

(五)证明管理价格合格

G33 及其他国家提出的“永久方案”主要集中于修改现行 WTO 规则、重新定义或调整市场价格支持计算的变量，如微量许可、固定外部参考价格、合格的产量等。然而，突破《农业协定》现行规则并非易事，不仅需要在立法技术和内容上具有合理性，更需要 WTO 成员强烈的政治意愿。针对 G33 国家对粮食储备补贴政策空间的关注，国际粮食政策研究所(IFPRI)高级研究员 Diaz Bonilla 提出了一项与上述方案截然不同的建议。他认为如果管理价格等于或者低于现行市场价格，则不能视为提供了“价格支持”，不必计入 AMS。为此，他建议进一步澄清市场价格和管理价格之间的关系。① 这意味着，为启动针对发展中成员粮食储备项目的贸易争端解决程序，申诉方必须证明管理价格高于现行市场价格，并因此对生产者提供了价格支持。考虑到市场价格的波动性，在粮食收成好或者世界市场价格很低的年份，预先公布的管理价格可能会高于之后的市场价格。因此，可以在滚动的平均水平基础上界定市场价格，以平衡每年价格波动的影响。

从经济意义来看，该建议具有合理性。由于大多数发展中国家缺乏期货市场，农民对市场条件和生产决策的预期更多依赖政府提前公布的管理价格。如果管理价格低于或等于市场价格，那么它和市场价格之间的差额就为负值或为零，这种情况下它根本不可能向生产者提供价格支持，因此也就不可能造成生产和贸易扭曲。Diaz Bonilla 认为，如果仅仅因为政府粮食收购价格被称之为"管理价格"，就断定其对贸易造成了扭曲，计入 AMS，这似乎很奇怪。② "绿箱"支持享有免除削减承诺的基本前提就是不能提供价格支持。因此，如果发展中国家的管理价格低于或者等于市场价格，则其完全可以作为一项"绿箱"支持，享有免除削减的权利。如果高于市场价格，毋庸置疑存在价格支持，需要计入 AMS 进行削减。当然，该市场价格的确立应建立在合理的基础上，可考虑在滚动的平均水平的基础上确定市场价格。

从法律意义来看，该建议具有合法性。作为"永久方案"的一项重要提议，该建议最具吸引力之处在于它可以直接适用《农业协定》项下"用于粮食安全目的的公共储备"纪律，而不必对 AMS 的计算变量作出全面修改或调整。换言之，它完全符合《农业协定》附件 2.3 的规定，允许任何发展中成员以管理价格从农民手中采购粮食作为储备，前提条件是：(1)它是国家立法确定的粮食安全计划的一个完整的组成部分，此种公共储备的数量和累积量与预定粮食安全目标一致；(2)管理价格低于或等于国际或国内市场价格。这无异于排除了达成"永久方案"的各种政治和技术阻力。

通过澄清管理价格和市场价格之间的关系，Diaz Bonilla 将部分以管理价格提供的国内支持纳入"绿箱"，免除削减承诺，为发展中成员实施粮食储备项目提供了一定的政策空间。这种做法有"蓝箱"措施提供的先例可循，即通过附加具体的

① Eugenio Diaz-Bonilla, On Food Security Stocks, Peace Clauses, and Permanent Solutions after Bali, IFPRI Discussion Paper 01388, p. 18, November 2014, available at http://www.ifpri.org/sites/default/files/pub-lications/ifpridp01388.pdf, visited on 8 Apr. 2015.

② Eugenio Diaz-Bonilla, On Food Security Stocks, Peace Clauses, and Permanent Solutions after Bali, IFPRI Discussion Paper 01388, p. 18, November 2014, available at http://www.ifpri.org/sites/default/files/pu-blications/ifpridp01388.pdf, visited on 8 Apr. 2015.

条件限制“蓝箱”措施对生产和贸易的影响，以此给予生产者非豁免的国内支持。当然，管理价格也可能高于市场价格。实践中，如果政府长期高价收购粮食，以至于粮食储备累积超过其国内粮食消费需求（或粮食安全标准），不得不向其他国家出口，构成出口补贴，最终破坏其他国家的粮食市场或生产。为避免实施粮食安全储备项目的国家扭曲贸易或者对其他国家的粮食安全造成不利影响，Diaz Bonilla建议在现行规则的基础上进一步规定：“粮食安全公共储备仅用于关系到粮食安全的国内消费目的，并禁止任何出口。”①当然，如果发生多余的储备粮出口，则需将其视为价格支持，计入AMS削减承诺范围。

总而言之，澄清管理价格与市场价格之间的关系，确保用于建立粮食安全储备的管理价格符合《农业协定》附件2.3的规定，不仅具有经济上的合理性，而且具备法律上的合法性。更重要的是，该方案针对不符合“绿箱”标准的粮食储备补贴进一步明确了相关纪律，这无疑加强了协定的可操作性。

四、结论

贸易规则与粮食安全目标的契合在历轮农业谈判中一直是备受争议的主题。WTO第九届部长会议正式签署《巴厘决议》，实现了多哈回合粮食安全议题的重要突破。决议通过“和平条款”的形式，赋予实施粮食公共储备项目的发展中成员免于WTO法律诉讼挑战的权利，暂时平衡了成员方关于粮食安全利益之争。然而，决议的临时性和过渡性，决定了其有限的价值，WTO未来工作计划明确要求继续粮食安全问题研究，直至第11届部长会议找到永久方案。为此，一些国家、国家集团及相关国际组织相继提出一系列选择性方案。

方案一是将“和平条款”临时方案永久化，即以管理价格采购用于粮食安全目的的公共储备不应视为价格支持，不要求计入AMS，履行削减承诺。该方案显然违反《农业协定》项下关于“绿箱”不得提供价格支持的规定，曾在巴厘会议期间遭遇强烈的反对。方案二提议重新定义计算市场价格支持的变量——外部参考价格、合格的产量，以防止粮食储备补贴因超过AMS上限或微量许可而承担削减义务。以美元定义外部参考价格违反WTO要求“采用有连贯性的数据和方法论”计算AMS的义务，改变“合格的产量”的定义不仅于法无据，而且缺乏WTO争端解决实践支撑。方案三、四建议“调整过高的通货膨胀率”、“提高微量许可上限”，也面临缺

① Eugenio Diaz-Bonilla, On Food Security Stocks, Peace Clauses, and Permanent Solutions after Bali, IFPRI Discussion Paper 01388, p. 19, 20, November 2014, available at http: //www. ifpri. org/sites/default/files/publicatio-ns/ifpridp01388. pdf, visited on 8 Apr. 2015.

国家在民用核活动中预防跨境核损害的义务

□　哈丽思*

内容摘要：作为本国民用核活动的管理者，国家负有预防跨境核损害的国际法义务，本文之目的即找寻到这些义务并全面解读。相关法律义务散落在国际条约及国际习惯法中，并可被归纳为三类：一是尽责义务，包括确保有行政许可，持续监管，核应急计划机制的义务，不损害他国的义务；二是直接义务，包括提交国家报告，及早通报核事故，紧急情况下的援助义务；三是兼具尽责与直接性质的义务，即环境影响评估义务。

关键词：跨境核损害　民用核活动　尽责义务　直接义务

目　次

---

* 哈丽思，武汉大学中国边界与海洋研究院助理研究员。
本文受中国博士后科学基金第57批面上资助。

一、引言

日本福岛第一核电站核事故引发的恐慌仍历历在目，但这依然没能阻挡世界范围内的核能复兴。在环境保护的大背景下，作为清洁能源、可再生资源，核能在今后较长的时间内仍会是许多国家的重要能源来源。据国际原子能机构（International Atomic Energy Agency，IAEA）统计，至2014年6月15日止，全球共有运营中的核反应堆437座，在建核反应堆66座。① 以日本为例，日本现有43座核电反应堆，尽管在福岛第一核电厂核事故后，日本关闭了一定数量的反应堆，但其中有24座正在准备重新启动；并且随着部分核电站的老化，日本正在建设或计划建设更多的核电站。另外，韩国有现役核电反应堆24座，它们提供了该国近1/3的电力来源，且韩国一直试图摆脱与美国就燃料循环选项的限制条约，2015年4月，韩美两国草签了有效期为20年的《韩美原子能协定》，新协定对核乏燃料管理、核燃料供应和核电出口等三个方面进行了全面修改，为韩国开展核能活动提供了更大空间。至此，仅东北亚地区而言，其核电反应堆数量就已达到了世界核电反应堆总和的21%，并且这一比例将会继续上升。世界经合组织（The Organization for Economic Co-operation and Development，OECD）原子能机构（The Nuclear Energy Agency，NEA）亦指出，在2030年至2050年间，由于现役核电站反应堆的老化退役以及产能扩张，世界范围内将会出现一个兴建核电站的高潮。

① World Nuclear Association，World Nuclear Power Reactors & Uranium Requirements，available at http：//www.world-nuclear.org/info/Facts-and-Figures/World-Nuclear-Power-Reactors-and-Uranium-Requirements，visited on 15 June 2015.

(一)国家预防跨境核损害义务的国际法渊源

原子能活动中一旦放射性物质发生泄漏，或者产生的巨大能量突然释放爆炸，会对人的身体、财产及所居住的环境造成灾难性的损害；而由于核损害的特殊性，损害结果会冲破国家边界，波及他国。现有国际法中，对于此类跨境核损害的规定主要可见于与核能使用相关的条约，具体包括《核安全公约》、《乏燃料管理安全和放射性废物管理安全联合公约》(以下简称《联合公约》)、《核材料和核设施实物保护公约》(以下简称《实物保护公约》)、《及早通报核事故公约》、《核事故或辐射紧急情况援助公约》(以下简称《援助公约》)。而诞生于“特雷尔冶炼厂仲裁案”的国际习惯法规则“不损害他国”亦明确指出“各国应保证在他们管辖或控制之内的活动，不致损害其他国家的或在国家管辖范围以外地区的环境”,① 据此，任何国家，只要在其领土上装置有核设施或开展有其他核活动，即应负有预防核损害的义务，并且应当确保在本国领土上发生的核损害不会对他国领土、财产或个人造成损害；此外，国际习惯法上新近被认可的“环境影响评估”规则亦应是可适用于跨境核损害问题的国际法渊源之一，核活动的环境影响是潜在的，极有可能发生的，一旦发生，其环境影响、社会影响都极大；因此，一国境内或管辖范围内若开展有核活动，国家应当在核活动开展前实施环境影响评估，以此评估为准确定核活动的可行性与安全性。

因此，通过对上述相关条约及习惯国际法规则的梳理，本文对国家预防跨境核损害的尽责义务进行了如下的总结：(1)确保建立起一个行政许可机制的义务；(2)确保持续监管的义务；(3)确保制定有核应急措施的义务；(4)不损害他国的义务；(5)提交国家报告的义务；(6)及早通报核事故义务；(7)紧急情况下的援助义务；(8)环境影响评估的义务。

(二)民用核活动的概念

原子在裂变或聚变的过程中会释放出巨大的能量。核裂变又可分为可控核裂变与不可控核裂变。可控核裂变被运用于民用领域，成为电能、热能等的供给来源，或者用于医疗、工业探测等；不可控核裂变被运用于军事领域，用于制造原子弹。核聚变就目前技术水平而言，仍然仅限于不可控阶段，威力巨大的氢弹就是基于此原理。

本文将仅讨论民用领域的核活动，而不对军事领域的核活动作涉及，即仅对民

① Trail Smelter Case (United States v. Canada), Reports of International Arbitral Awards, 1965, Vol. III, pp. 1905-1982.

用核活动中国家作为管理者的义务进行讨论，一则因为军用核能的复杂性质，二则因为两者在法律适用方面存在迥然的不同。但由于核能的特殊性，例如其潜在的风险性质，以及潜在的军用转化能力，民用核活动往往与国家间存在有一定的关系，因此，界定民用核活动，究其本质，是将其与军用核活动区分开来；也因此，我们可以将民用核活动界定为由私主体而非国家主体开展的，从核原料的开采，到核原料的运输、储存及核设施的保卫，再到核能的生产和适用，例如用于电力、动力、科学实验、医疗、工业探测等原子能活动。

(三)国家在民用核活动中的角色

核活动中国家承担有两种角色：一是核活动的运营者，二是核活动的管理者。国家作为核活动的运营者，此时的核活动一般为军事目的，例如核动力舰船、核武器等；而国家为管理者时，所管理的是私人运营者的核活动，包括核电站、核实验堆、放射性医疗器材等。

因此，在民用核活动中，国家与其境内的和管辖范围内的核活动个体运营者及整个行业之间是管理与被管理、监督与被监督的关系，国家的管理职责是确保本国境内及其管辖范围内的核活动的安全与安保工作；当本国境内及管辖范围内发生核事故时，国家应当承担起的通知与援助工作。

(四)明确预防跨境核损害义务的学理意义

法律是初级规则与次级规则的结合。初级规则科以义务，它规范的对象是具体的行为或变动的规则；次级规则授予权力，它的运作方式不只是导致了具体行为或变动的规则，也产生了责任(或义务的创设或改变的规定)。① 在制定国家不法行为责任公约草案的过程中，第二任特别报告员 Roberto Ago 法官指出："定义一个义务规则及内容是一回事，判定这一义务是否被违反以及违反的结果是什么是另一回事。"②当重大核事故发生时，各国及民众的第一反应往往是追究事故发生国的国家责任，然而，欲追究责任应先明确该国是否违反其所应当承担的法律义务，而欲明确其是否违反了义务则首先应当知晓义务的具体内容；因此，对国家在核活动中预防跨境核损害的义务的梳理即成为必然。此外，或囿于条约的"鼓励"性质，或囿于条约缔结年代的限制，条约中与国家预防跨界核损害有关的个别概念界定模糊、相关规则也模棱两可，这就使得对相关义务的梳理成为必要。因此，我们有必要以

---

① ［英］哈特：《法律的概念》(第二版)，许家馨、李冠宜译，法律出版社 2011 年版，第 74 页。

② Yearbook of the International Law Commission, 1970, Vol. II, p. 66.

今日之眼光重新审视这些概念、规则，以国际趋势及国际司法实践为参考，对国家预防跨界核损害的义务进行深入的探究与解释，以引导国家行为，并以此为基础追究国家责任。也正因如此，本文将不涉及对国家责任的讨论，而将关注点放置于预防跨界核损害的义务上。

二、区分尽责义务与直接义务

国家预防跨境核损害的义务可以分为两大类，其中之一是应当采取所有必要及适当措施以确保(to ensure)其领土及管辖范围内的所有核设施符合法律规定，这类义务一般被称之为"尽责义务"或"注意义务"(due diligence obligation)；除此之外，国家还负有"直接义务"(direct obligation)，即是那些国家需要承担的，不以核设施为义务对象的义务；尽管存在上述分类，但这一分类并非绝对；并且，有些义务兼具尽责与直接双重性质，它们在要求国家规制本国领土或管辖范围内的私主体行为时，也会要求国家为特定行为。但一般而言，尽责义务与直接义务仍然具有较大的区别，它们的不同主要体现在：(1)"核损害"的必要性不同；(2)因果关系的构成不同；(3)免责事由不同。

(一)物质损害的必要性不同

就预防核损害的尽责义务而言，"物质损害"是构成违反该义务的必要要件。尽责义务的目的是"确保损害不会发生"，只要没有物质损害的存在，该义务制定时的目的就应被认为已达到；而一旦损害发生，该条义务的目的便不可能实现，它所包含的意义就被破坏，则其当然受到了违反。而就现实层面而言，如若无物质损害结果的发生，他国往往不会对此类违法追究责任；且对于"违法"的证明，在无物质核损害这一前提下，证明是十分困难的。因此，当他国试图指责一国违反预防核损害的尽责义务时，必须存在"物质损害"这一前提。

对于"直接义务"，"物质损害"非为构成违法的必要要件。"直接义务"不具备"以确保"(to ensure)这一特征。它不存在一个结果目的要求国家行为必须达到或维持怎样的一种结果状态；它对国家的要求仅是国家应当在必要为一定行为时做出这些行为即可；"结果"之于直接义务而言，更可以说是开放性的，具有多种可能的。而当国家在需要作为时不作为，就违反了直接义务的要求，构成对直接义务的违反。因此，"物质损害"非为违反直接义务的必要要件。

(二)因果关系的构成不同

违反尽责义务，需要证明的是国家违反尽责义务的行为与核损害之间的关系。

国家作为核活动的管理者，其尽责义务是确保私主体的核活动不会造成核损害，即并不是国家的行为直接导致了核损害，而是私主体的行为导致了核损害的发生。在这里，存在有两个因果关系：私主体的行为与核损害的关系；国家的违法行为与核损害的关系。前者涉及的是私主体的民事责任，遵从的是“污染者付费原则”，后者涉及的则是国家责任。证明国家违反了尽责义务是要证明核损害虽发生于私主体的核活动，但国家仍然存在未能履行尽责义务的情形。

因为物质损害在追究违反直接义务的责任时并非必要，所以在证明国家违反直接义务时，会出现两种不同的因果关系：(1)当该直接义务的责任构成并不要求必须存在核损害时，受害人仅需证明一国确实违反了其在国际法上承担的义务，证明即告成立。(2)当该直接义务的责任构成要求存在有核损害时，受害人除需要证明一国行为违法外，还需证明发生于核损害是由于该国未能履行其国际义务而导致。

(三)免责事由不同

尽责义务的目的是“预防损害”，它要求国家采取一切必要与适当措施来避免损害的发生。因此，当国家采取了一切必要与适当的措施，即使物质损害发生，亦可免除其国家责任。那么，随之而来的问题是：何谓“必要与适当的措施”？本文认为国际原子能机构(IAEA)制定的安全标准(Safety Standards)应当成为此处判断“必要与适当”的标准。由于国际条约为获得更多的参与者，其规定往往表述模糊；而且在原子能这样的高科技领域，其安全标准问题也非一个条约所能涵盖，科技发展更会促使技术标准不断更新，相应的安全标准也应当及时修订，IAEA 标准的更新规则符合原子能发展所必需的实时性。尽管这些标准不是条约、不是国际习惯法规则，也不是各国的一般法律原则，但是这并不妨碍这些标准作为判断标准的实际适用效力；尽管《国际原子能机构规约》中并未明确说明其指定的安全标准适用于所有成员国，而只是说明适用于由 IAEA 提供帮助而建立起的反应堆以及依请求适用的活动，但是规约亦明确规定“此项标准适用于机构本身的工作”，实践中这些标准被 IAEA 用来评估国家的核安全情况，也被用来进行核安全教育与培训；且 IAEA 安全标准中位阶较高的“要求”在表述时均采用了“shall”一词，对于成员国而言这些要求是它们在履行义务时所必须要达到的；① 2011 年 IAEA 发布了核安全行动计划草案(The IAEA Action Plan on Nuclear Safety)，其中亦强调成员国应以公开、

① IAEA, IAEA Safety Standards: The Global Reference for Protecting People and the Environment from Harmful Effects of Radiation, available at: http://www-ns.iaea.org/downloads/standards/iaea-safety-standards-brochure.pdf, visited on 2 Jan., 2015.

及时和透明的方式尽可能广泛和有效地利用原子能机构安全标准。① 因此，IAEA安全标准完全可以作为衡量国家履行其尽责义务的标准。

直接义务是指除尽责义务以外的义务，它与一国国内法律是否完备；是否已采取一切必要和适当措施无关，一国不可以以采取必要和适当措施来作为抗辩事由，违反直接义务的免责事由只能是不可抗力。之所以只选取不可抗力这一个情形作为免责事由是因为：(1)解除不法行为的大多数情况，例如自卫、反措施、危难或危急情况等不适用于核活动；② (2)放射性物质的使用与管理风险极大，如果对其规定多个解除行为不法性的事由，对于无辜受害者而言是极不公平的；(3)不可抗力中的自然环境因素与放射性损害渊源颇深，不可抗力情形所具有的不可抗拒、无力控制、无法预料、实际上不可能履行义务等特征往往与自然灾害这一情形十分吻合。但是，以不可抗力为抗辩理由的适用标准非常之高。即使如日本福岛第一核电站核事故，这一由9.1级地震并叠加海啸诱发的核事故，也不能以“不可抗力”为抗辩事由解除日本的国家责任，因为在福岛第一核电站选址、设计、建造及至后续的监管的各个环节中，日本政府都存在失职及违法行为。日本政府所未能履行的是尽责义务，而非直接义务，它当然不能以违反直接义务的免责事由“不可抗力”来解除其违反尽责义务的行为的不法性质。因此，若国家意欲以“不可抗力”作为免责事由，它首先应确定自己的行为毫无瑕疵，否则不能适用该免责事由。

三、国家预防跨境核损害的尽责义务

通过对现有与核活动有关的国际条约及国际法实践的梳理，本文对国家预防核损害的尽责义务进行了如下的总结：第一，确保建立起一个行政许可机制的义务；第二，确保持续监管的义务；第三，确保制定有核应急措施的义务；第四，不损害他国的义务。

(一)确保有行政许可机制的义务

国家所负有的确保有行政许可机制的义务是指国家应当对核活动实行许可证制度和禁止无许可证的核设施运营的制度。这包括对尚未建成的核设施进行审查以决

① IAEA, IAEA Action Plan on Nuclear Safety, approved by the IAEA Board of Governors on 13 September 2011, available at http://www.iaea.org/sites/default/files/actionplanns.pdf, visited on 22 Nov. 2013.

② A. Kiss, *State Responsibility and Liability for Nuclear Damage*, 35(1) Denv. J. Int'l L. &Pol'y 67-84 (2006).

定是否发放许可证；对已建成的核设施进行监管性检查和评价以决定是否继续或中止、修改和吊销许可证。

这一行政许可的立法义务普遍存在于可能对他国造成损害的危险活动中，早在1961年科孚海峡案中，国际法院就指出国家负有这样一个义务：不能允许明知其领土被用于有可能损害他国权利的活动。这一义务也规定在《核安全公约》、《实物保护公约》、《联合公约》中，它要求国家通过立法行政等手段确保对欲从事核活动的私人实行准入制度，目的是实现国家对其境内或管辖范围内发生的核活动做到完全的知晓。

核设施的行政许可一般涉及审查核设施建造的必要性，核设施的选址与设计方案，核设施的人员配备，核设施的财政情况，核设施附近的放射性水准及环境情况，核查运营者的安全运营条件，运营者的运行章程，核应急计划，核设施的退役等。而无论是哪种审查，均包含有对许可形式和对许可内容的要求。因此，我们可以从这两点着手对履行该条义务的必要和适当措施进行分析。

就行政许可的形式而言，并不存在一个统一的标准。首先，条约规定无论是立法的层级还是许可部门的设置，均由国家自主决定；其次，许可证的形式则取决于授权的内容和监管机构认为需要满足的条件，因此许可证的形式不会有一个统一的标准；再次，即使在一个国家内，许可证申请的不同阶段，同阶段但不同类型的许可证的具体内容、申请要求亦不尽相同。尽管如此，作为以确保核安全为目标和宗旨的行政许可机制应当满足基本的形式要求：(1)公开许可证的申请要求(基本安全要求)；(2)制定并公开相关的格式档；(3)拥有适格的评估团队，这一团队也是评估结果的责任人；(4)建立公众参与机制。

就行政许可的内容而言，国家的义务包括两个层面：第一，国家的义务究其本质是“核实”，即国家应核实申请许可的核设施符合国家的核安全法律与技术的要求。第二，国家的核安全法律与技术应符合国际认可的标准。因此，国家应制定自己的核安全法律与技术标准，以此标准对申请人的资质进行审查，它应当包括对申请人提出的其能够满足国家安全要求的证据的审查；对申请人在申请文本中的描述的审查；对持照人遵守安全规定的能力的审查；对持照人持续遵守安全监管要求的审查，以及对申请人安全管理能力的评估。而评价一国的许可证制度是否符合国际法，即是检查其所建立起的形式和内容是否符合国际标准。这些可用做衡量的标准包括IAEA制定的安全基本法则(Safety Fundamentals)，适用于所有核活动的一般安全要求(General Safety Requirements)，以及特定安全要求(Special Safety Requirements)。行政许可存在于核活动的设计、建造、运行等多个环节之中，与之相关的IAEA安全标准包括《核动力厂安全：设计要求》(No. NS-R-1)、《核动力厂安全：运行要求》(No. NS-R-2)、《核装置的厂址评价安全要求》(No. NS-R-3)、《核电厂安全：设计特定安全要求》(No. SSR-2/1)、《核电厂安全：试运行及运行特定安全要求》(No. SSR-2/2)。此外，IAEA 安全导则(Safety Guides)，尽管其位阶、效力均低于"安全要求"，但由于它们亦是由 IAEA 制定，代表了国际合意，因此这些导则也可以作为评价国家行为是否"必要与适当"的参考。

(二)确保持续监管的义务

国家应当确保对其领土及管辖范围内的民用核活动实施持续的监管，它包含主体适格、监管持续、监管独立三层意思。首先，监管的主体应当是适格的，① 即监管部门的许可权和财政及人力资源体系，以及安全评价、审查体系应当能够满足有效监管的要求。其次，监管应当是持续的，能够贯穿核活动生命的始终，② 即适格的财政及人力资源应当在核活动的整个寿命期限内都应对其进行全面而系统的安全评价。再次，监管应当具备有效独立性，③ 这里的独立是指监管机构应独立于促进或利用核能的机构或组织，有效独立于同时参与乏燃料或放射性废物管理和控制的其他职能机构。同样，可以用来衡量国家对该义务履行情况的标准主要是 IAEA 一般安全要求，特别涉及国家监管的可用做参考的则主要是 IAEA 制定的相关安全导则。④

基本而言，各国的实践均能满足第一点与第二点的要求；而对于第三点，各国实践中监管机构或被划归于环境部门管辖，或为能源部门下独立的部门，他们各司其职。但是由于核活动的巨大经济效益，有些国家将其划入经济部门的管辖，例如福岛核事故发生前的日本：根据《核安全公约》的第 8 条第 2 款，"每一缔约方应采取适当步骤确保将监管机构的职能与参与促进或利用核能的任何其他机构或组织的职能有效地分开"。作为公约的缔约国，日本负责安全监管的机构曾经是"原子力安全保安院"(Nuclear and Industrial Safety Agency，NISA)，根据日本建立经济产业省的法案(Act of Establishment of the Ministry of Economy，Trade and Industry)第 20

① The Convention on Nuclear Safety, Art. 11-15.

② The Convention on Nuclear Safety, Art. 11, 14; The Convention on the Physical Protection of Nuclear Material and Nuclear Facilities, Art. 2(A); The Joint Convention on the Safety of Spent Fuel Management and on the Safety of Radioactive Waste Management, Art. 19-24.

③ The Convention on Nuclear Safety, Article 8; The Convention on the Physical Protection of Nuclear Material and Nuclear Facilities, Principle 4; The Joint Convention on the Safety of Spent Fuel Management and on the Safety of Radioactive Waste Management, Art. 20.

④ See IAEA GS-G-1. 1(2002); IAEA GS-G-1. 2(2002); IAEA GS-G-1. 3(2002); IAEA GS-G-1. 4(2002); IAEA NS-G-2. 6(2002); IAEA NS-G-2. 6(2002); IAEA NS-G-4. 2(2006); IAEA GS-G-1. 1(2002); IAEA GS-G-1. 2(2002); IAEA GS-G-1. 3(2002); IAEA GS-G-1. 4(2002).

条，“NISA独立负责确保原子能安全及其他能源工业的安全”；日本在2010年“实施《核安全公约》的国家报告”中再次强调了NISA的许可权，并表示会保障NISA的独立性，它的职能不会包括核能促进的行为。然而，在福岛东京第一核电站核事故发生前，有媒体就曾公开质疑过NISA的独立性，“监督和执行安全规则”与“促进原子能使用”这两者之间的利益首先就是冲突的；NISA在有些场合下更是直接参与了与促进核能发展相关的活动，这与NISA法定的监管职能是相左的；并且，NISA隶属于经济产业省下的资源能源厅，经济产业省是日本行政机关之一，以发展日本的经济与产业为中心，并确保矿物资源及能源之稳定且高效率的供应。这一机构的设置事实上违反了《核安全公约》第8条的规定。同时，NISA内部的机构架设也存在问题，负责制定规则与执行的专门机构应当与政府保持一定的距离，但是日本经济产业省省长的职责不仅包括对核设施发放、撤销营业执照，还包括通过操作安全、技术标准、运营计划和役前检查等相关法令。这样一个权力架构与《核安全公约》对于安全监管机构应独立于促进核能使用的机构这一立法要求是背道而驰的。福岛核事故后，日本政府将NISA从经济产业省独立了出来，在环境省下设原子能规制机构代替了NISA，然而这一行为之于福岛核事故只能算是亡羊补牢，为时已晚。很明显，日本之前关于监管机构的设置违反了持续监管这一尽责义务。

利益相连的组织机构应各自独立，特别是在核能这类有潜在重大损害可能的行业，更应当对此加以区分，以预防以促进发展核能为职责的机构急功近利，忽略安全隐患。

(三)确保制定核应急计划的义务

核活动存在潜在的风险，即使各国切实履行了行政许可义务和持续监管义务，放射性污染的发生可能性仍然存在；而即使只是万分之一的可能，对于紧急放射事故或事件，各国核运营者及政府也应有所准备。因此，国际条约规定核设施(包括乏燃料和放射性废物管理设施)和核材料的实物保护应制定有应急计划。制定应急计划的义务包含三个方面的内容：确保制定有核应急计划；定期对核应急计划进行国家审查；建立能够应对极端灾害情形的核应急计划中心。

第一个方面体现在诸多国际条约中，例如《核安全公约》第16条规定：“每一缔约方应采取适当步骤，以确保核设施备有厂内和厂外应急计划……并且此类计划应涵盖一旦发生紧急情况将要进行的活动。对于任何新的核设施，此类计划应在该核设施以监管机构同意的高于某个低功率水准开始运行前编制好并做过演习；本国无核设施，但可能受到邻近核设施一旦发生的辐射紧急情况影响的缔约方应编制和演习应急计划。”类似的规定亦可见于《实物保护公约》中的基本原则11、《联合公约》第25条第1款。核应急计划的具体标准可参见IAEA《核或放射紧急情况的应急准备与回应要求》(GS-R-2)。

第二和第三个方面可参见《IAEA核安全行动计划》与《核或放射紧急情况的准备与回应：以福岛第一核电站核事故为基础的技术报告》。尽管后两份文件并非正式意义上的法律文件，但是它们提供了更具体的方法，对国际条约中与核应急措施相关的义务进行了挖掘与展开，这两份文件中的理念应当作为国家在履行这一义务时应当采取的"必要与适当的措施"的一部分。

2011年6月IAEA大会全体一致通过了《行动计划》，该计划包含12项主要行动，在"应急准备行动"这一项中，它对国家提出了如下要求："成员国应迅速对其应急准备和回应的安排和能力进行国家审查，并在此之后定期对此进行审查；原子能机构秘书处则应通过应急准备评审工作组访问(Emergency Preparedness Review/EPREV missions)提供所请求的支援和援助。"该行动计划是近几年来关于核安全最为重要的一份文件。它拟定了福岛第一核电站事故后的行动纲领，对各国的核安全和IAEA的工作提出了新的要求。

2013年9月IAEA发布了《核或放射紧急情况的准备与回应：以福岛第一核电站核事故为基础的技术报告》(以下简称《准备与回应报告》)，该报告对应急计划中的关键环节"核应急计划中心的建设"提出了如下的具体要求："应急计划必须包括关于可应对所有可能情形(地震、火灾、洪水)的厂内和厂外应急中心；必须包括确保在即使所有常规交流管道均失效的情形下，应急回应中心仍然能够运行的条款。"核能的使用、核安全的保障需要法律的规定，更依赖专家技术。该报告作为关于福岛第一核电站核事故国际专家会议系列报告中的一部分，具有十分高的专业性、科学权威性，因此，该报告应当作为阐释这一义务时的重要参考。

(四)不损害他国的义务

不损害他国(环境)原则("no harm principle")是一个已被各国普遍接受的习惯国际法规则。在1941年的特雷尔冶炼厂仲裁案中，这一规则被第一次明确提出："没有国家有权使用或允许使用其领土，对他国领土或在这之上的他国财产或人员造成严重后果的(烟雾)损害，当然，这一损害结果应当有确凿的证据支撑。"①国际法院在关于"威胁或使用核武器的合法性"的咨询意见以及加布奇科沃-大毛罗斯项目案(Gabčíkovo-Nagymaros Case)的判决中均明确指出："关于国家确保在其管辖

① Trail Smelter Case (United States v. Canada), Reports of International Arbitral Awards, 1965, Vol. III, pp. 1905-1982.

和控制范围内的活动，尊重他国或其他公共区域的环境的普遍义务的存在，已经是与环境有关的国际法的一部分。”①

在跨境核损害这一语境下，仅在有物质核损害发生时才有可能引发对“不损害他国”这一义务的违反；“不损害他国”以核设施为义务对象，目的在于控制核损害的扩散范围。因此，“不损害他国”的义务属尽责义务范畴。

将污染控制在本国境内，这对于国家而言，实际上就是检测一国是否采取了必要与适当的核应急措施以防止污染越境。前文已提及国家负有确保制订核应急计划的义务，而同时国家本身亦应制定有国家核应急预案，证明一国是否违反了“不损害他国”义务，事实上是对一国在发生核事故时，该国所能提供的最高级别的应急响应的检查，前提是该国已尽到行政许可、持续监管、制定核应急计划的义务，然而在由于非国家主体的原因事故却依然发生时，国家需要提供控制污染越境的应急措施。在此情形下，只要国家尽到了一切必要及适当措施以防止污染越境，即可认为国家未违反该条义务。那么，“何谓必要与适当的防止越境核污染的核应急措施”？本文认为，核应急最高级别响应的关键是做到反应及时、利益决断与信息通畅。国家核应急预案首先应能够确保本国无论是垂直行政机关还是平行机关在核紧急情况时能够明确分工、统一调度，能够对核紧急情况作出及时的反应；其次，核事故有可能涉及利益的重大舍弃，切尔诺贝利核电站最终被水泥设施永久封闭，福岛第一核电站也被彻底报废，因此，不损害他国要求国家在有可能需要作出重大利益放弃时能够迅速决断，以免造成更大范围的损害；其次，国家的权威机构应不间断地发布准确信息，以避免本国及他国的恐慌。福岛第一核电站宣布进入紧急状态后，日本虽然立刻建立了核应急响应指挥中心和地方核应急响应办公室，但是在运作的过程中困难重重。指挥中心和地方办公室之间，指挥中心和日本国家核与工业安全机构之间以及其他政府部门之间的交流都由于工具、渠道的不通畅而被阻断。② 此类事件的发生实为日本未能切实有效地实施国家核应急预案，也因此未能及时反应，迅速决断，确保信息畅通。

注意到在特雷尔冶炼厂案的原始裁决中，对于损害结果的程度问题是有所提及的。仲裁庭在确认此原则的适用标准时设置了一个较高的门槛：产生严重结果的损害（a injury of ‘serious consequence’）；以及一个严格的证据标准“确凿的证据”

① Gabčíkovo-Nagymaros Project (Hungary v. Slovakia), Judgment, I. C. J. Reports 1997, paras. 130-140; Legality of the Threat or Use of Nuclear Weapons, Advisory Opinion, I. C. J. Reports 1996, para. 29.

② A. Čavoški, *Revisiting the Convention on Nuclear Safety: Lessons Learned from the Fukushima Accident*, 3(2) Asian Journal of International Law 365-391 (2013).

(clear and convincing evidence)。不同于烟雾污染、原油污染等可见的易察觉的污染，核损害的来源是辐射以及巨大的冲击力，这些用肉眼很难察觉，因此需要科技的辅助以测量辐射水平、冲击力度等；并且核事故易引发恐慌，各种“危言”、“谣言”会夸大事故的实际损害程度，同时自然界本身就存在着各种各样的辐射射线，因此如需证明国家违反了该条义务，还需提供相关的数据以证明这一跨境损害达到了严重的程度，而严重程度的判断则应依据 IAEA 及其他科学的标准来确定。

四、国家预防跨境核损害的直接义务

在民用核活动中，国家的直接义务包括：提交国家报告的义务，及早通报核事故的义务，紧急情况下的援助义务。

(一)提交国家报告的义务

国家预防核损害的报告义务存在于两个国际条约中：《核安全公约》与《联合公约》。《核安全公约》第 5 条、第 20 条和第 22 条规定缔约方应依据拟定的程式举行会议审议国家报告；《联合公约》第 30 条和第 32 条亦规定缔约方应举行审议会议审议国家报告。在这两个报告机制下，各国所应报告的内容是本国为履行该公约的每项义务所采取的措施。但由于这两个公约本身的“鼓励性质”，缔约方并没有被要求能够做到立刻完全履行公约中的义务，它们被允许一步步地学习和争取达到核安全的标准。① 公约本身的这一性质也导致了履行标准的宽松化以及违反的随意性。联合公约缔约方第四次审议会议中，就有九个缔约方没有参加该次会议，三个缔约方没有出席国家组会议，六个缔约方没有提交国家报告。② 但是，审议会议对此缔约国违反这一报告义务的行为也只是提请所有缔约方注意《联合公约》所规定的全面参与审议过程的义务。《核安全公约》并没有规定争端解决方法，而《联合公约》尽管规定了可以通过审议会议以外的方法解决分歧，如和解、调停和仲裁，但约束力仍然较弱。此报告义务并不像尽责义务那样有一种对内而言必须履行的建构

---

① N. Pelzer, *Learning the Hard Way: Did the Lessons Taught by the Chernobyl Nuclear Accident Contribute to Improving Nuclear Law?*, in OECD, International Nuclear Law in the Post-Chernobyl Period 9 (2006), cited by Tammy de Wright, *The "Incentive" Concept as Developed in the Nuclear Safety Conventions and Its Possible Extension to Other Sectors*, 80 Nuclear Law Bulletin 29-47 (2007).

② IAEA, Final Summary Report of the Fourth Review Meeting of the Contracting Parties of TheJoint Convention on the Safety of Spent Fuel Management and on the Safety of Radioactive Waste Management, para56, 14 to 23 May 2012, available at http://www-ns.iaea.org/downloads/rw/conventions/fourth-review-meeting/summary-report-english.pdf, visited on 9 Oct. 2014.

感，也不像其他直接义务那样有一种危险当前必须而为的紧迫感，因此对它的履行会被认为是不重要的；然而这属于国家对核活动监管范畴内的重要一环，也是对这两个“行进中的文件(in-progress instrument)”——《核安全公约》与《联合公约》的完善。2011年福岛核事故后，国家在核安全方面的自觉性前所未有的提升，希冀这能成为各国完美履行这一义务的契机。

(二)及早通报核事故的义务

由于原子能本身的物理性质，核电站等核反应堆大多建立在边境地区或者海边，地缘上的联系就已足够要求各国在有跨境可能的放射性事故发生时，秉持善邻理念，及时通知邻国；且由于放射性物质的特殊性，它有可能随气流、水体的流动被带入他国领土范围内，即使是非相邻国家，也有可能成为受害国。《及早通报核事故公约》将核能所能用于的所有领域都纳入了其适用范围，它不区分用于军事或民事目的的核能，它不追究污染产生的途径，它旨在强调在突发跨国性放射性事故时，污染国应迅速告知他国，提供情报，减少损失。履行这一通报义务，应满足以下两个具体要素：第一，核事故发生国所提供的情报的内容应涵盖事故的时间、地点、性质、起因、可预见的发展；放射性物质的特点、物理和化学状态；与放射性物质相关的气象水文情报；本国已采取的措施和行为等。第二，污染国应保证本国的情报联络点应持续不断地可供使用，根据《及早通报核事故公约》第7条的规定，各缔约国应将其负责收发通报和情报的国家主管当局和联络点通知机构并直接或通过机构通知其他缔约国，各缔约国也应将第1款所述情况可能发生的任何变化迅速通知机构。

当国家在自己的能力范围内，未能提供上述情报或便利时，就构成了对这一义务的违反。但同时，对这一义务的履行，有两点我们应当明确：1. 对于可能受到影响的国家和机构的判断。损害发生国所基于的信息仅包括放射性物质的性质、剂量以及当时的天气、风向等，而不包括超出损害国认知范围外的信息；2. 情报只要求是当时可获得的。损害国应提供的情报应当只是在当时可获得的情报，这提供给了损害发生国在履行这一义务时一个特定的空间和时间弹性，它并不要求损害发生国提供超过这个时间和技术能力的情报。当然，损害发生国所能够提供的评估情报不仅应基于原始数据，例如事实情况、技术参数等，还应包括损害发生国自己在做出有可能产生跨国损害的判断时的分析方法。①

① Draft Articles on Prevention of International Harm from Hazardous Activities with Commentaries, Yearbook of the International Law Commission, 2001, Vol. II, Part Two, p. 160.

(三)紧急情况下的援助义务

《核事故或辐射紧急情况援助公约》规定：在核事故或辐射紧急情况下，缔约国有义务进行合作、迅速提供援助，以尽量减少其后果和影响。这一援助义务既可以通过双边安排，也可以通过 IAEA 的统一安排来实现。根据《援助公约》，援助国的义务主要包括：(1)迅速决定并通知请求国是否能够提供所请求的援助及其范围和条件，这些范围和条件包括：提供援助可动用的专家、设备和物资以及据以能够提供这种援助的条件，尤其是财务条件；(2)在请求国不能详细说明所需援助的范围和种类的情况下，请求国和援助国应协商决定所需援助的范围和种类，援助国与请求国可以通过咨询与交流来制定一个解决方案。

援助国非核损害的肇始国，因此公约对于援助国也没有提出援助必须要达到何种程度的要求，各国只需告知请求国它愿意提供怎样的帮助。但是在适用这一规定去追究援助国的国家责任时，如何界定援助是否合理呢？本文认为这个问题的解决可以引入“公平的利益平衡”(equitable balance of interest)这一方式。在援助国提供援助时，它需要平衡的利益包括：(1)跨境核污染的风险程度与预防或减小损害或修复措施的可能性，例如风险程度可能较高，但可采取措施预防或减小或修复损害，在这种情况下，就应通过比对数值和数量在两者之间作出判断。(2)事故核反应堆对于污染国在社会、经济、技术上的重要性与可能受影响的国家的潜在损害大小，援助措施不仅应考虑核污染可能对被污染国造成的绝对损害，也应考虑这一措施对污染国在社会、经济、技术上的影响。(3)污染国预计投入的防治成本与援助国预计投入的防治成本，例如援助国计划投入一定的资金参与预防措施时，期待污染国支付更多的预防措施费用是完全合理的。

援助本是一国的自发行为，按说对此我们无须对它科以任何责任；但当其在《援助公约》中被上升到国际法高度时，对它的违反即可追究国家责任；并且，辐射污染将所有国家都纳入了成为受害者的可能性中，对他国的援助就是对本国的防护。

五、兼具“尽责”与“直接”性质的义务：环境影响评估

环境影响评估(Environmental Impact Assessment，EIA)是指对于有可能影响环境的工程项目，在对项目进行授权之前，主管机构应对潜在的影响进行全面的评估

后再作出决定。① EIA 起源于美国国内法,② 之后被许多其他国家的国内法所采纳，并逐渐进入了区际条约以及全球多边条约的调整范围。这一规则也多次出现于国际海洋法以及其他关于环境保护的条约中。③ 这一要求也体现在《核安全公约》第 17 条 iv 项以及《联合公约》第 15 条 i 项中，现今，这一理念已确认为习惯国际法规则。自 20 世纪 80 年代起，EIA 就已被规定在诸多的国际条约、软法性质的文件以及多边开发银行的指导意见中；超过 100 个发达与发展中国家有关于 EIA 的立法。统一的、持续的国家实践是存在的，并且这一实践是在法律确念的基础上作出的，这一点可见于数个存在潜在跨境影响的工程项目中。国际法院在“加布奇科沃-大毛罗斯项目案”中亦认可了这一原则;④ 且在 2006 年国际法院的“乌拉圭河纸浆厂案(Pulp Mills on the River Uruguay)”中，EIA 原则更是成为了判决的核心，法院明确表示：“在重大跨境危险活动中，事先的环境影响评估应当是强制性的”。⑤

核活动的环境影响是潜在的，虽然它的事故频率不高，但一旦发生，其环境影响、社会影响都极大。因此，一国境内或管辖范围内若开展有核活动，国家负有“环境影响评估义务”。这一义务兼具“尽责”与“直接”性质，国家不仅应当确保私人运营者在核活动启动前做好环境影响评估工作；国家亦应当在核活动启动前发布自身的环境影响评估报告，并且公布相关资讯，让其他利益攸关方能够对该核活动的环境影响作出反应，以确定该活动不会对本国及他国环境造成影响。

(一)环境影响评估的标准

国家作为核活动的管理者，其所承担的环境影响评估义务包含两个层面：第一，国家应对私人运营者的环境影响评估工作做检查和监管；第二，国家自身亦应

① Astrid Epiney, *Environmental Impact Assessment*, Max Planck Encyclopedia of Public International Law (2009).

② C. M. Kersten, *Rethinking International Environmental Impact Assessment*, 34 Yale J. Int'l L. 173 (2009).

③ The Convention on the Prevention of Marine Pollution by Dumping of Wastes and Other Matter, Art. 4, 5, Annexes II and III. United Nations Convention on the Law of the Sea, Art. 206, etc. The Convention on the Protection of the Environment between Denmark, Finland, Norway, and Sweden, Art. 6. ASEAN Agreement on the Conservation of Nature and Natural Resources, Art. 14 (1), etc.

④ Gabčíkovo-Nagymaros Project (Hungary v. Slovakia), Judgment, I. C. J. Reports 1997, paras. 130-140.

⑤ Pulp Mills on the River Uruguay (Argentina v. Uruguay), Judgment, I. C. J. Reports 2010, para. 200; Alan Boyle, Pulp Mills Case: A Commentary, available at http: //www. biicl. org/files/5167_pulp_mills_case. pdf, visited on 23 Feb. 2014.

当对核活动进行环境影响评估。检查一国是否切实履行了这一国际义务，即是检查该国所采用的评估措施是不是必要和适当的，所采用的标准是否符合国际法上的要求。我们可以将对国家实施环境影响评估的检查概括为两个方面：对评估内容的检查和对评估方法的检查。

1. 评估的内容

"环境影响评估"中的"环境影响"是指产生于拟建项目的任何对环境的影响，包括人类健康与安全、动物、植物、土壤、空气、水体、气候、自然景观及历史古迹，或者对上述客体的物理结构交互作用的影响；它还包括那些因为对上述客体的改变而导致的对文化遗产或社会经济状态的影响。① 尽管国际法院在"乌拉圭河纸浆厂案"中指出"不同的案件中环境影响评估的内容不尽相同"，② 但是民用核活动中所要求的环境影响评估可以在一定程度上确定一个统一的范围，确定范围是明确和分配那些与核活动的环境影响评估相关的、应当优先考虑的事项；③ 民用核活动亦具备较多的共同特征，例如它们都具有放射性危险，它们的建设对周边环境的水文要求大体类似等，因此，这一评估的范围和优先考虑事项是可以确定的。④

核活动的环境影响评估重点应落脚于三个方面：(1)核设施的选址；(2)核设施的设计；(3)核废料的处理。关于核设施的选址与设计的环境影响评估，除应首先满足《核安全公约》、⑤《联合公约》中的相关规定外，⑥ 还应当满足 IAEA《核装置的厂址评价安全要求》(No. NS-R-3)，《核动力厂安全：设计要求》(No. NS-R-1)的规定。在评价核装置厂址的适合性时，必须考虑的三点是：第一，特定厂址所在地区发生的外部事件的效应(这些事件可能是自然起因或人为诱发)；第二，可能影响已释放的放射性物质向人和环境迁移的厂址及其环境的特征；第三，与可能影响实施应急措施的可能性和评价对个人和人口群体所致风险的必要性有关的厂外区的人口密度和人口分布以及其他特征。并且，环境影响评估的对象应当不仅限于主要方案，还包括核设施选址的备选方案以及不采取行动的方案(the no-action

---

① The Convention on Environmental Impact Assessment in a International Context, Art. 1.

② Pulp Mills on the River Uruguay (Argentina v. Uruguay), Judgment, I. C. J. Reports 2010, para. 205.

③ W. A. Ross *et al.*, *Common Sense in Environmental Impact Assessment: It is not as Common as It is should be*, 24(1) Impact Assessment and Project Appraisal 3-22 (2006).

④ 《跨境环境影响评估公约》的附件二(*Convention on Environmental Impact Assessment in a International Context*, Appendix II)列举了九个条目作为环境影响评估文件包含的内容，这九个条目之于核活动亦可以是一个参考。

⑤ 《核安全公约》第 17 条。

⑥ 《乏燃料管理安全和放射性废物管理安全联合公约》第 6 条、第 13 条。

alternative)。在评价核装置设计的适合性时，所要评估的即是检验核装置的设计是否符合条约及国际标准中对纵深防御的要求，事故预防和动力厂安全特性，以及辐射防护和验收标准是否能够实现核安全目标与安全功能。而关于评估核废料处理，环境影响评估除应重点考虑《联合公约》外，还应当考虑IAEA《放射性废物管理原则基本安全法则》(No. III-F)，相关安全要求如《放射性废物处理具体安全要求》(No. SSR-5)等的规定，并可参考相关导则如《乏燃料的储存特定安全导则》(No. SSG-15)等的建议。

2. 评估的方法

评估方法亦是评价国家是否很好地履行了环境影响评估义务的关键。评价一个评估方法是否必要与适当，主要应考虑两个方面：第一，所采用的预测或假设方法是否科学，是否代表了国际主流标准；第二，参考的资料和资料是否完全，对资料是否做到了穷尽。

日本福岛核电站核事故所暴露出的核电站选址问题就与不适当的评估方法有关。日本是一个地震多发国，但是日本所使用的计算地震震级的方法却存在问题。有学者指出日本地震的预测基于的是一个有缺陷的方法，它遵循地震空区(在一段时间内无重大地震发生的地区)假设做长期预测，根据这一方法所推测出的最易发生大地震的地区在过去的100年来却没有发生任何地震，反而那些被认为地震可能较低的地区却发生了大地震。这一方法是错误的，是应当被抛弃的方法。① 而如果预测是基于考虑全球地震活动及日本东北部的历史记录，则2011年3月的日本东北大地震则可以被“预见”，在福岛核电站设计之初也会配套以相应的应对措施。②因此，我们可以认为，日本政府由于其预测地震的方法错误，加之福岛核电站在冷却水、乏燃料池系统中也存在设计缺陷，这些都构成对环境影响评估这一义务的违反。

从福岛这一案例我们可知，核设施的具体的评估方法应当主要参考国际主流观点，以当时的科学技术发展为限，并充分搜集所有可能搜集到的资料和资料。不过，这里也存在的一个问题：如何确定国际主流标准，当有数个相互冲突但又“势均力敌”的标准存在时，如何取舍？由于此点涉及的是科学领域的具体问题，已非法律问题，因此所以本文将不赘言。

(二)资讯公开

权力人意欲作出有可能对他人权利产生不利后果的决定时，必须使他人知晓并

① R. J. Geller, *Shake-up Time for Japanese Seismology*, 472(7344) Nature 407-409 (2011).

② R. J. Geller, *Shake-up Time for Japanese Seismology*, 472(7344) Nature 407-409 (2011).

听取他人的意见。因此，国家应公开核活动的相关资讯以供环境影响评估，促使多方参与评估，特别是那些有可能受到影响的利益攸关方的参与。

1. 对本国公民的资讯公开

一国首先应当主动向本国公民公开发布核活动的相关资讯。例如，在核设施建造前发出通告或情况报告，供民众或相关利益攸关组织审阅，并接纳反馈意见。公众的参与是预防核损害的重要环节，但是在与核活动相关的国际条约中，仅有《联合公约》第6条1款iii项和第13条1款iii项规定“每一缔约方应……以便，向公众成员提供此类设施的安全方面的资讯”；而《核安全公约》仅规定了一国对其他缔约国的资讯公开义务。

尽管如此，促使公众参与仍应当是国家在核活动中履行环境影响评估义务所应当尊重与执行的事项，它是产生于国际法“人权保护”这一基本原则下的国家的基本义务。对核活动的环境影响进行技术评估是从专业视角出发，通过技术手段评估核活动可能产生的影响；而公众参与是从人权保护的视角出发，由公权力方提供渠道，保障公众在对有可能影响他们的人身、财产、居住环境的事项上发出自己的声音，捍卫自己的权利，以此程序公正保证结果公正。公众参与的方式主要包括资料查阅和听证。首先，国家应当确保公众能够通过公开或请求公开的渠道，有许可权查阅与拟建设的核设施安全及环境影响相关的资料，国家应当将此类资料整理并发布与公众易获得的地方，如政府部门的网站或政府部门的资料室。其次，国家应当建立核活动的许可听证制度。美国法律就规定核管制委员会(Nuclear Regulatory Commission，以下简称核管会)在颁发核电站建造许可、选址许可或混合许可证前必须举行公开听证，公众可以向许可委员会提交书面或口头陈述;① 并且听证制度存在于多个程式中，如核管会要求的任何与核相关的程式、核设施关闭和许可证吊销等强制程式、反应堆许可证的修改、核材料的商业许可，反应堆的许可证程式中。②

2. 对他国的资讯公开

环境影响评估义务不仅要求国家确保本国内的核活动在启动前实施环境影响评估，也要求国家将可能受到影响的他国纳入这一环境影响评估体系。《核安全公约》第17条iv款规定：“在邻近拟议中的核设施的缔约方可能受到此设施影响的情

① United States Nuclear Regulatory Commission, *Nuclear Power Plant Licensing Progress*, p. 3, NUREG/BR-0298, Rev. 2, July 2004, available at http: //www.nrc.gov/reading-rm/doc-collections/nuregs/brochures/br0298/br0298r2.pdf, visited on 5 Feb. 2015.

② United States Nuclear Regulatory Commission, 10 CFR Part 2, USA, available at http: //www.nrc.gov/reading-rm/doc-collections/cfr/part002/, visited on 13 Mar. 2015.

况下与其磋商，并应其要求向这些缔约方提供必要的资讯，以便它们能就该核设施很可能对其自己领土的安全影响进行评价和作出自己的估计。”类似的规定也可见于《联合公约》第6条1款iv项，13条1款iv项。在核损害的语境下，“安全影响”一般是指放射性损害的影响，它包括对人身、人的财产及环境产生的影响；这与上述的环境影响评估所要评估的内容是一致的，因此，这两个公约中所说的安全影响即可理解为环境影响。

在履行该义务时，第一，核设施所在国只需对国家主体提出的要求作出回应。尽管在人权法领域存在有个人要求他国提供核设施相关资讯的案例，① 但是在全球范围内，对他国的资讯公开，是一国对其他国家主体承担的依请求的义务。第二，它只需对可能受到核设施影响的邻近国的请求作出回应，是否为邻近国家是一个地理上的判断，但是否为可能受到核设施影响，则应当由提出请求的国家自行判断和证明。第三，这是一个依请求的义务，而非要求国家主动行使的义务。在爱尔兰与英国之间的“MOX Plant 仲裁案”中也涉及资讯请求，但此案中所需要解释的OSPAR公约第9条第1款并未直接指出一国在收到他国请求时必须作出回答，而只是要求“缔约方应确保有适格机构提供该条第2款中提到的资讯”，英国认为这仅是要求缔约方建立起一个国内法上的立法与行政机制的行为性义务，并未要求缔约方对他国的请求作出回应；② 而爱尔兰认为此条款是一个结果性义务(obligation of result)，③ 所要求的不仅是建立相应机制，且应当在收到请求时做出回复。裁判庭最终支持了爱尔兰的观点。④ 第四，需提供的资讯应当是必要，且能够充分满足请求国自己作出评价和评估的资讯。同样是在MOX Plant仲裁案中，爱尔兰认为英

---

① Balmer-Schafroth and others v. Switzerland, No. 22110/93, ECHR Reports of Judgments and Decisions, 1997-IV, No. 43. 案情简介：1990年，瑞士伯尔尼的一家核电站(1971年起开始运营)向瑞士联邦委员会申请延长其运营期限以及许可其提高产能。这份申诉被刊印在了1990年12月的政府公报上，并随附一份通知，邀请有可能被这一决定影响的个人和根据《联邦行政程序法》有需要保护的权益的个人提出反对意见。1991年本案中的申诉人向委员会提出了反对，他们认为核电站不能达到现有的安全标准，存在重大的风险隐患。同时要求政府获得进一步的数据并提供相应的保护措施。1991年9月和1992年6月，政府的运输、交通和能源部门拒绝了申诉人的关于数据和保护措施的要求。

② In the Dispute Concerning Access to Information under Article 9 of the OSPAR Convention and the MOX Plant (Ireland v. United Kingdom), 6 June 2002, Counter-Memorial of The United Kingdom, paras. 3. 2-3. 7.

③ In the Dispute Concerning Access to Information under Article 9 of the OSPAR Convention and the MOX Plant (Ireland v. United Kingdom), 2 July 2002, Final Award, paras. 8-9.

④ In the Dispute Concerning Access to Information under Article 9 of the OSPAR Convention and the MOX Plant (Ireland v. United Kingdom), 2 July 2002, Final Award, para. 137.

国未能提供 OSPAR 条约第 9 条第 2 款中要求的资讯，英国则认为爱尔兰所请求的资讯非属于该条款下的资讯；爱尔兰认为英国应该公开完整的评估报告，而英国则认为其评估报告中未公开的部分属商业机密，属不必公开的资讯；爱尔兰认为根据欧洲经济委员会《在环境问题上获得资讯、公众参与决策和诉诸法律的公约》及先前的判例，任何因素，包括经济因素都应当被纳入与评估相关的资讯的范畴，英国认为 OSPAR 条约第 9 条第 2 款仅要求提供与对水体造成或有可能造成有害影响的资讯，而英国确已提供了此类环境资讯。①

MOX Plant 案几乎敲开了资讯公开的大门，但最终这扇大门并未完全开启。通过对本案判决的梳理，并参考了数位法官的反对意见，本文认为与核设施相关的资讯应当包括三大类，一是技术类资讯，例如反应堆的类型、采用的技术等；二是环境安全类资讯，例如核设施周边的放射线水准、核废料的排放量等；三是经济类资讯，如核设施的年产量、预计的销售需求等。《核安全公约》和《联合公约》中所要求的必要与充分的资讯应当包括与核设施相关的所有资讯，不仅限于与安全、环境直接相关的资讯，亦应当包括相关的与产能、经济相关的资料。资讯公开应当是公开所有类别的资讯(商业秘密除外)，特别是经济类资讯，以避免运营者或国家的“逐利性”。民用核活动的宗旨是提供能源，化学燃料具有不可再生性，燃烧后带来的污染问题也十分严峻；核能的发展已趋成熟，且作为清洁能源，在未来工业发展中它会占据越来越重要的位置，并且具有巨大的战略意义。在巨大的经济与战略利益面前，安全问题极有可能被轻视。正如同 MOX Plant 仲裁案中，英国的 ADL 报告就明确指出：“如果不能论证包含有电离辐射的活动所带来的经济收益高于其对环境的损失，(核电站)则无运行必要。”因此，对他国的资讯公开作为国际社会监督及评估一国核活动环境影响的方式之一，应当公开完整的资讯，包含所有类别的资讯。

六、余论

国家在开展民用核活动时，负有预防跨境核损害的尽责义务与直接义务。尽责义务要求国家通过行政许可、持续监管，制定核应急计划、以不损害他国为目的制定国家最高级别响应预案等方式，采取一切必要与适当措施确保其境内及管辖范围内的核活动的安全；直接义务要求国家通过提交核安全报告、及早通报核事故，在

---

① In the Dispute Concerning Access to Information under Article 9 of the OSPAR Convention and the MOX Plant (Ireland v. United Kingdom), 6 June 2002, Counter-Memorial of The United Kingdom, para. 3. 12.

紧急情况下提供援助等方式，向国际组织或其他国家实施特定行为以预防跨境核损害。

厘清国家在预防跨境核损害方面的义务是促使各国更好地履行相关国际法义务，维护核安全的起点；也是解决国家间跨境核损害争端的前提，若国家违反其所负有的预防跨境核损害的国际法义务，则国家当被科以国家责任。

States' Obligations to Prevent Trans-Boundary Nuclear Damage in Civil Nuclear Activities

Abstract: States, as the regulator of civil nuclear activities, bear international legal obligations in preventing trans-boundary nuclear damage that may arise from civil nuclear activities within its territory or under its jurisdiction. The purpose of this paper is to find out and figure out these obligations. States' obligations can be seen in relevant international treaties and customary International Law rules. This paper categorizes the obligations into three sorts: due diligence obligations, direct obligations, and obligations with dual natures. Due diligence obligations include the obligations to ensure a system of licensing, ongoing regulation, nuclear emergency plan, and to do no harm to other States; direct obligations include the obligations to submit national report, to give early notification of a nuclear accident, to facilitate assistance in nuclear emergency; obligation of dual natures is the obligation of Environmental Impact Assessment.

Key words: trans-boundary nuclear damage; civil nuclear activity; due diligence obligation; direct obligation

有害物质潜在损害的法律救济及其解决进路

——以美国法为例

□　李雯静*

内容摘要：从20世纪80年代中期开始，有害物质侵权诉讼逐渐得到美国法学界和实务界的关注。根据传统侵权法理论，原告受到物理性侵害(有形性侵害)或身体受到实际伤害是请求损害赔偿的前提。有害物质潜在受害者因尚未表现出疾病症状，其索赔面临着法律上的难题。然而，有害物质暴露(例如环境污染)所引发的健康损害通常具有潜在性和延迟性，其结果一旦发生即不可逆转，受害者待到疾病到来时的索赔往往缺乏实际价值。因此，帮助潜在受害者寻求法律救济的"非传统型侵权法理"应运而生。为回应社会现实需要，美国法院也逐渐允许有害物质的潜在受害者在疾病发生之前提起侵权诉讼，并在一定条件下为其提供法律救济。

关键词：有害物质　环境侵权　潜在损害　预防责任

目　次

---

* 日本北海道大学法学研究科民法学博士研究生。

本文系作者获得中国国家留学基金委(国家建设高水平大学公派研究生项目)资助，在北海道大学公派留学期间的研究成果之一。

引　言

在高度工业化的现代社会，有害物质(toxic substances)的接触者和暴露者常常会受到健康危害或疾病威胁，由此而引发的侵权诉讼越来越多，类型也越来越复杂。① 这在美国逐渐形成为一种新的诉讼类型，即“有害物质侵权诉讼”(toxic tort claim)。② 该类诉讼既包括缺陷产品侵权诉讼，又包括职业暴露或环境侵权诉讼。前者，例如，含铅过量的儿童玩具、③ 含有诱发心脏病成分的缺陷医药产品、包含艾滋病毒的血液制品、诱发隔代癌症的孕妇用药等。后者，例如，石棉暴露、粉尘污染、重金属污染、废弃物污染、地下水污染、大气污染、核辐射污染等。

根据健康损害是否已显在化，有害物质侵权受害者可以分为如下两种类型：一类是“已出现疾病症状的受害者”。对于这类受害者所提起的侵权诉讼(例如医疗费用赔偿之诉或精神损害赔偿之诉)，我们可以通过传统侵权法来进行处理。原告基

① Bill Charles Wells, *The Grin without the Cat: Claims for Damages from Toxic Exposure without Present Injury*, 18 Wm. & Mary J. Envtl. L. 285, 347 (1994).

② James T. O'reilly, Toxic Torts Practice Guide §2.01 (2nd ed. 1992).

③ Lewis v. Lead Indus. Ass'n, Inc., 793 N.E.2d 869 (Ill. App. Ct. 2003); Amir Efrati, *Toy Recalls May Push 'Medical Monitoring' Debate: Suits Seek Funds to Test Children before Injuries Show*, Wall St. J., 20 Aug. 2007, at A7.

于身体受到伤害所产生的、合理的医疗费用可以请求加害方赔偿。这种医疗费用不仅包括已产生的医疗费用，还包括将来可能会发生的、合理的医疗费用。此外，原告还可以请求加害方进行精神损害赔偿。

而对于另一类受害者——“长期接触有害物质但尚未出现疾病症状(post-exposure, pre-symptom)的潜在受害者”，法律救济的问题会变得较为棘手。根据传统判例法的侵权法理，原告受到物理性侵害(有形性侵害)或身体受到实际伤害是请求损害赔偿的前提。① 因此，潜在受害者(potential victims)的索赔面临着法律上的难题。如何对潜在损害和潜在受害者进行法律救济，逐渐成为美国法学界关注的新焦点。本文将围绕着这一中心问题展开议论。

一、有害物质潜在损害的法律救济问题

(一)潜在损害的问题

有害物质侵权所引起的损害具有潜在性和渐进性两个特点。在很多情况下，受害者并非一经接触有害物质即刻出现身体伤害或疾病症状，而是该物质在体内慢慢蓄积，经过很长一段时间，甚至是若干年后，伤害才会得以显现。例如，环境污染或大气污染造成的健康损害。随着侵权行为的继续，损害也在积蓄。这种损害不能以日或月来进行区分，而是具有渐进性，有害物质在体内逐渐累积，健康损害最终显在化。

有害物质致害的潜伏期很长，尤其是某些侵害神经系统、生殖系统或呼吸系统的有害物质。② 例如，重金属污染致害的情况。化学重金属渗入土壤、田地、山川、河流，受害者在经过被动暴露的若干年后，才会逐渐出现疾病症状，甚至癌症；孕妇则会出现流产、新生儿身体畸形或神经发育迟缓、智力低下等问题。③ 又如，石棉暴露的情况。即使侵权行为已经终止，根据损害性质，损害的发生将持续进行。石棉暴露者，从石棉接触到罹患肺癌或恶性胸膜中皮肿，一般需要至少十年的时间，有的甚至长达三十年。可见，有害物质所导致的伤害是一种具有潜在性、

---

① William L. Prosser, Handbook of the Law of Torts 54 (4th ed., St. Paul: West Publishing Co. 1971).

② Carl F. Cranor, Toxic Torts: Science, Law and the Possibility of Justice 173 (Cambridge University Press 2006).

③ Joe Cochrane, *From Ore to Nuggets, With Peril: A Mercury Poisoning Risk in Indonesian Villages*, N. Y. Times, 3rd Jan. 2014, at B1, B4.

进行中的健康损害。

(二)法律救济困境及其成因

正是由于有害物质侵权损害具有潜在性这一特点，导致了传统法律规则对潜在受害者的救济困难。以下将从侵权责任构成的角度，对有害物质潜在损害的法律救济困境及成因进行分析。

一般而言，行为人因过错导致他人身体受到伤害需要承担侵权责任。然而，在有害物质侵权案件中，情况会变得有些复杂。根据传统侵权法规则，过失侵权案件中，原告要求被告承担侵权责任需要对以下四要件进行举证。① 即，被告有注意义务，被告违反了注意义务，原告受到了伤害，被告违反注意义务与原告受伤害之间存在因果关系。对于前两个要件，原告并不难证明。即，被告存在使原告免于遭受有害物质暴露的注意义务，而被告将有害物质排放到环境中或生产了包含有害物质的缺陷产品，使得原告被动接触或暴露于有害物质当中。而后两个要件才是对有害物质潜在损害进行法律救济的理论难点。

原因在于，有害物质潜在受害者(由于身体尚未出现物理性伤害)很难证明其受到了“法律上所认可的伤害”。而传统上，这种“伤害”被狭义解释为受害者存在医学上能够被确实观察得到的健康损害或疾病症状。由此可见，被告因过错造成他人暴露在潜在性有害物质当中，如果受害者不能证明身体受到了现实伤害，那么传统侵权法规则很难支持原告的诉讼请求。退一步来说，即使原告(在若干年后疾病症状显现之时)终于能够证明身体受到了“法律上所认可的伤害”，他可能已因年月久远而无法证明因果关系的存在。

有害物质侵权案件中，受害者遭受低剂量的持续暴露很少会立即出现可以被诊断出的身体伤害。从疾病的诱导期完成到医学上症状出现之间漫长的潜伏期，使得受害者在症状出现时的索赔遭遇诸多现实困难。有害物质暴露与疾病发生之间漫长的时间差使得证据纷失，证据收集存在很大难度。潜伏期的存在让疾病的发展过程变得更为复杂，多因果现象明显，因果关系证明愈发困难。诉讼时效的严格规定、加害者的特定困难更令受害者无所适从。

即使诉讼时效尚未完成，且原告克服上述障碍最终取得了胜诉判决，加害方的行踪不明或重组、停业甚至破产所导致的判决无法实际执行的情况也屡见不鲜。不难想象，企业排污导致重金属污染，十几年后附近居民被诊断为癌症时，该企业依然存在且能为居民提供全额损害赔偿金的情况是少之又少。而且，目前这家正在排污并实际引起附近居民有害物质严重暴露的企业，通常也不会为十几年后可能面临

① W. Page Keeton, Prosser and Keeton on the Law of Torts §30 (5th ed., West 1984).

的侵权责任而调整现有的行为模式。因此，对有害物质潜在受害者的法律救济显得尤为迫切和重要。

然而，在既存侵权法规则之下，有害物质潜在受害者面临着法律上的救济困境。这些法律难题严重阻碍着侵权法发挥其威慑功能(包括制裁和预防功能)，也促使美国司法理论和实践开始重新考量现有规则，以回应现实社会的需求。随着判例法的发展，美国法院逐渐在实务中降低司法门槛(a judicial "lowering of the bar")，从法解释学的角度，对传统规则进行一定程度的修正，为潜在受害者提供法律救济。例如，通过重新定义"伤害(an injury)"概念，突破或扩大现有范围，支持潜在受害者的索赔。以下将通过考察美国法，对有害物质潜在损害的法律救济及其解决进路展开论述。

二、基于患病风险增加提起的诉讼

患病风险增加之诉是指有害物质潜在受害者基于将来罹患疾病的风险增加(increased risk of disease)而提起的损害赔偿诉讼。该类诉讼也有其他相近称法，但内容基本一致。①

(一)具体内容

与未暴露人群相比，原告由于有害物质的接触或暴露，将来罹患某种严重疾病或者罹患癌症的风险会有显著增加。原告认为，被告过错导致其受到有害物质暴露，由此所引起的患病风险增加本身即是一种伤害。因此，尽管尚未出现疾病症状，原告常以将来患病风险增加为由提起侵权之诉。

该类诉讼的争议点在于，原告不能保证有害物质接触或暴露一定会导致其罹患某种严重疾病或癌症。因此，法院在审理该类案件时，常常需要考虑原告将来实际并未患病的情况。

(二)反对意见

与实际患病的受害者相比，潜在受害者，特别是无症状者提起的患病风险增加之诉，在对传统侵权法提出挑战的同时，可能会带来一些问题(例如，原告获赔不合理、被告过度赔偿、司法资源浪费等)。以下将总结这些反对意见，并加以阐述。

---

① 它有时也被称为"患病风险增强(enhanced risk of disease)"或"将来受伤害风险增加(increased risk of future injury)"之诉。

(1)对加害者和实际患病者来说，无症状者获得赔偿可能并不公平。首先，倘若原告在未来的余生当中并未患病，那么加害者此前对其进行的赔偿(哪怕只是部分赔偿)会使其收获不合理的意外之财。其次，加害者对实际未患病的原告进行赔偿，可能会引起资力不足从而丧失赔偿能力，减少本应属于实际患病者的赔偿金。① 再者，单单基于患病风险来决定原告是否得到赔偿，会使得原告中将来实际患病者得到明显较低的赔偿。而当其多年之后实际患病时，根据一事不再理原则(the single action rule)，能否再次向被告索赔存在疑问。②

(2)从效率上讲，对无症状者不加选择进行赔偿可能会导致司法资源的浪费。从法政策学的角度出发，法院之所以对该类诉讼表现出保守态度，主要还是因为担心同类案件会呈爆炸性增长趋势。换言之，如果法院不加区分地支持原告的诉讼请求，那么可以预见，大量潜在受害者将选择提起诉讼。这会分散司法资源，不利于实际受害者的权益保护。只有通过设置赔偿要件，在一定程度上区分出最亟待保护的受害者，才能缓解紧张的司法资源。

(3)计算患病风险概率时，倘若考虑国民整体的(患病)基础风险度(baseline risk)，无症状者的索赔很难得到支持。以石棉暴露为例，与未暴露人群相比，原告罹患肺癌的风险会增长五倍。一般人群罹患肺癌的基础风险度是十万分之十，原告由于石棉接触导致患癌风险增加，即使风险增加五倍，风险度也只能达到十万分之五十。原告基于仅仅十万分之五十的风险概率要求索赔，在传统侵权法上很难得到支持。③

(三)法院的裁判标准

正如反对意见所言，原告最终是否患病存在不确定性，而对终其一生实际并未患病的原告进行赔偿违反了法律的公平正义原则。因此，美国法院大多要求原告将患病风险定量化，令其提供统计资料或数据来对患病风险的增加进行实证。不仅如此，为防止投机性诉讼，多数法院认为，只有当原告能够证明患病风险超过50%，④ 或者患病具有

① Allan Kanner, Environmental and Toxic Tort Trials 284 (Charlottesville, VA, Michie Co., 1991).

② James Pizzirusso, *Increased Risk, Fear of Disease and Medical Monitoring: Are Novel Damage Claims Enough to Overcome Causation Difficulties in Toxic Torts?*, 7 Envtl. L. 183, 205 (2000-2001).

③ James A. Henderson & Aaron Twerski, *Asbestos Litigation Gone Mad: Exposure-Based Recovery for Increased Risk, Metal Distress, and Medical Monitoring*, 53 S. C. L. Rev. 815, 832 (2002).

④ 例如，在Hagerty v. L&L Marine Services, Inc. 和Johnson v. Armstrong Cork Co. 案中，第五巡回法院和路易斯安那州西部地区法院均认为，原告需要证明将来疾病的发生概率大于不发生的概率(the disease is more likely than not to occur)。即，原告只有在患病风险超过50%的情况下，才能获得赔偿。Hagerty v. L & L Marine Services, Inc., 788 F. 2d 315 (5th Cir. 1986); Johnson v. Armstrong Cork Co., 645 F. Supp. 764, 769 (W. D. La. 1986).

(医学上)合理确定性时才能获得赔偿。①

对于患病风险不满 50%的原告，也有少数法院根据其患病风险增加的程度，对超过自然发病率的风险增加部分按照比例给予相应赔偿。② 这在一定程度上缓和了传统侵权法上“全有或全无(all or nothing)”的法律规则。③

然而，在多数情况下，原告几乎不可能对患病的风险概率进行科学证明。尤其是对那些尚未经过充分研究或不为人熟知的有害物质，很难有充分的科学数据对其所引发的健康风险进行准确评估。为此，在有害物质潜在受害者大规模存在的情况下，个别法院通过免除原告的风险量化义务来为其提供法律救济。

例如，新泽西州最高法院对 Ayers v. Township of Jackson 案的判决。④ 在该案中，被告垃圾填埋所产生的有害物质污染了共计 339 名原告的饮用水。尽管原告在起诉时身体尚未出现任何不适或疾病症状，法院依然支持了原告的诉讼请求。判决认为，“根据新泽西州侵权诉讼法(New Jersey Tort Claims Act)，饮用水污染导致的患癌风险增加已经构成了对原告的‘伤害(injury)’。即使患癌风险的概率很难数值化，根据医学专家的证言，也可以合理推断出原告的患癌风险在医学上足够重大”，由此认可了原告的赔偿请求。

三、基于患病恐惧提起的诉讼

传统判例法上，受到身体伤害的有害物质接触者或暴露者，不仅可以向侵权方请求财产损害赔偿，还可以请求精神损害赔偿。⑤ 然而，近些年来，情况逐渐在发生变化。尚未受到身体伤害的潜在受害者，基于患病恐惧(fear of disease)所产生的

---

① 例如，在 Stites v. Sundstrand Heat Transfer, Inc. 案中，密歇根西部地区法院以原告无法证明三氯乙烯暴露导致其将来患病具有“合理的确定性(reasonable certainty)”为由，驳回了原告的诉讼请求。又如，在 Dartez v. Fibreboard Corp. 案中，第五巡回法院认为，原告若要获得赔偿，需要提供医学专家证言以证明其患病在医学上具有合理的确定性(reasonable medical certainty)。Stites v. Sundstrand Heat Transfer, Inc., 660 F. Supp. 1516 (W. D. Mich. 1987); Dartez v. Fibreboard Corp., 765 F. 2d 456, 466 (5th Cir. 1987).

② 藤倉皓一郎「アメリカにおける有害物質による健康被害訴訟の動向」法曹時報 46 巻 6 号(1994 年)1049 頁。

③ Janet S. Kole, Stephanie Nye (eds.), Environmental Litigation 133 (2nd ed., Defending Liberty Pursuing Justice 1999).

④ Ayers v. Township of Jackson, 525 A. 2d 287 (N. J. 1987).

⑤ D. Dobbs, Handbook on the Law of Remedies 545 (1973).

精神痛苦(emotional distress),请求精神损害赔偿的案例正在增加。①

(一)具体内容

该类诉讼的原告,因长期暴露或接触有害物质,虽然身体尚未出现疾病症状,但伴随着患病或致癌风险的增加,对将来罹患癌症或者其他严重疾病怀有深刻恐惧和精神不安。② 原告主张,这种现实承受着的巨大精神压力和严重精神痛苦应当被认定为法律上所认可的伤害。该类原告包括缺陷产品的长期使用者或接触者,还包括暴露在致癌性环境中的有害物质潜在受害者。

(二)反对意见

根据传统法律规则,原告只有在受到有形性侵害(物理性伤害)的情况下,才能请求精神损害赔偿。③ 在身体伤害显在化之前,对基于有害物质暴露所产生的精神痛苦(单纯性精神损害)是否应当进行赔偿,意见有所分化。以下将列举两点对此持保守态度的反对者意见。

(1)对欺诈性诉讼或不诚实请求增加的担忧(the fear of fraudulent claims)。④ 潜在受害者所主张的精神损害,从性质上说,具有内部隐蔽性,存在滥用利己证据的可能。根据美国法学会《第二次侵权法重述》第436条A项规定,如果被告的行为从结果上来说,给原告仅仅只是带来了情感障碍或情绪不安定,那么被告对此不负赔偿责任。这是为了防止诉讼轻率化或欺诈性不当请求的增加。

(2)涉及法律的规范性选择问题。身处现代社会的人们要达到并维持情绪完全平稳的状态几乎不可能。法律与其说是要鼓励人们通过诉讼将自己的不幸归结于他人,不如说是要求每个人承担起保持自我精神状态稳定的责任。在原告缺乏实际身体伤害的情况下仍给予其赔偿,最终会导致捏造者或神经质患者不良诉讼的泛滥。⑤ 此外,在缺乏身体伤害的情况下如何对原告所主张的精神损害进行金钱评价,司法上缺乏客观标准。因此,反对者对潜在受害者或无症状者所提起的精神损

① Terry Morehead Dworkin, *Fear of Disease and Delayed Manifestation Injuries: A Solution or a Pandora's Box*, 53 Fordham L. Rev. 527 (1984).

② 该类诉讼有时也被称为基于"对将来伤害的恐惧(fear of future injury)"或"对罹患癌症的恐惧(fear of cancer)"而提起的精神损害赔偿之诉。

③ 樋口範雄『アメリカ不法行為法』(弘文堂、2009年)127頁。

④ Justice Breyer's majority opinion in Metro-North Commuter R. R. Co. v. Buckley, 521 U. S. 424, 443 (1997).

⑤ Temple-Inland Forest Prods. Corp. v. Carter, 993 S. W. 2d 88, 93 (Tex. 1999) (citing Metro-North Commuter R. R. Co. v. Buckley, 521 U. S 424, 432-433 (1997)).

害赔偿之诉抱有警惕性，认为应当对此类诉讼予以严格限制。①

的确，正如反对者所言，几乎每个人都会对罹患严重疾病或癌症怀有恐惧。然而，这种本应在可接受范围内的抽象恐惧会因某个事件急剧增加且具体化。例如，一个理性人得知自己由于某种有害物质的长期接触导致罹患癌症风险明显增加时，表现出的极度不安。即使他尚未出现任何疾病症状，基于一般的医学常识和医生劝告，也不难理解其受到有害物质暴露后所承受的精神压力和痛苦。

（三）法院的裁判标准

1. 被告故意导致原告精神痛苦的情形

加害人故意导致原告精神痛苦，作为一种独立的诉讼原因，早已得到法院认可。② 在故意造成他人有害物质暴露的案件中，被告的行为一旦能够被认定为"极其不合情理的行为（extreme and outrageous conduct）"，那么原告无须证明身体受到伤害也可获得精神损害赔偿。

例如，肯塔基州法院对 Capital Holding Corp. v. Bailey 案件的判决。③ 在该案中，被告雇佣原告在其大厦地下室从事管道工作。被告与原告签订雇佣合同时，已知晓管道存在严重石棉污染却未将此情况告知原告。两年后，原告得知管道石棉污染，并接受健康检查。此时，尽管尚未出现石棉症相关症状，原告依然被医生告知其罹患石棉肺和恶性中皮肿的风险极大增加。为此，原告基于对罹患石棉症的恐惧（精神痛苦），向被告提起精神损害赔偿之诉。法院认为，被告的行为出于故意，且可以被评价为"极不合情理的行为（outrageous conduct）"，它使得原告暴露在石棉环境中长达两年之久，由此支持了原告的诉讼请求。

2. 被告过失导致原告精神痛苦的情形

（1）传统标准及其质疑

传统上，对被告因过失造成原告精神痛苦的案件，无症状者的索赔通常会被认为具有投机性。为限制轻率且具有欺诈性的不当请求、防止不良诉讼的泛滥，多数法院都采用"身体伤害"或"物理性侵害"作为标准，要求原告证明受到了肉体伤害或身体损害。

然而，有些法院对"身体伤害"的必要性提出了质疑。例如，（1）加州最高法院认为，"身体伤害这一要件作为精神损害赔偿的过滤器毫无意义。在基于对罹患癌

---

① James A. Henderson & Aaron Twerski, *Asbestos Litigation Gone Mad: Exposure-Based Recovery for Increased Risk, Metal Distress, and Medical Monitoring*, 53 S. C. L. Rev. 815, 824 (2002).

② Restatement (Second) of Torts § 306 (1978).

③ Capital Holding Corp. v. Bailey, 873 S. W. 2d 187, 192 (*Ky. 1994*).

症的恐惧所提起的精神损害赔偿之诉中，原告无须具备该要件”。① 同样，(2)阿拉斯加州法院也未要求患病恐惧之诉的原告证明受到了身体伤害。② 该法院认为，传统侵权法对原告“身体伤害”的要求存在两方面问题。一方面，作为损害赔偿的过滤器，包含轻微的身体伤害并无太大意义。而另一方面，排除缺乏身体伤害的合理性精神损害不利于被害人保护。实际上，身体没有受到现实伤害的人也可能遭受精神痛苦的折磨。(3)俄亥俄州地区法院认为，“原告身体虽然没有受到伤害，但其受到过量放射线辐射并承受着由此产生的严重精神痛苦。因此，原告提出的精神损害赔偿请求不具有欺诈性和投机性，属于可诉性请求”。③

可见，被告的行为将原告置于身体受伤害的危险状态(physical danger)当中，尽管尚未达到引起实际伤害的程度，法院是否应支持原告的精神损害赔偿请求在实践中存在争议。④

(2)传统标准的缓和

近年来，一些法院开始缓和传统标准，放弃采用“身体伤害”或“物理性侵害”要件，而使用“身体影响(physical impact)”、“身体表现(physical manifestation)”等概念，在限定范围内对缺乏身体伤害的精神痛苦给予救济。即使有害物质暴露尚未达到身体伤害的严重程度，只要原告能够证明存在“身体影响”(包括轻微影响)或“身体表现”(包括偏头痛或持续失眠)，精神损害赔偿请求也可能得到支持。例如，在 Herber v. Johns-Manville Corp. 案中，⑤ 石棉暴露的原告对罹患石棉症怀有恐惧并提供了胸膜增厚的证明(除此之外未提供任何疾病或伤害证明)，法院认为胸膜增厚即是一种身体影响，认可了原告的赔偿请求。

少数进步裁判例中，法院为缓和侵权责任构成要件，在解释“身体影响”时采取较为宽泛的标准，对其进行扩大解释，将几乎所有的身体症状(包括轻微头痛或

---

① Potter v. Firestone Tire & Rubber Co., 863 P. 2d 795 (Cal 1993). 在该案中，法院虽然不需要原告证明受到了身体伤害，却要求原告证明由于有害物质暴露导致其癌症发病率超过50%。而这种证明通常只有在患病风险增加之诉中才被要求。换言之，在判断原告对罹患癌症的恐惧是否合理时，加州最高法院裁决并不是将着重点放在原告是否出现身体伤害或疾病症状之上，而是关注原告所面临的患病风险增加的程度，法院认为，患病风险增加的程度对于判断原告是否会产生精神不安十分重要。

② Chizmar v. MackieChizmar v. Mackie, 896 P. 2d 196, 201 (Ala. 1995).

③ Day v. NLO, 851 F. Supp. 869, 879 (S. D. Ohio1994).

④ James A. Henderson & Aaron Twerski, *Asbestos Litigation Gone Mad: Exposure-Based Recovery for Increased Risk, Metal Distress, and Medical Monitoring*, 53 S. C. L. Rev. 815, 824 (2002).

⑤ Herber v. Johns-Manville Corp., 785 F. 2d 82 (3d Cir. 1986).

呕吐)均纳入到"身体影响"的范畴，支持潜在受害者的索赔。① 还有个别法院认为，即使原告无法证明存在"身体影响"或"身体表现"，倘若能证明由于被告的过错造成自身受到有害物质"确定的暴露"，从而导致身体健康受到危害或威胁，也能为原告提供法律救济。②

综上所述，多数法院要求原告在提起患病恐惧之诉时，证明受到了身体伤害或身体影响。然而，关于身体伤害或身体影响的具体内容却无明确标准，不同法院在判定两者构成时存在很大差别。近些年来，为救济有害物质潜在受害者，部分法院试图降低司法门槛，对"身体伤害"、"身体影响"、"身体表现"等概念有进行扩大解释的倾向。

例如，在 Brafford v. Susquehanna Corp. 案中，法院认为，原告接触有害物质所导致的细胞内染色体障碍(亚细胞损害)也属于"现实伤害(current injury)"，满足"身体伤害"要件，支持了原告的诉讼请求。③ 同样，在 Askey v. Occidental Chemical Corp. 案中，纽约州最高法院也判定，原告受到有害物质暴露后，即使尚未出现疾病症状，有害物质所导致的细胞损害也可以被视为"身体伤害"。④ 原告方的专家证人认为，"有害物质的暴露者，在'将来某个时点，可能会是 20 年之后，受到由于 DNA 损伤带来的负面健康影响'"。"原告可能正在经受细胞核双螺旋结构的微型生物性病变。这是漫长而复杂的生物学过程的起点。它在将来可能会发展为癌症或其他严重疾病。"⑤

当然，随着无症状者提起患病恐惧之诉案件的增多，美国法院面临的首要技术性问题是，如何在为潜在受害者提供法律救济的同时，慎重区分出那些带有欺诈性或投机性的不良诉讼。⑥

---

① James Pizzirusso, *Increased Risk, Fear of Disease and Medical Monitoring: Are Novel Damage Claims Enough to Overcome Causation Difficulties in Toxic Torts?*, 7 Envtl. L. 183, 200 (2000-2001).

② James A. Henderson & Aaron Twerski, *Asbestos Litigation Gone Mad: Exposure-Based Recovery for Increased Risk, Metal Distress, and Medical Monitoring*, 53 S. C. L. Rev. 815, 824, note 37 (2002).

③ Brafford v. Susquehanna Corp., 586 F. Supp. 14 (D. Colo. 1984). 然而，对于这类疾病症状出现之前、无法从外观上得以判断的物理性伤害，所需的医学鉴定费用十分高昂，并非所有原告都能够承受。

④ Askey v. Occidental Chemical Corp., 477 N. Y. S. 2d 242 (A. D. 4 Dept. 1984).

⑤ Askey v. Occidental Chemical Corp., 477 N. Y. S. 2d 247 (A. D. 4 Dept. 1984).

⑥ Janet S. Kole, Stephanie Nye (eds.), Environmental Litigation 133 (2nd ed., Defending Liberty Pursuing Justice 1999).

(3)对精神痛苦真实性和合理性的重视

一般而言，法院要求患病恐惧之诉的原告能够证明以下四点才能获得赔偿：①原告遭受着严重的精神痛苦或经受着患病恐惧、癌症恐惧症的折磨；②这种恐惧由有害物质暴露所直接引起；③被告过错导致原告暴露在有害物质当中；④原告对罹患疾病所产生的恐惧(精神痛苦)具有合理性。①

可见，相较于法院在患病风险增加之诉中对风险量化的重视，在患病恐惧之诉中，法院着重考察原告承受的精神痛苦或出现的恐惧不安是否具有真实性和合理性。② 在对其进行认定时，法院通常要求原告提供可以信赖的医学专家证言。相较于一般的患病恐惧，法院对以下两类精神痛苦的认定更为严格。

第一，癌症恐惧症(cancerphobia)。

“癌症恐惧症”是对罹患癌症的极端恐惧，在医学上被认为属于精神疾病的一种。对于“癌症恐惧症”的主张，有一部分被认为是正当合理的。但倘若原告基于谣言或风评等不确切信息而产生的臆想或猜测，则会被认为是不当请求。由于“癌症恐惧症”被广泛认为是一种精神疾患或心理障碍，法院对它的认定条件更为苛刻。法院在对“癌症恐惧症”的真实性与合理性进行甄别时，需要医学专家进行特别鉴定，对其发生原因、具体内容及影响范围进行探明。③

第二，创伤后压力心理障碍(post-traumatic stress)。

创伤后压力心理障碍也是属于精神障碍的范畴，它会使得原告的行为出现明显特征。对于原告主张有害物质暴露导致的创伤后压力心理障碍，法院一般要求原告对以下五点进行证明：①该精神创伤能够被外界认知；②它能以某种形式进行再现；③患者偏离了通常能被预见的行为模式；④患者目前的行为模式以往从未出现过；⑤该精神创伤已经至少持续出现了 1 个月以上。④

四、基于医疗检查费用提起的诉讼

为了对有害物质暴露的相关疾病进行早期诊断、发现，潜在受害者常常基于医

① Devlin v. Johns-Manville Corp., 495 A. 2d 495 (N. J. Super. 1985).

② 即使原告将来罹患疾病的可能性较低，只要能够认定原告对将来罹患癌症的恐惧真实存在，且这种恐惧深刻而合理，在原告尚未出现疾病症状的情况下，也可以认可原告提出的精神损害赔偿请求。

③ Eagle-Picher Indus. V. Cox, 481 So. 2d 517, 526 n. 13 (Fla. Dist. Ct. App. 1985).

④ Sterling v. Velsicol Chem. Corp., 855 F. 2d 1188, 1206 (6th Cir. 1988).

疗检查费用或健康诊断费用提起损害赔偿之诉。① 与患病风险增加之诉或患病恐惧之诉相比，该类诉讼之所以更容易受到法院的青睐，是因为它不仅能给原告带来更好的健康效果，而且还有利于原告克服因果关系证明困难的问题。②

(一)具体内容

医疗检查费用之诉的目的是为了早期发现和诊断有害物质暴露所带来的潜在疾病或健康损害。该类诉讼的原告主张，由于被告的过错导致原告有害物质暴露，受到癌症或严重疾病的威胁，根据医疗专家的医学劝告，不得不接受高额的定期医疗检查或医学监视，由此产生的健康检查费用作为一种经济性损失或现实损害，理应由被告来进行填补。换言之，原告认为，将检查费用的经济负担转嫁给被告来承担，符合公平正义的法律原则，具有正当性。③ 特别是在医疗检查能够早期发现和治疗疾病从而降低死亡率，改善原告健康状况的情况下。

在该类诉讼中，原告一般请求被告支付定期健康诊断或检查所需费用，或要求被告设立基金对此费用进行补偿。当然，原告所请求的费用只包括为了早期发现潜在疾病而产生的、合理的定期医疗检查及诊断费用，不包括将来疾病实际发生后所需的治疗费用。④

(二)性质之争

关于医疗检查费用权利主张的性质，司法实践和理论存在以下三种不同认识：

① 除了“medical monitoring(医疗检查)”一词之外，该类诉讼也常常使用“medical surveillance(医学监视)”，“medical testing(医疗诊断)”，“preventive monitoring(预防性检查)”，“diagnostic testing(诊断性检查)”等用语。Allan T. Slagel, *Medical Surveillance Damages: A Solution to the Inadequate Compensation of Toxic Tort Victims*, 63 IND. L. J. 849, 850 n. 8 (1988).

② Jean Macchiaroli Eggen, Toxic Torts in a Nutshell VI 318 (3d ed., Thomson West 2005). 例如，在 Hagerty v. L & L Marine Services, Inc., 788 F. 2d 315 (5th Cir. 1986) 案中，控诉法院以原告无法证明患病风险高于 50%为由，驳回了原告的患病风险增加之诉，却认可了原告基于定期医疗检查费用而提起的损害赔偿请求。在 Hansen v. Mountain Fuel Supply Co., 858 P. 2d 970 (Utah 1993) 案中，犹他州法院以原告无法证明身体受到实际伤害为由驳回了原告的精神损害赔偿之诉，却认可了原告的医疗检查费用之诉。在 Potter v. Firestone Tire & Rubber Co., 863 P. 2d 795 (Cal 1993) 案中，加州法院以原告无法证明身体伤害发生的确定性为由驳回了原告的患病风险增加之诉，却认可了原告的健康诊断费用之诉。

③ Leslie S. Gara, *Note*, *Medical Surveillance Damages: Using Common Sense and the Common Law to Mitigate the Dangers Posed by Environmental Hazards*, 12 Harv. Envtl. L. Rev. 269 (1988).

④ Richard Bourne, *Medical Monitoring Without Physical Injury: The Least Justice Can Do for Those Industries Has Terrorized with Poisonous Products*, 58 Smul. Rev. 251, 257 (2005).

(1)认为它是一种独立的诉讼原因(a cause of action);(2)认为它只是损害赔偿请求的一种类型或损害赔偿的一个项目(a compensable item of damage);(3)认为它是法院在衡平法上的一种救济手段(equitable remedy)。

根据传统英美侵权法理论，只有原告在受到身体伤害或出现疾病症状时，与人身伤害相关的诉讼原因才会发生。① 在身体伤害发生之前提起的诉讼被认为是不成熟、不充分且缺乏诉因的。因此，将医疗检查费用权利主张的性质看做损害赔偿请求的一种类型而非独立的诉讼原因更加合理。

例如，加州最高法院认为，医疗检查费用是间接损害的一个赔偿项目，承认医疗检查费用并不是要创造出一种新的诉讼原因。② 第三巡回法院认为，医疗检查费用之诉包括金钱性损害赔偿的内容在内，受到 PCBs 暴露的原告所请求的医疗费用属于一种经济伤害(economic injury)，作为损害赔偿的一个项目，应当得到赔偿。③ 纽约州最高法院认为，“尽管原告在短时间内尚未感知到疾病，被告也应当对之后原告可能发生的、‘合理的、可以被预见的’间接损害承担责任”。“虽然无法对原告的伤害进行目测，但其仍然存在基因受到损伤的风险。原告能够基于此，对‘合理可预测’的间接损害请求赔偿”，而“将来的医疗检查费用是可以被请求赔偿的间接损害”。④

近年来，最新的学术研究成果表明，越来越多的学者将医疗检查费用相关权利主张的性质看做法院在衡平法上的一种救济手段。即，由于被告使得原告患病风险增加，法院通过行使衡平法上的权限(courts' equitable powers)，迫使被告强制负担原告的医疗检查费用。⑤

该主张认为，根据传统衡平法上正当权利要求的相关原理，法院以减轻原告死亡或受伤害风险、缓和原告精神痛苦为目的，为原告提供医疗检查费用，属于一种预防性救济措施。从本质上来说，衡平法上的救济(equitable remedy)之所以区别于法律救济(legal remedy)，是因为后者的适用对象主要是过去已发生的损害，而前者的适用对象不仅包括过去已发生的损害还包括将来可能发生的损害。⑥ 医疗检查以疾病的早期发现和预防为目的，法院认可原告基于医疗检查费用而提起的诉讼主

---

① Note, *Latent Harms and Risk-based Damages*, 111 Harv. L. Rev. 1505, 1506 (1997-1998).

② Potter v. Firestone Tire & Rubber Co., 863 P. 2d 795 (Cal 1993).

③ In re Paoli Railroad Yard PCB Litigation, 916 F. 2d 829 (3d Cir. 1990).

④ Askey v. Occidental Chemical Corp., 477 N. Y. S. 2d 247 (A. D. 4 Dept. 1984).

⑤ Richard Bourne, *Medical Monitoring Without Physical Injury: The Least Justice Can Do for Those Industries Has Terrorized with Poisonous Products*, 58 Smul. Rev. 251, 252 (2005).

⑥ Pankaj Venugopal, *The Class Certification of Medical Monitoring Claims*, 102 Colum. L. Rev. 1659, 1668 (2002).

张，与其说是单纯为了赔偿原告的经济损失，不如说是为了防止将来损害的发生和扩大。因此，它更接近于法院在衡平法上的救济手段。

综上所述，原告由于被告的过错而需要接受医疗检查，由此所支出的费用在司法实务上被认为是一种经济损失或间接损害，一般将其归为损害赔偿的一个项目。同时，有学者认为法院支持医疗检查费用之诉，属于运用衡平法上的权限，为有害物质潜在受害者提供衡平法上的救济(区别于法律救济)。

(三)法院的裁判标准

1. 具体标准

考察相关裁判例，很多法院对基于医疗检查费用而提起的权利主张，有着较为明确的判断标准。①

(1)犹他州

犹他州最高法院在认定医疗检查费用的损害赔偿时，要求原告证明以下六点：①由于被告的过错；②导致原告暴露在有害物质当中；③作为暴露的结果，原告罹患重大疾病或受到伤害的风险增加；④存在能够对伤害或疾病进行早期发现的医疗检查；⑤早期发现在医疗上具有效果；⑥根据现代医学原则，有资质的医生对上述医疗检查作出了指示。②

(2)加利福尼亚州

加利福尼亚州最高法院对关于医疗检查是否具有合理性和必要性有如下五点判断标准：①原告暴露的严重性和程度；②化学物质的有毒性；③有害物质暴露的原告与(a)假定未受暴露的自己，(b)国民罹患该种疾病的一般概率相比，患病风险相对增加；④可能罹患疾病的严重性；⑤早期检查和早期诊断的临床价值。③

(3)宾夕法尼亚州

宾夕法尼亚州最高法院要求原告证明以下六点：①原告受到已被证明为有害的危险物质超过基础浓度的暴露(greater than normal background levels)；②原告的暴露由被告的过错所引起；③作为暴露的直接结果，原告罹患潜在严重疾病的风险显著增加；④医疗检查使得疾病的早期发现成为可能；⑤被处方的医疗检查项目不同于未受到暴露者通常所接受的医疗检查项目；⑥根据现代医学原理，被处方的医疗

① 尽管各州对医疗检查费用损害赔偿的判断要件不尽相同，然而，有一点十分明确，即，不要求原告证明身体受到了现实伤害。

② Hansen v. Mountain Fuel Supply Co., 858 P. 2d 970, 981 (Utah 1993).

③ Potter v. Firestone Tire & Rubber Co., 863 P. 2d 795 (Cal 1993).

检查项目必要且合理。①

(4)路易斯安那州

路易斯安那州最高法院要求原告证明以下七点：①受到已被证明为危险物质的深刻暴露；②暴露的直接结果导致原告罹患严重潜在疾病的风险显著增加；③增加的风险程度大于(a)假定自己未受暴露时的患病率，(b)罹患此疾病的国民一般概率；④存在使得疾病早期发现成为可能的医疗检查项目；⑤该医疗检查由有资质的医生根据现代医学原理进行处方，且具有合理必要性；⑥它不同于通常适用于未受暴露者的医疗检查项目；⑦疾病的早期发现与诊断存在某种程度可以实证证明的医学价值。②

(5)西弗吉尼亚州

西弗吉尼亚州最高法院的判断标准如下：①被告存在过错；②导致原告严重暴露在有害物质中；③有害物质已被证明为是危险物质；④作为暴露的直接结果，原告与一般住民相比，罹患严重潜在疾病的风险增加；⑤风险增加的结果使得原告需要接受定期医学诊断和检查；⑥该医疗检查不同于未受暴露者所接受的普通健康检查；⑦存在使得疾病早期发现成为可能的医疗检查项目。③

2. 小结

可见，与患病恐惧之诉相比，在医疗检查费用之诉中，法院不需要原告在起诉时证明受到任何实际身体伤害或身体影响。与患病风险增加之诉相比，法院降低了对原告患病风险程度的要求。原告既不需要证明患病风险超过50%，也不需要证明疾病发生具有确定性或盖然性，只需要证明与未受有害物质暴露的自己或国民一般患病概率相比，自身的患病风险有一定程度的增加即可(有的也要求“显著增加”)。原告患病风险增加的程度只不过是法院在决定医疗检查费用时的一个考量因素而已。④

关于原告有害物质的暴露程度，多数法院要求原告受到超过基础浓度的暴露或达到严重暴露的程度。对于有害物质的轻微暴露，法院一般不会提供医疗检查费用的救济。而且，法院较为重视原告在受到有害物质严重暴露之后，医疗检查是否具有必要性和合理性。美国法律协会(ALI)主张，对医疗检查的必要性和合理性进行

---

① Redland Soccer Club, Inc. v. Dep't of the Army, 696 A. 2d 137 (Penn 1997).

② Bourgeois v. A. P. Green Industries, Inc., 716 So. 2d 355 (La. 1998).

③ Bower v. Westinghouse Elec. Corp., 522 S. E. 2d 424 (W. Va. 1999).

④ Allan Kanner, Environmental and Toxic Tort Trials 287-288 (Charlottesville, VA, Michie Co. 1991).

认定时，法院需要指定医学专家或者科学小组提供值得信赖的专家证言帮助判断。①

此外，法院通常要求原告被处方的医疗检查项目具有针对性，需区别于一般普通人的健康体检。有些法院还要求医疗检查具有医学价值和有效性，能在一定程度上对疾病的发展进行控制。而有的法院则认为，即使医疗检查不具有疾病控制的治疗效果也应当予以支持。② 因为即使旨在早期发现的医疗检查不能改变疾病发展的最终结果，但仍可以使得原告早日得知末期病症的存在，对不可避免到来的结果做好心理准备，通过更为充分的人生规划和安排，让余下的生命过得更有意义。

（四）赔偿金的支付方式

关于医疗检查费用赔偿金的支付方式，司法实践中存在两种类型。一种是一次性金钱赔偿（lump sums）的方式，另一种是在法院监督下成立信托基金（court-supervised trust fund）的方式。前者是被告一次性将未来可能发生的医疗检查费用支付给原告，后者是原告实际接受医疗检查后，凭借收据从信托基金领取相应金额的赔偿金。前者在实践中凸显出两点问题。首先，法院在确定赔偿金额时，很难对将来医疗检查所需实际费用进行精确估算。其次，赔偿金存在被滥用的可能性，法院很难评估原告在一次性获得大量赔偿金后是否会将该款项实际用于健康检查方面的支出。③

例如，在 Ayers v. Township of Jackson 案中，④ 339 名原告共获得总计超过 800 万美元的医疗检查费用赔偿，法院要求被告以一次性赔偿的方式将费用支付给了原告。然而，根据事后的实际调查，有的原告将所获得的赔偿金用于购房、买车、旅游等跟健康诊断毫无相关性的支出之上。⑤ 同样，在 Hansen 案中，⑥ 根据追踪调查，原告在获得一次性赔偿之后的 7 年时间内，并未再参加任何严格而正规的医疗

① American Law Inst., Enterprise Responsibility for Personal Injury 379-380 (1991).

② Redland Soccer Club v. Dep't of the Army, 696 A. 2d 137, 146 n. 8 (Pa. 1997); Bower v. Westinghouse Elec. Corp., 522 S. E. 2d 424, 434 (W. Va. 1999).

③ Arvin Maskin *et al.*, *Medical Monitoring: A Viable Remedy for Deserving Plaintiffs or Tort Law's Most Expensive Consolation Prize?*, 27 Wm. Mitchell L. Rev. 540-543 (2000).

④ Ayers v. Township of Jackson, 525 A. 2d 287 (N. J. 1987).

⑤ George W. C. McCarter, *Medical Sue-Veillance: A History and Critique of the Medical Monitoring Remedy in Toxic Tort Litigation*, 45 Rutgers L. Rev. 227, 257 n. 158 (1993).

⑥ Hansen v. Mountain Fuel Supply Co., 858 P. 2d 970 (Utah 1993).

检查项目。①

由此可见，为了确保赔偿金能被真正运用于以疾病早期发现为目的的定期医疗检查之上，作为衡平法上的救济手段，法院监督下的信托基金成为首选方式。② 无论是从医疗检查费用这一救济方式的特性来说，还是从资金的可计算性、监督的重要性等方面考虑，信托基金方式无疑都优于一次性金钱赔偿方式。实务界和理论界也均倾向于设立信托基金来对潜在受害者进行法律救济。在实际操作运行当中，它还可以引入专家委员会制度，使其对原告毫无必要、浪费式的检查行使否决权。③

五、美国法的总结以及对中国法的启示

（一）美国法的总结

面对有害物质潜在受害者的法律救济困境，美国司法理论和实践积极寻找突破方向，帮助受害者克服传统法律障碍。这些非传统理论对传统侵权法将“法律上所认可的伤害”局限于“身体伤害”提出质疑，试图重新定义“伤害”概念，帮助潜在受害者索赔（它还在实质上减轻了原告因果关系的证明负担）。④

在患病风险增加之诉中，“伤害”被解释为有害物质暴露所引起的、将来患病风险的现实增加。在患病恐惧之诉中，“伤害”被解释为由于担心罹患有害物质暴露相关疾病而正在承受着的精神痛苦。在医疗检查费用之诉中，“伤害”被解释为定期医疗检查费用的支出，或者医学监视所带来的经济负担、经济利益的损害。传统侵权法是否应当将法律上可以获得赔偿的伤害局限于身体伤害？倘若法解释学能扩大传统“伤害”概念的范围，那么无须对因果关系证明理论进行彻底变革，也能破解潜在损害的救济困境。

值得注意的是，尽管这三类非传统型诉讼在概念上存在明显区别，且寻求法律救济的途径也各不相同，但是它们并非独立存在，而是具有一定的内在联系和相关性。从本质上讲，这三者的共性在于均允许原告在实际罹患因被告行为所引起的严

---

① Victor E. Schwartz *et al.*, *Medical Monitoring: The Right Way and the Wrong Way*, 70 Miss. L. Rev. 349, 372 (2005).

② Pankaj Venugopal, *The Class Certification of Medical Monitoring Claims*, 102 Colum. L. Rev. 1659, 1667 (2002).

③ Adam P. Joffe, *The Medical Monitoring Remedy: Ongoing Controversy and A Proposed Solution*, 84 Chi.-Kent L. Rev. 663, 681 (2009).

④ Tamie A. Grodsky, *Genomics and Toxic Torts: Dismantling the Risk-Injury Divide*, 59 Stan. L. Rev. 1671, 1679 (2006-2007).

重疾病之前获得法律救济的机会。而被告行为所导致的原告患病风险增加则是隐藏在这三者背后的共通因素。这三种诉讼主张都在构建或支撑着基于健康损害风险增加而出现的潜在损害救济理论。原告可以根据自身情况，选择不同的路径进行索赔。① 支持者认为，如果有害物质侵权责任是以人身伤害的风险增加而非身体伤害的实际发生作为基础，那么现代侵权法的基本功能更容易得到实现，包括道德功能(矫正正义和个体公平)和功利主义功能(侵权抑制和损害分担)。② 实际上，有害物质潜在受害者提起的诉讼也常与美国惩罚性赔偿制度相关联。

20 世纪 80 年代以来，美国法院逐渐允许原告在缺乏现实身体伤害的情况下提起侵权诉讼，并在一定条件下为其提供法律救济。③ 考虑到可能出现的诉讼洪流等负面因素，美国多数法院在要件论上对这三类诉讼分别予以了一定程度的限制，要求原告满足不同的司法裁判标准。

患病风险增加之诉的原告需要承担更高程度的证明责任。原告不仅需要提供统计资料来对风险增加程度进行量化说明，还需要提供疫学证据，证明将来疾病的发生具有“(医学上)合理的确定性”或罹患疾病的风险大于 50%。患病恐惧之诉的原告不仅需要证明存在一定程度的身体伤害或身体影响，还需要提供医学鉴定证明或专家证言来对恐惧(精神痛苦)产生的真实性和合理性进行说明。医疗检查费用之诉的原告不仅需要证明其遭受到有害物质的严重暴露并导致患病风险的显著增加，还需要提供专家证言，证明医疗检查具有必要性和合理性，且在医学上具有有效性，能对疾病的发展和控制起到一定作用。可见，美国法院一直试图通过利益衡量的方式，在“为潜在受害者提供法律救济”与“防止打开一扇诉讼洪流的大门”之间寻找平衡点，将有效诉讼和投机性诉讼区分开来。

此外，美国法院十分重视医学或疫学专家证言。专家通过疫学统计资料，对某种疾病在人群中的分布以及决定这种分布的因素进行调查，研究受疾病影响人群的分布特点，以测定疾病在不同地区的发生率和死亡率的变化，找出疾病与危险因子之间的关联性。专家证言可以显示有害物质暴露是否很可能会或者已经引起了某种特定疾病在某一人群中的发病率增加，帮助法院判断原告的诉讼请求是否具有投机性。

以上三类诉讼主张当中，最容易得到法院支持的是医疗检查费用之诉，其次是

---

① 很多原告在起诉时会同时选择其中的两种甚至全部三种进行诉讼。

② Tamie A. Grodsky, *Genomics and Toxic Torts: Dismantling the Risk-Injury Divide*, 59 Stan. L. Rev. 1671, 1681 (2006-2007).

③ Robert F. Blomquist, *Emerging Themes and Dilemma in American Toxic Tort Law*, 1988-1991: *A Legal Historical and Philosophical Exegesis*, 18 S. ILL. U. L. J. 1, 43 (1993).

患病恐惧之诉，最后才是患病风险增加之诉。与前两类诉讼相比，后者之所以最难获得胜诉，是因为在该类诉讼中，为避免不必要的赔偿，法院适用传统的因果关系证明准则(“优势证据原则”)，要求原告证明被告的行为导致原告患病风险超过50%，而几乎难有原告能对此进行成功证明。在多数情况下，医学专家能帮助证明原告罹患某种疾病的风险在显著增大，却很难断定该疾病一定会发生。可见，将新型诉讼主张放入传统侵权模式中，会出现与传统规则不相融合的情况。换言之，正是因为法院把“伤害”局限于“罹患疾病”，才使得原告需要证明罹患疾病的风险超过50%才能获得赔偿。而倘若法院把“患病风险增加”看做一种“伤害”，那么只需要证明被告使得原告患病风险增加即可，因果关系证明难的问题便会迎刃而解。尽管理论界对该类诉讼颇有好感，美国法院却不太支持这类诉讼。

相比于患病风险增加之诉，医疗检查费用之诉被认为更加合理，也更符合公众利益。它既能避免对最终未患病的原告支付不必要的赔偿金，又能通过对疾病的早期预防和发现使原告得到早期治疗，提高其生存率。这也能在一定程度上缓解原告的不安和精神痛苦。同时，从宏观上讲，它还有利于维护公众健康和社会稳定，最终减少社会整体成本(尤其是在有害物质造成大规模侵权的情况下)。① 例如，包含有害物质的缺陷产品大量流通到市场上，给公众健康带来严重威胁和不利影响，为潜在受害人群提供法律救济也是公共政策的要求。被告企业由于侵权行为而获得大量经济利益，理应为原告的健康检查费用买单。对加害企业苛以经济负担，要求其承担潜在受害者的医疗检查费用，可以促使加害者将这种侵权成本“内在化(internalize)”，比较衡量违法成本和所获收益，使其采取谨慎行动以防止将来引起更大的伤害。②

(二)对中国法的启示

早在1994年，我国就已有学者关注到美国有害物质侵权诉讼的情况。③ 在此后的二十年间，随着我国的工业化发展，很多潜在性有害物质被运用到现代工业当中，潜在损害问题的严重性不容忽视。④ 如何对潜在损害进行法律救济成为当今中国急需解决的问题。传统侵权法以原告身体受到实际伤害(“人身伤害”)为要件，

① Geoffrey C. Hazard, Jr., *The Futures Problem*, 148 U. Pa. L. Rev. 1901, 1905 (2000).

② Note, *Latent Harms and Risk-based Damages*, 111 Harv. L. Rev. 1505, 1509 (1997-1998).

③ 张新宝：《美国有害物体侵权行为法介评》，载《外国法译评》1994年第1期，第88页。这也是国内最早对美国有害物质侵权诉讼进行介绍的文章。

④ 例如，关于我国重金属污染的严重性情况，可参见刘士国：《关于设立环境污染损害国家补偿基金的建议——以重金属污染损害为中心的思考》，载《政法论丛》2015年第2期，第111页。

潜在受害者的利益很难得到保护。因此，我国也同样面临着有害物质潜在受害者的法律救济困境。建立和完善多元化的受害者救济机制显得尤为重要。① 对有害物质大规模侵权事件的处理，我国正在从行政主导模式向司法救济模式进行转变。② 在司法实践中，我国能否借鉴美国法上的经验，从法解释学的角度对此进行突破，值得我们深思。通过对美国法的考察可以给我们带来以下几点启示。

第一，美国法为我们提供了一种新的思维方式，促使我们重新思考对有害物质侵权损害的认定是否应局限于"人身伤害"。的确，是否受到"人身伤害"作为损害赔偿的过滤器，可以在一定程度上区分出最亟待保护的受害者。然而，当受害人受到有害物质严重暴露，患病风险显著增加，并由此产生了严重的精神痛苦或需要得到医学监视时，仅仅因为尚未表现出疾病症状，我们便完全排除潜在受害者的索赔是否正当合理，是否符合法律的公平正义原则，是否真正做到了以人为本。

可以说，目前我国法学界对潜在损害法律救济的重要性和紧迫性问题尚缺乏应有的重视。尤其是在有害物质大规模侵权(如瑕疵产品或环境污染)导致某一群体遭受严重健康危害或威胁时，潜在受害者的保护问题显得更为迫切。潜在损害存在漫长潜伏期，一旦显在化则结果不可逆转。对受害者进行事后赔偿并无太大意义，而在一定范围内肯定现阶段加害者的赔偿责任很有必要。在环境污染侵权案件中，与事后救济相比，事前预防救济更为有效，也更有价值。"预防警戒原则(precautionary principle)"的重要性已得到国际环境法学界的公认。预防救济不仅符合公众常识，能够满足社会期待和需要，而且更容易得到民众认同。倘若将"损害"概念理解为因他人可归责的行为导致受害人权利或法益受损的一种不利益状态,③ 那么对潜在损害进行法律救济就有了突破的基础。

第二，美国法上的经验为我们展示了一条可供探索的新路径，指出了可能对有害物质潜在损害进行法律救济的方向。当人身伤害的发生具有现实可能性和高度盖然性时，美国侵权法上出现了很多新理论来帮助潜在受害者克服传统法律障碍获得赔偿。在我国的现实法律语境下，是否存在对有害物质所引起的"损害"或"人身伤害"进行扩大解释的可能性，能否比照美国法，通过概念移植，将有害物质暴露所导致的"患病风险增加"、"对罹患疾病的恐惧(精神痛苦)"、"医疗检查费用的支出"涵括到"损害"或"伤害"等概念里去，这些都需要我们再进一步深入探讨和研究。

---

① 王利明：《建立和完善多元化的受害人救济机制》，载《中国法学》2009 年第 4 期，第 146 页。

② 孙大伟：《我国大规模侵权领域困境之考察——基于制度功能视角的分析》，载《当代法学》2015 年第 2 期，第 48 页。

③ 宁金成、田土城：《民法上之损害研究》，载《中国法学》2002 年第 2 期，第 105 页。

单从法解释学的角度出发，我国侵权法存在为潜在受害者提供法律保护的空间。例如，我国侵权责任法第22条规定，“侵害他人人身权益，造成他人严重精神损害的，被侵权人可以请求精神赔偿”。该条文具有的包容性和弹性为法官发挥自由裁量权留有余地。① 对受害人的精神痛苦进行认定时，不能简单认为精神痛苦必然伴随着身体受到物理性伤害而产生，而需要认识到即使没有身体伤害，受害人也可能遭受精神痛苦的折磨。精神痛苦的严重性才是认定精神损害赔偿的法律要件。侵权行为受害者即使只受到单纯性精神损害而未受到物理性损害(包括财产损害和身体伤害)，也存在请求精神损害赔偿的可能性。例如，核能泄漏的情况，核电站附近居民即使尚未显示出疾病症状(因核辐射导致的健康损害具有潜在性和延迟性)，居民对遭受高强度放射线辐射所产生的恐惧和不安、对将来健康危害的深刻担忧应当被认定为严重精神损害，核电站对此应予以赔偿。

第三，美国法的理论和实践积累对我国完善相关理论架构、确定司法裁判规则提供了有益的借鉴和参考。传统侵权法的主要功能是对受害人的损害进行填补。因此，可以被确定观察到的损害或人身伤害是启动侵权法救济功能的前提。然而，在现代风险社会，侵权法对侵权行为的预防、抑制与制裁功能也日益得到重视。侵权法的功能定位，直接关系到侵权法的价值取向、体系构建与制度安排。与美国法上对侵权法威慑功能的重视相同，我国侵权责任法第1条也对此有明确规定。这为潜在损害法律救济在我国的研究提供了最基本的理论支撑。

此外，侵权责任法第15条、第21条均有对加害人承担预防性侵权责任的规定。② 预防性侵权责任的归责基础可以理解为，加害人的过错行为所导致的受害人损害风险增加。并且，这种潜在损害一旦发生，其后果将是极为严重且不可逆转的。为满足一定条件的潜在受害者提供一定程度的法律救济符合我国侵权法的立法目的，能使侵权法的功能得到更有效的发挥。而对传统规则的修正也可以促使企业在生产经营活动中认识并计算可能面临的违法成本，从而重新评估新型化学物质或生物技术对健康可能产生的潜在影响，作出更有利于环境和人类的决策。③ 侵权法对损害概念进行扩容，才能更适应未来的发展。美国法上的裁判规则、对潜在损害法律救济的认定标准为我国提供了具体参考。

---

① 叶金强：《精神损害赔偿制度的解释论框架》，载《法学家》2011年第5期，第98页。

② 叶名怡：《论侵权预防责任对传统侵权法的挑战》，载《法律科学》2013年第2期，第121页。

③ 例如，在DDT对人类健康的毁灭性影响被认识之前，它作为杀虫剂被随意洒在田间地头，造成了灾难式的结果。人类不能再重复这样的悲剧。Tamsen Douglass Love, *Deterring Irresponsible Use and Disposal of Toxic Substances: The Case for Legislative Recognition of Increased Risk Causes of Action*, 49 Vand. L. Rev. 789, 822 (1996).

第四，美国法为防止诉讼洪流所做的努力、对利益衡量的重视值得我国借鉴。在对潜在损害进行法律救济时，必须充分考虑利益衡量的问题。例如，在潜在受害者人数与规模巨大的情况下，被告在败诉后可能面临着承担近乎无限责任的风险。倘若最终被告因此破产，那么将会直接影响到身体已受到严重伤害的显在受害者的索赔。因此，为防止企业承担过重责任，需要在潜在损害救济与考虑企业发展之间寻找平衡点。同样，在充满风险的现代社会，环境中存在多种污染物质，倘若对无症状潜在受害者提出的诉讼不加区分全部予以支持，必将导致诉讼案件数量激增，造成司法资源的严重紧张与浪费。

即便是作为诉讼大国的美国，也并非所有的州都支持潜在受害者的索赔。因此，为防止滥诉的发生，对有害物质潜在受害者所提起的诉讼，需要慎重考虑，确定明确的准入标准和适当的证据负担规则，以便对不良诉讼进行甄别。从根本上讲，是否应当允许潜在受害者在人身伤害尚未现实化时提起诉讼，是否应当对加害者科以预防性侵权责任，侵权责任的构成究竟应当以人身伤害的实际发生作为基础，还是可以包括损害风险的显著增加或者损害(危险)的极度迫近，这些都涉及政策性选择问题，需要谨慎抉择。换言之，预防性侵权责任在功能和目的、归责依据、正当性基础、成立要件以及法律效果等各方面都给传统侵权法带来了颠覆性变化和无比巨大的挑战。① 有一点可以肯定，我们在借鉴国外经验的同时，需要结合本国实际国情探索出一条最适合的发展道路，实现法律移植和适用的本土化。

美国司法理论和实践一直在尝试如何突破传统侵权法规则，给予有害物质潜在受害者一定程度的法律救济。在我国，对有害物质侵权中潜在损害问题的研究尚属较为前沿的研究领域。在侵权法解释上，建立和完善面向未来、具有前瞻性的侵权预防责任刻不容缓。美国法上对潜在损害问题的探讨，判例法发展所积累出的丰富实践经验或许可以为我国将来在此领域的深入研究提供参考和借鉴。

How to Solve a Dilemma of Civil Remedies to Latent Harms in Toxic Tort

—Focusing on American Tort Law

Abstract: Since 1980's, toxic tort claims begins to attract the attention of American jurists. According to theory of traditional tort law, plaintiff should prove physical injury suffering when he or she brings a lawsuit. However, with the development of society,

① 叶名怡：《论侵权预防责任对传统侵权法的挑战》，载《法律科学》2013 年第 2 期，第 121 页。

people gradually recognize that exposure of toxic substance occurs frequently and the serious problems caused by latent harm could not be ignored anymore. As a challenge to traditional tort law, how to give remedies to potential victims becomes more important in modern society. In recent years, with the development of common law, responding to change in society, American courts give permit to people who yet have not endure physical injury to bring suits. Potential victims often bring claims based on such as fear of future injuries or increased risk of disease or medical monitoring.

Key words: toxic substances; environmental tort; latent harm; precaution liability

三、国际投资仲裁专题

欧盟国际投资仲裁财政责任划分条例评析

□ 张　生*

内容摘要：欧盟国际投资仲裁财政责任划分条例对欧盟及其成员国参与的仲裁案件所涉及的财政责任分配、争端处理、案件和解以及裁决与和解协议的赔偿作了详细的规定。“条例”既为欧盟及成员国参与投资仲裁，承担财政责任提供了明确而清晰的法律框架，同时也体现出欧盟想要在外国投资领域确立完全的排他性管辖权的勃勃野心。但是该“条例”并非尽善尽美，在其与有关国际责任的国际法的一致性、成员国作为应诉方的案件和解、欧盟及其成员国共同作为应诉方的责任承担以及欧盟及其成员国管辖权划分等一些问题上仍有待进一步完善。在中欧双边投资协定谈判和未来的自由贸易区协定谈判中，我国也应当借鉴欧盟签署的协定中的相关规定，就投资仲裁应诉方的确定作出相应安排，并明确欧盟及其成员国在投资仲裁中的共同的和连带的责任，最后也可以通过相应的例外条款设计保证 ICSID 仲裁的功用得到充分发挥。

关键词：财政责任　投资争端解决　外国直接投资　共同投资协定　共同的和连带的责任

* 西安交通大学法学院讲师，法学博士，西安交通大学经济学院博士后。

本文系国家社科基金青年项目“TPP 投资协议中的争端解决机制研究”(14CFX052)，中国博士后第 55 批面上资助项目“中美投资条约谈判中的市场准入问题研究”(2014M552421)和陕西省博士后基金资助项目“构建‘丝绸之路经济带共同投资协定’研究”等项目的阶段性研究成果。

目　次

2014 年 8 月 28 日欧盟公布了涉及国际投资仲裁中欧盟及其成员国财政责任划分的第 912/2014 号条例，该条例全称是"确立与依据欧盟作为缔约一方的投资协定设立的投资者—东道国争端解决仲裁庭有关的财政责任管理框架条例"（以下简称"财政责任划分条例"或"条例"）。"条例"由欧洲议会和欧盟理事会于 2014 年 7 月 23 日通过。① 它是《里斯本条约》后欧盟力争获得外国投资方面全面的、排他的管辖权而作出的又一重要的努力。

一、"条例"的出台背景

"条例"的出台与欧盟于 2009 年 12 月份通过的《里斯本条约》有着直接的关系。作为欧洲一体化进程中至关重要的一项协定，《里斯本条约》的生效有效扭转了欧盟的制宪危机，并对欧盟的决策方式和机构设置进行了大刀阔斧的革新。它所带来的最重要的转变之一便是赋予欧盟在外国直接投资（Foreign Direct Investment）方面的排他性管辖权。该协定第 207 条明确将外国直接投资纳入到欧盟的共同商业政策

① Regulation (EU) No. 912/2014 of the European Parliament and of the Council of 23 July 2014, establishing a framework for managing financial responsibility linked to investor-to-state dispute settlement tribunals established by international agreements to which the European Union is party, Official Journal of the European Union, L257/121, 28 August 2014.

(Common Commercial Policy)中,① 而共同商业政策历来便是欧盟拥有排他性管辖权的领域。② 欧洲法院也在其作出的第 1/75 号意见中对此进行了重申，并指出即便欧盟尚未采取行动，成员国也不能缔结与商业政策有关的国际协定或采取其他立法措施。③

虽然意义重大，但是《里斯本条约》并未进一步对“外国直接投资”的概念作出澄清，因此对于这一转变的真正意义和影响，学者们莫衷一是。④ 由于外国直接投资是外国投资的最重要的组成部分，因此它直接关涉双边投资协定的缔约权限，无疑会对欧盟成员国签订的双边投资协定产生重要影响。而在《里斯本条约》签订以前，外资方面的管辖权则由欧盟及其成员国共同享有，但又各有侧重：欧盟主要负责与其他国家签订的自由贸易协定中的投资自由化及市场开放承诺，而涉及投资保护内容的双边投资协定则主要由成员国来谈判和缔结。

对于“外国直接投资”这一概念的含义及影响，比较合理的解释是它赋予了欧盟在外国直接投资方面全面的管辖权，不仅涵盖投资自由化，同时也涵盖投资的保护。但是由于外国直接投资不同于不寻求管理权和控制权的对外间接投资(foreign portfolio investment)，而后者也属于双边投资协定调整的范围，因此《里斯本条约》后欧盟并未获得投资条约的完整的缔约权限。⑤ 尽管欧盟委员会(欧委会)也承认

① 《里斯本条约》第 207 条第 1 款规定如下：“依据一致的原则形成共同贸易政策，特别是适用于关税税率之变更、涉及与第三国商品和服务贸易的关税和贸易协定之缔结以及涉及知识产权的贸易、外国直接投资、自由化贸易措施之一致化、出口政策和贸易政策上的保护措施，例如为防止倾销和补贴所采取的措施。共同商业政策应当在欧盟对外关系的原则和目标下进行。”

② 曾令良：《欧洲共同体的共同商业政策》，载《法学评论》1991 年第 2 期，第 20 页。

③ European Court of Justice, Opinion 1/75, European Court Reports 1975-01355, 11 November 1975.

④ 围绕着“外国直接投资”的含义及影响问题，至少可以归纳出五种不同的学术观点：有学者认为它仅至少涉及与贸易有关的方面；有学者认为它仅涉及“投资自由化”；有学者认为它虽然涵盖投资自由和投资规制，但是并不包含征收和公平与公正待遇；有学者认为它只是意味着欧盟获得了谈判和缔结协定的程序性权利，但是欧盟无权决定条约中的实体权利和义务条款；也有学者认为它赋予欧盟在外资方面完全的管辖权。详细论述请见 Wenhua Shan and Sheng Zhang, *The Treaty of Lisbon: Half Way toward a Common Investment Policy*, 21(4) European Journal of International Law 1060-1065. 在该文中，我们主张这一管辖权应当涵盖所有涉及外国直接投资的方面，既囊括了投资自由化的规定，也包含了对投资进行规制的规定。但是因为外国投资不只包括直接投资，也包括间接投资等，因此《里斯本条约》的这一规定意味着欧盟的共同投资政策仍在半途。

⑤ Wenhua Shan and Sheng Zhang, *The Treaty of Lisbon: Half Way toward a Common Investment Policy*, 21(4) European Journal of International Law 1049-1073 (2010).

外国直接投资与外国投资的区别，但是欧委会认为这样的区别仅仅在理论探讨方面具有重要性，在实践中并不是一个特别重要的问题。① 同时，欧委会认为《里斯本条约》第 3 条规定的“默许排他性管辖权”(implied exclusive competence)以及其中有关资本和支付的第 63~66 条的规定已经实际上使欧盟获得了在外国间接投资方面的排他性管辖权。因此在《里斯本条约》生效后，欧委会就着手建立一个全面的欧洲国际投资政策。② 2010 年 7 月欧委会就向欧洲议会和欧盟理事会提交了一份关于为欧盟成员国与第三国之间的双边投资协定设立过渡安排的提议,③ 就《里斯本条约》生效前已经谈判生效的或者正在谈判中的此类协定的效力问题作了规定，并就成员国依据《里斯本条约》修改此类协定创设了法律框架。④ 这一提议于 2012 年 12 月获得欧洲议会和欧盟理事会的通过,⑤ 由此诞生了《里斯本条约》后欧盟第一个关于国际投资协定的条例。紧随其后，欧盟颁布了第二个有关国际投资协定的条例，也就是本文讨论的“财政责任划分条例”。

欧盟成员国历来就是双边投资协定的主要推动者。这类协定在国际投资法领域最大的创新便是构建了投资者—东道国争端解决机制，而这一机制也是外国投资者的权利得以实现的最终保障。一方面，欧盟成员国所签订的绝大多数投资协定都涉及包含国际投资仲裁在内的投资者—东道国争端解决机制。另一方面，这一机制也出现在欧盟作为缔约方已经签署的《能源宪章条约》、《欧盟—加拿大全面经贸协

---

① IISD, Towards a Comprehensive European International Investment Policy: An Interview with Tomas Baert, European Commission, Directorate General for Trade, Services and Investment, adopted on September 23, 2010, available at http://www.iisd.org/itn/2010/09/23/towards-a-comprehensive-european-international-investment-policy-an-interview-with-tomas-baert-european-commission-directorate-general-for-trade-services-and-investment/, visited on 16 June 2015.

② European Commission, Communication from the Commission to the Council, the European Parliament, the European Economics and Social Committee and the Committee of the Regions, Towards a Comprehensive European International Investment Policy, COM (2010) 343 final, Brussels, adopted on July 7, 2010.

③ European Commission, Proposal for a Regulation of the European Parliament and of the Council, Establishing Transitional Arrangements for Bilateral Investment Agreements between Member States and Third Countries, COM (2010) 344 final, Brussels, adopted on July 7, 2010.

④ European Commission, Proposal for a Regulation of the European Parliament and of the Council, Establishing Transitional Arrangements for Bilateral Investment Agreements between Member States and Third Countries, COM (2010) 344 final, Brussels, adopted on July 7, 2010.

⑤ Regulation (EU) No.1219/2012 of the European Parliament and of the Council of 12 December 2012 establishing transitional arrangements for bilateral investment agreements between Member States and third countries, Official Journal of the European Union L 351, 20 December 2012.

定》以及《欧盟—新加坡自由贸易协定》等协定中，而且正在进行的中欧双边投资协定谈判以及 TTIP 谈判也不可避免会涉及这一机制。倘若欧盟或其成员国在仲裁案件中“败诉”，或者双方与外国投资者就补偿事宜达成了和解，如何在欧盟及成员国间有效划分其财政责任，就显得尤为重要。欧盟虽然承认其自身具有独立人格并可就其行为承担国际责任，但是由欧盟来承担纯粹因成员国行为所引起的损失明显不公平。早在 2010 年 10 月 25 日，欧盟理事会同意构建全面的欧洲国际投资政策时，就要求欧委会展开这方面的研究。2011 年 4 月 6 日，欧洲议会在通过了“将来欧盟国际投资政策”的决议时也明确要求设立一种机制以正确划分欧盟及其成员国间的财政责任。① 于是，欧委会在 2012 年 6 月就向欧洲议会和欧盟理事会提交了有关财政责任划分的提议，历时两年后，该提议于 7 月 23 日获得通过，并于 2014 年 9 月 17 日实施。

二、“条例”的主要内容

除序言外，“条例”共包含 25 个条款，依次涵盖了“一般规定”、“财政责任分配”、“争端的处理”、“欧盟作为应诉方的案件的和解”、“裁决与和解协议中的赔偿”以及“最后规定”。

(一)“条例”的适用范围

“条例”第 1 条规定，其适用于第三国的投资者依据欧盟作为缔约方或欧盟及其成员国共同作为缔约方的协议所提起的投资者—东道国争端解决。这里的“协议”是指所有包含外商直接投资条款，并且规定了投资者—东道国争端解决的国际协定。因此欧盟于 2014 年 9 月与加拿大达成的全面经济贸易协定，于 2014 年 10 月与新加坡达成的自由贸易协定，以及在《里斯本条约》生效前就已经生效的包含投资仲裁的《能源宪章条约》，都属于“协议”的涵盖范围。

同时，“条例”重点关注的“财政责任”是指仲裁庭裁定的承担一定数额赔偿的义务或者争端双方达成的和解协议中规定的赔偿义务，也涵盖因仲裁而产生的花费，如仲裁庭或仲裁机构的花费，和仲裁庭要求应诉方支付给原告的诸如翻译费、法律和经济分析费用以及其他相关的在仲裁过程中产生的费用。

---

① European Parliament, European Parliament Resolution of 6 April 2011 on the Future European International Investment Policy (2010/2203(INI)), adopted on 6 April 2011, available at http://www.europarl.europa.eu/sides/getDoc.do?type=TA&reference=P7-TA-2011-0141&language=EN, visited on 14 June 2015.

对于依据 2014 年 9 月 17 日这一“条例”生效日前已签署的协定提起的争端，“条例”规定只有在争端仲裁请求在该日期后提起，并且争端所涉及的待遇是在 2014 年 9 月 17 日之后提供(afford)时，才可以适用。①

此外，“条例”还特别强调它不会影响《里斯本条约》等欧盟条约所确立的欧盟及其成员国的管辖权划分。

(二)财政责任划分

“条例”第 3 条确定了财政责任的划分原则，简单来讲，就是“谁的行为，谁负责赔偿”。具体而言，若引发争议的待遇由欧盟机构、办公室或分支机构提供，财政责任由欧盟承担；若引发争议的待遇由成员国提供，财政责任则由成员国承担；在例外情况下，如果成员国提供的待遇是为了依照欧盟法行事，由此造成的责任则由欧盟承担。不过当成员国依照欧盟法律行事是为了弥补其先前作出的与欧盟法不一致的行为时，财政责任仍需由成员国承担，除非此类不一致的先前行为是应其他欧盟法的要求而采取的。②

如果引起争端的待遇由欧盟所提供，而且欧盟是案件的应诉方，这时财政责任需要欧盟自己承担。③ 然而在有些情况下，即便是欧盟作为案件的应诉方应诉，财政责任也由成员国承担：一是当争端涉及的成员国可能承担全部或部分财政责任，而成员国又同意承担全部责任；二是争端完全由缔约国所提供的待遇所引起，而成员国提议和解。④

“条例”同时还规定了欧委会需要依据“条例”规定的相关原则通过有关成员国的财政责任的决定，并将此类决定通知欧洲议会和欧洲理事会。⑤

(三)争端的处理

在争端处理方面，“条例”按照引发争端的待遇由欧盟还是成员国提供作了不同的规定：若争端所涉及的待遇由欧盟提供，则由欧盟来应诉。当收到申请人根据投资协定提出的磋商请求或仲裁意向通知后，欧委会应当立即通知欧盟议会和理事

---

① Article 24 “Disputes under agreements concluded before the entry into force of this Regulation”.

② 依据欧盟法，认定成员国行为与欧盟法是否一致主要是由欧洲法院依据个案具体情况裁决。因此这里就涉及欧洲法院与投资仲裁庭的管辖权调和的问题。

③ Article 4 “Treatment”.

④ Article 3 “Apportionment criteria”.

⑤ Article 2 “Definitions”.

会；若争端所涉及的待遇部分或全部由成员国提供，原则上应当由该成员国应诉。① “条例”要求欧委会和成员国要紧密合作，采取所有必要措施维护欧盟和成员国的利益。“条例”也规定了欧委会与成员之间相互通知的义务，一方收到申请人提出的磋商请求或仲裁意向通知后，应当立即通知另一方。②

当争端所涉及的待遇全部或部分由成员国提供时，原则上应当由成员国应诉。但也有例外情况：一是经与有关成员国磋商，欧委会在收到仲裁意向通知 45 天内决定由其应诉；二是经与欧委会协商，成员国在收到仲裁意向通知 45 天内以书面形式向欧委会表示其不欲应诉。③ “条例”第 9 条第 2 款同时规定当出现以下情形时，欧委会可以决定由其来应诉：(1)欧盟将承担全部和部分财政责任；(2)争端也与欧盟机构、分支机构、办公室或代理机构所提供的待遇有关；或者(3)与投资争端所涉及待遇相似的有关案件请求已经在 WTO 框架下针对欧盟提起，并且专家组已经设立，案件请求也涉及相关的具体法律问题，同时有必要保证欧盟在 WTO 案件中提出一致的抗辩。④

当成员国作为应诉方应诉时，在争端的各个阶段，包括可能的裁决撤销、上诉或复议阶段，该成员国应当及时向欧委会提供与程序有关的文件，通报重要的程序步骤，应欧委会要求与欧委会展开磋商，以保证任何法律争点，以及与案件有关的涉及欧盟利益的其他因素都能得到充分考虑。在这方面，欧委会可以就此提供不具约束力的书面分析意见。成员国也应允许欧委会的代表参与仲裁程序，并且当裁决作出后，成员国应当通报欧委会。⑤

当争端所涉及的财政责任需全部或部分由成员国承担，而欧盟作为应诉方应诉时，欧委会应当采取一切必要措施维护该成员国的利益，该成员国也应当为欧委会

---

① 在制定“条例”时，欧委会也考虑过由欧盟及成员国共同担任应诉人的情况，但是最后欧委会认为这种情况并不符合投资者—东道国争端解决的实际。参见 European Commission, Proposal for a regulation of the European Parliament and of the Council, establishing a framework for managing financial responsibility linked to investor-state dispute settlement tribunals established by international agreements to which the European Union is a party, Brussels, COM (2012) 335 final, adopted on 21 June 2012, Explanatory Memorandum, p. 6.

② Article 8 “Notice of Intention to initiate arbitration proceedings”.

③ Article 9 “Respondent Status”, para. 1.

④ Article 9 “Respondent Status”, paras 2 and 3. 在 WTO 法律框架下，涉及欧盟及其成员国与第三国的争端均由欧盟担任争端的当事方。参见曾令良：《欧共体及其成员国在 WTO 的双重地位及对中国的影响》，载《法学评论》1999 年第 2 期，第 35~42 页；陈卫东：《从国际法角度评析欧共体对 WTO 争端解决机制的政策与实践》，载《法学评论》2000 年第 4 期，第 3~17 页。

⑤ Article 10 “Conduct of arbitration proceedings by a Member State”.

提供所有必要的协助，同时欧委会应及时向成员国提供与争端程序有关的文件，告知所有重要的程序性步骤，并应该成员国要求进行磋商以确保抗辩的有效性。此外，“条例”还规定了欧委会应当与成员国密切合作以准备抗辩，并且参与争端程序的代表团应当由欧委会和成员国代表共同组成，除非该国表示其不欲参加代表团。① 若欧盟作为应诉方参与的此类案件最终认定成员国需要承担全部或部分财政责任，那么该国就应当接受这一认定，并就仲裁程序中的花费以及案件裁决中规定的赔偿的支付机制达成协议。②

(四)欧盟作为应诉方案件的和解

对于欧盟作为应诉方的争端案件的和解，“条例”分别针对欧委会提议的和解以及成员国所提议的和解作了不同的规定。

当争端案件所涉及的待遇全部由欧盟提供，而欧盟认为和解符合欧盟的利益时，欧委会可以通过一项“执行法令”(implementing act)来批准此项和解协议。③

当争端案件所涉及的待遇全部或部分由成员国提供，并且由欧盟作为应诉方时，如果欧委会认为和解符合欧盟的财政利益，应当首先与有关成员国进行磋商。成员国也可以主动启动此类磋商。④ 若欧委会和该成员国都同意和解，双方应努力就和解谈判和执行的相关必要条款达成一致。⑤ 如果案件的财政责任只由成员国承担，那么只有该成员国有权决定是否和解。⑥ 倘若成员国书面决定其不欲参与争端程序，那么欧委会在与该国进行磋商后，可自行决定通过和解以维护欧盟的利益，但是欧委会需要提供充分和全面的事实分析和法律推理以证明和解符合欧盟的利益。⑦ 对于只

① Article 11 “Conduct of arbitration proceedings by the Union”.

② Article 12 “Acceptance by the Member State concerned of potential financial responsibility where the Union is the respondent”.

③ Article 13 “Settlement of disputes concerning treatment afforded by the Union”. 对于这类案件，只可能由欧盟作为应诉方应诉。

④ Article 14 “Settlement of dispute concerning treatment afforded in full or in part by a Member State where the Union wishes to settle”, para. 1.

⑤ Article 14 “Settlement of dispute concerning treatment afforded in full or in part by a Member State where the Union wishes to settle”, para. 2.

⑥ Article 14 “Settlement of dispute concerning treatment afforded in full or in part by a Member State where the Union wishes to settle”, para. 3.

⑦ Article 14 “Settlement of dispute concerning treatment afforded in full or in part by a Member State where the Union wishes to settle”, para. 4.

涉及欧盟财政责任的案件，欧委会可自行决定是否和解。① 如果欧盟作为应诉方参与的争端同时涉及欧盟和成员国的财政责任，那么欧盟不能在没有征得该成员国同意的情况下进行和解。成员国可以就和解协议对该国财政利益所产生的影响提交全面的分析报告。需要指出的是，在某些情况下即便成员国不同意和解，欧委会也可以决定和解，前提是此类和解不会对成员国带来任何财政或预算方面的不利影响，这样的决定要基于充分和全面的事实分析和法律推理而作出，要考虑成员国的分析，并能证明和解符合欧盟及其成员国的利益。②

对于争端涉及的待遇全部由成员国提供，并且由欧盟作为应诉方的案件，成员国可以提议和解，但需要符合以下条件：该成员国同意承担争端案件可能产生的任何财政责任；和解协议只针对该成员国执行；并且和解协议条款符合欧盟法。③ 欧委会及该成员国应当展开磋商以评估该国的和解意图。此外，成员国需要将和解协议草案通知欧委会，如果欧委会认为该和解协议不符合上述条件，那么它可以通过"执行法令"的形式否决此类协议。倘若欧委会在接到通知后 90 天内不表示反对，则视为其同意该草案。④

对于争端涉及的待遇部分由成员国提供，并且由欧盟作为应诉方的案件，如果成员国认为和解符合其财政利益，应当首先与欧委会进行磋商。若欧委会和成员国均同意和解，则双方应就和解条款的谈判和执行达成一致。倘若欧委会不同意和解，它可以通过"执行法令"的形式拒绝和解，但应向成员国提供充分和全面的事实分析和法律推理。⑤

(五)欧盟作为应诉方案件的支付

对于欧盟作为应诉方的案件，如果申请人依据最终裁决或和解协议向欧委会提出支付请求，欧委会应当支付赔偿金。只有在成员国已对财政责任作出明确接受

---

① Article 14 "Settlement of dispute concerning treatment afforded in full or in part by a Member State where the Union wishes to settle", para. 5.

② Article 14 "Settlement of dispute concerning treatment afforded in full or in part by a Member State where the Union wishes to settle", para. 6.

③ Article 15 "Settlement of disputes concerning treatment afforded exclusively by a Member State where the Member State wishes to settle", para. 1.

④ Article 15 "Settlement of disputes concerning treatment afforded exclusively by a Member State where the Member State wishes to settle", para. 2.

⑤ Article 16 "Settlement of disputes concerning treatment afforded in part by a Member State where the Member State wishes to settle".

时，方由该成员国支付。①

如果欧委会认为全部或部分财政责任需由有关成员国承担，应当立即与该成员国就财政责任的承担展开磋商。在收到支付赔偿金或仲裁费用的请求后3个月内，欧委会应当就成员国应承担的金额作出决定。除非成员国在欧委会决定生效后2个月内对该决定提出反对，该国应当在决定生效后6个月内补偿欧委会因支付仲裁裁决或和解协议补偿金以及其他费用所产生的预算支出。假使欧委会不同意成员国针对决定提出的反对意见，那么欧委会应当在收到成员国反对后的6个月内要求该成员国补偿欧委会已支付的金额，并支付相应的利息。②

在仲裁进行过程中，欧委会也可以通过决议要求争端涉及的成员国提前支付欧盟相关费用。如果欧盟最终赢得仲裁案件，欧委会应当将该提前支付的费用再转给成员国。③

除此之外，"条例"也规定了与欧盟其他条例的有效衔接以及欧洲议会和欧盟理事会对欧委会的有效监督。④

三、"条例"的特点

作为《里斯本条约》生效后欧盟通过的第二个有关外国投资的法律，"条例"对投资仲裁中财政责任的划分、欧盟及其成员国的应诉身份、争端处理以及案件的和解等程序作了详细规定。归纳起来，"条例"主要体现出以下两个特点：

第一，"条例"为欧盟及成员国参与仲裁程序，承担财政责任提供了明确而清晰的法律框架。首先，"条例"依据"谁的行为谁负责"的原则，确定了欧盟及其成员国在国际投资仲裁或和解案件中的财政责任划分。其主要目的就是为了避免欧盟为成员国违反国际法的行为买单。⑤ 其次，"条例"在设计时，也充分考虑了作为

---

① Article 18 "Procedure for the payment of awards or settlements".

② Article 19 "Procedure where there is no agreement as to financial responsibility". 如果欧委会不同意成员国提出的反对意见，而该成员国并不认同欧委会的决定时，它可以要求欧洲法院对此作出裁定。

③ Article 20 "Advance payment of costs arising from the arbitration".

④ Chapter VI "Final Provisions".

⑤ 实际上，在财政责任划分方面，一些欧盟成员国国内立法也包含类似的法律规定。如依照德国联邦基本法(Grundgesetz)的规定，如果联邦政府因为州(Länder)政府违反国际法而承担了赔偿，那么在对外支付赔偿后，联邦政府可以随后要求州政府进行补偿。See C. Tietje *et al*, Responsibility in Investor-State-Arbitration in the EU — Managing Financial Responsibility Linked to Investor-State Dispute Settlement Tribunals Established By EU's International Investment Agreements (December 2012), EXPO/B/INTA/FWC/2009-01/Lot 7/31, pp. 11-2, available at http://www.europarl.europa.eu/committees/en/studiesdownload.html?languageDocument=EN&file=79450, visited on 14 June. 2015.

第三方的外国投资者的利益，并明确指出"条例"关于财政责任的分配不能使外国投资者处于不利境地。欧盟及其成员国关于财政责任的内部划分不能对抗对外需要对外国投资者承担的补偿责任。最后，"条例"也强调了它对于欧盟法律及欧洲法院判决等确立的基本原则的尊重，其中就包含欧委会与欧洲议会和欧洲理事会的信息共享以及密切合作。

第二，"条例"进一步体现出欧盟在实现统一的外资政策方面的野心。与贸易领域欧盟早早通过"共同商业政策"确立排他性管辖权不同，《里斯本条约》生效前在外资领域一直是欧盟与其成员国共享管辖权。近年来，欧盟逐渐意识到外资领域的这种共享管辖权并不能使欧盟在一个快速发展同时全球化程度不断加深的时代保持竞争力。① 另一方面，随着经合组织框架下多边投资协定谈判的失败，在"新区域主义"(new regionalism)浪潮下的美国、日本和新崛起的"金砖四国"都在通过包含投资条款的自由贸易协定深化与其他国家的经济合作，这也使欧盟面临激烈的竞争。因此欧盟一直在为实现一个共同的投资政策而不断努力。早在 1995 年，欧委会就呼吁确立欧盟在外资保护方面有效的管辖权。② 2006 年 11 月 27 日，欧盟理事会通过了《欧盟自由贸易协定中的投资：最低纲领》(*The Minimum Platform on Investment for EU FTAs*)。③ 该文件为欧盟正在或将要与第三国进行的自由贸易协定中的投资条款制定标准谈判文本，也是欧盟在外国直接投资立法方面作出的第一个正式的和系统的文本。不过该文件最终并未形成法律规定。尽管它的象征意义要大于其实际影响，但是它至少表明了欧盟想要干预外国直接投资这一原本属于成员国管辖权领域的野心。④

另一方面，欧盟在近年来与其他国家的自由贸易协定谈判中已经在广泛寻求增加详细的投资保护条款。欧盟的这一意图普遍体现在它与智利、印度的自贸协定谈判中。⑤ 与此同时，欧盟也对其成员国与第三国签订的投资协定"发难"。欧盟先后于 2006 年针对瑞典、奥地利和芬兰向欧洲法院提起诉讼，指出这些国家与第三

---

① Laken Declaration on The Future of The Europe Union of December 2001, p. 2. available at http://european-convention. eu. int/pdf/LKNEN. pdf, visited on 14 Jun. 2015.

② European Commission, Report on the Operation of the Treaty on European Union, SEC(95) 731final, adopted on 10 May 1995, p. 58.

③ Council of the European Union, 15375/06, 27 November 2006.

④ Niklas Maydell, *The European Community's Minimum Platform on Investment or the Trojan Horse of Investment Competence*, in A. Reinisch & Ch. Knahr, International Investment Law in Context 73 (Boom Eleven International 2007).

⑤ Wenhua Shan and Sheng Zhang, *The Treaty of Lisbon: Half Way toward a Common Investment Policy*, 21(4) European Journal of International Law1052 (2010).

国签订的投资协定中关于资本转移的规定与《欧共体条约》不符。2009 年 3 月，欧洲法院对欧盟起诉奥地利和瑞典一案作出判决，支持了欧盟的主张，认为奥地利和瑞典没有履行他们在《欧共体条约》中规定的义务。① 而且更重要的是，欧洲法院还主张这一判决并不仅限于被起诉的成员国，这也就意味着，如果其他欧盟成员国与第三国签订的投资协定不符合《欧共体条约》规定的话，其他国家也必须要对这些条约进行修改。2009 年 11 月，欧洲法院对欧盟起诉芬兰一案也作出了相同的认定。②

虽然《里斯本条约》迈出了欧盟构建共同投资协定的重要一步，但是“共同商业政策”下的第 207 条并未赋予欧盟在外资领域的全部管辖权。此后欧盟仍在为此不断努力。作为《里斯本条约》后欧盟作出的第二个有关外国投资的法律规定，“条例”为欧盟构建新的投资协定以取代成员国投资协定进一步扫清了障碍，也有利于提升投资者—东道国争端解决程序的透明度。

四、“条例”的有待完善之处

尽管“条例”对于欧盟充分发挥其在双边投资协定方面的作用有着重要的作用及影响，但作为一项欧盟法规，“条例”在某些方面与相关国际法的一致性问题有待商榷，同时在一些具体的问题的处理上“条例”仍有待进一步完善。

第一，“条例”在欧盟及其成员国作为应诉方参与仲裁案件的安排方面并不完全符合国际责任的相关国际法。从本质上讲，“条例”主要涉及欧盟及其成员国之间的具体责任承担问题，它虽然主要涉及欧盟内部之间的责任划分，而且也明确了这种划分独立于国际责任的承担，但在某些方面，特别是在投资仲裁的应诉方安排方面，“条例”会与国际法产生直接的关系。在一些具体的问题上，“条例”的规定与国际法的相关规定并不完全吻合。从逻辑角度看，国际争端解决案件中当事方是否承担财政责任应当首先取决于其是否承担国际责任。在投资仲裁语境下，投资者提起仲裁也需要与被诉方有仲裁的合意。因此，如果投资条约单独由欧盟签订，那么应诉以及最终的责任承担者都应是欧盟。但“条例”在第二部分规定了如果引发

① European Court of Justice, Commission of the European Communities v. Kingdom of Sweden, Case C-249/06, [2009] ECR I-1335, Judgment of 3 March 2009, para. 43; European Court of Justice, Commission of the European Communities v. Republic of Austria, Case C-205/06. [2009] ECR I-1301, Judgment of 3 March 2009, para. 43.

② European Court of Justice, Commission of the European Communities v. Finland, Case C-118-07, [2009] ECR I-10889, Judgment of 19 November 2009, para. 43.

争议的待遇由成员国提供，那么一般是由成员国应诉。① 同时，"条例"在序言部分规定了国际责任的承担需要遵循欧盟及其成员国之间关于管辖权的划分，这也意味着如果某项待遇是由成员国基于自己的管辖权作出的，如涉及所有权保护的征收行为，那么依照"条例"，相应的国际责任应当由成员国承担。但倘若投资者以成员国为被诉方提起投资仲裁，则有可能不会被仲裁庭受理，因为欧盟成员国并不是欧盟单独签订的投资协定的缔约方。同样的问题也会出现在欧盟及其成员国共同签订的投资协定中。《里斯本条约》后关于欧盟及其成员国在外国投资领域的管辖权划分的争议一直没有停止，因此实践中也会出现难以判断某项待遇是基于欧盟还是成员国的管辖权作出的情况，也就会导致无法确定哪一方是仲裁的应诉方。"条例"在应诉安排方面的这种不确定性，也会使投资协定中的投资者—东道国争端解决机制的有效性大打折扣。

第二，"条例"会影响解决投资争端国际中心（ICSID）仲裁机制的功用。依照联合国贸发会（UNCTAD）的统计，截止到2013年底，全球已知的投资仲裁案件有568起，其中约62%都是由ICSID仲裁庭受理的，② 由此足见ICSID仲裁机制在解决投资争议方面的重要性。然而欧盟并不是《ICSID公约》的成员国，这就意味着如果外国投资者要把争议提交ICSID，就只能以成员国作为"被告"。这也就不难理解为什么在《能源宪章条约》框架下，即便欧盟及其成员国同为缔约方，但外国投资者都选择成员国作为投资仲裁的相对方。虽然在欧盟单独签订的投资协定中引入ICSID仲裁比较困难，但是在欧盟及其成员国共同作为缔约方的投资协定中，外国投资者可以通过选择针对成员国提起仲裁的方式寻求ICSID仲裁。然而依据"条例"的规定，如果投资者提出仲裁请求后，成员国不欲应诉，那么欧盟就作为应诉方参与仲裁，③ 这在实际上已经排除了ICSID仲裁的可能性，投资者自然也无法利用《ICSID公约》规定的独特的裁决执行制度实现裁决中的救济。同时欧盟也不是《纽约公约》的成员国，这样也在一定程度上不利于其他仲裁机制下作出的裁决的实现。虽然欧委会曾在"条例"草案的解释性说明中明确了欧盟会认真履行它作为缔约方的国际条约的义务，但是在最终通过的"条例"中并未对此作出规定。

第三，"条例"会影响欧盟与成员国之间的管辖权划分。在争端解决处理中，"条例"规定当成员国决定不应诉时，由欧盟作为应诉方参与仲裁程序。这样的安排，可能会对《里斯本条约》中规定的欧盟及其成员国的管辖权划分产生不利影响。

---

① Section 2 "Conduct of disputes concerning treatment afforded by a Member State".

② UNCTAD, World Investment Report 2014: Investing in the SDGs: An Action Plan, United Nations: New York and Geneva, 2014, p. 125.

③ Article 9 "Respondent Status", para. 1.

比如税收属于欧盟成员国的管辖权范围，但是在某些情况下，成员国所采取的税收措施也会被投资者看做征收行为，如果外国投资者针对欧盟提起国际投资仲裁，而仲裁庭最终支持了外国投资者的请求，并且要求作为应诉方的欧盟调整该税收政策，这必然会直接影响到成员国在税收方面的管辖权。

第四，“条例”也并未完整涵盖与财政责任有关的一切重要事项。首先，在财政责任划分方面，“条例”并没有针对欧盟及其成员国共同承担责任的情况作出具体规定，也并未涉及成员国作为应诉方的案件的和解。其次，“条例”也未涉及第三国投资者依据与欧盟成员国之间的双边投资协定提起仲裁的案件中财政责任的划分。虽然从一般意义上讲，欧盟成员国应当为其自身所签订的协定承担责任，这种情况下并不涉及欧盟的参与问题。但是《里斯本条约》后欧盟已获得了在外国直接投资方面的排他性管辖权，这也直接影响到了欧盟成员国此前与第三国所签订的双边投资协定的效力。为了协调这一问题，欧盟于 2012 年 12 月通过了第 1219 号条例为此类协定创设了过渡性的安排。① 依照该条例，欧盟成员国必须在规定时间内将其缔结双边投资条约的情况通知欧委会，以保证其能够继续有效。欧盟也可以授权成员国修订协定或者缔结新的投资协定。不难看出，《里斯本条约》后欧盟在影响双边投资协定方面的重要性日益凸显，因此要求成员国为所有违反投资协定的行为承担责任有失公平。特别是在成员国为执行欧盟法而违反与第三国签订的投资协定的情况下，欧盟负有更加直接的责任。② 最后，“条例”虽规定了若引发争端的待遇由成员国依照欧盟法行事而引起，即由欧盟承担财政责任。但是在实践中成员国对于欧盟作出的指令并不是直接复制施行，而是需要经过成员国国内程序的转化。特别是当成员国在实施和转化欧盟法的过程中又附加一些超出欧盟法范围的规定时，③ 如何划分欧

① Regulation (EU) No. 1219/2012 of the European Parliament and of the Council of 12 December 2012 establishing transitional arrangements for bilateral investment agreements between Member States and third countries, Official Journal of the European Union L 351, 20 December 2012.

② Tietje *et al*, Responsibility in Investor-State-Arbitration in the EU — Managing Financial Responsibility Linked to Investor-State Dispute Settlement Tribunals Established by EU's International Investment Agreements (December 2012), EXPO/B/INTA/FWC/2009-01/Lot 7/31, pp. 17-8, available at http://www.europarl.europa.eu/committees/en/studiesdownload.html?languageDocument=EN&file=79450, visited on 14 June. 2015.

③ 欧盟法将这种情况形容为“镀金”（“gold-plating” situations）。参见 Tietje *et al*, Responsibility in Investor-State-Arbitration in the EU — Managing Financial Responsibility Linked to Investor-State Dispute Settlement Tribunals Established by EU's International Investment Agreements (December 2012), EXPO/B/INTA/FWC/2009-01/Lot 7/31, p. 19, note 6, available at http://www.europarl.europa.eu/committees/en/studiesdownload.html?languageDocument=EN&file=79450, visited on 14 June 2015.

盟及其成员国的财政责任就是一件特别棘手的事情。

五、中国的应对之策

迄今为止，中国已经与欧盟26个国家签署了双边投资协定，① 其中有23个协定已经生效。② 然而这些投资协定在保护和促进外资方面的效力参差不齐，虽然晚近中国与德国、芬兰、法国和瑞士等国家重新签订的协定中普遍包含了国民待遇，同时也规定了在满足一定条件后所有的投资争议都可以提交国际仲裁。但是早期签订的几个协定，如中国与意大利、挪威、丹麦、奥地利、英国、匈牙利、波兰和希腊等国签署的协定仅规定了只有涉及征收补偿数额的投资争议可以提交国际仲裁。这些协定之间的差别也表明很难为中欧双边投资提供一个统一的平台，③ 由此也不难理解为什么中欧之间需要单独签署一个双边投资协定。截止到2015年5月，中欧投资协定谈判自2013年11月正式启动以来，已经进行了五轮谈判。从某种意义上讲，中欧双边投资协定不仅会对中国和欧盟双边投资产生积极影响，也会对新一代全球投资规则的制定发挥示范作用。④ 与此同时，中国与欧盟也在积极酝酿自由贸易区协定的谈判，⑤ 相比较投资协定谈判，自由贸易区协定谈判的涵盖范围更广，而且也会对中欧经贸关系产生更重要的影响。

毫无疑问，“条例”也会对正在进行谈判的中欧双边投资协定以及未来的自由贸易区协定产生影响，我国应当通晓“条例”的主要内容，并针对“条例”可能存在的问题在谈判中采取相应的对策。

在中欧双边投资协定中，由于谈判仅仅涉及中国和欧盟双方，因此在仲裁程序设置方面，不管引起争议的待遇由欧盟提供还是成员国提供，应当直接要求由欧盟作为应诉方参与仲裁并承担责任，同时考虑到欧盟非《纽约公约》的成员国，也有必要在协定中明确一旦仲裁庭裁定欧盟承担责任，欧盟要认真履行相关国际义务，

---

① 在欧盟27个成员国中，只有爱尔兰还没有和中国签署双边投资协定。

② 中国与塞浦路斯、拉脱维亚和马耳他签署的投资协定尚未生效。

③ Wenhua Shan and Sheng Zhang, *The Potential EU-China BIT: Issues and Implications*, in Marc Bungenberg, August Reinish and Christian Tietje, EU and Investment Agreements: Open Questions and Remaining Challenges 87-120 (NOMOS and Hart Publishing 2013).

④ Wenhua Shan and Sheng Zhang, *Market Access Provisions in the Potential EU Model BIT: Toward a 'Global Model BIT 2.0'?*, 15(3) Journal of World Investment and Trade 422-453 (2014).

⑤ 据报道，欧盟于2014年3月31日承诺，将考虑与中国签署规模为数十亿美元的自由贸易协定。参见齐潇涵：《欧盟将同中国举行自由贸易区协定谈判》，环球网，2014年4月1日，资料来源于 http://world.huanqiu.com/exclusive/2014-04/4944079.html，2015年6月14日访问。

这样也能确保裁决得到承认与执行。至于"条例"中规定的责任承担方式，则属于欧盟及其成员国内部的安排，与投资协定内容的关联度并不高。

自由贸易区协定谈判的情况要更复杂一些，因为此类协定是由欧盟及其成员国共同参与谈判。谈判中，中国应当首先确立的一个原则是明确规定：在投资仲裁中，欧盟及其成员国承担共同的和连带的责任，这样不管由谁应诉，都确保仲裁裁决能够得到顺利的承认与执行。在应诉安排方面，可以适当考虑"条例"中的相关规定，这里可以借鉴目前《欧盟—加拿大全面经贸协定》以及《欧盟—新加坡自由贸易协定》(欧新自贸协定)中的相关安排。在应诉安排方面，欧新自贸协定指出：欧盟应当在在收到仲裁意向通知后的两个月内就谁来应诉作出决定，并将这类决定立即通知提起仲裁的外国投资者。如果在规定时间内欧盟没有作出相关决定，则视引发争议的待遇由哪方作出而决定应诉方：如果意向通知书中明确指出待遇由成员国提供，那么应当由成员国应诉；如果待遇由欧盟提供，那么欧盟应诉。同时，为了保护投资者的利益，保证仲裁程序顺利进行，协定进一步规定不管是欧盟还是成员国应诉，欧盟和成员国都不能以外国投资者没有选择正确的应诉方为由主张仲裁请求的不可受理性，或者仲裁裁决无效。① 这样的规定实际上也秉承了"条例"所确认的"谁的行为谁负责"的原则。

另一方面，可以通过一定的制度设计，使得 ICSID 仲裁成为自由贸易协定项下的一种有效的选择。在重申欧盟及其成员国为投资仲裁承担共同的和连带的责任的前提下，针对外国投资者提起 ICSID 仲裁作出例外的规定，即不管引发争议的待遇是由欧盟还是成员国提供，外国投资者都可以成员国作为仲裁相对方提起 ICSID 仲裁。这样就可以保证欧盟引发的争议也可以由 ICSID 仲裁庭进行审理。

六、结论

"条例"是欧盟在确立外资方面排他性管辖权，实现共同投资政策目标方面的重要突破。国际投资仲裁制度功能的实现有赖于仲裁裁决的执行，而"条例"为欧盟及其成员国参与仲裁程序，承担财政责任提供了明确而清晰的法律框架，也有利于保护外国投资者的利益。但是同时应当看到，"条例"的相关规定与国际责任的相关法律规定并不完全吻合，也会对影响欧盟及其成员国内部的管辖权划分，也并未完整涉及有关财政责任的所有问题。在一些具体问题上，如成员国作为应诉方的案件和解和欧盟及其成员国共同作为应诉方的责任承担，仍有待欧盟出台更加详细

① Article X. 20 "Determination of the respondent for disputes with the European Union and its Member States" of the EU-Singapore FTA.

的规则。考虑到目前正在进行的中欧双边投资协定谈判，我国应当对此“条例”进行认真研究，并且有必要对涉及财政责任的问题在投资条约中进行细化，并且通过具体的条款设计，为我国对外投资提供最大限度的保护。

Commentary on the Regulation on Apportionment of Financial Responsibility Linked to Investor-State Dispute Settlements

Abstract: The Regulation establishing framework for managing financial responsibility linked to investor-state dispute settlement tribunals established by international agreements to which the European Union is a party sets outs detailed provisions for the apportionment of financial responsibility, conducts of disputes, settlements of disputes, as well as the payment. The Regulation provides a clear framework for the allocations of financial responsibility between the European Union and its Member States, while demonstrates the ambition of the European Commission to acquire fully exclusive competence on foreign investment. However, such Regulation is not as sufficient as its inconsistencies with international responsibility rules and its silence on the settlements of disputes where the Member States are respondents and the allocations of financial responsibility where the EU and the Member States are the respondents. Furthermore, it would have some adverse effects on the distributions of competence between EU and the Member States. In the bilateral investment treaty negotiation and future free trade agreement negotiation with EU, China needs to make comprehensive arrangements with respect to the financial responsibility by referring to EU's practice. The joint and several responsibilities need to be assumed. Also, exception clauses should be established to make ICSID arbitration a viable mechanism.

Key words: financial responsibility; investment dispute settlement; foreign direct investment; common investment policy; joint and several responsibilities

裁量余地原则在国际投资仲裁中的适用问题

□ 金隽艺*

内容摘要：作为欧洲人权法院近半个世纪司法实践中形成的一项规则，裁量余地原则在人权领域内的广泛适用业已得到公认。近年来，一些学者主张将该原则移植适用于国际投资仲裁领域，据以缓解后者的“正当性危机”。但与此同时，其在投资领域内的适用也遭到另一些学者的反对与质疑。是否将裁量余地原则适用于国际投资仲裁，应该审慎考量其必要性与可行性。在此基础上，方可妥当界定该原则在投资仲裁中的适用范围。

关键词：裁量余地原则　国际投资仲裁　司法谦抑

目　次

* 厦门大学法学院国际法学专业2012级博士研究生。

引　论

裁量余地原则(Margin of Appreciation Doctrine),① 或称之为"自由判断余地原则",② 系欧洲人权法院(European Court of Human Rights, ECtHR)在实践中探索形成并广泛运用的一项审慎的司法政策(prudent judicial policy),旨在衡平人权普遍性与文化相对论③之间的冲突。根据该原则,针对某些争端当事国尚未达成共识,或无法达成共识之争议焦点,容许当事国在立法、行政以及司法的过程中保留较大的自主性。该原则的影响并不限于欧洲大陆,而是被美洲人权法院(Inter-American Court of Human Rights, IACtHR)、联合国人权事务委员会(United Nations Human Rights Committee, UN HRC)、④ 联合国国际法院(International Court of Justice,

① 对于裁量余地原则是否一项原则(doctrine),理论界和实务界均存有争议。理论界有观点指出,它实际上没有"原则"那么系统,但也没有"学说"那么强的理论性,而仅是一种比较体系化的认识和做法。而在实务中,特别是欧洲人权法院的实践中,其多被认定为一项原则,但在美洲人权法院及联合国人权委员会的实践中,这一点却并未被认可。孙世彦:《欧洲人权制度中的"自由判断余地原则"述评》,载《环球法律评论》2005 年第 3 期,第 374 页。See also Andrew Legg, The Margin of Appreciation in International Human Rights Law 13 (1st ed., Oxford University Press 2012).

② 孙世彦:《欧洲人权制度中的"自由判断余地原则"述评》,载《环球法律评论》2005 年第 3 期,第 372 页。

③ 1993 年 4 月,为筹备同年 7 月在维也纳召开的世界人权会议,一些亚洲国家聚集在泰国起草了《曼谷宣言》,推崇亚洲语境下的特定人权(a uniquely Asian perception of human rights),认为西方国家所推崇的人权并不具有普世性,《世界人权宣言》也仅仅是对西方文化以及价值观的反映;并同时借助"文化相对主义"来说明对任何特定国家的自由和人权程度的评估,必须考虑该国的特定文化、历史、社会、传统、经济发展程度等。虽然当年的世界人权会议在消除东西方人权认识差异上并未成功,但却承认并默示接受了"文化相对主义"的部分观点。See Richard Klein, *Cultural Relativism, Economic Development and International Human Rights in the Asian Context*, 9 Touro International Law Review 1 (2001).

④ 虽然联合国人权委员会的实践中,也存在对该原则的采纳,但其适用频率明显少于前两者。See Andrew Legg, The Margin of Appreciation in International Human Rights Law 5 (1st ed., Oxford University Press 2012).

ICJ)①等国际裁判机构广泛借鉴。就适用领域而言，该原则已从人权领域延伸适用于国际贸易争端解决②及国际投资仲裁等方面。

既有实践表明，裁量余地原则在国际投资仲裁中的援引适用，不仅有助于矫正仲裁庭偏袒投资者一方的不良倾向，从而化解当前投资仲裁的“正当性危机”；而且有助于某些特定类型投资仲裁案件(如拒绝司法之诉)裁判标准的确立。

在简要分析裁量余地原则的一般理论与实践的基础上，本文详细分析该原则适用于国际投资仲裁领域的必要性与可行性，进而界定该原则在国际投资仲裁领域的适用范围，分析在适用时必须考量的相关因素。

一、裁量余地原则述略

(一)定义与正当性基础

裁量余地原则最早适用于法国与德国的军事法及行政法中，用于审查行政裁量行为是否合法。③ 此后，该原则在欧洲人权法院的司法实践中被采纳。该原则的核心内容是：鉴于《欧洲人权公约》(以下简称《公约》)缔约国的法律及文化传统的多元性，在针对该公约某些条款的解释以及适用尚未达成共识，或尚无统一标准的情况下，缔约国被允许在立法、司法或行政时保留较大的裁量余地。④ 这种灵活性的做法有助于使国际标准与缔约国既有国内标准相结合。⑤ 在长达半个多世纪的司法实践中，欧洲人权法院一直致力于利用该原则将人权保护的国际标准适用于不同的缔约国中，有效缓解了人权保护国际标准的普遍性与特定缔约国国内标准的多元性

---

① 国际法院在伊朗诉美国石油平台案、墨西哥诉美国阿韦纳及其他墨西哥公民案以及罗马尼亚诉乌克兰黑海海洋划界案等案件中都提及了该原则。See Yuval Shany, *Toward a General Margin of Appreciation Doctrine in International Law*?, 16 The European Journal of International Law 908 (2006).

② Stefan Zleptnig, The Standard of Review in WTO Law: An Analysis of Law, Legitimacy and the Distribution of Legal and Political Authority, available at http://eiop.or.at/eiop/texte/2002-017a.htm, visited on 21 Nov. 2014.

③ Jacobs Francis Geoffrey, The European Convention on Human Rights 201 (5th ed., Oxford University Press 2010).

④ 王玉叶：《欧洲人权法院审理原则——国家裁量余地原则》，载《欧美研究》2007 年第 37 卷第 3 期，第 490 页。

⑤ Helen Mountfield, *Regulatory Expropriations in Europe: The Approach of the European Court of Human Rights*, 11 New York University Environmental Law Journal 137 (2002).

之间的冲突。①

通说认为，裁量余地原则的正当性基础在于，较之国际性的裁判机构，主权国家自身更为直接而深入地了解本国事务，因此也更有能力对于本国的决策和行为作出正确的评估与判断。② 这种本国事务尤其指各国在法律与文化传统等方面客观存在的多样化特征。裁量余地原则有助于一国接受国际标准，因为它肯定了该国在维护具有本国特色的法律与文化传统等的正当性，维护了该国在采取特定行动时享有的政策空间。从国际裁判机构的角度看，裁量余地原则也体现了争端解决机构应该具有的"司法谦抑"品格。显然，较之国内裁判机构而言，对于往往并不谙熟一国特定的法律与文化传统的国际裁判机构来说，这种"司法谦抑"更为重要，有助于维护国际裁判机构的司法中立。

(二)适用范围及地位

裁量余地原则最初只适用于《公约》第 15 条规定的紧急状态下缔约国条约义务的减损，③ 但后来渐渐扩展适用至其他条款。例如，在 *Handyside* 案中，④ 欧洲人权法院认为，就对于《公约》第 10 条规定的"言论自由权利"施加必要限制而言，缔

---

① 然而，需要强调说明的是，各国在人权保护上的自由裁量权并非凭借裁量余地原则才产生的。实际上，早在《公约》签订之前，各主权国家在国内层面业已享有人权保护方面的自由裁量权。《公约》生效后，可视为成员国授予了欧洲理事会最低标准(minimum standard)的裁量权，即成员国有权利在其国内实施较《公约》更高的保护标准，但同时，他们也有义务确保其国内的保护标准不会低于《公约》业已设立的标准。

② Eyal Benvenisti, Margin of Appreciation, Consensus, and Universal Standards, available at http://www.pict-pcti.org/publications/PICT_articles/JILP/Benvenisti.pdf, visited on 11 Nov. 2014.

③ 最早适用该原则的案件为 Greece v. UK 案，该案首先由欧洲人权委员会受理。英国主张其依照《公约》第 15 条有权采取维持秩序的应变措施，欧洲人权委员会认为只要英国政府所采取紧急应变措施与所面对的危机状态严格成比例，则应尊重其自由裁量的权利。参见王玉叶：《欧洲人权法院审理原则——国家裁量余地原则》，载《欧美研究》2007 年第 37 卷第 3 期，第 497 页。See also Yearbook of the European Convention on Human Rights 176 (Vol. 1, Martinus Nijhoff, 1960).

④ 该案首次对于裁量余地原则的适用基础以及特点予以了系统性的阐明。涉案纠纷源于一家出版涉及性内容课本的出版商不满英国国内行政法院对其的处罚，从而诉至欧洲人权法院。欧洲人权法院经审理，判决英国并未违反《公约》第 10 条"言论自由"。Handyside v. UK, ECtHR Case No. 5493/72 (1976). See also Yutaka Arai-Takahashi, *The Margin of Appreciation Doctrine: A Theoretical Analysis of Strasbourg's Variable Geometry*, in Follesdal Anderas & Peters Birgit & Ulfstein Geir, eds, Constituting Europe: The European Court of Human Rights in a National, European and Global Context 62-105 (1st ed., Cambridge University Press 2013).

约国当局享有初始(initial)的评估权。① 随着裁量余地原则越来越受到重视，其适用范围也逐渐扩大，尤其在涉及《公约》第8条至第11条规定的个人自由权利限制方面，欧洲人权法院均适用该原则。② 欧洲理事会(Council of Europe)认为，裁量余地原则为欧洲人权法院赋予必要的灵活性，使之可以平衡《公约》缔约国的国家主权与《公约》项下缔约国承担的国际义务之间的关系。③

该原则在欧洲人权法院司法实践中的频繁适用，使其在整个欧洲人权体系中的重要性日趋凸显。2013年5月通过的《公约》第15号议定书首次载明：在《公约》前言末尾部分，遵照辅助性原则，④ 确保成员国对本《公约》及各议定书所涵盖的人权及自由的保护负有首要责任，在此前提下，成员国可以享有一定的裁量余地权，但这一权利受制于《公约》所规定的欧洲人权法院的监督管辖。⑤

对此，时任欧洲人权法院院长的 Dean Spielmann 作出了如下评价：(将裁量余地原则纳入《公约》前言)，并非缔约方意欲通过立法手段来创设该原则，而是基于该原则在欧洲人权法中业已普遍适用之现实作出的必然抉择。⑥ 据此，该原则不再是一个单纯的欧洲人权法院法官造法之产物。它通过一种低调的方式，正式纳入到《公约》的规定中。⑦

---

① Handyside v. UK, ECtHR Case No. 5493/72(1976), para. 48.

② 此外，裁量余地原则还视具体情况，被适用于涉及《公约》第5条人身及安全权利、第6条公正审判权、第14条非歧视等争议中。See Yutaka Arai-Takahashi, The Margin of Appreciation Doctrine and the Principle of Proportionality in the Jurisprudence of the ECHR 1-4 (1st ed., Intersentia 2002).

③ An Overview of the Strasbourg Court's Margin of Appreciation Doctrine, available at http://www.opensocietyfoundations.org/sites/default/files/echr-reform-margin-of-appreciation.pdf, visited on 16 Jun. 2014.

④ 辅助性原则(principle of subsidiarity)，是欧盟法中的一项基本原则。概言之，是指欧盟在分享或并存权力领域，只能在证明成员国不能有效实现特定目的，并证明自己能更好地实现此等目标的情况下才能采取行动。即在并存权力领域，欧盟的权力从属于成员国的权力。参见曾令良：《论欧洲联盟法中的从属原则》，载《武汉大学学报(哲学社会科学版)》1999年第2期，第40页。

⑤ See Protocol No. 15 Amending the Convention on the Protection of Human Rights and Fundamental Freedoms, Art. 1, Council of Europe Treaty Series, No. 213.

⑥ Dean Spielmann, Whither the Margin of Appreciation?, available at http://www.echr.coe.int/Documents/Speech_20140320_London_ENG.pdf, visited on 10 Jun. 2014.

⑦ Handyside v. UK, ECtHR Case No. 5493/72(1976), para. 48.

(三)裁量余地原则与比例原则的关系

值得引起注意的是，欧洲人权法院在适用裁量余地原则的实践中，往往将其与比例原则相结合，综合予以考量，进而作出裁决。或言之，尽管欧洲人权法院赋予其成员国一定幅度的裁量余地，其主旨仍在于使《公约》所明确保护的权利免受不必要的干涉，而比例原则的适用，有助于确保这一主旨的实现。①

1. 裁量余地原则与比例原则存在密切的联系

首先，从历史的角度来看，两者具有相似的发展轨迹。与裁量余地原则一样，比例原则也源于国内法，② 并被称为行政法的"皇冠原则"。③ 随着国际组织的产生，特别是国际性裁判机构的兴起，该原则才逐渐被适用于国际法领域。

其次，两者在目标上具有同一性。裁量余地原则与欧洲人权法院的司法谦抑紧密结合，即通过对欧洲人权法院的裁判权力的适当制约，力求协调人权保护国际标准与特定缔约国多元化的国内标准之间的冲突，力求达到保护人权与尊重主权之间的平衡。而国际法中比例原则的基本含义是，对国家或国际组织权力进行限制，对私人权利予以保护，从而实现权力与权利之间的平衡。④ 据此，有学者认为，比例原则构成"裁量余地原则的另一面"。⑤ 或言之，比例原则系"修正的有限制的裁量

---

① Marisa Iglesias Vila, A Margin of Appreciation Doctrine for the European Convention on Human Rights: In Search of a Balance between Democracy and Rights in the International Sphere, available at http://www.law.yale.edu/documents/pdf/sela/SELA13_Iglesias_CV_Eng_20130508.pdf, visited on 10 Jun. 2015.

② 据考证，比例原则发源于18世纪末期的德国警察行政法，该原则发展至今已被世界上越来越多的宪法法院作为合宪性审查的主要标准。而在内容结构上，比例原则包含三个子原则，即适当性原则、必要性原则与狭义比例原则。具体来说，适当性原则，又称为妥当性原则，它是指公权力行为的手段必须具有适当性，能够促进所追求的目的的实现；必要性原则，又称为最小损害原则，它要求公权力行为者所运用的手段是必要的，手段造成的损害应最小；狭义比例原则，又称均衡性原则，它要求公权力行为的手段所增进的公共利益与其所造成的损害成比例。参见刘权：《论比例原则的规范逻辑》，载《广东行政学院学报》2014年第2期，第54页。

③ 沈开举、程雪阳：《比例原则视角下的社会管理创新》，载《现代法学》2012年第2期，第42页。

④ 韩秀丽：《论比例原则在有关征收的国际投资仲裁中的开创性适用》，载《甘肃政法学院学报》2008年第6期，第116页。

⑤ Yutaka Arai-Takahashi, The Margin of Appreciation Doctrine and the Principle of Proportionality in the Jurisprudence of the ECHR 203 (1st ed., Intersentia 2002).

余地原则”。①

2. 比例原则影响并制约着裁量余地原则的适用

在承认两者存在密切联系的基础上，通说认为，比例原则对于司法裁决过程中裁量余地原则的适用有着尤为重要的影响。② 例如，Spielmann 法官将比例原则视作影响裁量余地原则的最重要的，甚至可以说是决定性的因素。在他看来，比例原则构成滥用裁量余地原则最强有力的防护屏障，忽视比例原则，会最终导致主权国家可裁量余地的丧失。③ 因为，裁量余地原则中的“余地”(margin)在某些情况下可被理解为国家在一定余地内“犯错”而并不会被追究责任。然而，在行使国家权力的过程中漠视比例原则，对主权国家的行为不加以约束和限制则是一个过于严重的错误，此种情况下，欧洲人权法院将不会主张裁量余地原则的适用。

二、裁量余地原则适用于国际投资仲裁之必要性与可行性

晚近，裁量余地原则在人权领域的广泛适用，引起了学者们对于将该原则援引并类比适用于投资仲裁领域之思考。④ 然而，对于这种适用的必要性与可行性，仍有待更为系统的分析。

(一)必要性

概而论之，裁量余地原则援引适用于国际投资仲裁的必要性可作多层次的分析。下文拟从国际投资条约的多元化态势，国际投资仲裁体制的碎片化特征，国际

---

① F Matscher, *Methods of Interpretation of the Convention*, in RSJ Macdonald, F Matscher and H Petzold, eds, The European System for the Protection of Human Rights 79 (1st ed., Martinus Nijhoff Publishers 1993).

② Andrew Legg, The Margin of Appreciation in International Human Rights Law 194 (1st ed., Oxford University Press 2012).

③ See Dean Spielmann, Allowing the Right Margin: The European Court of Human Rights and the National Margin of Appreciation Doctrine—Waiver or Subsidiarity of European Review? available at http://www.echr.coe.int/Documents/Speech_20140113_Heidelberg_ENG.pdf, visited on 21 Nov. 2014.

④ Elyse M. Freeman, *Regulatory Expropriation under NAFTA Chapter 11: Some Lessons from the European Court of Human Rights*, 42 Columbia Journal of Transnational Law 177, (2003). See also Willian Burke-White & Andreas Von Staden, *The Need for Public Law Standards of Review in Investor-State Arbitrations*, in Stephan W. Schill, ed., International Investment Law and Comparative Public Law 689-720 (1st ed., Oxford University Press 2010).

投资仲裁的公法性因素以及某些特定类型案件的固有属性等几个方面予以综合分析。

1. 国际投资条约的多元化态势

可以认为，国际投资条约的多元化态势为裁量余地原则得以援引适用的必要前提。

随着全球化进程的不断推动，调整国际交往，尤其经济交往的法律规则的趋同化现象已经非常明显，这不仅体现于相关的国内法实践的趋同化，而且体现于被不同国家共同接受的相关国际法实践的不断增加。尽管如此，法律多元化仍然存在。① 具体到国际投资领域，其多元化态势主要体现在如下两个方面：

首先，投资条约类型的多元化。总体来说，现有的国际投资条约体系呈现出双边投资协定（Bilateral Investment Treaty，BIT）与区域贸易协定（Free Trade Agreement，FTA）中的投资章节并存的局面。虽然传统的 BITs 在数量上仍然占主导地位，但 FTAs 中的投资章的重要性正与日俱增。② 2014 年联合国贸易和发展会议（United Nations Conference on Trade and Development，UNCTAD）发布的《世界投资报告》指出，近两年来超大型区域协定（Megaregional Agreements）谈判日益增长。③ 这些超大型区域协定多为一些国家之间签订的范围很广的经济协定，④ 其中的投资条款多以专章的形式出现，而参与这些协定谈判的国家其经济力量总和不容小觑，一

---

① 当前，整个国际社会的法律多元化态势主要表现在以下方面：(1)法治水平多元化。主要表现在各国在民主和法治进程上的各异。(2)法律制度多元化。除了英美法系与大陆法系外，当今世界尚有中华法系或混合法系等体系，如何恰当地处理这些非主流法律体系的特殊性往往是国际法实践的关键。(3)法律发展观念的多元化。具体表现为，既有强调国家主权的法律本土化和政府间一致原则；又有强调限制国家主权或者超越国家主权的超国家观念和非国家观念；国际社会法律的多元化还表现为多种法律发展观念的并行发展，既有西方现代法律框架下带有普世色彩的人权观，又有以“文化相对主义”（Cultural Relativisim）为依托的亚洲人权视角。参见米健：《当今与未来世界法律体系》，法律出版社 2010 年版，第 290 页。See also Sharon K. Hom, *Commentary: Re-positioning Human Rights Discourse on "Asian" Perspectives*, 3 The Buffalo Journal of International Law 251 (1996).

② 参见肖军：《国际投资条约的复杂化与多元化——晚近国际投资条约发展趋势之辨及我国应对策略》，载《法学评论》2014 年第 5 期，第 167 页。

③ UNCTAD, World Investment Report 2014, p. 118.

④ 例如区域全面经济伙伴关系协定（Regional Comprehensive Economic Partnership，RCEP），以及跨太平洋伙伴关系协定（Trans-Pacific Partnership Agreement，TPP）、欧盟与美国谈判的跨大西洋贸易与投资伙伴协定（Transatlantic Trade and Investment Partnership，TTIP）以及欧盟与加拿大谈判的全面的经济贸易协定（Comprehensive Economic and Trade Agreement，CETA）等。

旦成功缔结，将极可能对目前多层次的国际投资体系和全球投资格局产生重要影响。①

其次，投资条约谈判主体的多元化。如上文所述，当前国际投资条约的谈判和缔结，已经从早期的双边协定逐渐向超大型区域协定转型，而更为重要的是，这些超大型区域协定的谈判主体并不限于主权国家。如欧盟、东盟等区域性组织均积极参与这些超大型区域协定的谈判与缔结，② 并对谈判的具体内容以及最终走向起着重要的推动作用。

可见，在法律多元主义的大环境下，国际投资条约也不可避免地呈现出了上述多元化特征。而这种多元化趋势使得国际投资仲裁庭在实践中，越来越需要重视对于裁量余地原则的援引适用。因为不同性质的国家之间难免会存在一些不可调和的矛盾，例如东西方国家在人权领域对于文化相对主义所持有的不同态度等③而尝试给予东道国在解释存在上述争议的条款方面一定的裁量余地，不仅尊重了当前国际投资条约多元化特征，而且有助于东道国对于仲裁庭最终裁决的遵从和信服。

2. 国际投资仲裁一致性方面的匮乏

一般认为，国际法的碎片化特征④直接体现于当前国际投资立法的碎片化态

---

① 根据联合国贸发会议 2014 年《世界投资报告》的统计，当前正在进行中的七项超大型区域协定的谈判，共涉及 88 个发达国家和发展中国家。这些协定的投资条款一方面与 140 项已经缔结的投资条约的既有规定发生重叠，另一方面又创设了 200 项新的双边投资关系。See UNCTAD，World Investment Report 2014，p. 119.

② 例如正在进行中的 TTIP 谈判、CETA 谈判，欧盟都是关键的谈判一方；而东盟也积极地推进着 RCEP 谈判。

③ 因为将该原则适用于不同地域的人权保护规定，并不意味着认可多元化法律背景下人权或文化的相对性，但却明确认可采用不同的方式来保护同一基本人权。The Margin of Appreciation in International Human Rights Law 7（1st ed.，Oxford University Press 2012）.

④ “碎片化”又译为“不成体系”。而国际法的碎片化特征主要表现为，在人权、环境、海洋、贸易、投资、难民、能源等领域所出现的各种专门的和相对自治的规则或规则复合体、法律机构以及法律实践领域。这一问题，早在 20 世纪 50 年代初就引起了詹克斯的关注，他指出“由于缺乏一个全球性的享有（主权国家）全面授权的立法机构，国际条约可视作在一定数量的历史性、功能性或者区域性的独立集团中产生。”杨泽伟：《当代国际法的新发展与价值追求》，载《法学研究》2010 年第 3 期，第 177 页；参见国际法委员会研究组报告《国际法不成体系问题：国际法多样化和扩展引起的困难》（中文版），A/CN. 4/L. 702。See also Wilfried Jenks，The Conflict of Law-Making Treaties，30 British Yearbook of International Law 403（1953）.

势,① 而后者又具体表现为投资仲裁裁决一致性方面的匮乏，并由此衍生出了投资仲裁的正当性危机。例如，在SGS诉巴基斯坦②以及SGS诉菲律宾③两案中，世界银行下属的国际投资争端解决中心(ICSID)仲裁庭对于两个不同BITs中所规定的极为类似的“保护伞条款”予以解释时，出现了大相径庭的结果。④ 又如，仲裁庭在审理CME诉捷克案⑤和Lauder诉捷克案⑥时，基于同样的案件事实，却给予了不同的两个原告完全相反的两个裁决。同样的问题，也出现在对于最惠国待遇条款是否适用于争端解决程序的案件中，针对相同的案情以及相似的条款，仲裁庭却得出不同的结论。⑦ 这些国际投资仲裁中的碎片化表现，与仲裁庭在审查东道国行为实施的审查标准模糊且不一致有着必然的联系。⑧

可以认为，裁量余地原则的引入有助于遏制仲裁庭在设立审查标准上的随意性，对当前国际投资仲裁正当性危机起到了一定的缓解作用。⑨ 换言之，该原则的

---

① See Kalypso Nicolaidis &. Joyce L. Tong, *Diversity or Cacophony? The Continuing Debate over New Sources of International Law*, 25 Michigan Journal of International Law 1349 (2004); Mario Prost & Paul Kingsley Clark, *Unity, Diversity and the Fragmentation of International Law: How Much Does the Multiplication of International Organizations Really Matter?*, 5 Chinese Journal of International Law 342 (2006); Harlan Grant Cohen, *Finding International Law Part II: Our Fragmenting Legal Community*, 44 New York University Journal of International Law and Politics 1049 (2011); Pierre-Marie Dupuy, A Doctrinal Debate in the Globalization Era: On the "Fragmentation" of International Law, available at http://www.ejls.eu/1/4UK.htm, visited on 21 Jun. 2014.

② SGS Société Générale de Surveillance S.A. v. Islamic Republic of Pakistan, ICSID Case No. ARB/01/13.

③ SGS Société Générale de Surveillance S.A. v. Republic of the Philippines, ICSID Case No. ARB/02/6.

④ 徐崇利:《“保护伞条款”的适用范围之争与我国对策》，载《华东政法大学学报》2008年第4期，第48页。

⑤ CME Czech Republic B.V. v. The Czech Republic, UNCITRAL Mar. 14, 2003.

⑥ Ronald S. Lauder v. The Czech Republic, UNCITRAL Sep. 3, 2001.

⑦ Stephan W. Schill, The Multilateralization of International Investment Law 284 (1st ed., Cambridge University Press 2009).

⑧ 李凤琴:《论裁量余地原则在国际投资仲裁中的运用》，载《西部法学评论》2012年第3期，第115页。

⑨ 近年来，正是由于国际投资仲裁的对于投资者一方，尤其是跨国公司的过度保护，使得玻利维亚、厄瓜多尔、委内瑞拉等拉美国家相继宣布退出ICSID。而对于饱受投资仲裁诉累的阿根廷政府而言，一方面，已决案件的裁决结果严重损害了阿根廷的国家主权，使其内部的公共政策无法切实执行；另一方面，这些已决裁决使得阿根廷政府处境尴尬，因为这些裁决并没有指明阿根廷究竟应该采取何种措施来缓解经济危机所带来的巨大压力。(据统计，牵涉阿根廷的ICSID案件共43起，涉案总标的约计650亿美元。并且，ICSID业已裁定阿根廷政府向投资者赔付4亿美金的赔偿款。)有鉴于此，阿根廷也一直在积极考虑退出ICSID机制。See Oscar Lopez, *Smart Move: Argentina to Leave the ICSID*, 122 Cornell International Law Journal Online (2013); see also Carlos Arbia, The Government Wants to Leave ICSID to Avoid a New Battle with the Creditors, available at http://www.atfa.org/the-government-wants-to-leave-icsid-to-avoid-a-new-battle-with-the-creditors/, visited on 21 Jun. 2014.

适用，实际上制约了仲裁庭权力的扩张。针对国家在早前缔结投资协定时未达成共识或规定得模糊不清的条款，以及东道国在公共政策和司法措施方面所引发的争议，仲裁庭在考量东道国是否履行条约义务时，理应留有一定的裁量余地，允许东道国基于自身具体国情自行决定履行条约的具体方式。因为各国对投资的保护以及管制措施是多种多样的，而没有一个评判机构比东道国自身更了解其本国事务。例如，在评判一国的整个司法体制是否违反最低待遇标准，从而构成“拒绝司法”(denial of justice)①时，倘若仲裁庭罔顾东道国司法体制的特殊性，则很难作出一个相对公正的结论。

3. 国际投资仲裁的公法性因素

如前所述，裁量余地原则最早起源于国内行政法，据此，其从形成那一刻起就具有浓厚的公法性色彩。而该原则在欧洲人权法院的司法实践中，也是被作为一项国家行为的审查标准而予以适用，故其根植于公法范畴的特性并未改变。这一点与国际投资仲裁的公法性因素相当契合，可以被认为裁量余地原则有必要适用于国际投资仲裁领域的最为关键因素。

传统上而言，国际投资仲裁作为一项仲裁机制，多遵循的是商事仲裁逻辑。这源于其与商事仲裁的相似性，例如在仲裁员的选任以及仲裁双方的地位等方面还保有传统的商事仲裁的特征。有鉴于此，有学者主张将国际投资仲裁视为私法性质的国际商事仲裁。② 在此前提下，则确没有必要适用裁量余地原则。

但上述观点被晚近越来越多的学者所质疑，更多的学者倾向于将国际投资仲裁理解为一种公法性质的争端解决机制。主要原因在于：其一，主权国家在缔结投资条约，乃至之后违反投资条约义务时，都是以公法主体身份来实施的，所行使的都是公共职能，据此，投资仲裁庭往往要进行公共利益方面的考量；其二，虽然在仲裁过程中，投资者与主权国家的地位是平等的，但不同于国际商事仲裁，主权国家和投资者在投资条约框架下所确立的实质性关系是存在等级性的，是一种管制者与被管制者之间的关系；其三，投资仲裁庭所裁决的，并非是平等的私法主体之间基

① 拒绝司法，起源于中世纪的习惯国际法，旨在对遭受东道国司法上不公正待遇的海外投资者予以保护。首次将拒绝司法在国际投资仲裁实践中予以明确限定的是 Azinian 案。该案仲裁庭认为，拒绝司法包括：(1)有关法院拒绝受理案件；(2)非正当的延误；(3)以严重不当的方式来执法；(4)明显恶意地滥用法律。Robert Azinian and others v. United Mexican States, ICSID Case No. ARB(AF)/97/2, Award, para. 99, 102-103.

② Henri C. Alvarez, *Arbitration under the North American Free Trade Agreement*, 15 Arbitration International 393 (2000).

于合同而确立的权利义务关系，而系主权国家之间相互承担的公法性质上的国家责任;① 其四，国际投资仲裁涵盖了主权国家与投资仲裁庭之间权力的一种平衡，换言之，主权国家让渡权力给投资仲裁庭，使之不仅能够解决投资争端，并且还能对国际投资法予以解释、运用以及发展；其五，投资仲裁庭对裁决书予以公开，并且这些先决案件的裁决可以作为后续案件有说服力(persuasive)的依据,② 从而被其他仲裁庭在后续案件中援引，此举确立了一定的全球治理标准。

综上，当今的投资者—国家仲裁机制不应被简单理解为一方为主权国家的商事仲裁,③ 其更适合被类比为与很多国内司法程序相近的，在公法语境下运行的一种争端解决机制。Gus Van Harten 教授形容投资仲裁具有一个特殊的国际化手臂，用以管理主权国家的各种机关，其需要凭借国际仲裁来审查以及控制公共权力的运行。④ 同时，出于确保投资者—国家仲裁机制合法性的需要(不仅从投资者的角度，而且从主权国家的角度)，仲裁庭必须采用更适合的审查标准以应对突出的公法方面的问题。这些标准应具有更为明确的法理基础，既能更加尊重国家在公法层面的管制主权，也要保护投资者的合法利益。而在这些具有公法因素的仲裁中，最为适合的能够糅合上述两方面因素的标准即裁量余地原则。⑤

4. 特定类型案件的固有属性

诚如前文所论及的，即便在人权领域，裁量余地原则也仅适用于争端当事国之间尚未达成共识，或无法达成共识的一类争议。而在国际投资条约中，此类争议也同样存在。诸如缔约国在涉及国家安全审查标准、根本安全利益、间接征收以及公平与公正待遇等条款的解释方面往往存在出入，又如缔约国往往难以对国际投资条约中约定的禁止拒绝司法义务达成统一认识等。

---

① Anthea Roberts, *The Next Battleground: Standards of Review in Investment Treaty Arbitration*, 16 International Council for Commercial Arbitration Congress Series 174 (2011).

② 需要说明的是，投资仲裁裁决的先例效应，是一种具有说服力(persuasive)的依据，而并非具有强制性约束力(binding)的依据。See Anthea Roberts, *The Next Battleground: Standards of Review in Investment Treaty Arbitration*, 16 International Council for Commercial Arbitration Congress Series 174 (2011).

③ 蔡从燕:《国际投资仲裁的商事化与“去商事化”》，载《现代法学》2011年第33期，第152~162页。

④ Gus Van Harten, Investment Treaty Arbitration and Public Law 70 (1st ed., Oxford University Press 2007).

⑤ William Burke-White & Andreas Von Staden, *The Need for Public Law Standards of Review in Investor-State Arbitrations*, in Stephan W. Schill, ed., International Investment Law and Comparative Public Law 690 (1st ed., Oxford University Press 2010).

在既有的案件中，拒绝司法之诉最能体现其适用的必要性。一方面，就其定义而言，拒绝司法长期以来都系一个概念模糊、混杂不清的术语，① 很难从条约约文中明确其具体含义；另一方面，就个案而言，拒绝司法又是颇为严重的国际不当行为，它标志着国际投资仲裁庭对于一国司法体系的全盘否定，极易造成不利的国际影响。有鉴于此，投资仲裁庭一般并不倾向于认定东道国构成拒绝司法，除非涉案行为严重违反了司法妥当性标准。② 而将裁量余地原则作为拒绝司法之诉的裁判标准，既遵从了拒绝司法概念上固有的不确定性，又符合了投资仲裁庭的前述政策性倾向，使得仲裁庭在裁判此类型案件时，更易于借鉴人权领域内的相关案例来充实其说理与论证。毕竟，后者在违反正当程序或构成拒绝司法方面具有更为丰富的实证素材。

(二)可行性

基于前述对于将裁量余地原则移植适用于国际投资仲裁领域的必要性的相关分析，可以看出，该原则确实具有与当前的投资仲裁体制相契合的特征。但问题在于，是否具有契合性就一定能移植适用呢？下文拟从存在基础、裁判体系以及适用范围等方面对该原则在国际投资仲裁领域内适用的可行性予以分析。

1. 存在基础

虽然有学者认为，适用该原则的国家首先应是一个民主法治化的国家。这是裁量余地原则得以适用的三个重要因素之一。③ 换言之，讼争国家行为应是在民主法治的大环境下实施的。据此，有学者指出，鉴于在国际投资仲裁实践中，并非所有

① 如近年来，有学者就用“变化多端的水母”来形容该术语尚无明确外延这一现象。See Don Wallace, *Fair and Equitable Treatment and Denial of Justice: Loewen v. US and Chattin v. Mexico*, in Todd Weiler, ed., International Investment Law and Arbitration: Leading Cases from the ICSID, NAFTA, Bilateral Treaties and Customary International Law 670 (1st ed., Cameron May Ltd 2005).

② 有关司法妥当性方面的论述，最早可见于ELSI案。在国际投资仲裁实践中，自*Mondev*案开始，仲裁庭也陆续对于拒绝司法的司法妥当性要求予以关注。See Elettronica Sicula SpA (ELSI)(US v. Italy), Judgment, I. C. J. Reports, 1989. 15, para. 76; see also Mondev International Ltd. v. United States of America, ICSID ARB (AF)/99/2, Award, para. 127.

③ 除了民主法治的国家外，其余两个因素分别为：涉案条款在具体解释上未达成共识，以及争议涉及的问题涉及专业性的知识(例如国家安全、未成年人保护、健康、教育、市政服务以及经济事务)。See Andrew Legg, The Margin of Appreciation in International Human Rights Law 8 (1st ed., Oxford University Press 2012).

的东道国都系民主法治的国家，因此将该原则移植适用投资仲裁领域并不妥当。①

然而，既有的国际司法实践表明，裁量余地原则不仅适用于欧洲人权法院的审判实践中，而且同样适用于美洲人权法院和联合国人权事务委员会的司法实践。②此外，正如联合国人权事务委员会指出的，裁量余地原则适用于民主法治国家，并不意味着在任何情况下仲裁庭都需要给予民主法治国家以裁量余地；③ 同时，给予一国一定的裁量余地，也并不意味着国家行为是不可诉的（non-justiciability）。④

据此，一国国内高度的民主法治环境，确实是国际裁判机构适用裁量余地原则的存在基础。但是，这并不意味着，该原则只能在全部缔约国均系民主法治化国家（如欧洲大陆）的法律范畴内适用。联合国人权委员会的前述实践已经表明，即便针对民主法治化较高的国家，该原则也不是绝对地适用。换言之，其适用与否还是需要根据具体案情综合予以判断。从另一个角度看，即便当前国际投资仲裁领域中存在民主法治化水平较低的东道国，也并不影响该原则的移植适用。仲裁庭在实践中，完全可以根据实际情况，综合考虑东道国的具体民主法治状况，来决定是否予以适用。

2. 裁判体系

诚然，欧洲人权法院所适用的审判体系与国际投资仲裁具有明显的差异。在投资仲裁中，主权国家接受投资仲裁之行为，即表明其同意将一部分主权让渡给投资仲裁庭。据此，将裁量余地原则全面引入投资仲裁领域，是否会羁绊仲裁庭对于主权国家行为的全面审查权呢？⑤

---

① Todd J. Weiler, *Public Policy and the Interpretation of Substantive Standards and Protections: Is There a Place for Margins of Appreciation and Standards of Review in Applying International Investment Standards?* in Ian A. Larid & Todd J. Weiler, ed., Investment Treaty Arbitration and International Law184 (1st ed., JurisNet, LLC. 2010).

② 在美洲人权法院审理的 Kimel 案中指出，基于一国的民主合法性（democratic legitimacy）给予其裁量余地的原因在于，一个民主法治的国家在衡平各项基本权利以及责任认定和处罚方面应起到关键作用。而联合国人权委员会在大多数情况下，都倾向于给予主权国家立法机关在民主法治基础下所作出的决定一定的裁量余地。这一点尤为突出地体现于 Vos 案中。See Kimel v. Argentina, IACtHR Series C, No. 177 (2008), para. 75; see also Vos v. The Netherlands, UN HRC, CCPR/C/35/D/218/1986, para. 12.

③ See Tae-Hoon Park v. Korea, UN HRC, CCPR/C/64/D/628/1995, para. 10. 3-10. 4.

④ Stalla Costa v. Uruguay, UN HRC, CCPR/C/30/D/198/1985, para. 10.

⑤ Kassi D. Tallent, *The Tractor in the Jungle: Why Investment Arbitration Tribunals Should Reject a Margin of Appreciation Doctrine*, in Ian A. Larid & Todd J. Weiler, ed., Investment Treaty Arbitration and International Law 112, 135 (1st ed., JurisNet, LLC. 2010).

首先，如前所述，裁量余地原则的适用在很大程度上是对仲裁庭权力的限缩。而当前国际投资仲裁机制所固有的偏袒投资者的倾向①是倡导该原则移植适用的直接原因。并且，这些投资仲裁庭的仲裁员为了获得被投资者继续任命的机会，很可能在仲裁过程中过于偏袒投资者一方的利益。裁量余地原则的适用，可以将仲裁庭向投资者一方倾斜的天平适当矫正。

其次，裁判体系的相异并不足以构成裁量余地原则无法移植适用于国际投资领域的决定性因素。因为既有实践表明，该原则在美洲人权法院以及联合国人权事务委员会均有所适用。而更值得注意的是，其在世界贸易组织(World Trade Organization，WTO)的某些案件中也被援引适用。② 显然，世界贸易组织的争端解决机制与欧洲人权法院的审判机制也存在着根本性的差别。

据此，裁量余地原则的移植适用会对当前的投资仲裁机制造成影响，但这种影响是有益于当前整个机制的发展与完善，而并非对其造成负面损害的。尽管该原则源起于欧洲人权法院的审判实践中，但业已被其他国际性的裁决机构所援引适用。如果该原则得以在世界贸易组织内适用，其又为何不可移植适用于投资领域内的某些案件呢？只不过，在欧洲人权法院的法律框架内，该原则可以视为一项基本原则而得以经常性适用，而在贸易、投资以及其他领域，该原则仅能视为一项一般原则，并且需要视具体案情而酌情选择适用。

3. 适用范围

在国际投资法中，特别是对间接征收认定所设置的基本框架，以及公平与公正待遇中“最低待遇标准”的认定、拒绝司法的定义等方面，规定得相对弹性。③ 有鉴于此，仲裁庭在审理涉及上述条款的案件时，也相对要给予东道国更多的自由裁量权利(discretion)。当前多数学者业已认可了东道国这种在保护投资及投资者合法

① 郭玉军：《论国际投资条约仲裁的正当性缺失及其矫正》，载《法学家》2011年第3期，143页。

② 例如在美国海外销售公司税收待遇案中，一位仲裁员就明确指出：“不仅在成员方设定相应的对策措施来抵消前置错误行为以及由该错误行为所引起的权利义务的混乱状况影响的问题上，而且在评估前述对策措施是否适宜的问题上，根据行为的严重性，由于涉案违反条约规定的行为极其严重，应赋予该成员方裁量余地。”此外，在著名的欧盟香蕉案中，同样的理由被该案的某一仲裁庭所采纳。See US — Tax Treatment of Foreign Sales Corp., WTO Doc. WT/DS108/ARB (2002), para. 5, see also EC — Regime for the Importation, Sale and Distribution of Bananas, WTO Doc. WT/DS27/ARB/ECU (2000), paras. 52-56.

③ 参见徐崇利：《“间接征收”之界分：东道国对外资管理的限度》，载《福建法学》2008年第2期，第6页。

权益方面的自由裁量权。① 本文认为，这种对于主权国家的自由裁量权的认可，也就是对于裁量余地原则的肯定。② 因为，欧洲人权法院以往的实践中，从未将两者予以区别与分离。

需要明确的是，裁量余地原则在国际投资仲裁领域内的适用也必须限于特定的范围。即便在欧洲人权法律框架内，裁量余地原则在适用中仍然遵循了一定的标准。总体来说，涉及该原则的适用多集中在《公约》第5条、第8条至第11条个人自由权利的限制方面，而对于涉及《公约》第3条、③ 第7条以及第13号议定书有关“废除死刑”方面的案件，欧洲人权法院一般不会适用该原则。④ 此外，《公约》的某些条款，如第2条第1款以及第4条第1款，对所规定的权利和自由提供了近乎绝对的保护，没有为自由判断、利益平衡或合理的意见分歧留下余地，故也未适用该原则。⑤

综上，裁量余地原则在国际投资领域内的适用颇具可行性，但应仅限于一定的范围。下文将论述裁量余地原则在国际投资仲裁中的具体实践，并重点剖析该原则适用于拒绝司法之诉的既有样态，从而进一步对该原则在投资仲裁领域内的适用范围予以明确。

三、国际投资仲裁中适用裁量余地原则的具体实践

在国际投资仲裁的既有实践中，牵涉到裁量余地原则适用问题的案件，大多集中于间接征收以及有关公平与公正待遇标准(fair and equitable treatment)的纠纷中。具体体现为仲裁庭对于东道国政策与管制措施所持有的谦抑态度。Gus Van Harten

① Gus Van Harten, Sovereign Choices and Sovereign Constraints: Judicial Restraint in Investment Treaty Arbitration 2 (1st ed., Oxford University Press 2013); Andres Rigo Sureda, Investment Treaty Arbitration: Judging under Uncertainty 8, 17 (1st ed., Cambridge University Press 2012).

② Yuval Shany, *Toward a General Margin of Appreciation Doctrine in International Law*?, 16 The European Journal of International Law 910 (2006); Erlend Leonhardsen, Legitimacy and the Limits of Regulatory Measures: The Margin of Appreciation and the Principle of Proportionality in Investment Treaty Arbitration, available at https://www.duo.uio.no/bitstream/handle/10852/21772/77192.pdf?sequence=3&isAllowed=y, visited on 8 Dec. 2014.

③ Saadi v. Italy, ECtHR No. 37201/06(2008), para. 139.

④ Dean Spielmann, Whither the Margin of Appreciation?, available at http://www.echr.coe.int/Documents/Speech_20140320_London_ENG.pdf, 10 Jun. 2014.

⑤ 孙世彦：《欧洲人权制度中的“自由判断余地原则”述评》，载《环球法律评论》2005年第3期，第274页。

教授认为，涉及全面保护与安全条款(full protection and security)的投资仲裁案件也可以适用该原则。①

(一)间接征收

在间接征收争端方面，第一次适用裁量余地原则的可能是 Continental Casualty 案。② 该案仲裁庭指出“在客观的评估标准中，必须包含给予主权国家施行某项具体措施上明确的裁量余地。因为当一国处于严峻危机时，并非可以作出周密判断的时刻；更何况对这些措施的评估是由其他人基于其事后所产生的不利影响而作出的”。③ 不过，在同样基于美国—阿根廷 BIT 项下出现的间接征收争端，例如 LG&E 案④、CMS 案⑤以及 Sempra 案⑥等的裁决中，并没有看到类似的意见。⑦

不过，在 Tecmed 案，⑧ 仲裁庭再次作出了重要论述。仲裁庭认可“在讼争行为会对(东道国)公共政策或社会公众利益造成影响，并且该行为系为保护前述价值所实施的情况下，应给予(东道国)应有之尊重”(due deference)。⑨ 而这里所提到的“应有之尊重”，一般认为是对裁判者裁判权力的制约。从另一角度来看，决策的制定者被赋予了自由裁量权，换言之，享有了“裁量余地”。⑩

又如，与仲裁庭的态度相反，东道国一方却在努力尝试援引该原则作为抗辩事

---

① Gus Van Harten, Sovereign Choices and Sovereign Constraints: Judicial Restraint in Investment Treaty Arbitration 37 (1st ed., Oxford University Press 2013).

② Continental Casualty Co. v. Argentine Republic, ICSID Case No. ARB/03/09.

③ Continental Casualty Co. v. Argentine Republic, ICSID Case No. ARB/03/09, Award, para. 181.

④ LG&E Energy Corp., LG&E Capital Corp. and LG&E International Inc. v. Argentine Republic, ICSID Case No. ARB/02/1.

⑤ CMS Gas Transmission Company v. The Argentine Republic, ICSID Case No. ARB/01/8.

⑥ Sempra Energy International v. The Argentine Republic, ICSID Case No. ARB/02/16.

⑦ William W. Burke-White, Andreas von Staden, *Private Litigation in a Public Law Sphere: The Standard of Review in Investor-State Arbitrations*, 35 The Yale Journal of International Law 339 (2010).

⑧ Técnicas Medioambientales Tecmed, S. A. v. The United Mexican States, ICSID Case No. ARB (AF)/00/2.

⑨ Técnicas Medioambientales Tecmed, S. A. v. The United Mexican States, ICSID Case No. ARB (AF)/00/2, Award, para. 122.

⑩ See Erlend Leonhardsen, Legitimacy and the Limits of Regulatory Measures: The Margin of Appreciation and the Principle of Proportionality in Investment Treaty Arbitration, available at https://www.duo.uio.no/bitstream/handle/10852/21772/77192.pdf?sequence=3&isAllowed=y, visited on 8 Dec. 2014.

由，力图说服仲裁庭采纳该原则。例如在 Siemens 案①中，阿根廷就援引前述 Tecmed 案的裁决理由，主张仲裁庭在评估征收行为时，应参考行为目的，并适用比例原则。换言之，应该给予阿根廷政府一定的裁量余地。但该案仲裁庭则认为欧洲人权法律框架内的裁量余地原则并不构成习惯国际法，也并未纳入涉案 BIT，故不应予以适用。②

(二)公平与公正待遇

S. D. Myers 案仲裁庭在论述公平与公正待遇标准时，将其与国际法的“最低待遇标准”联系起来，认为在解释和适用“最低待遇标准”时，仲裁庭无权享有一种不加限制授权用以事后评判东道国政府的决策。因为东道国政府有时不得不作出许多存在潜在价值冲突的选择。据此，他们有可能实施某些错误的行为。但在判定东道国是否违反北美自由贸易协定(NAFTA)第 1105 条规定的“最低待遇标准”时，应给予东道国当局在规制国内事务方面最大程度的尊重，在此基础上方能考量东道国的做法是否在国际层面已达到了难以接受的程度。③ 此外，Electrabel 案、④ Saluka 案⑤以及 Ioan Micula 案⑥的仲裁庭在说理过程中也或多或少涉及对裁量余地原则适用问题的考量。

(三)拒绝司法

有证据显示，在审查涉及东道国国内法院行为的投资争议时，仲裁庭会表现得最为克制。⑦ 换言之，在涉及拒绝司法之诉，或需要对东道国法院的行为进行评估和审查的案件时，仲裁庭会更易于接受裁量余地原则。既有的拒绝司法之诉中裁量余地原则适用的样态可具体化为如下几个方面：

---

① Siemens A. G. v. Argentine Republic, ICSID Case No. ARB/02/8.

② Siemens A. G. v. Argentine Republic, ICSID Case No. ARB/02/8, Award, para. 354.

③ S. D. Myers, Inc. v. Canada, UNCITRAL, First Partial Award, 13 November 2000, paras. 261, 263.

④ Electrabel S. A. v. Hungary, ICSID Case No. ARB/07/19, Decision on Jurisdiction, 30 November 2012, para. 8. 35.

⑤ *Saluka Investments B. V. v. Czech Republic*, UNCITRAL, Partial Award, 17 March 2006, paras. 272, 305.

⑥ Ioan Micula et al v. Romania, ICSID Case No. ARB/05/20, Decision on Jurisdiction and Admissibility, 24 September 2008, para. 94.

⑦ Gus Van Harten, Sovereign Choices and Sovereign Constraints: Judicial Restraint in Investment Treaty Arbitration 130 (1st ed., Oxford University Press 2013).

1. 明确诉请范围

一般而言，海外投资者在启动国际投资仲裁时，出于胜诉几率的考量，往往会选择多个诉由来实现权益救济。这一现象所造成的直接后果，即投资者的诉讼请求范围大多超出了仲裁庭的管辖范围。针对此种情况，仲裁庭可适用裁量余地原则，对海外投资者的诉请范围予以一定的限制。

例如，在 NAFTA 框架下涉及拒绝司法的首例案件 Azinian 案①中，就隐约可以洞悉该原则在这一方面的适用：该案仲裁庭将投资者诉讼请求仅限于仲裁庭确立的拒绝司法范畴内，认为投资者单以东道国违反特许合同而提出索赔的请求不属于 NAFTA 框架下仲裁庭所审理的范畴，② 从而尊重了东道国从事纯粹民商事行为方面的自主权。

2. 尊重东道国法院司法权

出于立足点以及决策机制方面的不同，东道国国内法院与国际仲裁庭在相关概念的认定和解释上难免会出现差异。此种情况下，尤其在涉及东道国公共利益时，国际仲裁庭应给予国内法院的司法权一定程度的尊重。

例如，Frontier Petroleum Services 案③仲裁庭在对捷克斯洛伐克国内法院拒绝承认与执行一项商事仲裁裁决的行为予以审查时，认可了该国法院对于"国际公共政策"这一概念的界定。该仲裁庭认为，只要东道国国内法院对于公共政策之界定"有理有据且基于诚实信用原则"而作出的，该法院即可在此方面享有一定程度的裁量余地(a certain margin of appreciation)。④

又如，GAMI 案⑤仲裁庭在接受并予以援引前述 S. D. Myers 案的论述之余，遵从了墨西哥法院对于何种行为构成该国国内法上征收的认定。该仲裁庭还指出，其对国内法院在与投资条约项下类似规范的阐述上体现出"相当程度的重视"，即便仲裁庭方才享有条约中该规范的最终决定权。⑥

3. 评估当地救济的有效性

当"司法终局性"(judicial finality)要求作为拒绝司法的必要前提要件被 Loewen

① Robert Azinian and others v. United Mexican States, ICSID Case No. ARB(AF)/97/2.

② Robert Azinian and others v. United Mexican States, ICSID Case No. ARB(AF)/97/2, Award, paras. 86-87.

③ Frontier Petroleum Services Ltd. v. Czech Republic, UNCITRAL, 12 November 2000.

④ Frontier Petroleum Services Ltd. v. Czech Republic, UNCITRAL, 12 November 2000, Award, paras. 436, 527-530.

⑤ GAMI Investments Inc. v. United Mexican States, UNCITRAL.

⑥ GAMI Investments Inc. v. United Mexican States, UNCITRAL, 15 November 2004, paras. 41, 93-94.

案确立后,① 国际投资仲裁在审理拒绝司法之诉时，有必要对东道国的当地救济是否有效予以评估。一般认为，仲裁庭在实施此类评估行为时，同样需要遵循裁量余地原则。

在 Hochtief 案②中，持反对意见的仲裁员批评持多数意见的仲裁员们对东道国国内法院功能的理解，并认为他们对于原告诉诸当地救济的行为是否归于无用未作出适当的分析，就草率地认定国内法院司法情况极其糟糕。③

总而言之，既有的实践表明，在某些情况下，裁量余地原则会被投资仲裁庭所采纳。尽管如此，该原则的适用仍然不是系统性的，因此并不能认为它已经构成国际投资仲裁实践的一项基本原则。在此基础上，我们承认该原则在化解当前投资仲裁的正当性危机，矫正仲裁庭偏袒投资者一方的不良倾向方面确有一定的作用。此外，对于主权国家而言，从应诉技巧上考虑，向仲裁庭主张该原则的适用也是一个比较有利的抗辩理由。

四、裁量余地原则在国际投资仲裁中适用的评论与建议

首先，如前文所论及的，裁量余地原则绝非“放之四海而皆准”之真理。即便在欧洲人权法律框架下，裁量余地原则也仅适用于涉及特定的国际法规范的案件，这些国际法规范或具有与生俱来的不确定性，或囿于法律多元主义现状从而放弃对规则确定性之追求。此类规范主要集中在涉及国际标准之规定，以及一些任意性规范(discretionary norms)和以结果为导向之规范(result-oriented norms)中。并且，即便在人权领域内，裁量余地原则在适用范畴上也并非一成不变。

一般认为，国际仲裁庭对该原则的遵从程度，会伴随着多种可考量因素而变化。欧洲人权法院的司法实践表明，这些可考量因素主要包括：(1)相关规范中所涉及的利益价值；(2)具体规范的不确定程度；以及(3)国际法院与国内法院在审理具体案件时决策机制之差异。④ 而在国际投资领域，这些可考量因素或多或少也影响着国际投资仲裁庭的司法谦抑程度。例如国际投资仲裁庭对于“根本安全利益”(essential security interest)之理解，业已超越了传统意义上仅限于政治和军事安

① Loewen Group, Inc. and Raymond L. Loewen v. United States of America, Competence and Jurisdiction, ICSID Case No. ARB(AF)/98/3. paras. 52-62.

② Hochtief AG v. The Argentine Republic, ICSID Case No. ARB/07/31.

③ Hochtief AG v. The Argentine Republic, ICSID Case No. ARB/07/31, Separate and Dissenting Opinion of J. Christopher Thomas, para. 10.

④ Yuval Shany, *Toward a General Margin of Appreciation Doctrine in International Law*?, 16 The European Journal of International Law 939 (2006).

全利益，继而扩大到公共健康、恐怖主义以及经济危机等领域。① 这就意味着，在仲裁庭在审查东道国的行为是否基于根本安全利益保护之目的时，仲裁庭对东道国国内政策以及管制措施保有一定程度的遵从。

其次，将人权法上的原则纳入投资仲裁领域，也要考虑变通适用的问题。总体而言，裁量余地原则在国际投资仲裁领域的适用范围也较其在人权领域要小得多，目前仅限于涉及间接征收或者公平与公正待遇标准以及拒绝司法的案件，至多再扩展适用于涉及全面保护与安全条款的案件。并且，前述国际投资仲裁实践业已表明，远非所有归于前述分类的案件都选择适用了裁量余地原则。相反，在有些案件中，如 CMS 案②仲裁庭就隐晦地排除了阿根廷政府在涉案争议中的裁量余地，转而施之以严格的审查标准。③ 但与此同时，如前文所提及的，在审查东道国国内法院行为时，一些仲裁员则更易于接受该原则的适用。可见，今后在此类型案件中，特别是涉及拒绝司法的案件中，适用裁量余地原则的可行性较其他案件要更大一些。

最后，从投资条约宗旨来看，其旨在促进投资者与东道国双方之利益，④ 本不应有所偏颇。即便在现有的投资仲裁中，更多关注的是对投资以及投资者的保护问题，但同时也不可忽略对于东道国主权之尊重。而裁量余地原则的引入，有利于限制仲裁庭滥用裁量权，避免其对于东道国主权范围内事务的过度干涉。因为主权国家缔结国际投资条约，同意将投资争议提交国际投资仲裁机构裁决，确实具有保护与促进国际投资活动之初衷，但此举并不意味着主权国家对其他公共政策目标之摒弃。据此，该原则可作为弱势东道国对抗强势仲裁庭的一柄利剑。正如前文所提及的，即便从诉讼技巧上考量，东道国也可以援引该原则，主张仲裁庭给予其在管理管制国内事务上一定程度的裁量余地，从而较好地实现主权国家与国际投资仲裁庭之间在投资活动管制权力(governance powers)方面的平衡。

---

① 韩秀丽：《论国际投资协定中的“根本安全利益”与“公共目的”》，载《现代法学》2010年第32期。

② CMS Gas Transmission Company v. The Argentine Republic, ICSID Case No. ARB/01/8.

③ 其指出：“倘若不施行或疏于施行严苛的审查标准及条件，则任一国家都可以危急情况(necessity)为由而排除其国际责任的承担。此种做法将与法律的可预见性和稳定性相悖离。”See CMS Gas Transmission Company v. The Argentine Republic, ICSID Case No. ARB/01/8, Award, para. 317.

④ Gus Van Harten, Investment Treaty Arbitration and Public Law 70 (1st ed., Oxford University Press 2007).

结语

裁量余地原则经过了欧洲人权法院长达半个世纪的实践，并在2013年通过第15号议定书纳入到《公约》中，可见，该原则作为人权法上的一项基本原则的地位已不容撼动。然而，将该原则移植到国际投资仲裁领域，则需要进行必要性和可行性等多方面的考量。有鉴于国际投资仲裁的特殊性加之投资条约约文的多样性以及模糊性，仲裁庭对于裁量余地原则之适用较之人权领域应更为谨慎。

概言之，该原则在投资领域所适用的范围较之人权领域要狭窄得多。实际上，将裁量余地原则引入国际投资仲裁领域，并不代表对投资者利益的侵害，只不过该原则的适用使得仲裁庭在保护投资者利益、促进投资活动之余，进一步兼顾了对东道国主权以及公共利益的保护。据此，即便仅仅出于诉讼技巧的考量，东道国也应在将来的国际投资仲裁实践中积极援引该原则作为一项有力的抗辩理由。

Application of the Margin of Appreciation Doctrine in International Investment Arbitration

Abstract: As a half-century-old rule which constituted in the case law of the ECtHR, the Margin of Appreciation Doctrine has been well-recognized in the international human rights regime. Recent years, some scholars argue to transplant this doctrine into the international investment arbitration, in order to alleviate the latter's so-called "Legitimacy Crisis". In the meanwhile, it gets some critics and suspicions from this perspective. In determining whether the doctrine applies in the international investment arbitration, the necessity and feasibility should be evaluated. Only on this basis, the range of its application would be appropriately defined.

Key words: Margin of Appreciation Doctrine; international investment arbitration; judicial deference

国际投资仲裁中国民待遇条款的“相似情形”问题研究

□ 张倩雯*

内容摘要：国民待遇条款是双边投资协定的重要内容，其中对“相似情形”的解读是国际投资仲裁庭认定东道国是否给予外国投资者国民待遇的关键。受国际法碎片化的影响，不同的投资仲裁庭对“相似情形”的解读各不相同，导致适用国民待遇条款时存在诸多争议。通过分析近年来 ICSID 仲裁庭对“相似情形”的解读，可明晰目前其在解读“相似情形”时对比较量倾向的路径选择，以及不认定为“相似情形”的例外情形，这对于各国商签双边投资协定具有启迪意义。

关键词：国际投资仲裁　国民待遇　相似情形

目　次

作为国家间双边投资协定(以下简称“BIT”)的核心条款之一，国民待遇条款通常要求东道国有义务给予外国投资者以及外国投资以“不低于在相似情形下给予本国投资者以及本国投资的待遇”。① 实践中主要有两种国民待遇条款的适用方法，

* 四川大学法学院国际法专业 2014 级博士研究生。

① See Rudolf Dolzer & Margrete Stevens, Bilateral Investment Treaties 15 (2nd ed., Martinus Nijhoff 1995).

一种是“两步走”的适用程序，另一种是“三步走”的适用程序。① 在“两步走”的仲裁程序中，仲裁庭首先会判断外国投资者和本国投资者是否处于相似情形，如果是，则接着判断东道国给予外国投资者的待遇是否不低于给予本国投资者的待遇。② “两步走”和“三步走”的适用方法中都包含有“相似情形”和“不低于待遇”这两个要件。而这两种方法的不同之处就在于“三步走”方法在第三步考虑适用国民待遇的例外，而“两步走”的适用程序是在第一步即相似情形判断时考虑是否存在例外的，③ 因而也并无本质差别。不论是采取“三步走”还是“两步走”的分析思路，仲裁庭对“相似情形”的判断都至关重要。但是，各国 BIT 中对“相似情形”一词的英文表述并非完全相同，许多 BIT 中还存在相似的但并不尽相同的表述，除了常见的“like circumstance”，④ 还有“like situations”，⑤ “similar situations”⑥和“same circumstances”。⑦ 虽然这些短语在英文表述上有细微差别，但是其内容和含义基本是相同的，甚至是可以互相替换的。⑧ 另外还需要注意到，一些仲裁庭尽量避免使用“like”一词。比如 Methanex v. United States 一案中，仲裁庭并没有直接使用“like circumstance”或者类似表述，而是直接分析投资者产品和东道国产品间是否存在直接的竞争关系，但其本质均为判断二者的相似性。

① See S. D. Myers, Inc. v. Canada, NAFTA(UNCITRAL), Partial Award, para. 250.

② See United Parcel Service of America v. Government of Canada, NAFTA(UNCITRAL), Award on the Merits, para. 83.

③ See Pope & Talbot, Inc. v. Government of Canada, NAFTA(UNCITRAL), Award on the Merits of Phase 2.

④ 例如 Treaty Between the Government of the United States of America and the Government of [country] Concerning the Encouragement and Reciprocal Protection of Investment (the 2012 US Model BIT), Art. 3.

⑤ 例如 Treaty Between the United States of America and the Republic of Senegal Concerning the Reciprocal Encouragement and Protection of Investment, Senegal and United States, December 6, 1983, Art. II (2).

⑥ 例如 Agreement Between the Republic of Turkey and the Federal Democratic Republic of Ethiopia Concerning the Reciprocal Promotion and Protection of Investments, Ethiopia and Turkey, November 16, 2000, Art. III (1).

⑦ 例如 Exchange of Notes Between the Government of the United Kingdom of Great Britain and Northern Ireland and the Government of Belize Concerning the Extension to the Cayman Islands of the Agreement for the Promotion and Protection of Investments, Belize and United Kingdom, 30 Apr. 1982, Art. III (1).

⑧ See Andrew Newcombe & Lluis Paradell, Law and Practice of Investment Treaties: Standards of Treatment 160 (Kluwer 2009).

一、“相似产品”和“相似情形”

国际贸易体系中的“相似产品”一词对于后来国际投资法中的国民待遇实践的发展有着重要影响。作为 WTO 的前身，GATT 起源于布雷顿森林会议。GATT 是第二次世界大战后在联合国贸易和就业会议上商定的经济复苏大计划的一部分。作为有关关税和贸易的政府间多边国际协定，GATT 旨在“通过达成互惠互利协议，大幅度地削减关税和其他贸易障碍，取消国际贸易中的歧视待遇”。GATT 于 1947 年 10 月 30 日签订，1948 年 1 月 1 日生效，直到 1994 年才被 WTO 取代。①

早在 GATT 产生之初，国民待遇条款就是它的重要组成部分。GATT 的第 3 条即为国民待遇条款，旨在消除通过国内税收或者其他管制性措施而导致的保护主义。② 该条产生的初衷是为了给进口产品提供与国内产品同等竞争的机会。③ 因此，WTO 争端解决机构通常需要判定进口产品与国内产品是否为“相似产品”。

虽然国际贸易法中的“相似产品”对于国际投资法中的“相似情形”的出现有一定影响，二者也在某种程度上存在相似之处，但是二者的内涵却大相径庭。国际投资仲裁中援引 WTO 判例的案件，仲裁庭也通常只是引用的 WTO 案例中解释“相似”的思路，如对案情全盘考虑，而非解释“相似”的标准，例如 S. D. Myers v. Canada 案。原因大致有以下两点：一方面，由于 WTO 具有争端解决上诉机构，其可以作为权威机构对“相似产品”定义给出统一解释，而国际投资法律体系不同，受国际法碎片化的影响，国际投资仲裁机制中缺乏一个能作出最终权威性解释并协调裁决冲突的机构。因此，在解释“相似情形”时，各个仲裁庭常采取各不相同的解释规则，而不同仲裁庭的解释有时会相互冲突。由此可见，在不同的案件中，仲裁庭认定“相似情形”的弹性较大，且裁决结果可能不一致。另一方面，普通法中的遵循先例(*stare decisis*)原则在国际投资仲裁中并不适用，因此前一个仲裁庭的裁决对于之后的案件并没有拘束力。所以很难通过这些仲裁庭的案例提炼出解读国民待遇的一些通用准则，这也是为何 ICSID 仲裁庭在 Feldman v. Mexico 案中不得不强调国民待遇的宗旨在于消除基于国籍的歧视待遇。④ 鉴于“相似情形”在国际贸易

---

① General Agreement on Tariffs and Trade 1947, Preamble.

② General Agreement on Tariffs and Trade 1947, Art. III (1).

③ See WTO Appellate Body Report, Japan—Taxes on Alcoholic Beverages, WT/DS8, 10, 11, adopted 4 October 1996, pp. 16-17.

④ See Marvin Roy Feldman Karpa v. United Mexican States, ICSID Case No. ARB(AF)/99/1, Award, p. 181.

法和国际投资法中的重要性，对"相似情形"进行准确和连贯的解释也就举足轻重了。

二、比较量

仲裁庭在判断相似情形时，用于比较的主体即为比较量。① Occidental Exploration & Production Corporation v. Ecuador（以下简称"Occidental"）案和 Methanex v. United States 案说明了针对比较主体问题，仲裁庭目前主要采取的两种分析方法。在 Occidental 一案中，厄瓜多尔政府停止给予外国石油公司增值税方面的退税待遇，但其他经济部门的公司仍然可以享受该项待遇。本案中，仲裁庭将所有的外国投资者和国内投资者进行了比较后认为："国民待遇的目的是保护与当地生产者竞争的外国投资者，但不能将开展特定活动的部门作为排他性的评判标准。"②言下之意是，不同部门的外国投资者也可能和国内投资者处于"相似情形"。据此，仲裁庭裁定厄瓜多尔政府违反了其与美国签订的 BIT 第 2 条第 1 款规定，即国民待遇原则。而相反，在 Methanex 案中，仲裁庭仅仅比较了完全相同的外国和国内的出口商。当然，大多数的案件是在这两个极端之间的，比如 UPS v. Canada 案，③ 即比较同一经济部门的外国投资者和国内投资者，笔者在下文中会详细分析这样的认定方式。

在认定外国投资者和本国投资者是否处于"相似情形"时，对于竞争关系的分析至关重要，这在许多案件中都得到过确认，比如 S. D. Myers v. Canada 案。在 S. D. Myers 一案中，仲裁庭认为外国投资者 SDMI 和东道国本国投资者 Myers Canada 都是处理多氯联苯(polychlorinated biphenyl)服务的提供商，二者存在竞争关系，因此 SDMI 和 Myers Canada 明显处于"相似情形"。④ 另一例是上文提到的 Methanex 一案。Methanex 案涉及 NAFTA 第 11 章，是加拿大公司 Mathanex 和美国政府间的投资争端。该案中，Methanex 是一家加拿大公司，也是世界上最大的甲

---

① See Kenneth J. Vandevelde, Bilateral Investment Treaties: History, Policy, and Interpretation 338 (Oxford University Press 2010).

② See Occidental Exploration & Prod. Co. v. Republic of Ecuador, London Court of International Arbitration, Case No. Un 3647, Award, para. 173.

③ See United Parcel Service of America v. Government of Canada, NAFTA(UNCITRAL), Award on the Merits.

④ See Methanex Corporation v. United States of America, NAFTA(UNCITRAL), Final Award, Part I-Preface, para. 1.

醇生产商,① 在美国设有两家子公司。甲醇是酒精的一种，由于其分子构造的原因，它同异丁烯会发生作用，并在有氧的环境下产生一种被称为 MTBE(methyl tertiary-butyl ether)的乙醚，这种 MTBE 可以产生"再生天然气"。由于再生天然气会对环境造成污染，美国加州政府在 2002 年 12 月 31 日命令禁止生产、贩卖以甲醇为生产元素的 MTBE。由于甲醇是生产 MTBE 的重要原料，Methanex 公司因加州政府的禁令而遭受了极大的损失，因此向仲裁庭申请仲裁。Methanex 公司认为加州政府禁止生产甲醇，仅允许利用乙烷作为生产天然气燃料的规定，其目的在于减少与乙烷相竞争的产品，扶持美国本国的乙烷产业，该行为效果实际等同于征收 Mathanex 公司在美国的部分投资，同时也违反了 NAFTA 第 1102 条关于国民待遇、第 1105 条关于最低标准待遇和第 1110 条关于公平与公正待遇的规定。②

美国政府反驳了 Methanex 公司的主张，辩称甲醇与乙烷生产者不处于"相似情形"。美国政府出具一项调查显示，美国境内有许多甲醇制造商，其中 47%的甲醇制造商是美国本国投资者，所以加州政府实施的规定给予本国投资者与外国投资者的待遇并无不同，本国甲醇制造商同样受到加州政府禁令的影响，所以并没有对外国投资者实施歧视待遇。况且根据 NAFTA 第 1102 条的立法宗旨，争端解决小组在个案中认定外国投资者与本国投资者是否处于"相似情形"时，需要首先调查被告境内是否存在与原告相同的投资机构，不能略过此步骤，直接将类似的投资机构作为外国投资者的竞争对象。所以，当加州境内也有生产甲醇的本国投资者时，自然无须以乙烷制造商用来和甲醇制造商作对比。③

在认定 Methanex 公司是否和美国国内的乙烷生产商处于"相似情形"的问题上，仲裁庭支持了美国的观点，认为甲醇和乙烷不是相似产品(like products)，因为它们之间的竞争程度不够。甲醇和乙烷不仅在化学构造上有很大差异，现实用处也不同。另外，它们在关税系统中被划分在不同的产品类别里。所以甲醇与乙烷无论从物理特征、市场最终用途、消费者偏好与关税税目任何角度考虑均非相似产品。另外，根据 WTO"欧盟石棉案"的上诉机构提出的观点，产品风险也应当作为"相似情形"判断因素之一的。④ 甲醇具有环境危害性，但乙烷没有，显然二者是不同产

---

① See Methanex Corporation v. United States of America, NAFTA(UNCITRAL), Final Award, Part IV-Chapter B, para. 6.

② See Methanex Corporation v. United States of America, NAFTA(UNCITRAL), Final Award, Part IV-Chapter B, para. 5.

③ See Methanex Corporation v. United States of America, NAFTA(UNCITRAL), Final Award, Part IV-Chapter B, para. 22.

④ See WTO Appellate Body Report, European Communities—Measures Affecting Asbestos and Asbestos-Containing Products, WT/DS135, 40 ILM 1408.

品，甲醇制造商与乙烷制造商也不属于具有竞争关系的产品制造商。①

本案中，仲裁庭着重分析了甲醇制造商和乙烷制造商是否具有“直接的或可替代的竞争关系”，从而判断它们是否处于“相似情形”，并在解读中采取了相对保守的解释态度。这样的态度主要是为了呼应 NAFTA 第 1102 条的立法宗旨，避免私人企业滥用 NAFTA 特殊争端解决机制，即允许私人企业向东道国提起诉讼。② 但是，仲裁庭在各案中依据 NAFTA 对“相似情形”的解读并非前后一致。在 S. D. Myers v. Canada 一案中，仲裁庭选择的是一种更宽口径的解读方式，即判断本国投资者和外国投资者间是否存在直接的竞争关系。③ 此外，一些特别仲裁庭对“相似情形”的解释口径也差别很大，比如伊朗—美国特设仲裁庭。例如，在 Consortium RFCC v. Morocco 一案中，仲裁庭首先解读了 1990 年意大利和摩洛哥签订的 BIT 中的国民待遇和最惠国待遇条款，认为它们适用的主体是“完全相同的（identical）投资者”。④ 这种比较极端的态度当然也遭到了许多学者的批评，认为如此高的要求并不合适。⑤ 在另一些案件，如 Pope & Talbot 案中，仲裁庭则选择了较窄的口径作为认定“相似情形”的标准。该案仲裁庭仅着眼于分析投资者之间是否处于相同的经济领域。⑥ 这种较窄的口径标准也同样受到了许多学者诟病，认为该方法无法反映政府采取调控措施背后的意义，没有真正领会区分对待外国和本国投资者的目的所在。⑦ 这也是为什么有的仲裁庭把国家实施调控措施的目的纳入“相似情形”分析要素之一的原因，即采用“两步走”的分析方法。

上文中提到，在比较量的选择上，一些仲裁庭认为仅在外国投资者和国内投资者之间存在直接的竞争关系是不够的，即东道国规制行为的目的也应被纳入外国投

---

① See Methanex Corporation v. United States of America, NAFTA (UNCITRAL), Final Award, Part IV-Chapter B, para. 25.

② See K. Dougherty, *Comment-Methanex v. United States: The Realignment of NAFTA Chapter 11 with Environment Regulation*, 27 Northwestern Journal of International Law & Business 753-754 (2007).

③ See S. D. Myers, Inc. v. Canada, NAFTA (UNCITRAL), Partial Award.

④ See Consortium RFCC v. Kingdom of Morocco, ICSID Case No. ARB/00/6, Arbitration Award, para. 53.

⑤ See Andrew Newcombe & Lluis Paradell, Law and Practice of Investment Treaties: Standards of Treatment 161 (Kluwer 2009).

⑥ See Pope & Talbot, Inc. v. Government of Canada, NAFTA (UNCITRAL), Award on the Merits of Phase 2, p. 352.

⑦ See Meg Kinnear *et al.*, Investment Disputes under NAFTA: An Annotated Guide to NAFTA 1026-1102 (Kluwer 2006).

资者和本国投资者是否处于"相似情形"的判断中。① 该观点在 UPS v. Canada 案中得到了仲裁庭的支持。United Parcel Service of America 公司(以下简称"UPS")是美国的一家包裹寄送服务提供商。UPS 依据 NAFTA 向仲裁庭申请仲裁，诉称加拿大政府给予加拿大邮政(Canada Post)优于 UPS 待遇的行为，具有限制竞争的作用，违反了其在 NAFTA 第 1105 条项下的给予 UPS 国民待遇的义务。在判断加拿大邮政和 UPS 是否处于"相似情形"时，仲裁庭认为，即使两个投资者或者两个企业处于同一经济部门，或者相互间存在竞争关系，它们仍然很可能存在极为重要的特征差异，而该差异是与东道国实施差别待遇相关的，此时需要审视东道国对外国投资者和本国投资者进行不同对待的目的何在。② 比如本案中，仲裁庭在认定 UPS 公司和本国投资者加拿大邮政是否处于"相似情形"时，就将加拿大政府颁布的旨在推广本国邮政事业的公共辅助项目(publications assistance program，以下简称"PAP")纳入考虑范围，认为加拿大政府对 UPS 公司和加拿大邮政进行不同对待是为了更好地完成 PAP，促进本国邮政事业的发展。鉴于与 UPS 相比，加拿大邮政能够更好地完成 PAP 项目，所以二者不是处于"相似情形"。③

在认定"相似情形"的问题上，考虑东道国经济活动和规范目的的另一典型案件是上文提到的 Pope & Talbot 案。④ 该案中，加拿大政府对向美国投资者 Pope & Talbot 公司出口到加拿大特定省份的软木产品课征额外的出口规费，仲裁庭认定该征税行为是考虑到这类产品会遭受美国课征平衡税的威胁，迫使加拿大政府课征额外规费作为一种反制手段。因此，加拿大政府对向特定省份出口软木征税的措施实际上是加拿大政府为保护本国公共利益而采取的管制措施。由于这些特定省份的木材产品与非特定省份的木材产品处于不同的贸易环境中，所以它们并非处于"相似情形"，加拿大政府的差别待遇也并没有违反其在 NAFTA 第 1102 项下的国民待遇义务。此外，加拿大对数个特定省份生产的软木产品制订了不同的市场分配标准，这是由于各个省份的贸易活动情况不同，无法订立出适用于所有省份的统一分配标准而导致的。虽然处于不同省份的后来生产者确实会因此受到不同分配标准的影响，但这种影响是由于各省的经济状况不同的客观原因造成的，考虑到政府调控的

① See United Parcel Service of America v. Government of Canada, NAFTA(UNCITRAL), Award on the Merits, paras. 173-174.

② See United Parcel Service of America v. Government of Canada, NAFTA(UNCITRAL), Award on the Merits, para. 175.

③ See United Parcel Service of America v. Government of Canada, NAFTA(UNCITRAL), Award on the Merits, para. 175.

④ See Pope & Talbot, Inc. v. Government of Canada, NAFTA(UNCITRAL), Award on the Merits of Phase 2.

目的，不同省份内的后来投资者和国内投资者是处于不同的经济环境中，因此不处于“相似情形”。①

笔者认为，世界上原本就没有两件完全相同的事物。所以，Consortium RFCC案中采取的对“相似情形”的比较量极狭隘的解读方式并不合理。另外，该案的解读方式还容易导致仲裁庭权力的滥用，因而不利于保护外国投资者的合法权利。但是，仅要求外国投资者和国内投资者之间存在竞争关系也是远远不够的。事实上，从不同的角度看待事物，竞争关系在事物间是普遍存在的。从理论上讲，很多时候两事物间是必然存在一定竞争关系的。因此，如果仅是根据外国投资者和国内投资者之间是否存在竞争关系来判断二者是否处于相似情形，尺度难以把握，易给东道国施加太大压力。此外，如何定义竞争关系也是模糊的，这样的模糊性容易导致投资者对自己的行为后果缺乏可预见性，正所谓过犹不及。鉴于上述原因，笔者认为在确定比较量的分析路径时，更为合理的方法是采用理性第三人能够识别的经济领域来认定“相似情形”，同时兼顾考虑政府调控措施的目的。正如WTO上诉机构的一位成员在Chile-Taxes on Alcoholic Beverages案中指出的那样：“将调控措施的目的纳入考量范围内，可以更加客观地审视政府的区别待遇措施，其目的究竟是否在于对国内生产者提供保护。”②

三、认定“相似情形”中适用的国民待遇的例外

(一)价值博弈

本文第一部分提到，分析国民待遇的“两步走”方法中，仲裁庭通常会分析是否存在“国民待遇之例外”，而使得外国投资者和本国投资者不处于“相似情形”。为什么会有国民待遇的例外情形？一个可能的解释是国民待遇实际上是国家主权和外商投资之间的博弈。国家间BIT的核心目的之一是促进资本的自由流动。③因此，BIT常通过一些待遇实体条款给予外国投资者合理保障，比如国民待遇、公平

① See Pope & Talbot, Inc. v. Government of Canada, NAFTA (UNCITRAL), Award on the Merits of Phase 2, paras. 83-95.

② See WTO Appellate Body Report, Chile-Taxes on Alcoholic Beverages, WT/DS110.

③ 该目的的表述可详见许多BIT的引言部分，例如Treaty with the Czech and Slovak Federal Republic Concerning the Reciprocal Encouragement and Protection of Investment, Czech and Slovak, available at: http://www.state.gov/documents/organization/43557.pdf, visited on 24 Mar. 2015.

公正待遇、禁止征收等。① 这些条款看似是东道国承诺给予外国投资者以与本国投资者相同的投资权利，以此来促进资本在国家间的流动。但事实上，没有任何一个国家愿意给外国投资者和外商投资"完全的自由"。对于给予国民待遇，即使一些国家原则上予以接受，一般也都附加了不同程度的限制。② 比如国家在拒绝给外商投资提供国民待遇时，常常明示或暗示地指出案件中的情形是国民待遇的例外。即使是对外资最为开放的美国，对外资进入本国市场领域的限制也有十余种之多。③ 是否在外资运营阶段实行国民待遇主要受制于一国经济体制改革的进程与经济发展水平。④ 通过坚持原则的同时援引例外，主权国家不仅保护了处于竞争中的本国投资者，也将条约解释自由控制在本国手中。

(二)实践中认定"相似情形"时适用的国民待遇的例外

1. 例外情形概述

常见的国民待遇例外情形包括国家安全、公序良俗、国民健康、避免双重征税协定、知识产权保护以及特别保留的投资部门等方面。除此之外，还有一些例外体现在东道国的国内立法中。例如，2004 年中国—拉脱维亚 BIT 第 3 条第 2 款规定，缔约一方只能"在不损害其法律法规的前提下"给予缔约另一方投资者以国民待遇。⑤ 又如，1999 年印度—印度尼西亚间 BIT 第 4 条第 3 款也规定是否给予外资国民待遇是由本国立法决定的。⑥

实践中，许多仲裁庭也将这种例外放在认定"相似情形"的过程中考量，认为

① 例如 Treaty Between the Government of the United States of America and the Government of [country] Concerning the Encouragement and Reciprocal Protection of Investment (the 2012 US Model BIT), at Annex B, Art. 3, 4, 5, 6, available at: http: //www. state. gov/documents/organization/188371. pdf, visited on 24 Mar. 2015.

② 例如 Glamis Gold, Ltd. v. United States, NAFTA (UNCITRAL), Award. Metalclad Corporation v. Mexico, ICSID Case No. ARB(AF)/97/1, Award; 再如 Tecnicas Medioambientales Tecmed, S. A. v. United Mexico States, ICSID Case No. ARB(AF)/00/2, Award.

③ 姚梅镇:《国际投资法》, 武汉大学出版社 1989 年修订版, 第 51~57 页。

④ 徐崇利:《试论我国对外资实行国民待遇标准的问题》, 载陈安主编:《国际经济法论丛》, 法律出版社 1998 年版, 第 189~192 页。

⑤ See Agreement between the Government of the People's Republic of China and the Government of the Republic of Latvia on the Promotion and Protection of Investments, Art. 3(2), available at: http: //investmentpolicyhub. unctad. org/Download/TreatyFile/754, visited on 16 Jun. 2015.

⑥ See Agreement between the Government of the Republic of Indonesia and the Government of the Republic of India for the Promotion and Protection of Investments, available at: http: //investmentpolicyhub. unctad. org/Download/TreatyFile/1563, visited on 16 Jun. 2015.

如果存在例外的话，则外国投资者和本国投资者不能构成“相似情形”。① 由于对“相似情形”的判断要求仲裁庭“评估全案的整体事实”，② 并“考虑案件的相关情况”。③ 因此，笔者认为此时考虑是否存在例外情形是合理的，尤其是涉及国家安全和公共政策等因素而导致外国投资者与本国投资者不处于“相似情形”。此外，Pope & Talbot 一案提到了公共政策作为适用的例外。④ 又如 S. D. Myers 案，仲裁庭沿袭了 OECD 的观点，认为应当借鉴 WTO 案件中对“相似产品”相似度分析的思路，即考察是否存在 GATT 第 20 条例外情形，⑤ 在判断东道国政府的管制措施是否违反国民待遇时，应当同时考虑该措施是否意在保护本国的公共利益。⑥ GATT 第 20 条列举了一些例外情形，比如涉及人体健康或者自然资源的事项。也有的 BIT 中明确规定了此类例外，比如 2007 年挪威的 BIT 范本。但是 NAFTA 文本中并没有明确列出例外情形。

2. 适用例外的内在要求

适用例外是必须在国内法中明确列出，还是可以暗含在国内立法中呢？笔者认为并不需要明确地在国内法中列出国民待遇适用的例外情形。即使东道国国内法并没有明确提出适用例外情形，仲裁庭也往往会分析本案中东道国的差别待遇是不是基于保护公共利益的需要。比如在 S. D. Myers v. Canada 案中，仲裁庭就认为加拿大政府禁止出口 PCB 的行为并不是维护其公共利益的一种合理举措，尤其是加拿大政府本可以通过给国内产业补贴等其他方式更好地达到其维护公共利益的目的。⑦ 由此可见，该例外是不需要明确规定的，它已经成为仲裁庭分析是否违反国民待遇的分析模式中所遵循的一个步骤。通常认为，原告需要初步证明外商投资和东道国国内投资处于相似情形。接着，原告需要证明外国投资者获得了低于国内投资的待遇。从此刻开始，举证责任转换至被告方。被告需要证明东道国给予差别待

① 例如 Metalclad Corporation v. Mexico，ICSID Case No. ARB（AF）/97/1，Award. 再如 Methanex Corporation v. United States of America，NAFTA（UNCITRAL），of the Tribunal on Jurisdiction and Merits.

② See Pope & Talbot，Inc. v. Government of Canada，NAFTA（UNCITRAL），Award on the Merits of Phase 2，para. 75.

③ See United Parcel Service of America v. Government of Canada，NAFTA（UNCITRAL），Award on the Merits，para. 86.

④ See Pope & Talbot，Inc. v. Government of Canada，NAFTA（UNCITRAL），Award on the Merits of Phase 2，para. 73.

⑤ See S. D. Myers，Inc. v. Canada，NAFTA（UNCITRAL），Partial Award，para. 246.

⑥ See S. D. Myers，Inc. v. Canada，NAFTA（UNCITRAL），Partial Award，para. 250.

⑦ See S. D. Myers，Inc. v. Canada，NAFTA（UNCITRAL），Partial Award，para. 255.

遇是有合法的、非保护性的理由。① 由此，适用例外的内在要求得以展现。

3. 适用例外的限制

例外的适用存在限制。虽然东道国常常依据国内法和国内政策提出抗辩，但并非所有抗辩都可以被认为是合法的相似情形的例外。可以使差别待遇合法化的例外必须是合法的、非保护性的公共政策，并且要以合理方式达成。② 根据 WTO 的 Japan Alcoholic Beverages 案的判决，这种理由可以是事前公开发布的，也可以是诉讼过程中提出的。③ 那么，怎样的理由才被认为符合“合法的、非保护性的”要求？究竟这样的理由和所采取的措施相关即可，还是需要具有实质性的关联，其程度如何掌握？在处理公共利益和东道国调控措施之间联系的问题上，目前仲裁庭采用的主要有两种方法。在早期仲裁庭依据 GATT 专家组裁决所作裁定中，仲裁庭多采取了“必要性”原则，即看东道国采取的区别待遇措施是否达到了为实现公共目的所必要的(necessary)。至于程度的要求，仲裁庭认为应当根据所保护的公共利益的相对重要性(relative importance)的不同而具体分析。换而言之，因东道国意在保护的公共利益的重要性不同，所需联系程度也各异。WTO 承袭了 GATT 的这种判断标准。基于各国的国家主权，WTO 被视为各方成员讨价还价的平台。WTO 认为最好的方式就是让成员方自己阐述采取调控措施的合法性所在。在判断合法性是否成立时，WTO 争端解决机构会审视这种理由是否在第 3 条的范围内，并且是否具备“必要性”。通过这种判断，WTO 可以更具有透明度也更灵活地调控其成员方的活动。④ “必要性”联系原则要求东道国政府提供足够的证据证明其在特定情况下采取的管制措施确实是必要的，因此对于私人投资者更有利。

不过，近年来有的仲裁庭采用了另一种标准，即“合理联系”标准。以 Pope & Talbot 案为例，该案中，仲裁庭着重分析了 1996 年软木协议的合法性。仲裁庭最后认定，政府采取的措施和政府政策有着“合理的联系(reasonable nexus)”。因为一方面，无论表面上还是事实上，该措施都没有对外国公司和本国公司进行区别对待。另一方面，该措施没有以其他方式不恰当地有碍于 NAFTA 第 1102 条项下的投

① See Champion Trading Company and Ameritrade International v. Arab Republic of Egypt, ICSID Case No. ARB/002/9, Award, para. 133.

② See S. D. Myers, Inc. v. Canada, NAFTA (UNCITRAL), Partial Award, para. 246.

③ See United Parcel Service of America v. Government of Canada, NAFTA (UNCITRAL), Award on the Merits, para. 43.

④ See R. E. Hudec, *Judicialization of GATT Dispute Settlement*, *In Whose Interest*?, in M. M. Hart & D. P. Stegers (eds.), Due Process and Transparency in International Trade 9-43 (Centre for Trade Policy and Law 1992).

资自由化的宗旨的实现。① 正是由于该措施既合法且非保护性，外国投资者和本国投资者不是处于"相似情形"中，加拿大政府也没有违反其国民待遇义务。② 而在之后的 Feldman 案中，仲裁庭也同样采用了 Pope 案中的分析思路，认为墨西哥政府需要证明其区别对待外商投资和本国投资是意在保护本国知识产权和防止走私，因此是有"合理的依据"的。③ 但是墨西哥政府没有成功证明这种"合理联系"的存在，所以其调控措施违反了国民待遇要求。④ 值得指出的是，这里只要求政府的措施是合法的，并不要求政府达成调控目的时采用的是具有最少限制性（least restrictive）影响的措施，否则会给东道国施加太大的压力。

从"必要性"原则到"合理联系"原则的转变，可见虽然仲裁庭清楚私人投资者在和东道国对抗时是处于弱势地位的，但仍然倾向于减轻东道国的压力。联合国贸易和发展会议（UNCTAD）发布的统计报告数据也显示了这样的趋势：2014 年 ICSID 仲裁庭共作出了 43 起判决，其中 37%的裁决有利于东道国，25%的裁决有利于外国投资者，另有 28%的案件以和解结案。⑤ 无可否认，在投资争端中平衡各方主体利益从不是一件易事，东道国和投资者之间的博弈将会长期存在。

4. 根本安全利益

"根本安全利益"（essential security interest）作为例外的一种，在过去几十年有了较大发展。根本安全利益条款从"二战"后的美国友好、通商和航海条约中开始，长期应用在国家间经济合作条约中。在目前生效的 BIT 中，根本安全利益例外条款至少出现在其中的 200 多个条约中。⑥ 根本安全利益例外条款起着安全阀的作用，意在对风险进行再分配，即将例外情形下损害投资者的费用从东道国转移给外国投资者，一定程度上限制了对外国投资者的保护。传统观点认为此处的根本安全利益

---

① See Pope & Talbot, Inc. v. Government of Canada, NAFTA (UNCITRAL), Award on the Merits of Phase 2, para. 78.

② See Pope & Talbot, Inc. v. Government of Canada, NAFTA (UNCITRAL), Award on the Merits of Phase 2, paras 87-88.

③ See Marvin Roy Feldman Karpa v. United Mexican States, ICSID Case No. ARB (AF)/99/1, Award, para. 170.

④ See Marvin Roy Feldman Karpa v. United Mexican States, ICSID Case No. ARB (AF)/99/1, Award, para. 184.

⑤ UNCTAD, Recent Trends in IIAs and ISDS 8, available at: http://unctad.org/en/PublicationsLibrary/webdiaepcb2015d1_en.pdf, visited on 17 Jun, 2015.

⑥ See W. W. Bruke & A. V. Staden, *Investment Protection in Extraordinary Times: The Implication and Application of Non-Preclude Measures Provisions in Bilateral Investment Treaties*, 48Virginia Journal of International Law 313 (2008).

是指国家面临来自外部的对领土完整的威胁。当出现威胁到一国自保的情形时，该国可以采取任何必要的措施来维护本国生存。① 现在这种观点有了新的发展。首先，这里的“安全”不再被局限于国家安全的范围内，许多 BIT 都降低了“安全”的标准，比如美国 2012 年 BIT 范本。② 在 ICSID 的案件中，有时候经济危机也被认定是威胁到了“根本安全利益”。③ 其主要的根据是《维也纳条约法》第 31 条第 3 款 c 项的规定，对条约的解释应当“考虑所有在当事方之间可适用的相关国际法规则”。④ 这就促使了仲裁庭结合一国通常所处环境来解释条约。⑤ 这样的态度也得到了联合国国际法委员会的认可，其认为在当今社会，对安全的威胁是来自多方面的，甚至包括外部污染、恐怖袭击以及水资源缺乏等。⑥ 这个例外最早被国际法委员会在文章中确认，现在已经有了越来越多的相关实例，比如国际法院的 Oil Platform 案。⑦ 而该案的结论也在 2007 年 ICSID 的 Midland 案中得到了支持。⑧

早在 1997 年的 Gabcikovo-Nagymoros 案中，国际法院首次对危急情况作出细致认定，确认了《国家责任条款草案》有关危急情况的规定，但限制了危急情况只能在某些严格特定条件下才可援引。⑨ 笔者认为，ICSID 在仲裁中援引“根本安全利

① See R. Boed, *State of Necessity as a Justification for Internationally Wrongful Conduct*, 3(1) YHRDLJ 4 (2001).

② Treaty Between the Government of the United States of America and the Government of [country] Concerning the Encouragement and Reciprocal Protection of Investment (the 2012 US Model BIT), Art. 18.

③ See CMS Gas Transmission Company v. The Republic of Argentine, ICSID Case No. ARB/01/8, Award, para. 360.

④ Vienna Convention on the Law of Treaties, Art. 31 (3) (c).

⑤ See ILC, Report of the Study Group of the International Law Commission, Fragmentation of International Law: Difficulties Arising from the Diversification and Expansion of International Law para. 423, adopted on April 4, 2006, U. N. Doc. A/Cn. 4/L. 682.

⑥ See R. Howse & R. G. Teitel, Beyond the Divide: The Covenant on Economic, Social and Cultural Rights and the World Trade Organization, available at http://library. fes. de/pdf-files/iez/global/04572. pdf, visited on 16 Jun. 2015.

⑦ See Case Concerning Oil Platforms (Iran v. United States of America), Judgment, I. C. J. Report 2003, para. 90.

⑧ See Archer Daniels Midland Company and Tate & Lyle Ingredients Americas, Inc v. The United Mexican States, ICSID Case No. ARB(AF)/04/05, Award, paras. 113-123.

⑨ See Case Concerning the Gabcikovo-Nagymoros Project (Hungary v. Slovakia), Judgment, I. C. J. Report 1997, paras. 51-52.

益”作为相似情形的例外也需要遵守国际法院确立的三个适用条件。① 第一，援引该例外的一方承担举证责任，要证明“根本安全利益”的存在。比如一国采取某种措施是为了保护本国人权等。第二，存在一个非常重要的时间上的限制因素，即援引例外只能在客观情况发生产生的一段不利影响的时间范围内。比如，在Continental Casualty Company v. Argentine Republic 案中，ICSID 仲裁庭就认为，阿根廷萧条的经济状况已经在逐渐好转，所以其援引的“根本安全利益”例外不能成立。② 第三，最重要的是政府采取的措施要是为了维护这种“根本安全利益”所必需的。③ 由于私人主体在对抗东道国政府时处于相对弱势地位，投资仲裁庭总是尽力寻找更好的平衡投资者和东道国利益的途径。

四、结论

国民待遇条款作为东道国和投资者，维护本国主权利益和促进资本跨国流动之间的博弈，对其内涵的解读日益重要。从 ICSID 近年来的案例可见仲裁庭对国民待遇条款中“相似情形”解读的发展趋势。首先，国际投资仲裁中的“相似情形”虽然和国际贸易体系中的“相似情形”有诸多联系，但并不尽相同，且国际投资仲裁庭越来越强调与国际贸易法体系的区别。其次，和早年作为投资东道国“代言人”不同，投资仲裁庭在对“相似情形”比较量的选择、例外适用的问题上日益注重投资者和东道国利益的平衡，不仅分析外国投资者和本国投资者是否处于同一经济部门，也强调把东道国采取调控措施的目的纳入考量范围。最后，从是否需要明示、举证责任的分配、例外情形的种类和成立的条件四个方面来看，ICSID 在逐渐放宽对例外情形的适用，依旧更注重于维护投资东道国权益。东道国拒绝给予外国投资者国民待遇的例外情形日益多样化，内容涵盖政治、经济、环境等多个领域。仲裁庭判断例外情形是否成立时采取的标准，从“必要性”原则逐渐转变为“合理联系”原则。

在经济全球化的今天，平衡各方纷繁复杂的利益的重要性在近年来的 BIT 实践

---

① See J. Kurtz, Adjudging the Exceptional at International Law: Security, Public Order and Financial Crisis, p. 48, available at: http://papers.ssrn.com/sol3/papers.cfm?abstract_id=1154702, visited on 16 Jun. 2015.

② See Continental Casualty Company v. Argentine Republic, ICSID Case No. ARB/03/9, Award, paras. 221-222.

③ See J. Kurtz, Adjudging the Exceptional at International Law: Security, Public Order and Financial Crisis, p. 48, available at: http://papers.ssrn.com/sol3/papers.cfm?abstract_id=1154702, visited on 16 Jun. 2015.

中日渐凸显。对国民待遇条款的解释正努力在文化多元化和一体化之间、灵活性和可预见性之间、东道国和外国投资者利益之间求得平衡。对于“相似情形”的解释便是文化多元化的例证。此外，国家也限制在一定情形下不给外国投资者和外商投资以国民待遇。由此可见，国家主权和自由投资之间的矛盾不仅存在于理论上，同样存在于实践中。与此同时，国际投资法正逐渐成为一个独立、自洽的领域，这从投资仲裁庭多次拒绝照搬国际贸易法的判决便可得知。明晰国民待遇条款的新近发展对于反思国际投资法律体系的构建有着启发意义。鉴于各投资仲裁庭裁决的不同思路，东道国和外国投资者之间的矛盾以及不同国家在法律和文化多元化上的矛盾，目前的国际法律体系或许会经历一些变化，以此应对因改革现行国际经济秩序而带来的挑战。

A Study on Like Circumstance of National Treatment in International Investment Arbitrations

Abstract: National Treatment is one of the most significant substantial clauses in bilateral investment treaties (BITs). In the application process of national treatment, the interpretation of *like circumstance* plays a crucial role in the arbitral tribunal's finding whether the host state's treatment accords with national treatment. Influenced by the fragmentation of international law, different investment arbitral tribunals hold divergent views with respect to *like circumstance*, thereby giving rise to much debate in the application of national treatment. This thesis aims at clarifying the approaches and exceptions in the interpretation of *like circumstance* so as to shed light on inter-state BIT negotiations.

Key words: international investment arbitrations; national treatment; like circumstance

英国再保险合同法律适用探析

□ 何 丹*

内容摘要：再保险合同的成立以原保险合同为基础，是商主体之间订立的具有国际性的特殊保险合同。再保险合同的独立性使其法律适用区别于原保险合同，再保险合同的国际性使其在法律适用方法上更为复杂。英国再保险合同法律适用规则以普通法为基础，由1980年《罗马公约》和2008年《罗马条例Ⅰ》传承和发展。当事人明示或默示选择的法律受到尊重，当事人未作法律选择时，合同适用的法律依最密切联系原则确定，确定适用的法律时还应考虑原保险合同的准据法的适用与否。英国法在默示选择的承认，对默示选择的推定，以及适用特征性履行对最密切联系法律的推定方面积累了大量的案例，值得我们学习和借鉴。

关键词：再保险合同 法律适用 默示选择　最密切联系

目　次

---

* 武汉大学国际法研究所博士研究生，中南民族大学经济学院讲师。

四、英国再保险合同法律适用方法对我国的借鉴

导 言

再保险合同，又称为分保合同，是指原保险人与再保险人之间就再保险业务的分出与分入而达成的协议。① 即再保险人承保的是原保险人承保的保险责任的部分或全部。② 因此，再保险是保险风险的二次转移，与原保险中投保人通过保险将风险转移给保险人完全一致。再保险交易所达成的再保险合同以原保险合同③为基础，又独立于原保险合同，属于特殊的保险合同。④ 这种风险的转嫁大多跨越国境，使再保险交易具有了国际性，也推动了国际再保险市场再保险业的迅速发展。再保险交易中包含的众多涉外因素，使再保险法律纠纷的解决中，其法律适用问题表现突出。

英国伦敦再保险市场作为世界上主要的再保险市场之一，⑤ 历经长期的发展，就再保险业务的开展积累了丰富的经验和成熟的范式。⑥ 伦敦再保险市场，尤其是劳合社再保险市场，以谨慎、稳健与可靠著称，广泛赢得欧洲国家乃至世界其他国

① 我国《保险法》第 28 条第 1 款规定：保险人将其承担的保险业务，以分保形式部分转移给其他保险人的，为再保险。

② 从各国的实践来看，再保险业务多为部分再保险，如果原保险人就全部责任风险分出，原保险人就无保险责任可言，这会导致原保险人对保险风险漠不关心，从而损及再保险人的利益。我国《保险法》就保险业务的分出就严格限定为“部分移转”。

③ 英国学者称之为“underlying contract(基础合同)”，侧重强调再保险合同的条款、索赔请求、赔偿等事项上与原保险合同的“共命运”，我国学者一般称之为原保险合同，侧重强调再保险合同与原保险合同的相对独立性。笔者认为，这种差异的原因在于，英国再保险法律制度是在实践的基础上积累起来的，习惯性做法构成了法律制度的主要内容。实践在先，理论在后，法律用语注重凸显实践的真实内涵。

④ 从保险合同与再保险合同的立法来看，世界各国都没有就再保险合同专门立法。再保险合同适用一般的合同法和保险合同相关规则。

⑤ 伦敦市场以是劳合社为主，众多保险公司并存的完全自由竞争的国际化的保险及再保险市场。参见郑云瑞：《再保险法》，中国人民公安大学出版社 2004 年版，第 109 页；胡炳志、陈之楚：《再保险》，中国金融出版社 2006 年版，第 241~244 页。

⑥ 如再保险业务的开展必须借助于再保险经纪人；英国再保险市场上有严格的再保险合同适用的语词；再保险合同在订立和成立的不同阶段有不同的表现形式，这些不同表现形式分别有着不同的内涵；再保险格式保单、格式条款；再保险合同通用的条款等。

家商人的信赖。他们或寻求劳合社经验丰富、人品高洁的承保人①获得承保，或选择伦敦再保险市场上的再保险经纪人②促成交易，或采用伦敦再保险市场上的标准格式条款以便利再保险合同的履行及解释，③ 这些客观因素的存在使商人们愿意选择英国法院或仲裁机构来处理纠纷，与此同时，英国法院通过扩大法官的自由裁量权来保证英国法得以适用。在司法实践领域，英国形成了大量有关再保险合同纠纷的判例。此外，欧盟《关于合同之债法律适用的第593/2008号条例》(以下简称《罗马条例Ⅰ》)在2009年12月17日开始适用后，英国的商业发展战略对英国法下合同法律适用，尤其对经济金融领域的合同法律适用也有很强的导向作用。④ 因此，本文试图从考察英国再保险法上典型的判例⑤出发，探讨英国国际再保险合同法律适用规则的立法演进以及规则在普通法上的新发展。

我国的再保险市场虽处于不够完善的初级阶段，但再保险市场正迅速发展，潜在需求巨大。⑥ 受制于我国目前尚不健全的再保险法律制度，境内再保险的有效需求表现为严重不足，越来越多的保险公司愿意选择境外成熟的再保险市场进行分保。熟悉和了解英国再保险合同法律制度，有助于我国保险公司在境外分保过程中正确适用法律，顺利解决相关法律纠纷。此外，我国是成文法国家，缺少对案例的统一汇编，研究英国普通法上的再保险判例，借鉴和吸收其优秀做法，对完善我国再保险法律制度大有裨益。

---

① 承保人(underwriter)，承保人是承受业务的关键，承保人的经验与知识决定了其所在保险组织的业务成长及盈利增长。

② 由于实践中不同的再保险市场间有着不同的利益取向，再保险经纪人也因其所处市场的不同，在业务的开展上存有差别，如有些经纪人只对某些地区或某项业务具有经验。通常，一笔再保险业务的作成需要转经几个分理不同类型业务的经纪人，再由他们合作完成。在市场上享有良好声誉的经纪人因其经验丰富、实力雄厚，总是能更快捷地完成任务，因此，一般的经纪人为了更好地促成再保险人接受分保，都会寻求有良好声誉的经纪人参与到合作过程中来。经纪人在再保险业务的开展中发挥着重要的功能。

③ 对伦敦保险市场标准格式条款的解释及适用，在英国再保险法律体系下已经形成了商人们愿意共同遵守的一些规则和原则。

④ See Fons, M. P., Commercial Choice of Law in Context: Looking Beyond Rome, 78(2) The Modern Law Review 241-295 (2015).

⑤ 英国普通法上涉及保险合同法律适用的判例，大量被报道的典型案例都集中在再保险领域。

⑥ 理论上一般认为，先有原保险，后有再保险，但实践中，保险责任能否顺利分出，也即再保险能否成立，决定着原保险人是否接受直接保险的承保。再保险分散风险的功能，使实践中再保险在先成立，而原保险反而在后成立。因此，再保险的潜在需求巨大。

一、再保险合同及其法律适用的特殊性

(一)再保险合同的特殊性

与一般的保险合同相比，首先，再保险合同是商事主体之间的合同，从两方同作为商事主体的地位来看，不存在弱势的一方，因此，适用于保险合同等消费合同的保护弱势一方权益原则，不适用于再保险合同。但实践中，通常再保险市场不发达国家的保险人倾向于到发达的再保险市场上寻求承保，而发达的再保险市场及其承保人，在实力、经验、信誉上都有着明显的优势，其所在国家为了保护本国再保险人利益，促进本国再保险业的发展，往往从政策上给本国的再保险公司提供支持，而迫使他国的再保险公司退出。① 不公平的商业环境在一定程度上影响了原保险人选择分保对象的纯粹性，使原保险人相较于再保险人明显处于劣势。

其次，再保险合同的目的是安排原保险人与再保险人之间保险责任的分出与分入，原保险合同与再保险合同在保险标的及承保风险上具有同一性。实务中，比例再保险合同中通常包含"与原保险合同一致(as original)"的表述，以及"充分再保险条款(full reinsurance clause)"，使再保险合同的条款与原保险合同条款一致。② 再保险合同与原保险合同之间联系紧密。但从合同的相对性来看，再保险合同相对原保险合同而言又具有一定的独立性。③

再次，再保险业务在国际层面的广泛开展，使再保险合同更具国际性。④ 原保险人分出业务，进行再保险交易的目的是分摊风险，从而扩大承保能力，同一保险人向多个不同国家的再保险人分出业务的现象非常普遍。

---

① 比如美国法院通过高风险的法律，让外国的再保险公司给美国的被保险人更多的赔款，从而迫使大型的再保险公司退出在美国开展的一些业务。参见赵亮:《英国再保险背对背赔偿制度的普通法新发展》，载《法律适用》2010 年第 4 期，第 90 页。

② 实务中，因原保险合同与再保险合同条款是否应默示的完全一致，或者原保险合同的条款是否默示地并入到再保险合同中，影响同一命运原则的法律效果。如英国法上只承认明示的同一命运条款，而美国法和德国法都承认默示的同一命运条款。See Croly Colin & Jefferies, *Questions Relating to Follow the Settlements in Reinsurance under English Law with Comparative Reference to the Laws of Germany and the USA*, 1 Ins. L. Rev. 17-19 (2012).

③ 再保险合同的相对独立性表现为：保险给付请求权独立、保费请求权独立、保险金给付义务独立。

④ 樊启荣:《论再保险合同之法理构造——以我国"保险法第二次修改"为背景》，载《北方法学》第 3 卷第 17 期，第 86~88 页。

(二)再保险合同法律适用的特殊性

虽然再保险合同属于特殊的保险合同，但在法律适用的基本规则上，其与保险合同基本无异。从英国再保险法律制度来看，英国普通法在合同法律适用层面并未对不同类别的合同进行区分，推定再保险合同与原保险合同在法律适用基本方法一致。其后的《罗马公约》和《罗马条例Ⅰ》以成文法形式规定合同法律适用规则时，不仅对不同类别的合同作了区分，而且分别规定了保险合同和再保险合同的法律适用规则。① 法律制度的演变表明，研究再保险合同的法律适用规则，不能笼统地以保险合同法律适用规则为参照，再保险合同法律适用具有一定的特殊性。

再保险合同法律适用的特殊性首先是由合同的要素所决定的。保险合同双方主体地位明显不对等，属于典型的消费合同，为保护作为消费者的被保险人一方权益，保险合同法律适用理论充分体现弱者权益保护原则。不仅双方当事人所选择的法律不能剥夺被保险人惯常居住地国法给予的特别保护，② 而且在当事人没有选择法律时，确定最密切联系的法律原则上适用弱者一方法律，而非依据特征性履行原则适用保险人一方法律。晚近立法都采纳了这一点。再保险合同双方主体地位决定了弱者权益保护原则的不适用，③ 因此理论上，再保险合同当事人的选法无须受到弱者保护原则的限制，当事人未选法时，特征性履行原则也无须排除适用。英国立法也未就再保险人合同的某一方特别保护。实践中，两方主体利益的博弈，商事主体所处国家或地区的再保险市场发展完善程度以及再保险法制健全程度，对法律选择和法律适用具有决定性意义。④ 在确定适用的法律时，某些国家的法院或依据特征性履行方法适用再保险人一方的法律，或以本国商业性战略为出发点，侧重于保护本国的大型再保险公司的利益，而适用再保险人一方法律。⑤

---

① 《罗马公约》将保险合同视为消费合同，作了单独规定；《罗马条例Ⅰ》则对保险合同法律适用规则专门有规定。

② 参见尚清：《论英国国际保险合同的法律适用》，载《重庆科技学院学报》(社会科学版) 2007年第5期，第60页。

③ 但也有学者认为，如果被保险人与再保险人之间发生争议，譬如被保险人对再保险人行使直接赔偿请求权，再保险合同的法律适用上仍要考虑对弱者一方的保护，即排除特征性履行的适用，避免弱势的被保险人受到不公平待遇。参见连致宇：《从国际私法之观点论涉外再保险契约》，台北大学2009年硕士学位论文，第146页。

④ 比如英国的当事人毫无疑问都愿意选择英国法律作为合同准据法，其他一些再保险业不发达国家或地区的当事人也愿意选择更公平公正的英国法律。

⑤ 参见赵亮：《英国再保险背对背赔偿制度的普通法新发展》，载《法律适用》2010年第4期，第90页。

再保险合同的标的是再保险合同的客体，即原保险合同中原保险人所承担的保险责任。再保险人并非直接对原保险合同的保险标的的损失给予补偿，而是对原保险人所承担的损失赔偿责任给予补偿。再保险合同的保险标的以原保险合同的保险标的为基础。① 两个合同客体的联系使其条款和内容具有一致性。这就使得再保险合同法律适用上的特殊性还表现为：再保险合同是否适用与原保险合同相同的准据法。理论上，由于原保险合同条款和内容与再保险合同一致，再保险合同应适用原保险合同的准据法。但因二者相对独立，原保险合同当事人与再保险合同当事人也可能会选择完全不同的准据法。英国再保险法律制度上涉及法律适用的判例多数都围绕这个问题展开过讨论。② 再保险合同所适用的法律与原保险合同所适用的法律是否同一须具体问题具体分析。

再保险制度安排的特点也影响其法律适用。再保险是保险业者之间分散风险责任的一种制度安排，对原保险人和再保险人都具有重要意义。原保险人通过再保险方式分散风险，使自留风险责任均衡化，进而扩大承保能力，稳定经营成果，增加经营收益。原保险人通过业务的分类来确定风险的自留额，自留额以外的风险由再保险人分担。原保险人能否充分及时地分出风险是其能否承保大额业务的前提，同时，再保险人选择性的以某种方式接受风险责任的分入，并获得适当的盈利。在风险事故的理赔中，原保险人赔偿了其被保险人后，可依据其与再保险人之间关于自留和分出的约定，获得保险赔偿的摊回。摊回的数额取决于原保险人与再保险人之间对自留额和分保额的责任限制。③ 因此，在原保险人与再保险人之间，商业利益和商业目的影响其再保险安排。比如再保险合同的当事人在选择法律适用时会考虑其商业利益的实现，而选择再保险法律制度较为成熟和完善的国家的法律；某些国家的法院在推定合同适用的法律时，也会以其商业发展战略为出发点，保护本国的保险人或再保险人的利益。

基于再保险分散风险的功能，原保险人境外分保以获得更有效的风险分出非常

① 我国学者多认为再保险合同为责任保险的一种，保险标的为原保险合同中的责任。但英美法系国家的判例一直认为再保险合同的保险标的与原保险合同的保险标的是一致的。

② 比如 Forsikringsaktieselskaper Vesta v. Butcher 案。关于再保险合同与原保险合同适用法律是否同一的问题，不仅牵涉再保险合同条款如何约定，而且涉及再保险合同特殊条款的适用以及解释的问题，如并入条款（Incorporation Clause）、共命运条款（Follow the Settlements）等通常不直接订入再保险合同，其具体适用就涉及对条款的解释。

③ 再保险按责任限制分类，可分为比例再保险和非比例再保险，比例再保险中，分出公司的自留额和接受公司的分保额均按保险金额的一定比例确定。比例再保险最能体现共命运原则。非比例再保险则以赔款金额为基础确定每一危险单位的自留额和分保额，有超额赔款再保险和超过赔付率再保险两种。分出额和自留额之间不成比例关系。

普遍，再保险交易具有国际性。再保险合同的国际性决定了其在法律适用上需要考察的连结因素更多更复杂。如保险市场、保险经纪人、格式合同等要素在再保险合同的订立、履行过程中有着极为重要的作用，英国再保险法律实践中有诸多判例为证。因此，当事人在确定法律选择或者法院在决定法律适用时，这些因素的考虑与取舍对再保险合同当事人之间纠纷的解决影响重大。

长期的再保险实务中形成的大量再保险惯例构成了再保险法的内容。再保险惯例贯穿于再保险交易活动的始终。国际再保险市场上没有标准的再保险合同，以惯例形式表现的再保险合同通用条款，① 明确了原保险人、再保险人各自的权利与义务，成为规范原保险人、再保险人从事再保险交易活动的基本准则。这些条款围绕再保险合同与原保险合同的紧密联系展开，在英国判例法中，常用来解释二者法律适用的同一性抑或独立性。

二、英国再保险合同法律适用规则的相关立法

英国的再保险法律制度，除少量成文法外，绝大多数以普通法下的判例形式存在。② 就再保险合同法律适用方面的法律制度而言，英国在很长一段时间仍然以其保有的普通法规则为主，其后，伴随着欧盟国际私法统一化成果的出现，欧盟《罗马公约》和《罗马条例 I》下的合同法律适用规则占据了主导地位。虽然规范制度的表现形式不一，但判例法和成文法的相互交融渗透，使普通法传统得以传承和发展。

英国再保险合同法律适用的规范主要包括：

(一)普通法规则③

在《罗马公约》尚未通过英国 1991 年《合同法》转化为英国国内法予以适用之前，④

---

① 再保险合同中通用的基本条款有：共命运条款、错误与遗漏条款、仲裁条款、直接索赔条款等。

② 判例法以及判例法实践中形成的再保险习惯构成英国再保险法的主要渊源，经由再保险经济沉淀下来的再保险文化推动了英国再保险法的研究。See Moutinho Ramos & Thiago, Reinsurance contracts and back to back presumption: A comparative study between English and Norwegian law, available at https://www.duo.uio.no/handle/10852/38216, visited on August 1, 2015.

③ 关于普通法的合同法律适用规则适用于保险合同与再保险合同，在一些著作中早有详细论述。See Dicey, A. V., Morris, J. H. C., & Collins, L. A., 1 Dicey and Morris on the Conflict of Laws 1700-1748 (14th ed., Sweet & Maxwell 2006); R. Cox, L. Merrrtt and M. Smith, Private International Law of Reinsurance and Insurance 207-283 (Informa. 2006). 转引自 Merkin R., *The Rome I Regulation and Reinsurance*. 5(1) Journal of Private International Law 69-70 (2009).

④ See O' Neill, Terry, The Law of Reinsurance in England and Bermuda 715-716 (Sweet & Maxwell 2012).

英国有关合同的法律选择规则一直依照普通法规则进行。普通法规则中的合同法律选择规则确定了合同法律适用的基本原则，这一规则适用于所有类型的合同。因此，1991 年 4 月 1 日之前订立的再保险合同适用普通法下的法律选择规则。

（二）《罗马公约》

《罗马公约》在英国交存第 7 份批准书后，于 1991 年 4 月 1 日正式生效。与此同时，英国通过 1991 年《合同法》将其转化为国内法予以适用，《罗马公约》第 1 条第 4 款指出，“其合同法律适用规则适用于所有合同，包括再保险合同，但不包括保险合同”。① 在此之前，英国国内并无成文立法规定保险合同的法律适用，更不涉及将保险合同法律适用规则与再保险合同的法律适用规则予以区分。再保险合同被视为保险合同的一种。

关于《罗马公约》转化为英国国内法之前的保险合同法律适用，欧盟制定的一系列指令对英国保险合同法律适用具有约束力。欧盟为了扩大其成员国的保险公司在其他成员国提供保险服务的自由，使其仅受其他成员国监管当局最低限度的干预，制定颁布了一系列保险指令②，其中涉及保险合同法律适用的有三个。③ 分别规定了风险位于欧盟成员国内的寿险与非寿险保险合同的法律适用规则。2000 年颁布 2001 年生效的英国《金融服务与市场化法案》中关于保险合同准据法的条例④进一步将这些法律适用规则包含进去，将适用的对象从风险位于欧盟成员国内的保险合同扩大到风险位于欧盟成员国外的保险合同。该条例明确规定不适用于再保险合同。

从英国保险合同法律适用的相关成文立法来看，这些法规对适用对象的保险合

---

① 1991 年 4 月 1 日至 2009 年 12 月 17 日前的保险合同，其法律适用规则依据欧盟第二保险指令。为解决欧盟成员国之间的保险合同法冲突，欧盟于 1988 年颁布的《第二非人寿保险指令》第 7 条、1990 年颁布的《第二人寿保险指令》第 4 条，分别对非人寿保险合同和人寿保险合同的法律适用作了详细的规定。

② 指令是欧盟法的主要渊源之一，它为欧盟各成员国法律规范的制定确定了一致的标准，对每一成员国都具有拘束力，成员国可以通过立法将其转化为国内法予以实施。

③ 其中 1988 年 6 月的《第二非寿险指令》所包含的冲突法规则，适用于风险位于某一成员国的非寿险合同。1992 年 6 月的《第三非寿险指令》对《第二非寿险指令》作出了修改，但在法律适用方面基本一致。通过对 1982 年《保险公司法》进行了修订，英国将其转化为国内法实施，适用于风险位于成员国内的非寿险合同。1990 年 11 月的《第二人身保险指令》规定了风险位于欧盟成员国内的寿险合同的冲突法规则。

④ Financial Services and Markets Act 2000 (Law Applicable to Contracts of Insurance) Regulations 2001 (SI 2001 No. 2635).

同所承保的风险进行了限制,《罗马公约》在第 1 条第 3 款的适用范围中声明该公约不适用于风险位于欧盟成员国内的保险合同，第 4 款规定再保险合同不受限制。2000 年英国《金融服务与市场化法案》中关于保险合同准据法的条例也明确规定不适用于再保险合同。

因此,《罗马公约》适用于英国 1991 年 4 月 1 日至 2009 年 12 月 17 日期间的所有再保险合同，无论再保险合同所承保的风险是否位于欧盟成员国内。

(三)《罗马条例 I》

《罗马条例 I》规定，“合同法律适用规则适用于 2009 年 12 月 17 日以后订立的包括在《罗马条例 I》中的所有合同(包括保险合同和再保险合同)。”①依此，2009 年 12 月 17 日以后订立的再保险合同在法律适用上适用《罗马条例 I》的相关规定。

从以上规则可以看出，再保险合同法律适用规则的判断，取决于再保险合同订立的时间。欧盟《罗马公约》和《罗马条例 I》的出现，使欧盟法相关规则在一定程度上取代了英国普通法规则的主导地位。在再保险领域，规范的交替是否会带来法律实践中的混乱，是否会使欧盟所致力追求的冲突法统一化在实践中落空，值得思考。但可以肯定的是，虽然《罗马公约》在英国被转化为国内法之后,《罗马公约》的法律适用规则对作为欧盟成员国的英国影响巨大。但是，实践表明，再保险合同承保的风险经常涉及“长臂责任”，基于再保险合同所产生的诉讼多半是在合同成立后的数年才提出,② 因此，英国法院在适用《罗马公约》和《罗马条例 I》的同时，普通法下合同法律适用规则仍然具有重要作用。而且英国的有一些地区，如百慕大，本身就不受欧盟立法的影响。③ 普通法规则在再保险合同法律适用中仍发挥主导作用。此外,《罗马条例 I》下的再保险合同法律适用规则与《罗马公约》一脉相承，这说明欧盟对合同冲突法统一上的努力，至少在再保险合同上，在《罗马公约》之后所集中表达的思想是一致的。

---

①《罗马条例 I》第 7 条就保险合同的法律适用作了专门规定，规定条例适用于承保大风险的保险合同以及其他除承保大风险的保险合同以外的保险合同，将再保险合同的法律适用排除在该条之外，再保险合同适用条例的一般规定。See Louise Merrett, *Choice of Law in Insurance Contracts Under the Rome I Regulation*, 5(1) Journal of Private International Law 53 (2009).

② See Robert Merkin, A Guide to Reinsurance Law 328 (Informa. 2007).

③ See O' Neill, Terry, The Law of Reinsurance in England and Bermuda 720 (Sweet & Maxwell 2012).

三、英国再保险合同的法律选择方法

(一)当事人明示或默示选择的法律

关于当事人意思自治原则的适用，英国有关再保险纠纷的判例肯定了当事人明示选择的法律不受“实质性联系”的束缚，承认当事人的默示选择，在默示选择的推定上形成了大量可供借鉴和参考的做法，体现了意思自治原则在国际司法领域的扩张趋势，通过赋予法官一定的自由裁量权，追求法律适用的灵活性。①

1. 当事人明示选择法律的范围

传统国际私法理论认为，基于当事人意思自治所作出的明示法律选择具有明确、具体、易于确定的优点，这种确定的法律就是合同的准据法。因此很少有国家对当事人明示选择的法律进行限制。当事人明示选择的法律应当受到法院的尊重，当事人明示选择的法律甚至可以是与合同没有任何联系的法律。实践中，也尚未有报道英国法院对再保险合同当事人明示选择的法律进行限制的案例。

再保险业务的国际性以及与再保险行为相关的市场、经纪人等因素会成为当事人选法时的考虑，任何一个国家基于发展再保险业务的需要，也无此必要对再保险交易中当事人选法自由进行限制，英国也无相关法律条文限制当事人选择管辖再保险合同法律的自由。

2. 当事人默示选择的推定

英国普通法以及《罗马公约》、《罗马条例Ⅰ》都承认当事人在合同法律适用上的默示选择。在推定当事人默示选择的依据上，普通法规则认为，当事人没有明示法律选择时，可从合同条款、合同性质以及案件的一般情况推断当事人默示选择法律的意图。②《罗马公约》第3条第1款则规定，如果当事人未作出明示选择，则默示选择必须通过合同条款或案件的具体情况进行合理的确定。与《罗马公约》要求法律选择具有“合理的确定性”相比，《罗马条例Ⅰ》第3条第1款规定“由合同条款或案件的情况明确地或清楚地显示出来”加强了法律选择的明确性标准。虽然二者之间的差别非常细微，但“合理的确定性”对当事人默示选择的解释和推定留下

① 参见梅傲：《论国际司法中意思自治原则的扩张与限制——兼评〈适用法解释一〉的相关规定》，载《厦门大学法律评论》总第23辑，第85~94页。

② See Edelman, *et al*, The Law of Reinsurance 231 (2nd ed., Oxford University Press 2013).

了更多的空间。①

基于格式条款的选用来推断当事人默示选择的法律在再保险合同法律适用问题上最具典型性。阐释《罗马公约》的 Giuiliano-Lagarde Report 中指出，即使合同当事人没有明示表达选法意图，只要合同采用了标准格式，就能据此推断当事人意图使合同受某一特定法律体系管辖。②

再保险合同多采用格式合同或包含格式条款。英国再保险法律实践表明，当事人在再保险合同中采用英国伦敦再保险市场的标准格式条款，则可以推断当事人默示选择了英国法。英国法官拥有充分的自由裁量权来支持其再保险市场的格式条款，从而确保英国法得以适用。

Royal Exchange Assurance Corporation v. Sjoforsakrings Aktiebolaget Vega③ 案围绕的是英国的原保险人和瑞典的再保险人之间订立的再保险合同。合同履行地在瑞典，合同的付款地在英国，但法官 Cozens-Hardy L. J. 认为这都不是推断当事人默示选择法律的决定性因素，而应当根据合同的具体情况和合同条款相关的文件来推断当事人的意图。由于该再保险合同采用的是劳合社保单，原保险合同是一个英国的保险合同，再保险合同仅对在原保险合同的基础上做了必要的更改，其中包含了一条款要求被告接受英国法官管辖，且受英国法院判决的约束。Cozens-Hardy L. J. 于是认为，合同的情况和合同文件的语言都清楚地表明当事人意欲使合同受英国法院管辖，并适用英国法。可见，英国普通法实践中，“受某特定法律体系支配的标准格式”的应用常常会导致该国法被视为准据法，这种指示因素在判定当事人默示选择时的重要性甚至超越了合同中其他的重要因素，如合同订立地、合同履行地、合同的特征性履行地。而大量的再保险合同都以伦敦再保险市场上的标准格式作成，使基于标准格式的推断在再保险合同领域的实践经验丰富且具有典型性。④

进一步来讲，如果格式条款的选用与其他指明该特定法律体系的情形共同存在，则基于格式条款的推断更理所当然了。Gan Insurance Co Ltd v. Tai Ping Insurance Co Ltd⑤ 案中，上诉法院认为再保险合同不仅是在伦敦再保险市场达成的

---

① See Nils Willem Vernooij, *Rome I: An Update on the Law Applicable to Contractual Obligations in Europe*, 15 The Columbia Journal of European Law Online 72-73 (2009).

② See M. Giuliano and P. Lagarde, Report on the Rome Convention, OJ C282, 19 (1980).

③ Royal Exchange Assurance Corporation v. Sjoforsakrings Aktiebolaget Vega AB Vega (1902) 2 K. B.

④ 由于保险与再保险合同都以各种成熟的格式保单来表达合同的主要条款和内容，因此，在合同法律适用领域，基于格式条款而对当事人默示选择进行的推断，早期的案例主要集中在保险与再保险合同领域。

⑤ Gan Insurance Co Ltd v. Tai Ping Insurance Co Ltd, [1999] Lloyd's Rep IR 472.

采用了标准格式条款的合同，且再保险交易是通过在伦敦再保险市场上开展业务的再保险经纪人完成的，再保险经纪人采用通用的方式促成了这笔交易，这些情形共同构成了推定当事人意欲受英国法管辖的充分证据(sufficient evidence)。①

再保险合同的标准格式是在某一再保险市场不断发展和繁荣的基础上由行业组织制定出来，供再保险业的商事主体选用。它是再保险行业丰富经验积累的成果，也代表了一个再保险市场的成熟度，只有发达和成熟的再保险市场上才能孕育业务水平较高的再保险中介。因此，原保险人寻求分保，再保险人经营再保险业务，选用他们的标准格式来作成合同，不仅符合其各自的商业目的，也体现了当事人对所处的再保险市场的各种环境的信赖，包括法律环境。在再保险领域，无论是直接依据标准格式推断默示选择的意图，还是合并考虑其他相关要素所作的综合性的推断，都具有一定的必然性和科学性。

再保险合同默示选择推断的指示因素，除了标准格式具有典型性之外，依据管辖权或仲裁条款的推断也非常多见。如果再保险合同包含的条款指明了一特定国家的法院对合同引起的争议有管辖权，那么，这类条款表明了该国的法律是再保险合同准据法。其次，如果再保险合同包含有仲裁条款，仲裁条款表明仲裁将在某一特定国家进行，仲裁员是其本国人或者仲裁员在本地从事商务活动，则该仲裁条款可以证明该仲裁地法是合同准据法。仲裁条款是再保险交易中的通用条款，为纠纷的解决提供了双方都认可的准则，保障了纠纷结果的可预见性，有助于促进再保险交易的发展。实践中，再保险领域以仲裁条款作为依据进行推定的居多。②

英国普通法实践表明，英国法院总是尽量维持英国法在处理商事争议上的重要地位。在查明当事人是否有默示选择以及确定默示选择的法律时，英国法院会积极地证明英国法被适用的合理性，并且试图将英国法的理念和方法输出到其他国家。虽然在默示选择的推定上，英国有扩大自由裁量权使用的嫌疑，且在一定程度上与欧盟的法律选择方法下追求法律适用的确定性和一致性的目标相背。而过于灵活的自由裁量权的滥用也一直使英国法院在合同法律适用问题上为其他欧盟成员国所诟病。但在英国学者看来，对默示选择的承认及应用并不违背欧盟法律选择制度的设计目标。③

① 存在默示选择的案件中，证明当事人默示选法的充分证据(sufficient evidence)获得，是尊重当事人意思自治的体现。

② Norske Atlas Insurance Co Ltd v. London General Insurance Co Ltd 案中，再保险合同中包含有在挪威仲裁的仲裁条款，且双方约定仲裁员为挪威人或丹麦人，法院据此认为当事人默示选择了挪威法为合同准据法。

③ See Fons, M. P., *Commercial Choice of Law in Context: Looking Beyond Rome*, 78(2) The Modern Law Review 241 (2015).

(二)当事人未作选择时适用的法律

当事人没有明示的选择或者依据合同情况推断的选择时，英国普通法认为，合同应受与其有最密切和最真实联系的法律体系管辖。《罗马公约》和《罗马条例Ⅰ》则规定，如果合同当事人不存在依据第3条选择的法律时，合同将适用最密切联系国家的法律，如果合同的某一部分与另一国家有更密切的联系，则适用另一国家的法律。

具体来看，《罗马条例Ⅰ》将“特征性履行”理论规定为未选择法律时确定合同准据法的主要方法，第4条第1款对几种特殊类型的合同规定了特殊的规则，对不属于以上特殊类型的合同的，适用提供特征性履行的一方当事人的惯常居所地国法。在《罗马公约》中“特征性履行”仅为最密切联系原则的补充。《罗马条例Ⅰ》中最密切联系原则为兜底条款，① 第4条第4款规定，如果不能根据第1款、第2款的规定确定合同准据法，合同适用与其有最密切联系的国家的法律。此外，为了避免具体规则和“特征性履行”的应用可能导致的法律适用上的僵化，该条例第4条第3款规定的最密切联系例外条款，如果案件所有情况清楚地表明合同与另一国家有更密切联系，则合同适用最密切联系地的法律。

由于《罗马条例Ⅰ》所规定的特殊类型的合同并不包括再保险合同，在当事人未作法律选择时，要依据“特征性履行”来确定再保险合同适用的法律。再保险合同的特征性履行应为再保险人一方接受分保的行为或者再保险人基于原保险人的索赔给予的赔付行为。但实践中鲜有报道过再保险合同适用再保险人一方营业地法律。更有学者认为应支持适用再保险的被保险人一方(即原保险人)营业地法律，因为被保险人更需要获得法律的保护。② 但原保险人一方营业地显然不是再保险合同的“特征性履行”，因此，有学者认为，再保险纠纷适用原保险一方营业地法体现了条例第4条第3款例外条款的适用。③ 现代再保险实践的复杂性，不断地对依据“特征性履行”所作出的推断提出了质疑，再保险合同的“特征性履行”究竟如何

① 参见邹国勇：《欧盟合同冲突法的新发展——〈罗马条例Ⅰ〉述评》，载《广西社会科学》2012年第7期，第67页；陈卫佐：《欧共体国际私法的最新发展——关于合同之债准据法的〈罗马Ⅰ规则〉评析》，载《环球法律评论》2010年第2期，第143~145页。

② 保险合同中，通常被保险人一方获得更多的法律保护。但考虑到再保险合同双方当事人都是从事商事行为的主体，不存在弱势的一方，所以推定双方应获得平等的保护。但再保险业的发展在国际上极不平衡，如英国再保险市场上的再保险人接受承保的份额非常可观，实力雄厚，支持适用再保险的被保险人一方法律，使其获得更多保护的学者也是以此为依据。

③ See Kropka & Marcin, *Law Applicable to Reinsurance Contracts under the Rome Ⅰ Regulation*, 9 Problems of International Private Law 129-148 (2011).

体现，需要就个案进行研究，传统合同的“特征性履行”的推断已不适合也没必要适用于所有的再保险合同。

理论上，依据特征性履行的推定，在再保险合同法律适用上得到适用的可能性不大。① 因为对再保险合同中特征性履行的确定，忽略了再保险经纪人的重要作用。实践中，伦敦的再保险保险经纪人会在伦敦再保险市场上为其他国家不同商业区的再保险人和保险人提供中介服务。再保险经纪人的活动通常对再保险业务的作成，再保险合约的管理起着重要作用，再保险经纪人活动的场所，即再保险市场所在地，往往比再保险人的营业地具有更重要的意义，除非再保险人在该市场所在地也拥有营业所。而法院通常会寻找与合同有最密切联系地国家的法律作为再保险合同准据法予以适用。

依据前述的意思，法院在决定与再保险合同有最密切联系的国家的法律时，主要应考虑哪些因素？虽然在所有的因素中，再保险人和保险人的营业地这两个因素不容忽视，但可能更重要的因素却是这些：再保险交易市场；再保险经纪人从事特定再保险业务地(通常是再保险市场所在国家)；所使用的某一国家的标准保单格式(如果这种格式保单的使用不被认为表明了当事人的法律选择)；与再保险相关的账户处理的地点；再保险合同协商订立的地点等。

Amin Rasheed Shipping Corp. v. Kuwait Insurance Co. ② 案中，Lord Diplock 为代表的一派坚持主观选法方法，在当事人没有明示法律选择时，推断当事人默示选法的意图；另一派以 Lord Wilberforce 为代表，坚持客观选法方法，否认当事人有默示选法意图，认为在当事人没有明示法律选择的情况下，应推断合同适用与合同有最密切和最真实联系的法律。两种方法最后殊途同归，都确定适用英国法。不认可当事人存在默示选择的一方代表 Lord Wilberforce 认为，基于合同的目的，既可以适用英国法，也可以使用科威特法。适用英国的格式保单并不是决定性的因素。推定的时候应考虑其他因素，确定与其相关的最密切和最真实联系的法律。伦敦结算与伦敦的保险经纪人是最重要的两个因素，除了这两个因素外，该案中还有其他重要的因素：格式保单用英语表述，需要根据英国法的规则和实践来解释；当事人的国籍，被告在科威特经营，原告是黎巴嫩法人，住所地在迪拜；用英镑进行的结算；在科威特签发的保单；保单条款约定在科威特进行理赔。这些与以上两个因素相比，显然没那么重要。据此，得出的结论是，格式条款的使用和协会货物保险条

① See Dicey, A. V., Morris, J. H. C., & Collins, L. A., Dicey and Morris on the Conflict of Laws (Vol. 1). 1744-1745 (14th ed., Sweet & Maxwell 2006).

② Amin Rasheed Shipping Corp. v. Kuwait Insurance Co, [1983] 2 Lloyd's Rep. 365.

款的使用，都指向了英国法的适用。①

Lincoln National Life Insurance v. Employers Reinsurance Corp② 案中，一揽子再保险合同既没有选用英国的标准格式，也不是在伦敦再保险市场上由伦敦的再保险经纪人直接和伦敦的再保险人订立。但是，所有的合同都在伦敦通过经纪人协商，以伦敦再保险市场上惯用的方式订立，即通过分保条的签署(signature of a slip)概括了合同的必要条款。两个重要的因素将与合同有最密切联系的法律指向了英国。分保条中表述保单为"通用航空人身意外开拓再保险"保单，有证据证明 1995 年人身意外开拓再保险是新出现的再保险产品，专门的再保险保单格式是从伦敦市场上发展起来的。另外，分保条中并入了大量伦敦市场的格式条款。相比这两个因素，再保险合同中用美元计算的责任限额这一因素就显得不那么重要了，而且，伦敦市场上的大量交易都用美元结算。

综合以上两个案例，不难看出，在再保险合同中，对最密切联系的法律进行推断所要考察的因素，既复杂又特殊。再保险交易过程本身的复杂性决定了考察因素的复杂化，普通法上丰富的再保险实践所积累的大量案例和判决结果，展示了个案分析方法应用的成果，也凸显出再保险合同法律适用上的特殊性。

(三)原保险合同准据法的适用

再保险合同以原保险合同为基础，如果再保险合同中表示有"as original(如同前约)"，是否意味着再保险合同的条款应与原保险合同保持一致且产生相同的法律效果？原保险合同的准据法是否能适用于再保险合同？关于这一点，英国再保险法理论认为，通过"as original(如同前约)"等用语能够实现某些原保险合同条款在再保险合同中的并入(incorporation)③，但管辖权条款、仲裁条款以及法律适用条款等的并入不仅需要有特别约定，还需要结合合同的实际情况来解释。④

通常，为了促进再保险合同与原保险合同商业目的保持一致，再保险合同在合同条款和承保条件上应尽量与原保险合同保持一致。但是，法律适用条款没有明确

---

① Erwin Spiro, *The Proper Law of the Contract and Renvoi: Further Comments on the Amin Rasheed Shipping Case*, 33 International and Comparative Law Quarterly 199-202 (1984).

② Lincoln National Life Insurance v Employers Reinsurance Corp, [2002] Lloyd's Rep IR 853, 858.

③ 并入(incorporation)在英国普通法上属于合同解释的范畴，通常在再保险合同中"terms and conditions as original"的表达，表示原保险合同的条款并入到再保险合同中，而是否并入要根据习惯做法、当事人的意图、商业目的等来解释。

④ See Edelman, Colin., Burns, Andrew, The Law of Reinsurance 122-131 (2nd ed., Oxford University Press 2013).

约定的并入，会使两个合同基于不同的准据法产生不同甚至是相反的法律效果，这就有可能阻断原保险人对被保险人的赔付义务传导到再保险人一方，影响某一方当事人的利益。在著名的 Forsikringsaktieselskapet Vesta v. JNE Butcher① 案中，由于认可了原保险合同中所包含的保证条款并入到再保险合同中，导致对保证条款在两个适用法律不同的合同中的法律效果产生了分歧，原保险人和再保险人利益相冲突，原保险人虽没有直接提及其法律选择条款应并入到再保险合同中，但原保险人认为，保证条款的效力在再保险合同中应保持与原保险合同中的一致，即再保险合同要适用原保险合同适用的法律。一审法院 Hobhouse J 法官认为，虽然"as original(如同前约)"的约定表明再保险合同当事人有意图使原保险合同与再保险合同适用相同的法律，这种意图仅是为了促成再保险承保的商业目的而存在，仅能表示原保险合同和再保险合同中相同条款的效力相同，并不表示原保险合同的准据法能够适用于再保险合同。②

在 Gan Insurance Co Ltd v. Tai Ping Insurance Co Ltd③ 案中，原合同准据法为我国台湾地区法律，再保险合同中同样包含有"as original(如同前约)"的表达，关于再保险合同是否被并入了法律选择条款，而适用我国台湾地区法律，上诉法院认为，再保险合同使用的是用英国法律术语作成的伦敦再保险市场标准保单，这是再保险合同适用英国法的最好证明，除非有证据证明再保险合同的双方当事人有明示的意图想要适用台湾地区法律。

综上所述，再保险合同中"as original(如同前约)"的表述，虽然能够表示再保险双方当事人有意图将原保险合同的条款并入到再保险合同中，但不能据此认为并入条款的法律效果也应相同。④ 相关条款能否并入以及并入后的效果涉及合同的解释。因此，原保险合同准据法并不一定能适用于再保险合同，而要结合案件的具体情况来分析。

---

① Forsikringsaktieselskapet Vesta v. JNE Butcher, [1986] 2 Lloyd's Rep 179, 193.

② See Perry, Bill. *Limitations of Back to Back as a Concept in Reinsurance in English Law following Lexington v. AGF* (*and Lexington v. Wasa*) 77 Def. Counsel J. 318 (2010).

③ Gan Insurance Co Ltd v. Tai Ping Insurance Co Ltd, [1999] Lloyd's Rep IR 47, 480.

④ 原保险合同与再保险合同的同一命运，是原保险人与再保险人在履行赔偿责任时背靠背(back to back)的基础。在巨灾频发的今天，严格履行背靠背赔偿可能导致再保险人因赔偿产生巨大损失。双方为了各自的商业利益会对合同条款有不同的解释，因此，并入的法律效果在实际问题中要具体分析。See Ralph Fearnhead, *Follow the Fortunes Clauses in Reinsurance Law-Practical Problems in Ensuring Their Effectiveness*, 3 Insurance Law Review 71-77 (2012).

四、英国再保险合同法律适用方法对我国的借鉴

我国未就再保险合同的法律适用单独规定，再保险合同适用一般合同法律适用方法。对合同法律适用的一般性规定在《涉外民事关系法律适用法》(以下简称《法律适用法》)第41条，即当事人可以协议选择合同适用的法律。当事人没有选择的，适用履行义务最能体现该合同特征的一方当事人经常居所地法律或其他与该合同有最密切联系的法律。就再保险合同法律适用而言，该条规定的基本方法与英国法一致。其后的《最高人民法院关于适用〈中华人民共和国涉外民事关系法律适用法〉若干问题的解释(一)》(以下简称《法律适用法解释一》)对合同法律适用所作的解释中，对当事人意思自治的解释恰好弥补了《法律适用法》关于意思自治规定不够明确的缺陷，对司法实践影响重大。这些变动与英国判例法实践中的某些做法一致。

对于当事人意思自治原则的运用，我国《法律适用法》第41条规定当事人可以协议选择合同适用的法律，《法律适用法解释一》第7条解释了当事人协议选择法律的范围，认可了当事人选择与涉外民事关系没有实际联系的法律。① 第7条的规定虽未从正面明确允许当事人选择无实质性联系的法律，但也未作否定。所谓“实质性联系”标准，是指当事人协议选择的法律必须与案件之间存在实质性联系，不能选择一个与案件毫无关联的国家的法律。国际上再保险业发展极不平衡，主要的再保险市场拥有绝对的业务量，且配套的法律环境更为完善，再保险合同当事人同为商主体，在选择合同准据法时，可能更多的是基于该国法律是否完善、合理，以及是否更能公平公正地处理双方当事人的纠纷，促成再保险业务的分出和分入。如果双方当事人所在国都不符合要求，那么无实质联系的第三国法律很有可能被选为合同准据法。如果我国法律明确禁止当事人选择与合同没有实质性联系的国家的法律，就会导致本国当事人的明示选法协议无效。这会成为外国保险人或再保险人选择合作对象时的顾虑，影响我国保险人在国际再保险市场上的业务分出，及我国再保险人跨境再保险业务的开展，影响我国经济利益。② “实质性联系”标准的放弃，体现了当事人意思自治在合同领域适用的扩张趋势，这一点与英国的做法一致，英

① 《最高人民法院关于适用〈中华人民共和国涉外民事关系法律适用法〉若干问题的解释(一)》第7条规定：一方当事人以双方协议选择的法律与系争的涉外民事关系没有实际联系为由主张选择无效的，人民法院不予支持。

② 参见肖永平、胡永庆：《法律选中的当事人意思自治》，载《法律科学》1997年第5期，第80~81页。

国再保险法律实践中未有案例报道过法院以实质性联系不具备为由否定当事人明示选择法律的适用。

关于当事人的默示选择，《法律适用法》第3条表述的是：当事人依照法律规定可以明示选择涉外民事关系适用的法律。语词使用的是“可以明示选择”，“可以”也意味着“可以不”，那么，在当事人法律选择的方式上，可以不明示选择，是否能推断为可以默示选择呢？默示选择应被认为是当事人在订立合同时就已经通过某种行为或某种方式暗示了其意欲适用的法律，与明示选择相比，只是在表达方式上有不同，默示选择应被认为是当事人明示选法的一种特殊表现形式。①《法律适用法解释一》第8条第2款规定，各方当事人援引相同国家的法律且未提出法律适用异议的，人民法院可以认定当事人已经就涉外民事关系适用的法律作出了选择。“各方当事人援引相同国家的法律”说明当事人对意欲适用的法律已经有了一定的方向，只是在订立合同时没有明确说明，当事人未提出法律适用异议进一步加强了默示选择的意图，因此，这一规定可被认为是对默示选择有条件的肯定。② 我国的再保险业务起步较晚，规模也有待壮大，为促进再保险经营效率，使当事人在案件的处理上得到公平公正的对待，应支持当事人选择适用再保险立法和实践都相对完善的再保险市场所在国法律。学者们对默示选择的反对主要是基于默示选择不利于保证合同法律适用的确定性，有违合同法律适用的可预见性和确定性目标，对默示选择意图的确认和推定默示选择的法律都有赖于法官自由裁量权的行使，这在一定程度上会造成法官自由裁量权的滥用，不利于案件公平合理的解决。英国判例法在默示选择的实践上一直处于前沿，缔约国中大陆法系国家占多数的欧共体《罗马公约》及其转化后的欧盟《罗马条例Ⅰ》，也都继承和吸纳了其精髓，我国理应顺应国际潮流，借鉴和学习英国的做法，有条件地承认合同法律适用上的默示选择，对默示选择指示因素予以明确，防止由于法官的主观臆断而忽视或扭曲当事人的潜在选法意图。

据此，我们应合理预期承认默示选择将带来的影响。我国的再保险市场尚处于发展中阶段，而根据前述默示选择的指示因素所确认适用的法律，往往是再保险市场发达国家的法律，有学者认为，这种情况下，会对我国这样的发展中国家或者再

---

① 参见刘仁山、黄志慧：《国际民商事合同中的默示选法问题研究》，载《现代法学》2014年第5期，第149~150页；黄进、何其生：《电子商务与冲突法的变革》，载《中国法学》2003年第1期，第148~154页。

② 参见叶竹梅：《〈涉外民事关系法律适用法〉中的意思自治》，载《西部法学评论》2015年第2期，第102~103页；徐伟功：《法律选择中的意思自治原则在我国的运用》，载《法学》2013年第9期。

保险业不发达国家的当事人造成不利影响。① 但基于默示选择使再保险业发达国家的法律得以适用，一方面切实反映了再保险合同当事人的意愿，因为其成熟完善的法律制度，相对于再保险业不发达国家法律对再保险寥寥数语的规定，更加便利商事纠纷的解决，这与商人追求效益的价值目标相吻合；另一方面，再保险的功能之一是在更大的范围内分散风险，近年来我国巨灾事故频发，对商人选法意愿的尊重将有利于我国的保险人在世界范围内成功分保，此外，上海自贸区大力发展人民币再保险业务，尊重当事人选法意愿对人民币再保险业务的开展也会产生积极影响。因此，我们不应囿于默示选择推定即要推定适用我国法的狭隘观念，应该着眼于再保险业的长期深远发展，让法制为经济金融发展服务。

综上，在再保险合同法律适用的普通法实践中，英国法院的自由裁量权的灵活使用影响了判决结果的确定性和一致性，这在一定程度上与《罗马公约》和《罗马条例Ⅰ》所致力追求的目标相违背。但英国法所赋予的当事人明示选择法律范围的绝对自由，对默示选择的承认以及推定规则的实践，以及最密切联系原则在适用时确定特征性履行的做法，使英国成为再保险法律实践的优秀典范。在再保险立法不断完善的基础上，我国也要通过立法赋予法官以自由裁量权，同时明确法律适用方法的具体方式，对自由裁量权给以适当的限制。

伦敦再保险市场的成熟程度，不仅使开展再保险业务的当事人愿意选择伦敦再保险市场的条款和英国法律，也使英国法院在依据自由裁量权来推定当事人意欲适用的法律时，拥有确实有效的证据和绝对的权威使英国法得以适用。其政策设计的目标不是简单地停留在国际私法层面的合同法律适用上，为了确立英国法在再保险法律适用上的权威而适用英国法，而是更多地从促进再保险业务开展和保障商业主体的经济利益角度来实现当事人之间的公平公正。因此，在当前我国大力鼓励和扶持再保险业发展的形势下，应学习和借鉴英国的再保险立法和实践，以发展再保险业为战略目标，拓宽视野，使不断完善的立法更具开放性和国际性，进一步丰富我国的再保险法律实践。

An Analysis of the Law Applicable to British Reinsurance Contract

Abstract: The reinsurance contract is established on the basis of the underlying

① 参见刘仁山、黄志慧：《国际民商事合同中的默示选法问题研究》，载《现代法学》2014年第5期，第149~150页。

contract. It is a special contract between commercial insurer and reinsurer. Law applicable to reinsurance contract is different from underlying contract because of the independence of reinsurance contract. The choice of law rules are more complicated since that reinsurance is international. Applicable law of British reinsurance contract developed on the background of common law approach and has been inherited and codified by Rome Convention and Rome Regulation I. Choice of law by the parties either expressed, or implied is respected. The contract is governed by the law, which the contract is most closely connected with when no law is chosen by the parties. Because the terms of reinsurance contract is always the same as the original contract by the reason of the "as original" provision, whether the applicable law of underlying contract is applied to reinsurance contract should be considered. A large number of cases in recognition of the presumption of implied choice and characteristic performance in imputing the most closely connected law are worth learning and reference.

Key words: reinsurance contract; applicable law; implied choice; most significant relationship

四、案例评析

分区域渔业委员会提交的咨询意见请求案评析

□ 谭　畅*

内容摘要：2015 年 4 月 2 日，国际海洋法法庭针对“分区域渔业委员会提交的咨询意见请求案”发布了咨询意见。这是国际海洋法法庭首次以司法实践的方式明确了法庭全庭的咨询管辖权。该咨询意见详细阐明了船旗国与沿海国关于渔业资源养护的权利义务和责任问题，解释了国际组织与其成员国关于非法、未申报和无管制捕捞的连带责任，说明了沿海国关于渔业资源养护的权利和义务具有同质性，强调了船旗国与沿海国养护渔业资源的合作义务，再次声明养护海洋生物资源是保护海洋环境的重要方式。鉴于此，我国应当完善渔业法律法规，明确禁止非法、未申报和无管制捕捞，建立渔船注册审核制度和信用评级制度，建立与其他相关国家的信息交流和分享制度，以确保渔业资源的可持续发展，规范中国籍渔船的捕捞活动。

关键词：国际海洋法法庭　咨询管辖权　渔业资源养护　适当注意义务

目　次

---

* 西南政法大学国际法学院国际法学专业 2014 级博士研究生。

非法、未申报和无管制捕捞（以下简称为“IUU 捕捞”）是一个全球性的问题，不仅严重危及鱼类种群的养护与可持续发展，而且对粮食安全、经济发展和海洋生态环境均产生消极影响。① 我国也是 IUU 捕捞的受害国。在全球渔业资源枯竭显著化和渔业争端尖锐化的今天，明确船旗国与沿海国关于海洋渔业资源养护的权利义务和法律责任，有利于我国远洋捕捞业的发展和渔业资源的保护。国际海洋法法庭（以下简称为“法庭”）在“分区域渔业委员会提交的咨询意见请求案”（以下简称为“本咨询意见案”）中结合相关国际公约，对渔业资源养护的船旗国与沿海国权利义务和法律责任作出了全面的阐释，学习借鉴该咨询意见，并对我国的渔业法律法规进行补充和完善，具有重大而急迫的现实意义。

一、案件背景：海洋渔业资源养护的国际法问题

西非地区沿海国超过七成的人口居住在海岸线附近，捕捞业是当地主要的生产

① 非法、未申报和无管制捕捞即 IUU 捕捞（illegal, unreported and unregulated fishing），关于 IUU 捕捞的定义请参见 2001 年联合国粮食和农业组织《关于预防、制止和消除非法、未申报和无管制捕捞的国际行动计划》（*International Plan of Action to Prevent, Deter and Eliminate IUU Fishing*, IPOA-IUU）第 3 条。

活动和经济来源，渔业资源的收益是西非地区沿海国家的主要财政收入。西非地区的专属经济区是世界上IUU捕捞最为猖獗的地区，该地区每年因IUU捕捞所致损失高达13亿美元。① 大量非法活动在西非国家管辖海域的底拖网型渔船(bottom trawler)对海床生物资源造成了毁灭性破坏，同时还造成了极高的混获(by-catch)结果。②

鉴于在渔业资源的合理利用与养护管理方面所共同面临的严峻形势，为了保证本国民众对渔业资源的需求与国家经济发展，佛得角、冈比亚、几内亚、几内亚比绍、毛里塔尼亚、塞内加尔和塞拉利昂这七个西非国家以签署条约的方式，成立了分区域渔业委员会(以下简称为"渔委会")，这是一个旨在促进渔业合作、共同合理开发和养护渔业资源的政府间组织。③ 渔委会成员国于1993年经合意通过了《关于在分区域渔业委员会成员国管辖海域内最低限度利用和开发渔业资源的决定公约》(以下简称为"《最低限度利用和开发公约》")，并于2012年对该公约进行了修订。2013年3月28日，第14届渔委会部长会议通过决议，决定依据修订后的《最低限度利用和开发公约》第33条向国际海洋法法庭提出咨询意见申请，④ 请求法庭全庭就下述四个问题发布咨询意见：

第一，当悬挂一国旗帜的船舶在他国的专属经济区内从事IUU捕捞时，船旗国应当承担怎样的义务？

第二，船旗国应当对悬挂其旗帜并从事IUU捕捞的船舶负有怎样的责任？

第三，在船旗国或国际机构的船舶依据国际公约取得捕捞许可证的情况下，该国或国际机构是否应当就这些船舶违反沿海国家的渔业法律法规而承担责任？

第四，在确保共享鱼种(shared stocks)和共同利益鱼种(stocks of common interest)，特别是小型中上层物种及金枪鱼的可持续管理方面，沿海国的权利和义务是什么？

2015年4月2日，国际海洋法法庭就本案发布了咨询意见，这是法庭首次以

---

① Africa Progress Panel, Grain Fish Money: Financing African's Green and Blue Revolutions, p. 16, launched on 8 May 2014, available at http://www.afdb.org/fileadmin/uploads/afdb/Documents/Project-and-Operations/Africa_Progress_Report_2014.PDF, visited on 16 Jul. 2015.

② Environmental Justice Foundation, Pirate Fishing Exposed: The Fight Against Illegal Fishing in West Africa and the EU, p. 4, launched on 11 Oct. 2012, available at http://ejfoundation.org/sites/default/files/public/Pirate%20Fishing%20Exposed.pdf, visited on 16 Jul. 2015.

③ See Agreement Establishing A Sub-Regional Fisheries Commission, Dakar, 29 Mar. 1985.

④ 《最低限度利用和开发公约》第33条原文为："The Conference of Ministers of the SRFC (Sub-Regional Fisheries Commission) shall authorize the Permanent Secretary of the SRFC to seize the International Tribunal for the Law of the Sea on a specific legal matter for its advisory opinion."

司法实践的方式明确了法庭全庭(full tribunal)的咨询管辖权,① 该咨询意见详细回答了渔委会提出的问题。

二、案件程序问题的分析

(一)法庭全庭的咨询管辖权

1. 咨询管辖权的质疑

本案伊始，案件的参与国与相关国际组织就对法庭全庭的咨询管辖权提出了诸多质疑。反对法庭全庭对本案享有咨询管辖权的主要理由包括：第一，《联合国海洋法公约》(以下简称为"《公约》")和《国际海洋法法庭规约》(以下简称为"《法庭规约》")没有明确规定法庭全庭的咨询管辖权。第二,《国际海洋法法庭规则》(以下简称为"《法庭规则》")第 138 条是一个程序条款，不能超越《公约》的规定，不是法庭全庭享有咨询管辖权的根据。第三,《公约》第 288 条和《法庭规约》第 21 条这两个"管辖权"条款指的均为法庭的争端管辖权，而非咨询管辖权。第四,《法庭规约》第 21 条中"事宜"(matters)一词与《国际法院规约》和《常设国际法院规约》中的措辞相同，指的都是争端案件，而非咨询案件。第五，渔委会提出的咨询意见请求不符合《法庭规则》第 138 条的要求。②

2.《公约》默示了法庭全庭的咨询管辖权

在发布的咨询意见中，法庭首先肯定了《公约》和《法庭规约》中均未明文规定法庭全庭享有咨询管辖权的观点，通过对《公约》第 288 条和《法庭规约》第 21 条"管辖权"条款的分析,③ 法庭认为《公约》和《法庭规约》实质上默示了法庭全庭的咨询管辖权。

第一,《法庭规约》第 21 条中的"事宜"(matters)包括了咨询意见。虽然《公约》

---

① 本文中所指的"全庭"概念是相对于"分庭"而言。根据《法庭规约》第 2 条的规定，法庭由 21 名独立法官组成，此谓"全庭"。《法庭规约》第 14 条和第 15 条分别规定了海底争端分庭以及特别分庭，这些分庭的法官均从法庭法官中选派，海底争端分庭由 11 名法官组成，特别分庭则由 3 名及 3 名以上法官组成。

② See Request for an Advisory Opinion submitted by the Sub-Regional Fisheries Commission, ITLOS Advisory Opinion of 2 April 2015, paras. 40-47.

③ 《法庭规约》是《公约》的第六个附件,《公约》第 318 条"附件的地位"规定了《公约》附件是《公约》的组成部分,《法庭规约》第 1(1)条规定了法庭应当以《公约》和《法庭规约》的规定行事，因此可以认为《公约》与《法庭规约》具有相同的法律位阶,《公约》第 288 条和《法庭规约》第 21 条之间并无从属关系。

和《法庭规约》都没有明确提及法庭全庭的咨询管辖权问题，但是通过条约解释可知，法庭全庭的咨询管辖权暗含在《公约》与《法庭规约》的条款之中。《法庭规约》第21条规定了国际海洋法法庭的三种管辖权形式，包括对"一切争端"(all disputes)的管辖权、对"一切申请"(all applications)的管辖权以及对"一切事宜"(all matters)的管辖权。① 其中，"一切事宜"一辞不应当狭义地理解为"争端"，即对"一切事宜"的管辖权不应仅限于对"争端"案件的管辖权，还包括对其他类型案件的管辖权，例如对咨询案件的管辖权。

第二，不同国际公约中的同一措辞不宜作同一解释。虽然《法庭规约》中采用的"事宜"一词与《国际法院规约》和《常设国际法院规约》中采用的措辞相同，② 但是考虑到每一个公约的条款、目的、缔约国实践和公约准备文件(*travaux préparatoires*)均各有不同，出现在不同公约中的同一措辞可能具有不同的含义，以该措辞在某一个公约中的含义推断其在另一个公约中的含义是不合理的。③ 因此，不可将《法庭规约》中"事宜"一词的解释与《国际法院规约》或《常设国际法院规约》中"事宜"一词的解释等同起来。

3. 法庭全庭对本案享有咨询管辖权

第一，《最低限度利用和开发公约》第33条是法庭全庭对本案行使咨询管辖权的初步(*prima facie*)证据。法庭认为，虽然《公约》条文默示了法庭全庭的咨询管辖权，但是《法庭规约》第21条并没有直接授予法庭该项咨询管辖权，将咨询管辖权授予法庭的是"其他国际协定的特别规定"，换言之，只有当"其他国际协定的特别规定"授予法庭咨询管辖权时，法庭才可依据第21条就"一切事宜"行使咨询管辖权。本案中，"其他国际协定的特别规定"特指的是《最低限度利用和开发公约》第33条，该条款是法庭全庭对本案行使咨询管辖权的初步证据，其与《法庭规约》第21条一并构成了法庭全庭咨询管辖权的实质性法律基础。

第二，本案符合法庭全庭行使咨询管辖权的必要条件。法庭认为，《法庭规

① 《法庭规约》第21条的英文文本为："The jurisdiction of the Tribunal comprises all disputes and all applications submitted to it in accordance with this Convention and all matters specifically provided for in any other agreement which confers jurisdiction on the Tribunal."笔者认为，《法庭规约》的中文译本中将"all matters"翻译为"一切申请"是不妥当的，容易与"all applications"("一切申请")混淆，在本文中，笔者将"all matters"翻译为"一切事宜"，以作区分。

② 《常设国际法院规约》第36条与《国际法院规约》第36条的规定近乎相同，"the jurisdiction of the Court comprises all cases which the parties refer to it and all matters specially provided for … in treaties and conventions in force"其中就使用了"all matters"这样的措辞。

③ See MOX Plant (Ireland v. United Kingdom), Provisional Measures, Order of 3 December 2001, ITLOS Reports 2001, para. 51.

则》第138条不是法庭全庭行使咨询管辖权的基础，而是其行使咨询管辖权的必要条件，包括：其一，咨询意见请求的提出基于一个与《公约》目的相关的国际协定的特别规定；其二，咨询意见请求由该国际协定授权的机构向法庭提出；其三，提出的咨询意见请求所涉及的问题性质为“法律问题”。就本案而言，《最低限度利用和开发公约》与《公约》的目的相一致，渔委会常任秘书向法庭提出咨询意见请求符合《最低限度利用和开发公约》的要求，咨询意见请求中提出四个问题均为法律问题，① 此外，这四个问题均与《最低限度利用和开发公约》相关。②

综上所述，国际海洋法法庭一致裁定，法庭全庭对本案享有咨询管辖权。

(二)法庭应当就渔委会的请求发布咨询意见

《法庭规则》赋予了法庭发布咨询意见的裁量权(discretionary power)，即在法庭对某一案件的咨询管辖权已经具备的情况下，法庭亦有权拒绝发布咨询意见。③ 一般情况下，除非存在“强制理由”(compelling reasons)，国际司法机构不应当拒绝裁判。④ 法庭认为，本案中渔委会提出的实体性问题表述清晰、无模糊或抽象的用词，法庭是以一个独立司法机构的身份审理本案，并无任何越权行为，此外，虽然本案在一定程度上涉及关于《最低限度利用和开发公约》非缔约国的权利义务问题，但是由于咨询意见没有强制约束力，法庭认为是否征得非缔约国同意无关紧要。因此，法庭认为本案中并不存在运用裁量权拒绝裁判的“强制理由”，法庭应当就渔委会的请求发布咨询意见。

---

① 法庭认为，本案中的四个实体问题中使用了法律措辞(framed in terms of law)并且提出了关于国际法的问题，因此属于法律问题。See Accordance with International Law of the Unilateral Declaration of Independence in Respect of Kosovo, Advisory Opinion, I. C. J. Reports 2010, para. 25.

② 法庭认为，“相关”并不意味着这些问题必须限于对《最低限度利用和开发公约》具体条款的解释和适用，只要这些问题存在与《最低限度利用和开发公约》的目的和原则的“充分联系”即可。See Request for an Advisory Opinion submitted by the Sub-Regional Fisheries Commission, ITLOS Advisory Opinion of 2 April 2015, para. 68.

③ 《法庭规则》第138(1)条规定“法庭能够(may)发布咨询意见”，并不意味着法庭必须(shall)发布咨询意见，当咨询管辖权已经确定时，是否发布咨询意见的裁量权在于法庭本身。

④ 在“使用核武器的合法性问题咨询意见案”中，参与国基于如下理由建议国际法院运用裁量权拒绝发布咨询意见，包括：联合国大会提交的法律问题模糊且抽象，联合国大会未说明请求国际法院发布咨询意见的具体目的，咨询意见可能与联合国的利益相违背，国际法院发布咨询意见可能是越权行为。国际法院结合案情逐一反驳上述理由，认为并不存在要求其运用裁量权拒绝发布咨询意见的“强制理由”。See Legality of the Threat or Use of Nuclear Weapons, Advisory Opinion, I. C. J. Reports 1996, paras. 14-18.

三、案件实体问题的分析

(一)船旗国对于悬挂其旗帜并从事 IUU 捕捞的船舶应当承担的义务

1. 船旗国的适当注意义务

根据《公约》的规定，船旗国有义务采取必要措施以确保悬挂其旗帜的船舶在他国的专属经济区内从事捕捞活动时遵守他国关于渔业养护的措施和法律法规，有责任确保其船舶不在他国的专属经济区内从事 IUU 捕捞。① 据此可知，船旗国的义务来源于对悬挂其旗帜的船舶的"确保"责任(responsibility to ensure)。

虽然法庭认为本案与其他案件并不具有完全的可比性，法庭在分析"确保"责任时仍然借鉴了海底争端分庭在"国际海底区域的担保国责任与义务咨询意见案"中的法律论证。② 海底争端分庭认为，"确保"责任并不要求国家管控之下的个人或组织遵守某项义务的结果得以实现，而是要求国家采取足够的措施、用尽一切方法、最大限度地保证该结果的实现即可。在当前的国际法上，国家的这种义务被称为行为义务(obligation of conduct)或适当注意义务(obligation of due diligence)。③

就本案而言，法庭全庭一致认为，船旗国有责任确保对悬挂其旗帜的船舶行使有效的管辖和控制，确保该船舶遵守沿海国采取的关于渔业养护措施的法律法规，这种"确保"责任为船旗国创设了适当注意义务，具体包括：第一，船旗国有义务采取包括执法行动在内的一切必要措施，以确保悬挂其旗帜的船舶遵守渔委会成员国关于养护和管理其专属经济区内海洋生物资源的法律法规。第二，船旗国有义务采取必要措施确保悬挂其旗帜的船舶不在渔委会成员国的专属经济区内从事 IUU 捕捞。第三，船旗国有义务采取必要的行政措施以确保悬挂其旗帜的船舶不在渔委会成员国的专属经济区内从事损害船旗国关于"保护和保全海洋环境"的义务。

2. 船旗国与沿海国的合作义务

法庭全庭还一致认为，渔委会成员国与在其专属经济区内从事捕捞活动的船舶的船旗国有合作的义务。如果船旗国收到来自渔委会成员国的报告，称有悬挂其旗

① 参见《公约》第 58(3)条，第 62(4)条和第 192 条。

② 海底争端分庭认为"确保"责任建立了国际法上的一种机制，该机制为《公约》的成员方创设了义务，即成员方应当对其国籍和管辖范围内的个人和组织行使一定的管辖。See Responsibilities and Obligations of States with respect to Activities in the Area, Advisory Opinion, 1 February 2011, ITLOS Reports 2011, para. 108.

③ See Responsibilities and Obligations of States with respect to Activities in the Area, Advisory Opinion, 1 February 2011, ITLOS Reports 2011, paras. 110-112.

帜的船舶在渔委会成员国的专属经济区中从事IUU捕捞，船旗国则有义务对此事项进行调查，在适当的时候还可以采取任何必要的行动对IUU捕捞所造成的危害后果进行补救，并且将相关行动通知渔委会成员国。

(二)船旗国对于悬挂其旗帜并从事IUU捕捞的船舶应当承担的责任

根据国际法的一般规则，只有政府机构的行为或受到该机构指导、教唆或控制的行为，才能够归责于国家，一般情况下，私人行为不能归责于国家。① 因此，船舶违反渔委会成员国在其专属经济区内关于渔业资源养护的法律法规的行为并不能直接归责于船旗国。船旗国为悬挂其旗帜并从事IUU捕捞的船舶承担国际责任的原因是船旗国未能尽到上文中所述的"确保"责任、违反了相关的适当注意义务，而非悬挂其旗帜的船舶在他国管辖海域从事IUU捕捞这个违法行为。

法庭认为，对于在渔委会成员国的专属经济区中从事IUU捕捞的船舶，如果船旗国违反第一个问题中涉及的适当注意义务，渔委会成员国则可以要求船旗国承担国家责任。唯一的例外是，如果船旗国已经采取一切必要和恰当的措施、履行了确保悬挂其旗帜的船舶不在渔委会成员国的专属经济区中从事IUU捕捞的适当注意义务，船旗国则无须承担国家责任。

此外，法庭还强调，船舶从事IUU捕捞的频率以及IUU捕捞的方式与船旗国是否违反适当注意义务之间没有关系，即无论是孤立的某一次IUU捕捞，或者是重复某一种特定方式的IUU捕捞，都不影响沿海国对于船旗国违反适当注意义务的判定。

(三)在船旗国或国际组织的船舶取得捕捞许可证的情况下，该国家或国际组织是否应当为其船舶违反沿海国的渔业法律法规而承担责任

由于船旗国的国家责任问题已经在第二个问题中讨论过了，此处不再赘述。法庭认为，国际组织因为违反国际义务而承担国际责任的问题与其权限相关。国际组织运用其在渔业事项方面的专属权限(exclusive competence)与渔委会成员国缔结了渔业准入协定，准许悬挂该国际组织成员国旗帜的船舶进入渔委会成员国的专属经济区从事捕捞活动，那么，船旗国的义务就变成了该国际组织的义务。作为与渔委会成员国缔结渔业准入协定的缔约方，该国际组织应当确保悬挂其成员国旗帜的船舶遵守渔委会成员国的渔业法律法规，不在渔委会成员国的专属经济区内从事IUU

① See United Nations, Materials on the Responsibility of States for Internationally Wrongful Acts, ST/LEG/SER. B/25, pp. 27, 70, 2012, available at http://legal.un.org/legislativeseries/documents/Book25/Book25.pdf, visited on 16 Jul. 2015.

捕捞。当悬挂国际组织成员国旗帜的船舶违反了渔业准入协定中的义务、从事 IUU 捕捞时，根据条约的相对性原理，应当由国际组织而非其成员国承担相应的国际责任。

考虑到欧盟是《公约》目前为止唯一一个国际组织成员，① 因此法庭在此部分只讨论联盟渔船(union fishing vessel)②在渔委会成员国的专属经济区中从事 IUU 捕捞时，欧盟的国际责任问题。欧盟对其成员国的渔业资源养护和管理事项享有专属权限，③ 因此，如果欧盟没有尽到适当注意义务，确保联盟渔船遵守渔委会成员国采取的关于渔业资源养护的法律法规，渔委会成员国可以要求欧盟承担相应的国际责任。另外，渔委会成员国可以根据《公约》规定，要求欧盟或对特定违法事项负有责任的欧盟成员国(该国亦为《公约》缔约国)提供情报，二者若未能在合理期限内提供情报或提供互相矛盾的情报，欧盟应当与该成员国承担连带责任。④

(四)沿海国确保共享种群和共同利益种群的可持续管理的权利和义务

法庭首先界定了“共享种群”和“共同利益种群”的内涵，认为这两个概念实际上涵盖了《公约》第 63 条所规定的“出现在两个或两个以上沿海国专属经济区的种群或出现在专属经济区内而又出现在专属经济区外的邻接区域内的种群”。根据《公约》的规定，结合本案具体情况，渔委会成员国有义务确保其专属经济区内的共享种群和金枪鱼的可持续管理。法庭认为，虽然《公约》是从沿海国的义务的角度来规定海洋生物资源的养护和管理问题，这些义务同时赋予了沿海国相应的权利，换言之，沿海国关于渔业资源养护的权利和义务问题具有同质性。

法庭在本咨询意见中列举了沿海国关于共享种群和共同利益种群的可持续管理的具体义务，包括：第一，与国际组织的合作义务。在适当的情况下，渔委会成员国有义务与各主管的分区域、区域或全球性国际组织进行合作，通过适当的养护和

① 欧洲共同体(即欧盟的前身)于 1998 年 5 月 1 日向联合国秘书长交存正式确认书，成为《公约》的成员，欧盟成立后继承了欧洲共同体在《公约》项下的权利和义务。

② “联盟渔船”是指悬挂欧盟成员国国旗但登记在欧盟名下的渔船。See Regulation (EU) No 1380/2013 of the European Parliament and of the Council of 11 December 2013 on the Common Fisheries Policy, amending Council Regulations (EC) No 1954/2003 and (EC) No 1224/2009 and repealing Council Regulations (EC) No 2371/2002 and (EC) No 639/2004 and Council Decision 2004/585/EC, Art. 4. 1. 5.

③ 欧洲共同体在加入《公约》时交存的正式确认书中附带的声明记载，各成员国已将各自海洋渔业资源的养护和管理权限转移给欧洲共同体，欧盟成立后继承了欧洲共同体对于其成员国的渔业资源的养护和管理事项的专属权限。

④ 参见《公约》附件九《国际组织的参加》第 6(2)条。

管理措施，以确保其专属经济区内的共享种群的维持不受过度捕捞的危害。第二，设法就必要措施达成协议的义务。如果同一种群或有关联的鱼类的若干种群出现在渔委会多个成员国的专属经济区内，这些国家有义务设法就必要措施达成协议，以便协调和确保这些种群的养护与发展。第三，对于金枪鱼种群保护的合作义务。渔委会成员国应当直接或通过渔委会开展合作，确保其专属经济区中的金枪鱼种群的养护，促进金枪鱼种群的最佳利用。法庭认为，上述第二、三项义务是适当注意义务，渔委会成员国应当按照《公约》的要求开展有意义的善意协商，① 各方应当付出实质性的努力，采取必要的有效措施，防止对相关鱼类种群的过度捕捞，协调和确保共享种群的养护和发展。

相关国家之间就共享渔业资源的养护和管理以及促进渔业资源的最佳利用的合作是《公约》中一个较为完善的原则。② 法庭认为，虽然法庭全庭对本案的咨询管辖权限于《最低限度利用和开发公约》的适用范围，即渔委会成员国的专属经济区内，但是为了使得对共享渔业资源的养护和管理措施更加有效，对于同时出现在渔委会成员国的专属经济区和该区域之外的邻接区域的共享种群，渔委会成员国与在此区域从事捕捞活动的船舶的船旗国应当设法就必要措施达成协议，养护该区域中的共享种群。对于金枪鱼种群而言，渔委会成员国有权通过相关的分区域或区域组织，寻求与在其管辖海域内捕捞金枪鱼的非成员国进行合作。

四、本咨询意见案的突破性问题评析

虽然提交给国际海洋法法庭的大多数案件均与渔业问题相关，但是就船旗国与沿海国关于渔业资源管理与可持续发展的权利义务和责任问题，法庭在本咨询意见案中作出了迄今为止最为全面的阐释。

(一) 首次明确了法庭全庭的咨询管辖权

本案第一个重要的意义在于，国际海洋法法庭首次对法庭全庭的咨询管辖权作了细致的分析说明，明确了除海底争端分庭外，法庭全庭也享有咨询管辖权，而且法庭全庭能够对本案行使咨询管辖权。

从《法庭规则》第三部分第七节的规定的字面含义推断，国际海洋法法庭的咨

① 参见《公约》第 300 条“诚意和滥用权利”：缔约各方应诚意履行根据本公约承担的义务并应以不致构成滥用权利的方式，行使本公约所承认的权利、管辖权和自由。

② 参见《公约》第 61 条、第 63 条和第 64 条。

询管辖权由两部分构成，即海底争端分庭的咨询管辖权与法庭全庭的咨询管辖权。① 国际公约的规定和司法实践均表明，海底争端分庭的咨询管辖权是确定无疑的。② 而法庭全庭是否享有咨询管辖权则是一个众说纷纭的问题。国际海洋法法庭前庭长、海底争端分庭庭长 José Luis Jesus 在第 63 届联合国大会全体会议的报告中称，《法庭规则》第 138 条赋予了法庭全庭的咨询管辖权。③ 包括国际海洋法法庭的法官、国际法院前临时专案法官（judge *ad hoc*）在内的众多国际法学者也持有相似的观点。④ 但是也有部分学者对此观点表示怀疑，国际海洋法法庭渔业争端分庭庭长 Tafsir Malick Ndiaye 就认为，在《公约》没有明确规定的情况下，仅从《法庭规则》的条款就推断法庭全庭享有咨询管辖权是一件很“奇怪的”事情。⑤

在本案中，法庭结合《公约》、《法庭规约》和《法庭规则》的相关规定，阐释了《法庭规约》第 21 条中所采用的“事宜”一词的内涵。法庭认为“事宜”所指的不限于争端案件，还应当包括咨询案件，法庭全庭对“一切事宜”的管辖权不但包括了争端咨询权，也包括了咨询管辖权。这是国际海洋法法庭首次以公开裁判的方式肯定了法庭全庭享有咨询管辖权的结论，为理论界长期以来关于此问题的争论画上了句号。然而，法庭对于管辖权问题的分析并没有就此结束，而是进一步结合具体案情，分析本案符合了《法庭规约》第 138 条规定的法庭全庭行使咨询管辖权的三个

---

① 国内不少学者持有相同的观点，参见吴慧：《国际司法机构的咨询管辖权研究》，载《东南大学学报》（哲学社会科学版）2013 年第 5 期，第 77 页；参见叶强：《咨询意见在国际海洋法法庭全庭的发表程序初探》，载《中国海洋法学评论》2014 年第 1 期，第 2 页。

② 参见《公约》第 191 条及《法庭规约》第 40（2）条。海底争端分庭于 2011 年发布了国际海洋法法庭的第一个咨询意见，See Responsibilities and Obligations of States with respect to Activities in the Area, Advisory Opinion, 1 February. 2011, ITLOS Reports 2011.

③ See H. E. José Luis Jesus, Statement by President of the International Tribunal for the Law of the Sea on Agenda Item 70(a) at the Plenary of the Sixty-Third Session of the United Nations General Assembly, 5 Dec. 2008, para. 9, available at https://www.itlos.org/fileadmin/itlos/documents/statements_of_president/jesus/general_assembly_051208_eng.pdf, visited on 16 Jul. 2015.

④ See Rüdiger Wolfrum, *Remarks by Rüdiger Wolfrum*, 106 American Society of International Law Proceedings 409 (2012). See Pemmaraju Sreenivasa Rao, *Multiple International Judicial Forums: A Reflection of the Growing Strength of International Law or Its Fragmentation*, 25 (2) Michigan Journal of International Law 949 (2004). See Emily A. Georgiades, *The Imia Islets: A Beginning to the Maritime Delimitation of the Aegean Sea Dispute*, 17 (1) Ocean and Coastal Law Journal 125 (2011). See also John E. Noyes, *Judicial and Arbitral Proceedings and the Outer Limits of the Continental Shelf*, 42 (4) Vanderbilt Journal of Transnational Law 1217, 1259 (2009).

⑤ See Tafsir Malick Ndiaye, *The Advisory Function of the International Tribunal for the Law of the Sea*, 9 (3) Chinese Journal of International Law 580 (2010).

必要条件，从而真正确定了法庭全庭享有对本案的咨询管辖权。

(二)首次阐明了船旗国的适当注意义务和国家责任

本案第二个重要的意义在于，国际海洋法法庭首次将国家责任问题与《公约》结合起来，阐明了船旗国对于悬挂其旗帜的船舶从事 IUU 捕捞的适当注意义务与国家责任问题。在本咨询意见案中，法庭对船旗国的《公约》义务作了深层次的解读，明确了船旗国在保护渔业资源方面需要承担的国际义务。

根据《公约》的规定，船旗国对于悬挂其旗帜的船舶负有“确保”责任，一方面，船旗国有责任确保悬挂其旗帜的船舶在他国的专属经济区内从事捕捞活动时遵守他国关于渔业资源养护的措施和法律法规；另一方面，船旗国有责任确保悬挂其旗帜的船舶不在他国的专属经济区内从事 IUU 捕捞。在国际法律文件中使用“确保”责任的情形有二：其一，国家为其管辖的人员的每一项违反国际法的行为负责任是不合理的；其二，某些特殊情况下的私人行为不能归责于国家也同样是不合理的。①在本案中，依据国际法的一般规定，国家并没有义务对私人捕捞活动所导致的违反国际法的后果承担国际责任，然而《公约》要求国家应当承担保护海洋生态环境、养护海洋生物资源的义务，因此，船旗国有义务确保悬挂其旗帜的船舶不在他国管辖海域从事 IUU 捕捞，这就是船旗国“确保”责任的产生缘由。

本案中，船旗国的“确保”责任为其创设了适当注意义务，该适当注意义务并不要求船旗国实现其管辖之下的船舶彻底禁止在他国的专属经济区中的 IUU 捕捞，而是要求船旗国采取足够的措施、用尽一切方法、最大限度地保证该结果(即禁止 IUU 捕捞)的实现。只要船旗国能够证明自己已经采取一切必须的和适当的措施以履行自己的适当注意义务，即禁止其管辖之下的船舶在他国的专属经济区中从事 IUU 捕捞，则其可以免除承担国际责任。换言之，船旗国的国际责任不在于其是否实现了禁止其管辖之下的船舶的 IUU 捕捞，而在于其是否采取了足够的措施来制止 IUU 捕捞的发生。

船舶在他国的专属经济区中从事 IUU 捕捞无疑是一个私人行为，该违法行为不能直接归责于船旗国，因此沿海国不可因悬挂一国旗帜的船舶在其管辖海域从事 IUU 捕捞而直接追究船旗国的国家责任。但是因为船旗国的“确保”责任，船旗国与悬挂其旗帜的船舶产生了事实上的联系，由于这项联系没有能够达到可以将船

---

① See Responsibilities and Obligations of States with respect to Activities in the Area, Advisory Opinion, 1 February 2011, ITLOS Reports 2011, para. 112. See also International Law Commission, Draft Articles on Responsibility of States for Internationally Wrongful Acts, With Commentaries, 2001, Commentary to Article 8, para. 1.

的违法行为直接归因于船旗国的程度，所以不应当要求船旗国对悬挂其旗帜的船舶的一切 IUU 捕捞行为承担国际责任。在发生了 IUU 捕捞的情况下，船旗国不承担国际责任对于沿海国不公平，船旗国承担国际责任又对其本身不公平，因此只能取一个折中的办法，即在肯定船旗国应当承担国际责任的前提下，赋予船旗国一个相对较轻的行为义务而非结果义务(obligation of result)，① 即船旗国是否承担国际责任在于其是否履行了适当注意义务，而不在于其是否真正禁止了悬挂其旗帜的船舶在他国专属经济区的 IUU 捕捞。只要船旗国能够证明其切实履行了相关的适当注意义务，对悬挂其旗帜的船舶实施了有效的管控甚至执法手段，船旗国则可以免责。

(三)咨询意见的其他成就与不足

本咨询意见案除了上述两个重大突破以外，还分析阐释了如下法律问题：第一，悬挂国际组织成员国旗帜的船舶在渔委会成员国的专属经济区中从事 IUU 捕捞，若该国际组织没有尽到适当注意义务，则该国际组织与其成员国可能承担连带责任。第二，沿海国在渔业资源养护方面的权利和义务具有同质性的特征，沿海国养护渔业资源应当尽到适当注意义务。第三，船旗国与沿海国无论是在共同打击 IUU 捕捞还是养护渔业资源方面均有合作义务。第四，法庭再次强调了"养护海洋生物资源是保护和保全海洋环境的重要方式"这一命题。

本咨询意见案也存在不足之处。法庭虽然提出了船旗国与沿海国对渔业资源养护和管理的适当注意义务，但是咨询意见中并没有具体明确适当注意义务的内涵与程度。法庭只是使用了一些笼统的、模糊的辞藻，称"适当注意义务"是一个处于变化中的概念，其内容难以用精确的语词表述，它随时间而变化，受到新科学技术知识变化以及相关活动危险性的影响。②

"适当注意义务"是一个灵活的概念，其内涵难以被精确地定义，而是随着个案具体情况的变化而变化，受到诸多客观因素的影响。③ 主要国际司法机构已经明确，作为一项习惯国际法规则的预防原则(principle of prevention)是适当注意义务

① 适当注意义务即是一项行为义务，要求国家通过并实施法律法规或行政措施，以保证某项义务的切实履行。See Pulp Mills on the River Uruguay (Argentina v. Uruguay), Judgment, I. C. J. Reports 2010, para. 187.

② See Responsibilities and Obligations of States with respect to Activities in the Area, Advisory Opinion, 1 February 2011, ITLOS Reports 2011, para. 117.

③ See International Law Association, ILA Study Group on Due Diligence in International Law, First Report, pp. 2-3, 7 Mar. 2014, available at http: //www. ila-hq. org/en/committees/study_groups. cfm/cid/1045, visited on 16 Jul. 2015.

的内涵之一。① 尽管适当注意义务的内涵处于不断的变化之中，只要一国采取了符合当时科学技术发展水平与社会公众基本认知要求的一切预防措施（precautionary measures），即使危害后果最终发生，该国也不应当承担违反适当注意义务的国家责任。同时，在判断适当注意义务是否正确履行之时，应当将共同但有区别的责任（common but differentiated responsibilities）考虑在内。② 一项预防措施的采取应当与一国的国家实力相当，由于发展中国家与发达国家在科学技术发展水平与社会公众受教育程度方面的差别，将同样的预防义务施加于这两类国家是不合理的。③ 就船旗国与沿海国对渔业资源养护和管理的适当注意义务而言，各国都有义务采取一切预防措施禁止其管辖之下的船舶在他国的专属经济区中从事 IUU 捕捞，但是在判定具体国家是否全面地履行了其适当注意义务时，应当综合考虑一系列客观因素，包括一国的科学发展水平与国内法治状况。

五、结语：本咨询意见案对我国的启示

国际海洋法法庭的咨询意见与国际法院的咨询意见性质相同，既没有强制执行力且仅对个案有效。④ 法庭在本案中也一再强调，咨询意见的效力范围仅及于渔委会提出的这四个法律问题，且仅限于渔委会成员国的专属经济区内。但是本咨询意

① See Pulp Mills on the River Uruguay (Argentina v. Uruguay), Judgment, I. C. J. Reports 2010, para. 101. See also Responsibilities and Obligations of States with respect to Activities in the Area, Advisory Opinion, 1 February 2011, ITLOS Reports 2011, para. 131.

② See International Law Association, ILA Study Group on Due Diligence in International Law, First Report, p. 27, 7 Mar. 2014, available at http://www.ila-hq.org/en/committees/study_groups.cfm/cid/1045, visited on 16 Jul. 2015.

③ 虽然海底争端分庭表示，保护海洋环境应当适用统一的最高标准，而不应当对发展中国家和发达国家以区别对待，此结论的前提是为了防止发达国家的企业为了获得更加宽松的规制条件而取得发展中国家国籍，避免“方便”（of convenience）担保国的泛滥。See Responsibilities and Obligations of States with respect to Activities in the Area, Advisory Opinion, 1 February 2011, ITLOS Reports 2011, para. 159. 笔者认为，船旗国对悬挂其旗帜的船舶的管控方面则不存在此等问题，一船舶自注册登记取得一国国籍，就受到该国法律的管辖，该国应当采取何种程度的预防措施禁止该船舶从事 IUU 捕捞，实际上受制于包括该国的具体国情在内的一系列客观因素的影响，所以本咨询意见案在判断船旗国是否全面地履行注意义务时，应当考虑到共同但有区别的责任。

④ See Interpretation of Peace Treaties (First Phase), Advisory Opinion, I. C. J. Reports 1950, p. 71. See also Request for an Advisory Opinion submitted by the Sub-Regional Fisheries Commission, ITLOS Advisory Opinion of 2 April 2015, para. 76.

根据其信用等级优劣建立"IUU 捕捞黑名单"，对于上榜国家，应当禁止悬挂其旗帜的船舶在我国管辖海域从事捕捞作业，更甚者，应当禁止该国与我国进行渔业贸易活动。

第四，中国政府应当与世界上其他国家建立信息交流和分享制度。沿海国与船旗国的信息交流和分享制度不可或缺。对于外国籍船舶在中国管辖海域内从事 IUU 捕捞的情况，或者中国籍船舶在他国管辖海域内从事 IUU 捕捞的情况，中国政府与船旗国政府或沿海国政府应当互通信息，共商纠纷的迅速解决，避免争端扩大化。对于外国籍船舶非法悬挂中国国旗并在他国海域从事 IUU 捕捞的行为，中国政府应当与沿海国和船舶国籍国建立多边信息交流渠道，避免产生误会，利于化解矛盾。

虽然在法律法规中规定上述制度和具体措施并非能够一劳永逸地消灭 IUU 捕捞，但是，这些履行了渔业资源养护的适当注意义务的措施在一定程度上可以减少 IUU 捕捞的数量，缓解由于 IUU 捕捞给渔业资源的可持续发展带来的消极影响。通过并实施上述措施，有利于保护我国管辖海域的渔业资源，有利于规范具有我国国籍的船舶的捕捞行为。

Comments on the Case concerning Request for an Advisory Opinion submitted by the Sub-Regional Fisheries Commission

Abstract: International Tribunal for the Law of the Sea issued an advisory opinion on the *Request for an Advisory Opinion submitted by the Sub-Regional Fisheries Commission* on 2 April 2015. It is the first time that the advisory jurisdiction of the full Tribunal has been confirmed by judicial practice of the ITLOS. The advisory opinion elaborates the rights and obligations as well as the responsibilities of flag States and coastal States concerning conservation of fisheries resources. It explains the joint and several liability of international organizations and member states thereof related to Illegal, Unreported and Unregulated fishing and the identical character of the rights and obligations of coastal States in conserving fisheries resources. It also emphasizes the responsibility to cooperate between the flag States and coastal States in respect of fisheries resources conservation. The advisory opinion reaffirms that conservation of living resources of the sea is an element of preservation of the marine environment. In the light of the advisory opinion, it is imperative for China to perfect fisheries laws and regulations by means of adding IUU fishing prohibited provisions, establishing registration examination system and credit rating system of fishing vessels and developing information communication and sharing system with other states concerned, so as to ensure the sustainable management of fisheries resources and standardize fishing activities of fishing vessels holding Chinese nationality.

Key words: ITLOS; advisory jurisdiction; conservation of fisheries resources; obligation of due diligence